Serhat Karakayali
Gespenster der Migration

Für Necile Deliceoğlu, Ahmet Karakayali und alle anderen, die sich auf den Weg gemacht haben.

Serhat Karakayali (Dr. phil.) hat in Frankfurt a.M. Soziologie, Politikwissenschaften und Philosophie studiert und ist Mitglied des Forschungsnetzwerks Transit Migration.

Serhat Karakayali

Gespenster der Migration

Zur Genealogie illegaler Einwanderung in der Bundesrepublik Deutschland

[transcript]

Bibliografische Information der Deutschen Nationalbibliothek
Die Deutsche Nationalbibliothek verzeichnet diese Publikation in der Deutschen Nationalbibliografie; detaillierte bibliografische Daten sind im Internet über http://dnb.d-nb.de abrufbar.

Umschlaggestaltung: Kordula Röckenhaus, Bielefeld
Umschlagabbildung: www.image-shift.net
Umschlagentwurf: bildwechsel.net
Lektorat & Satz: Serhat Karakayali
Druck: Majuskel Medienproduktion GmbH, Wetzlar
ISBN 978-3-89942-895-7

Gedruckt auf alterungsbeständigem Papier mit chlorfrei gebleichtem Zellstoff.

Besuchen Sie uns im Internet: *http://www.transcript-verlag.de*

Bitte fordern Sie unser Gesamtverzeichnis und andere Broschüren an unter: *info@transcript-verlag.de*

Inhalt

Dank

Die Kritik an der Kategorie der intellektuellen Robinsonade gehört nicht gerade zum Common Sense des akademischen Betriebs. Dieser verlangt im Gegenteil, dass Autoren sich als Individuen behaupten, ihre Gedanken säuberlich voneinander trennen und sie mit Besitztiteln versehen. Die Tradition der Danksagung repräsentiert demgegenüber den Versuch, etwas von dieser Illusion zu korrigieren und ein wenig Transparenz in die Produktionsbedingungen des Forschens und Publizierens zu bringen.

Ein Teil der Überlegungen, die sich in diesem Buch finden, sind in Texten erschienen, die ich gemeinsam mit Manuela Bojadžijev (deren Beistand beim Verfassen der Einleitung hier eine besondere Erwähnung verdient), Vassilis Tsianos und Sabine Hess verfasst habe. In diesem Zusammenhang ist auch das Projekt TRANSIT MIGRATION zu nennen, das wir, gemeinsam mit Regina Römhild, als Teil des „Projekt Migration" entwickelt haben. Die Zusammenarbeit mit Marion von Osten, Peter Spillman, Efthimia Panagiotidis, Rutvica Andrijasevic und vielen anderen in diesem Rahmen, etwa am Teilprojekt migmap (transitmigration.org/migmap) ist hiervon nicht zu trennen. Dank gebührt auch den Kolleginnen und Kollegen, mit denen ich in diesem Zusammenhang kooperiert habe, insbesondere am Institut für Europäische Ethnologie und Kulturanthropologie in Frankfurt am Main.

Neben der migrationstheoretischen Linie verdankt sich die Herangehensweise dieses Buches langjährigen Diskussionen, die ihren Anfang am Duisburger Institut für Sozialforschung (DISS) genommen haben, wo ich die Gelegenheit hatte, an einem von Helmut Kellershohn initiierten Arbeitskreis teilzunehmen. Einige aus diesem Kreis führten die gemeinsame theoretische Arbeit fort. Sei es in Duisburg unter dem Namen „DISSjockeys" oder später in Frankfurt am Main, als der Freundeskreis „no spoon" entstand. Von den Diskussionen über die Staatstheorie und das Konzept der Biopolitik, die ich mit Stephan Adolphs führte, hat die Arbeit sehr profitiert. Dies gilt auch für die Kommentare von Bodo Pallmer, Dirk Kretschmer und Kim Hörbe – außerdem gäbe es ohne Letztere kein Layout.

Auch Astrid Kusser, Juliane Karakayalı, Sabine Hess und Efthimia Panagiotidis haben meine Manuskripte gelesen, ausführlich kommentiert und mich damit zu einer gründlichen Umarbeitung veranlasst. Für Korrektorat, Babysitting und vieles andere danke ich Katja Diefenbach, Minu Haschemi, Çiĝdem Inan, Sebastian Meissner, Sasa Vujkadinović, Manuela Bojadžijev, Birgit zur Nieden, Britta Schneider, Gudrun Schmidt und Nanna Heidenreich. Sandy Kaltenborn hat sich zu meinem Glück bereit erklärt, ein Cover zu entwerfen. Alle neu hinzugekommenen Fehler habe selbstverständlich ich zu verantworten.

Ohne die Beratung der MitarbeiterInnen in den von mir konsultierten Archiven wäre die Recherche kaum zu bewältigen gewesen. Besonders zu nennen sind Murat Güngör, für seine unbürokratische Hilfe bei der Recherche im Kölner DOMIT-Archiv, Carlos Sanz Diaz, der mir freundlicherweise seine Arbeit über spanische Clandestinos zugesandt hat und Samy Charcira, für Informationen und Material über die illegale Migration aus Marokko. Meinen Gutachtern Alex Demirović und Dimitris Papadopoulos danke ich für die Betreuung, der Heinrich-Böll-Stiftung für das Promotionsstipendium, das mir die Arbeit an diesem Buch ermöglicht hat und der FAZIT-Stiftung für die Übernahme eines großen Teils der Druckkosten.

Juliane, ohne die ich die Arbeit zu diesem Buch nicht einmal begonnen hätte, danke ich für alles: Für die gemeinsame Zeit, moralische und intellektuelle Unterstützung und für all die Dinge, die das Format von Danksagungen sprengen.

Einleitung. Gespenster der Migration

„We didn't cross the border – the border crossed us!"
(Spruch lateinamerikanischer Clandestinos in den USA
anlässlich der Demonstrationen für eine Legalisierung im
März 2006)

Das „Gespenst" hat eine lange und bedeutungsschwere Geschichte in der politischen Semantik Europas. Von Marx und Engels' Kommunistischem Manifest, in dem es die in der Mitte des 19. Jahrhundert noch kaum entwickelte Bewegung der Arbeiter bezeichnet, bis zu *Empire* von Michael Hardt und Toni Negri, das manche das Kommunistische Manifest des 21. Jahrhundert genannt haben. In *Empire* trägt das Gespenst freilich einen neuen Namen: Es heißt Migration. Auch hier haben sich die Mächte der alten Welt vereint, um es „gnadenlos" zu bekämpfen (Hardt/Negri 2002, 225). Für Hardt und Negri ist die globale Migration eine Desertion aus den Zonen der Ausbeutung und der Armut. Zwar sei sie eine „machtvolle Form des Klassenkampfs in der imperialen Postmoderne und zugleich gegen sie" (ebd.) – weil sie aber nur eine „spontane" und „destruktive" Ebene dieses Kampfes sei, führe sie zumeist in Entwurzelung und Armut. Anders als bei Marx' Gespenstern reichen Exodus und Desertion nicht aus, um die MigrantInnen zu Trägern einer heilsgeschichtlichen Erwartung zu machen, auch wenn manche ihnen, in Ermangelung von Alternativen, gerne diesen Platz zuweisen möchten. Obwohl die Projektion auf das migrantische Subjekt fehl geht, berührt sie doch einen wichtigen Punkt. Gerade weil die Migration eine soziale Bewegung *ohne* politisches Programm ist, generiert sie beständig neue Formen des Sozialen.

Das Gespenst der Migration ist bedrohlich, weil es die jeweils existierenden sozialen und politischen Ordnungen durch eine beständige Verschiebung ihrer bevölkerungspolitischen Grundlagen durcheinander bringt. Es ist gerade seine Negativität, seine Unbestimmtheit, die den „Mächten der alten Welt" zu schaffen macht. Dies zeigt sich nicht nur in der politischen Debatte: Kaum jemand vermag recht zu definieren, nach welchem Kriterium territoriale Mobilität als Migration zu betrachten sei. Ist sie nur der einmalige Akt einer Grenzüberschreitung oder die „kulturelle Fremdheit“ der Eingewanderten? Und was ist mit den Nachkommen derer, die sich auf den Weg machten, jene also, für die man heute in Deutschland den mehr oder weniger sinnigen Ausdruck „Migrationshintergrund“ geschaffen hat? Trotz oder gerade wegen dieser, aus der Sicht des an naturwissenschaftlicher Exaktheit orientierten Zweigs der Sozialwissenschaften, buchstäblich betrüblichen Ausgangslage hat es in der Vergangenheit eine nicht mehr zu überblickende Vielfalt von wissenschaftlichen Arbeiten zu Migration gegeben. Ein nicht geringer Teil beschäftigt sich dabei – zuletzt anlässlich der Debatte um transnationale Migration – mit der Frage, auf welche Weise Wanderungsbewegungen zu klassifizieren seien. Diese Ordnungsbemühungen verdecken indes die tieferliegende, geradezu konstitutive Problematik ihres Gegenstands. Diese liegt nicht nur darin begründet, dass die Benennung und Kategorisierung ganz offensichtlich Teil der Regierung von Migrationen ist: Wie Migrationen benannt werden, das zeigt nicht zuletzt die Geschichte der Namen der MigrantInnen in Deutschland, ist offenbar auch ausschlaggebend dafür, unter welchen Bedingungen sie realisiert werden können. Vom Fremd- und Gastarbeiter, über den Ausländer und Asylanten, bis hin zum erst kürzlich in die Arena getretenen Migranten – all diese Namen reflektieren auch die Gestalt der Machtbeziehungen zwischen den auf diese Weise sich immer wieder neu gründenden Größen namens „Mehrheitsgesellschaft“ und MigrantInnen. Seitdem man im Rahmen des Integrationsparadigmas sich für die Befreiung der Frauen, jedoch eben – analog zum „kolonialen Feminismus“ – nur die „der Anderen“, interessiert, ist auch die Migrant*in* eine wichtige Figur in diesem Gefüge geworden. Dass sich hinter dem Eintreten für die Frauenrechte von Migrantinnen oftmals nur ein neuerlicher Ausschlussmechanismus verbirgt, wurde in den letzten Jahren immer wieder von kritischen Feministinnen angeprangert.

Abseits dieser konstruktivistischen Dialektik von Kategorisierung und Regierung besteht das konstitutiv „Entgleitende“ der Migration in seinen vielfachen Metamorphosen – von der GastarbeiterInnen-Ära über die Kettenmigration der Familienzusammenführung bis hin zur Asylmigration. Diese Metamorphosen zeigen, wie flüchtig der Gegenstand aus historischer Perspektive sein kann und so kommt es, dass HistorikerInnen immer wieder zu jenem Kunstgriff greifen, der diese Wandlungen überbrücken soll, in dem sie von den Bettlern der frühen Neuzeit oder den ersten, ohne Papiere eingewanderten Arbeitern der Nachkriegszeit sagen, sie seien die „ersten“ Illegalen gewesen.

Das Gespenstische, das nicht Fassbare an der Migration kommt vor allem in jener Migration zum Ausdruck, für die es in der jüngeren Vergangenheit viele Namen gegeben hat: illegal, klandestin, heimlich, irregulär oder undokumentiert sind davon die prominentesten. Die illegale Migration scheint alle Eigenschaften des Gespensts der Migration auf sich zu vereinen: Man kann weder sagen, wer ein illegaler oder eine illegale MigrantIn ist, noch ist ihre Zahl bestimmbar und über die Jahre hinweg haben sich die Modalitäten der Einreise derart tiefgreifend verändert, dass auch eine Längsschnittuntersuchung kaum Abhilfe schafft. Das heimlich-unheimliche der klandestinen Migration ist auch Projektionsfläche zahlreicher Befürchtungen, die die Migration im allgemeinen betreffen: An erster Stelle derjenigen, dass man sie nicht kontrollieren könne. Insofern ist die illegale Migration das Gespenst per se. Auch weil aus genau dieser Verbindung das fließende der Grenzen zwischen illegaler und unerwünschter Migration resultiert.

Es versteht sich beinah von selbst, dass der Nicht-Gegenstand des Gespenstischen, so hat Avery Gordon (2004) es formuliert, ein mindestens ungewöhnliches, wenn nicht illegitimes, auf jeden Fall aber marginales Objekt soziologischer Forschung ist. Wie könnte man auch etwas untersuchen, das keine materielle Konsistenz zu haben scheint?

Auf eben diese Frage versucht das vorliegende Buch eine oder mehrere Antworten zu geben. Es handelt gerade nicht von den herkömmlichen Fragen an illegale Migration, also weder davon, ob die Illegalen die neue Unterschicht, das neue Dienstleistungsproletariat oder die oft bemühte „moderne Sklaverei" repräsentieren, noch davon, ob Kontrollen effektiv oder unzureichend sind, und auch nicht, mit welchen Widrigkeiten es Illegalisierte im Alltag zu tun haben. Stattdessen geht es in diesem Buch um jene Zwischenzonen, aus denen heraus illegale Migration erst „wird". Wie also wird illegale Migration gemacht, wie verändert sie sich und welche Konsequenzen hat dies auch für die Formen der politischen Artikulation von Migration, welche für die Bilder von Handlungsmacht der Migration?

Dass die Rede von illegalen Migration etwas Emblematisches hat, zeigt schon ein kurzer vergleichender Rückblick[1]. Nimmt man etwa die Ereignisse an den Grenzen zwischen den spanischen Enklaven Ceuta und Mellila und Marokko im Herbst 2005 und die einige Jahre zuvor im Sommer 2001 medial heftig geführte Diskussion über Hausarbeiterinnen aus Osteuropa in Hessen so zeigt sich bereits die verallgemeinernde Funktionsweise des Terms „illegal". In Nordafrika hatten 2005 hunderte von MigrantInnen versucht, die Grenzbefestigungen, die das Territorium der Europäischen Union von dem Marokkos trennen, gleichsam zu überrennen. Viele MigrantInnen wurden dabei entweder durch den Stacheldraht oder die Schusswaffen der spanischen Grenzschützer verletzt, einem nicht geringen Teil gelang dennoch die Überwindung der Grenze. Die Hausarbeiterinnen aus Osteuropa hingegen konnten die physische Grenze problemlos passieren. In Deutschland arbeiteten sie oft in Haushalten mit pflegebedürftigen Menschen, deren Angehörige sie eingestellt hatten. Charakteristisch für die öffentliche Rede über diese Ereignisse ist unter anderem, dass die MigrantInnen auf den Booten schon als illegal gelten, lange bevor sie die Grenze nach Europa überschritten

---

1 Entgegen den Gepflogenheiten in der kritischen Literatur zur illegalen Migration werden in dieser Arbeit die Begriffe „illegal" und „illegale MigrantInnen" nicht in Anführungsstriche genommen, da sich die Arbeit explizit mit den Konstitutionsbedingungen von Illegalität auseinandersetzt. Näheres dazu in Kapitel 1.

haben, manchmal noch im Herkunftsland. Die vielen MigrantInnen aus Osteuropa hingegen, die etwa in Deutschland oder Portugal in den Dienstleistungsbranchen ihr klandestines Auskommen suchen, haben die Grenze oftmals ganz legal passiert. Ihre Illegalität bezog sich vielmehr auf ein spezifisches Beschäftigungsverhältnis. Hier deutet sich schon an, dass illegale Migration ein amorpher Begriff ist. Je nach Konjunktur und politischer Positionierung können darunter sehr verschiedene Sachen verstanden werden: Von der bedrohlichen Aushöhlung der staatlichen Kontrolle durch Migration, über die damit fast immer verbundenen Formen illegaler Beschäftigung, durch die sozialstaatliche Standards unterlaufen werden, bis hin zur humanitären Problematik, die sich für viele MigrantInnen aus der „Rechtlosigkeit" ihres juristischen Status ergibt. Dabei, so könnte man einwenden, besagt der Begriff nur eines, nämlich den nach der Gesetzeslage unerlaubten Aufenthalt beziehungsweise Einreise in ein staatliches Territorium.

Bei der Engfassung des Begriffs aber auf seine juridische Dimension, gewissermaßen auf ein Delikt, geraten jene gesellschafts- und sozialpolitischen Themen aus dem Blick, die illegale Migration erst zu einem Skandalon machen. Sie erscheinen dann wie beliebige exogene Interpretationen eines gleichsam „an sich" neutralen Ereignisses. In den gesellschaftlichen Konflikten um und den staatlichen Reaktionen auf illegale Migration findet jedoch, und das soll diese Arbeit zeigen, eine gesellschaftliche Auseinandersetzung um Migration im Allgemeinen statt. Dass dies nicht immer auf die gleiche Weise geschieht und illegale Migration nicht immer das gleiche bezeichnet, zeigt schon ein Blick in die jüngste Geschichte, in der illegale Migration zu einem die Migrationsdebatten in Europa bestimmenden Thema geworden ist. Das Reden und Handeln über illegale Migration bildet einen eigenen Gegenstand: nicht die nackte empirische Tatsache der „papierlosen" MigrantInnen, sondern ein Dispositiv, ein Set von Handlungsmustern, diskursiven Figuren und epistemologischen Barrieren. Genau dieses Dispositiv und seine Genealogie sowie seine politischen und theoretischen Implikationen sollen in der vorliegenden Arbeit systematisch konzeptualisiert werden.

Sowohl in der Forschungslandschaft wie in politischen Initiativen und sozialen Bewegungen gewann im Verlauf der 1990er Jahre das Thema illegale Migration an enormer Bedeutung. Zum einen wuchs die Zahl der wissenschaftlichen und journalistischen Publikationen zum Thema in dieser Zeit rasant an. Wissenschaftliche Publikationen zur illegalen Migration erscheinen fast ausschließlich erst nach 1990. Als Ursache für diese neue Thematisierung illegaler Migration gelten gemeinhein der Zusammenbruch der sozialistischen Staaten in Osteuropa und die de facto Abschaffung des Asylrechts in der Bundesrepublik im Jahre 1993. Während in den Medien die Sans Papiers den idealen Stoff für menschliche Dramen und Schicksale lieferten, diskutierte man in der Forschung, wie das scheinbar plötzliche Auftreten der illegalen Migration nach 1990 zu erklären sei: als Ausdruck verstärkter Wanderungsbewegungen oder Resultat der Schließung verbliebener legaler Einreisemöglichkeiten. Die Forschungsperspektive war dabei keineswegs einheitlich: Während ein Teil der ForscherInnen mit quantitativen Daten Probleme der Kontrolle von Arbeitsmarkt und Grenzen ermittelte, kümmerte sich ein anderer um die humanitären Aspekte einer aus dem Sozialsystem herausfallenden „unsichtbaren“ Bevölkerung. Die humanitaristische und die kontrollpolitische Perspektive auf illegale Migration stehen aber, das soll diese Arbeit zeigen, nicht im Gegensatz zueinander. Zum anderen hatte sich in der politischen Debatte im Umkreis antirassistischer Gruppen und Initiativen zur Unterstützung von Flüchtlingen die Beschäftigung mit „Illegalität“ zu einer zentralen Achse in der Politik der Migration entwickelt. Als vorläufiger Kulminationspunkt dieser thematischen Reorganisierung kann die Gründung des bis heute existierenden Netzwerks „kein mensch ist illegal“ im Jahre 1997 auf der documenta X in Kassel gesehen werden. Nach der Gründung schlossen sich mehr als 200 Gruppen und Organisationen, sowie tausende Einzelpersonen dem Appell des Netzwerks an, Flüchtlinge und MigrantInnen unabhängig von ihrem Aufenthaltsstatus „bei der Ein- oder Weiterreise zu unterstützen, MigrantInnen Arbeit und Papiere zu verschaffen, medizinische Versorgung, Schule und Ausbildung, Unterkunft und materielles Überleben zu gewährleisten“.[2] Diese Zunahme der Aufmerksamkeit sowohl in der Forschung als auch in der Politik und in den sozialen Bewegungen verweisen auf den Beginn einer neuen Phase im bundesdeutschen Migrationsregime.

Den Hintergrund für diese Entwicklung bildete die Änderung des § 16 des Grundgesetzes, mit der 1992 das Grundrecht auf Asyl de facto abgeschafft wurde. Dadurch wurde es ab 1993 MigrantInnen praktisch unmöglich, als AsylmigrantInnen in die Bundesrepublik Deutschland einzureisen. Auch auf europäischer Ebene trat eine neue Entwicklung ein: Drei Jahre zuvor hatten fünf Staaten der Europäischen Union, darunter Deutschland, das Schengener Durchführungsabkommen beschlossen. Sie verabredeten, als Kompensation für die Durchsetzung des freien Binnenmarkts und der Personenfreizügigkeit innerhalb der EU, die Migrationskontrollen an den Außengrenzen der Union zu intensivieren. Diese Bemühungen waren allem Anschein nach erfolgreich: Der Migrationsbericht der Bundesregierung vermeldete 2005, dass im Jahre 2004 mit knapp 34.000 Erstanträgen auf Asyl der geringste Stand seit Anfang der 1980er Jahre erreicht wurde – anerkannt wurden davon etwa 1,5 Prozent (vgl. Bundesministerium des Inneren 2005). Der gleiche Bericht konstatiert zugleich ein „neues“ Phänomen: Das Ansteigen der illegalen Migration. Der Bericht stellt diese beiden Entwicklungen in keinerlei Zusammenhang. Dabei handelt es sich bei diesem „neuen Phänomen“ jedoch durchaus um ein Indiz, das auf das migrationspolitische Ende der Ära des Asyls verweist. Damit ist nicht ein radikaler Wandel in den Migrationsmotiven gemeint, so als ob politische Verfolgung, die Flucht vor Krieg oder die Suche nach besseren Arbeitsverhältnissen sich historisch ablösen würden. Aus welchen Gründen MigrantInnen ihre Reise antreten, war noch nie – so kann ich in meiner

2 Vgl. den Aufruf unter http://www.contrast.org/borders/kein, Link vom 19.9.2006.

Arbeit zeigen – mit den Kategorien erklärbar, die Staaten zur Verfügung stellen, um eine legale Einreise zu ermöglichen. Die staatlichen Kategorien stellen aber nicht nur ein administratives Verfahren dar, sondern repräsentieren ein ganzes Setting der politischen Bearbeitung von Migration, das unter anderem die Grenzen des Sagbaren und des Legitimen strukturiert und die Achsen des Diskurses um Migration mitbestimmt. Was ein Migrationsregime kennzeichnet, ist unter anderem der spezifische Modus der politischen Artikulation: die Art und Weise, wie Widersprüche, Konflikte und Kämpfe ausgetragen werden, die mit Migration in Verbindung stehen. Diese Strukturierung prägt auch die Argumentationsmuster der politischen Gruppen und Organisationen, die das bestehende Migrationsregime radikal kritisieren.

Wenn ich von einem neuen Migrationsregime spreche, das sich in den 1990er Jahren zu formieren beginnt, dann mache ich damit weniger eine quantitativ-empirische Aussage über bestimmte Migrationstypen. Vielmehr stehen Gastarbeit, Asyl und illegale Migration, so möchte ich zeigen, für ein Ensemble von Praktiken, in denen historisch-spezifische Bearbeitungsweisen der Migration zur Anwendung kommen. Während im Rahmen des Gastarbeitsregimes bis 1973 – eine „ökonomische" – zwischen betriebs- und volkswirtschaftlichen Aspekten oszillierende – Rationalität der dominante Modus der Artikulation war, entwickelte sich im Rahmen des Asylregimes bis 1992 ein menschenrechtlich strukturierter Modus der Auseinandersetzung um Migration. Illegale Migration als Hauptmigrationsform bezeichnet heute ein Regime, in dem Momente des ökonomischen und des menschenrechtlichen Modus neu miteinander verbunden werden. Das aus dem Asylregime „geerbte" menschenrechtliche Argumentationsrepertoire findet nun innenpolitisch Geltung: Nicht mehr Folter und Verfolgung in den Herkunftsländern sind dabei ausschlaggebend, sondern der Ausschluss der Sans Papiers aus der Gesellschaft wird zum Thema.

Eine solche Forschungsperspektive einzunehmen erscheint auch deshalb plausibel, weil sich im Laufe der Recherchen zu dieser Arbeit herausgestellt hatte, dass illegale Migrationen, also Migrationen ohne die staatlicherseits vorgesehenen Dokumente, schon vor den ersten Anwerbeabkommen im Rahmen des Gastarbeitsregimes stattfanden. Dabei zeichnete sich auch ab, dass diese historische Illegalität nicht als Kontinuität zu verstehen ist, die etwa auf eine allgemeine soziologische Konstante zurückzuführen wäre, nach der jede Kontrollpolitik zwangsläufig unvollkommen sein muss und illegale Migration daher eine ständige Begleiterin jeder Migrationsregulierung sei. Selbst wenn man einer solchen Sichtweise folgte, erklärte das weder den wandelnden Stellenwert illegaler Migration, noch die Forschungslücke. In wenigen jüngeren Forschungsarbeiten wurde auf frühe Formen illegaler Migration eingegangen, jedoch eher deskriptiv-historiografisch (vgl. zum Beispiel Hunn 2005; Schönwälder 2003). Vor allem in den aktuellen Diskussionen um die These der „Autonomie der Migration" und eine kritische Historiografie der Migration wurde auch die Frage der illegalen Migration neu verhandelt (vgl. Bojadžijev 2005). Die in diesen Arbeiten gewonnenen Erkenntnisse werfen Fragen auf, denen ich mit meiner Arbeit systematisch nachgehe.

Es ist schließlich auch erklärungsbedürftig, aus welchen Gründen die Forschung zu illegaler Migration erst in den 1990er Jahren beginnt – und dann auch fast ausschließlich diesen Zeitraum untersucht. Das Anliegen dieser Arbeit ist es also nicht nur, die bisherigen theoretischen und forschungspraktischen Engpässe zu überwinden, sondern diese selbst als Effekt epistemologisch-politischer Barrieren zu interpretieren. Es gilt daher, in Anlehnung an das von Nikos Poulantzas formulierte Desiderat für eine materialistische Staatstheorie, die Veränderungen des Gegenstands nicht als „Abweichung" von einer allgemeinen Bestimmung abzuleiten, sondern dessen Metamorphosen selbst in die Theorie einzugliedern. In diesem Sinne kann Poulantzas' Bestimmung der Staatstheorie als einer genuin historischen Theorie auf den Gegenstand dieser Arbeit übertragen werden (vgl. Poulantzas 1978, 114).

Die vorliegende Arbeit unternimmt den Versuch, diesen Wandel illegaler Migration, ihre Metamorphosen also, zugleich als Katalysatoren für die Transformation der Migrationsregimes zu konzeptualisieren. Dieses Verständnis einer gleichsam wechselseitigen Determination von Migration und Staatlichkeit erfordert es aber auch, die bisher in der Migrationstheorie und -forschung gemachten Vorannahmen einer kritischen Überprüfung zu unterziehen. Werden MigrantInnen bewusst „illegalisiert", um sie besonders ausbeuten zu können und sind sie Opfer krimineller Banden? Toleriert der Staat dieses Vorgehen, weil billige Arbeitskräfte im unteren Segment der Lohnhierarchien „nützlich" sind, oder bekämpft er es, weil er „Normalarbeitsverhältnisse" beschützen will? Auf diese Fragen konnten Migrationstheorien bisher keine befriedigenden Antworten liefern, weil sie entweder die Rolle des Staates nicht berücksichtigten, oder, wo sie es taten, auf einen vor-kritischen Staatsbegriff rekurrierten. Das heißt, dass bei der Analyse von Migrationspolitik und der Behandlung illegaler Migration entweder staatliches Handeln einfach vorausgesetzt wurde, oder aber der Staat wurde etwa als Instrument einer gesellschaftlichen Gruppe interpretiert, die diesen zur Durchsetzung ihrer Interessen benutzte. Auf diese Weise muss aber erstens unklar bleiben, weshalb Migration überhaupt reguliert werden muss, was ja Voraussetzung für die Illegalisierung ist; zweitens, wieso es verschiedene Formen von Illegalisierung geben kann und drittens kann der Widerspruch nicht aufgelöst werden, dass illegale Migration einerseits aufgrund einer Duldung illegaler MigrantInnen zustande kommt, andererseits der Staat durch seine Kontrollpraxis erst die Illegalen schafft. Aus diesem Grund erschien es sinnvoll, für die Analyse der verschiedenen, aufeinanderfolgenden Migrationsregimes in der Bundesrepublik auf die kritisch-materialistische Staatstheorie zurückzugreifen, die den Staat gerade nicht als monolithische Entität, sondern als Ensemble von Kräfteverhältnissen analysiert. Der Vorteil einer solchen Herangehensweise ist, dass sie ermöglicht, die Scheidelinie zwischen legaler und illegaler Migration nicht nur als juridisches Problem zu verstehen, sondern die gesellschaftlichen Kräfteverhältnisse, die in der staatlichen Migrationspolitik zum Ausdruck kommen, in den Blick zu nehmen. Allerdings hat die kritische Staatstheorie bisher kein Instrumentarium entwickelt, mit dem auch die Migration (und nicht nur die MigrantInnen als Gruppe) als eine Größe im Kräfteverhältnis untersucht werden könnte. Die vorliegende Arbeit stellt daher auch den Versuch dar, theoretische Überlegungen aus dem Zusammenhang der Migrationstheorie mit solchen aus der Staatstheorie zu verknüpfen und neue Fluchtlinien für eine Untersuchung von Migration zu entwickeln, in denen diese nicht nur als abhängige Variablen bereits festgelegter Kräfte angesehen werden muss.

Aufbau der Arbeit

Kapitel 1: Zur Notwendigkeit der Neubestimmung illegaler Migration

Ein Überblick über den aktuellen Forschungsstand zur illegalen Migration in Deutschland, wie ich ihn zu Beginn des ersten Kapitels gebe, zeigt einerseits, dass diese vor allem als ein Phänomen untersucht wird, dessen Auftauchen auf die 1990er Jahre datiert wird. Diese neue Aufmerksamkeit für illegale Migration, die für die historischen Formen der illegalen Migration in der gesamten Migrationsgeschichte seit dem zweiten Weltkrieg sich als weitgehend blind erweist, hängt jedoch selbst mit der epistemologischen Struktur der Migrationsforschung zusammen. Das heißt nicht, dass illegale Migration nicht unter verschiedenen Gesichtspunkten untersucht würde: Das Augenmerk der Illegalitätsforschung liegt sowohl auf Aspekten illegaler Beschäftigung wie solchen, die sich aus der sozialrechtlichen Exklusion der MigrantInnen ergeben. Insbesondere die qualitative Forschung liefert dabei zahlreiche Aufschlüsse über die konkreten Lebensbedingungen von „illegalen MigrantInnen“, während die quantitative Forschung sich vor allem mit den Problemen der Datenerhebung und -validierung befasst. Diese Vielfalt rührt jedoch nicht an der Konzeptualisierung illegaler Migration im Mainstream der Migrationsforschung, denn in der überwiegenden Mehrheit der Veröffentlichungen wird die juridische Konstitution des Objekts nicht kritisch hinterfragt. Ein Teil der Literatur versucht, Illegalität entlang eines Exklusionsparadigmas unmittelbar in soziale Kategorien zu übersetzen. Mit anderen Worten: Während die GastarbeiterInnen noch „ganz unten“ waren, wie das bekannte Buch von Günther Wallraff die Unterschichtung der GastarbeitsmigrantInnen popularisierend auf den Punkt brachte, sind die Sans Papiers ganz draußen, also ganz unten. Ein anderer Teil der Literatur zählt die Vielzahl verschiedener Illegalisierungspfade und -typen auf, konstatiert, dass diesen keineswegs eine jeweils einheitliche soziologische Gruppe entspreche, kann dann aber daraus keine weiteren Schlussfolgerungen ziehen.

Ausgangspunkt der vorliegenden Arbeit für die Neubestimmung des Gegenstands „illegale Migration“ ist genau dieses Oszillieren zwischen einer Reifizierung der formaljuridischen Konstitution des Gegenstands einerseits und ihrer bruchlosen Übertragung auf das Terrain sozialrechtlicher Problematiken andererseits. Was aus einer solchen, man könnte sagen strukturalistischen Perspektive notwendigerweise nicht konzeptualisiert werden kann, ist die Migration selbst als eine Form sozialer Bewegung, die sich in Auseinandersetzung mit staatlichen und anderen Formen der Regulierung und Kompromissbildung herausbildet und transformiert. Um demnach illegale Migration nicht nur als eine Summe von Gesetzesübertretungen, aber auch nicht als rein soziologische Kategorien zu konzipieren, beziehe ich die Apparate und Diskurse der Migration in die Untersuchung des Gegenstands mit ein, das heißt ich verstehe darunter nicht nur die „Gruppe" der illegalen MigrantInnen oder den Akt der Grenzüberschreitung, sondern das ganze Ensemble der staatlichen und nicht-staatlichen Praktiken und Diskurse der illegalen Migration. Um ein theoretisches Instrumentarium für ein solches Vorgehen zu entwickeln, diskutiere ich zunächst allgemeine migrationstheoretische Ansätze im Kontext des vorliegenden Gegenstands. Um die daraus sich ergebenden Fragen weiterentwickeln und beantworten zu können, rekurriere ich dann auf Ansätze aus der Staats-, Diskurs- und Hegemonietheorie, das heißt insbesondere auf Poulantzas' Staatstheorie und Foucaults theoretischen Ansätzen zu Dispositiven, Diskursen, zu Gouvernementalität und Genealogie. Diese erweitere ich um einzelne Theoreme aus der Debatte um transnationale Migration und unternehme schließlich den Versuch einer Operationalisierung der von mir entlehnten Begriffe auf eine Staats- und Diskurstheorie der Migration, indem ich diese auf den Begriff des Regimes beziehe. Anschließend begründe ich die Auswahl meines empirischen Materials und der unterschiedlichen methodischen Vorgehensweisen in den darauf folgenden Kapiteln.

Kapitel 2: Sozialhistorischer und genealogischer Rückblick

Eine gesellschaftstheoretisch begründete Untersuchung über illegale Migration muss zu verstehen versuchen, aus welchen Gründen Migration ein soziales und politisches Problem darstellt. Man muss also die Frage stellen, weshalb überhaupt Migrationskontrollen beziehungsweise staatliche Grenzen entstehen, die Migrationen illegalisieren oder bestimmte Formen der Migration „unerwünscht" erscheinen lässt. Die Grenzen zwischen unerwünschter und illegaler Migration können dabei fließend sein. So werden zum Teil Migrationen als illegale bekämpft, die es der Rechtsform nach gar nicht sind, wie das Beispiel der Asylmigration in den 1970er und 1980er Jahren zeigt.

In diesem genealogischen Kapitel untersuche ich also einerseits den Entstehungszusammenhang von Arbeitskraftmobilität und den Instrumenten ihrer Regulierung. Dabei beziehe ich mich auf verschiedene ausgewählte historische Abschnitte vom Hochmittelalter bis zur ersten Hälfte des 20. Jahrhunderts. Ich zeige dabei, dass Mobilität nicht ausschließlich auf objektive Faktoren wie Armut oder die Transformation von Produktionsverhältnissen zurückzuführen ist. Konstituierend für Mobilität ist vielmehr ein subjektives Moment, das ich als „Exodus" zu konzeptualisieren versuche. In der historiografischen Literatur zur Geschichte der Migration und Vagabundage in Europa taucht immer wieder die Bemerkung auf, bei den frühen Bettlern, Vagabunden und Mobilen habe es sich um eine historische Form der heutigen Illegalen gehandelt. Das Kapitel prüft diese Analogie und arbeitet Momente der Transformation der historischen Mobilität in die gegenwärtigen Formen von Migration heraus. Teil dieses Unterfangens ist es, zu rekonstruieren, mit welchen Machttechnologien die Menge der Mobilen in Europa historisch in In- und Ausländer beziehungsweise Staatsbürger und MigrantInnen unterschieden wurden und werden sowie welcher Zusammenhang zwischen dieser Transformation und der Konstitution eines sozialen Nationalstaats besteht.

Kapitel 3 bis 6: Migrationsregimes in der Bundesrepublik Deutschland und in Europa

In Kapitel 3 bis Kapitel 6 untersuche ich die verschiedenen Migrationsregime in der Bundesrepublik Deutschland, die vom Gastarbeits-, über das Asylregime bis zum gegenwärtigen Regime der illegalen Migration reichen. Die drei Regime bezeichnen jeweils Phasen, in denen eine bestimmte Form der Regierung der Migration dominiert. Es wird also nicht behauptet, nach den GastarbeiterInnen seien die Flüchtlinge und nach ihnen die Sans Papiers gekommen. Diese „Figuren der Migration" (vgl. Karakayalı/Tsianos 2005) repräsentieren weniger soziale Gruppen, als dass sie Migrationsverhältnisse begrifflich reflektieren. Dabei fungieren der „Gastarbeiter" und der „Flüchtling" wie Leitbilder, die Interpretationsraster für das gesamte Migrationsgeschehen liefern.

Das Kapitel über das Gastarbeitsregime, Kapitel 3, untersucht die frühen Formen der illegalen Migration in der Bundesrepublik, systematisiert sie und zeigt auf, anhand welcher gesellschaftlicher Konfliktlinien ihre Metamorphosen verlaufen und in welcher Weise sie selbst beziehungsweise das Feld, das sie konstituieren, zum Katalysator für soziale Auseinandersetzung werden kann. Dabei zeige ich (im Anschluss an neuere Arbeiten wie Bojadžijev 2005), dass ungeregelte, illegale Migrationen nicht immer das Produkt von gesetzlichen Verschärfungen sind, sondern dass sie den regulierten Formen der Migration auch historisch vorausgehen, ja, dass die Anwerbeabkommen selbst als eine Form der Regularisierung angesehen werden können.

Im Anschluss daran erörtere ich in Kapitel 4, wie sich aus der Krise des Gastarbeitsregimes einerseits neue Formen der Illegalität entwickeln, die im Zusammenhang mit den Strategien der Familienzusammenführung und der Heiratsmigration stehen, und wie sich andererseits in einer längeren Passage das grundgesetzlich garantierte Recht auf Asyl zum Schauplatz eines neuen Migrationsregimes entwickelt. Das Asylregime beerbt dabei zwar die ökonomischen

Kontexte der Gastarbeitsmigration, insofern auch Arbeitsmigration nun auf dem Asylwege stattfindet, allerdings verschiebt sich die gesamte Aushandlungsstruktur auf ein menschenrechtliches Terrain. Insbesondere die bereits im Rahmen des Gastarbeitsregimes entwickelte Trennung der Akteure der illegalen Migration in Täter und Opfer hatte schon Grundlagen für eine solche Verschiebung der Auseinandersetzung geliefert. Schon Anfang der 1980er Jahre hatte die bundesdeutsche Regierung damit begonnen, das Asylregime zu europäisieren, indem sie die Ausweitung und Deterritorialisierung der Grenzen der Bundesrepublik Deutschland auf die politische Agenda der Europäischen Gemeinschaft setzte, unter anderem mit der Gründung der Schengen-Gruppe und der Entwicklung von Konzepten zur so genannten Regionalisierung der Flüchtlingsbekämpfung. Dies waren die Grundlagen, auf denen sich später eine europäische Migrationspolitik zu etablieren begann, deren Konturen ich in Kapitel 5 nachzeichne, bevor ich in Kapitel 6 das gegenwärtige Migrationsregime der Bundesrepublik Deutschland analysiere. Gerade die aktuellen Ereignisse im Atlantikraum gehen auf eine im deutschen Kontext entwickelte doppelte Entgrenzung der Grenzpolitik zurück – die deutsche Migrationspolitik der Gegenwart und die Europäisierung müssen daher zusammengedacht werden.

Kapitel 7: Viktimisierung

Bereits gegen Ende des Gastarbeitsregimes hat sich eine zentrale Funktionsweise der politischen Bearbeitung illegaler Migration herausgeschält, die ich im letzten Kapitel meiner Arbeit in den Blick nehme: Die Viktimisierung der MigrantInnen. Sie ermöglicht, die Bekämpfung der Migration als humanitäre Handlung darzustellen, in dem sie die Bewegung und die Netzwerke der Migration in kriminelle Täter und leidende Opfer aufteilt. Es gilt jedoch, diesen Vorgang nicht als ideologischen Trick zu erklären, sondern als Effekt von Hegemonialisierungsstrategien. Das menschenrechtliche oder humanitäre Terrain ermöglicht es, verschiedene Akteure konsensual aufeinander zu beziehen und die Konflikte um Migration auf eine neue Ebene zu verschieben. Dieses Viktimisierungsdispositiv beinhaltet eine spezifische Verteilung von Subjektpositionen, die die Politik und Repräsentation der Migration strategisch restringieren. Auch MigrantInnen müssen sich zumeist, wollen sie gehört werden, auf die „Leiden der Migration" beziehen und selbst als Opfer sprechen.

Den Ausblick der Arbeit bildet schließlich die Diskussion, ob in dem Konzept der „Autonomie der Migration" eine Alternative zu den in dieser Arbeit entwickelten epistemologisch-politischen Engpässen zu suchen ist. Damit verbindet sich auch die Frage danach, wie die Konstitution von Migration als „Problem", die mit den Grenzen des nationalen Sozialstaats und Arbeitsmarkts verbunden ist, strategisch überwunden werden könnte.

1. Illegale Migration als Gefüge

> „Wir sollten untersuchen, was im Feld der Illegalität vor sich geht, um zu verstehen, was wir mit Legalität meinen.“ (Foucault 1987, 245)

Der Gegenstand dieser Arbeit ist illegale Migration. Wie aber kann man etwas untersuchen, das vor allem durch seine Flüchtigkeit, beständigen Metamorphosen und konstitutive Unsichtbarkeit gekennzeichnet ist? Die etablierten wissenschaftlichen Verfahren sehen vor, jene Faktoren und Bedingungen, die die Beschaffenheit des Gegenstands beeinflussen, aus dem Weg zu räumen. In der Systemtheorie wurde dieses Vorgehen unter anderem als „Kontingenzdomestikation“ (Nassehi/Saake 2002) kritisiert. Sozialwissenschaftliche Verfahren zur Sicherung der Validität von empirisch gewonnenen Ergebnissen zielen in der Regel darauf ab, den Gegenstand von Untersuchungen gegen die Effekte der Bedingungen der Wissensproduktion abzuschirmen.

Gerade bei einem Untersuchungsobjekt wie illegaler Migration ist es jedoch kaum angebracht, diese Bedingungen auszublenden. Im Gegenteil, illegale Migration zu untersuchen bedeutet diese nicht als Gegenstand vorauszusetzen, sie nicht als soziologisches Phänomen getrennt von staatlicher Kontrolle, wissenschaftlicher Erfassung und politischer Bearbeitung zu untersuchen. Durch diese Konstitutionsbedingungen verändert sich der Gegenstand kontinuierlich. Um dieser Heterogenität gerecht zu werden und nicht mit positivistischem Blick die Unergründbarkeit eines unzugänglichen sozialen Terrains zu konstatieren, geht es hier darum, gerade die verschiedenen Erscheinungsformen illegaler Migration theoretisch zu fassen. Aus diesem Grund konzeptualisiere ich die Transformation der verschiedenen historischen Gestalten der illegalen Migrationen als Effekt von Kämpfen um Migration, ihrer Unterschichtung und Regulation. Meine Analyse ist angelehnt an den Begriff der Regierung und das Konzept der Gouvernementalität von Michel Foucault einerseits und den staatstheoretischen Ansatz von Nikos Poulantzas andererseits.

1.1 Illegale Migration als Gegenstand der Kontrolle

Forschungsarbeiten zur illegalen Migration in Deutschland existieren – mit wenigen Ausnahmen – erst seit den 1990er Jahren.[1] Das Forschungsfeld illegale Migration ist also relativ jung, wobei die wenigen Forschungsprojekte nur in Einzelfällen „durch relevante Mittelbewilligungen der wichtigen Forschungsförderungsinstitutionen unterstützt" (Schönwälder et al. 2004, 11) wurden. Während in den USA bereits seit den 1970er Jahren disziplinenübergreifend systematische Forschung zu illegaler Migration betrieben wird, ist die Behandlung des Themas in der europäischen und insbesondere deutschen Forschungslandschaft auf SoziologInnen, EthnologInnen, sowie DemographInnen beschränkt (vgl. Espenshade 1995). Die Anzahl der empirischen Studien in Europa ist insgesamt klein (vgl. Schönwälder et al. 2004). Überdies konnten nur in Ländern, in denen umfassende Legalisierungen vorgenommen wurden, Daten zu illegalen MigrantInnen systematisch ausgewertet werden.[2] Empirische Forschungen zu illegaler Migration der jüngeren Gegenwart in Deutschland bezogen sich in den meisten

---

1 In der Forschung zu illegaler Migration wird der Terminus oftmals als ausgrenzend und stigmatisierend kritisiert. Häufig wird vorgeschlagen, ersatzweise Begriffe wie „undokumentiert" oder „irregulär" zu verwenden (vgl. zum Beispiel Eichendorfer 1999, 12). Harald Lederer und Axel Nickel kritisieren hingegen den Gebrauch dieser Begriffe, da sie nicht wiedergäben, dass illegale MigrantInnen eine spezifische Gruppe darstellen, deren Aufenthalt im Zielland der Migration ein Rechtsverstoß ist (vgl. Lederer/Nickel 1997). Da der Gegenstand dieser Arbeit nicht eine bestimmte Personengruppe, sondern das Gesamtgefüge namens „illegale Migration" und seine Transformation ist, erscheint eine solche Verwendung (oder der ausschließliche Gebrauch von Termini wie Sans Papiers) für den Zusammenhang der vorliegenden Arbeit nicht sinnvoll. Darüber hinaus sind auch Begriffe wie „irregulär", „undokumentiert" oder „klandestin" keineswegs neutral, sondern beziehen ihren Gehalt aus den jeweiligen Bezugssystemen, in denen sie platziert sind. Der Ausdruck „undokumentiert" etwa vermeidet möglicherweise kriminalisierende Assoziationen, gehört aber auch zu einem staatlichen Dispositiv, nämlich dem der Erfassung und Dokumentierung der Migrationsbewegungen. Die Emphase, mit der der Ausdruck kritisiert wird – vor allem in menschenrechtlichen und kirchlichen Kontexten – reflektiert die politische Strategie, die in der Formel „kein mensch ist illegal" kulminiert und ist damit Teil des gegenwärtigen Migrationsregimes, wie zu zeigen sein wird. Die Kampagne „kein mensch ist illegal" stellt einen wichtigen Referenzpunkt aller humanitär ausgerichteten politischen Einsätze dar (vgl. zum Beispiel Blum et al. 2002). Sich vom Begriff „illegal" zu distanzieren, und ihn aus diesem Grund in Anführungszeichen zu setzen, geht demnach auf die menschenrechtliche Strategie zurück, die juridische Exklusion als ein gegen die Menschenwürde verstoßenden Akt zurückzuweisen. Weil die vorliegende Arbeit eine solche Positionierung nicht einnimmt aber auch, weil Begriffe und Worte niemals unschuldig sind und schließlich aus Gründen der besseren Lesbarkeit wird der Begriff „illegal" im Weiteren nicht in Anführungszeichen gesetzt.

2 Zum Beispiel in Frankreich auf der Basis von Daten aus Regularisierungen (Garson/Silberman 1986), in den Niederlanden durch eine systematische Erhebung (Burgers/Engbersen 1999; Engbersen 2004) oder auch in Italien durch eine breite Studie mit über 8.000 Interviews (vgl. Blangiardo 2002-2004).

Fällen auf die soziale Situation illegaler MigrantInnen im Allgemeinen (vgl. Anderson 2003; Alt 1999 und 2003), auf die informellen Überlebensökonomien und -strategien von MigrantInnen (vgl. Butscher 1996), auf den so genannten Frauenhandel (vgl. Niesner et al. 1997; Heine-Wiedemann et al. 1992) und auf die Praxis der Migrationskontrollen (vgl. Cyrus/Vogel 2001; Stobbe 2004).[3] Andere Studien untersuchen staatliche Reaktionen auf illegale Migration (vgl. Sieveking 1999), reflektieren die methodischen Probleme bei der Erfassung (vgl. Lederer 1999) oder analysieren den Zusammenhang zwischen illegaler Migration und Sozialstaat (vgl. Vogel 1999). Einen weiteren Bereich stellt die Untersuchung von Transportökonomien und ihrer Träger dar, die in der Forschung in der Regel unkritisch als „Schlepper- und Schleusernetzwerke" bezeichnet werden (vgl. Neske et al. 2004).

Diese Forschungen zeichnen in ihrer Gesamtheit ein überaus heterogenes Bild illegaler Migration. Je nachdem aus welcher Perspektive illegale Migration betrachtet wird, verändert sich das Bild. Dies hängt mit der Verschränkung der politisch-juridischen mit der sozialen und ökonomischen Ebene zusammen, die so charakteristisch für den Gegenstand illegale Migration ist: Die soziale und ökonomische Position der MigrantInnen ist gerade durch ihre Integration oder Desintegration in bestimmte juridische Apparate vermittelt. Diese Verschränkung wird in der soziologischen Forschung etwa so prozessiert, dass Migrationswege einerseits und juridische Kategorien andererseits derart divergieren, dass die Illegalen nicht als soziale Gruppe zu bestimmen sind. So konstatieren viele Untersuchungen, dass illegale MigrantInnen keine homogene Gruppe sind, sondern sich hinsichtlich der Herkunftsländer und Illegalisierungs-„Wege" unterscheiden (vgl. zum Beispiel Alt 1999; Anderson 2003; Alscher et al. 2001; Sciortino 2004). Während ein Teil so genannte *visa-overstayer* sind, also legal mit einem Touristen-Visum einreisen und ihren Aufenthalt in der Bundesrepublik fortsetzen, überqueren andere klandestin die grüne Grenze und wiederum andere – oftmals abgelehnte AsylbewerberInnen – tauchen in die Illegalität ab, nachdem ihr Aufenthaltstitel erloschen ist. Harald Lederer unterscheidet 15 Muster illegaler Migration, die als Idealtypen miteinander kombinierbar seien (vgl. Lederer 1999, 58ff.). Auch verändert sich je nach statistischer Quelle sowohl die „ethnische" Zusammensetzung, als auch das Geschlecht der Sans Papiers: Folgt man den Aufgriffszahlen des Bundesgrenzschutzes, sind drei Viertel von ihnen männlich. Untersuchungen zu HausarbeiterInnen wiederum legen nahe, dass diese Zahlen nicht repräsentativ sein können, zumal Männer oftmals im viel häufiger kontrollierten Baugewerbe arbeiten.[4] Viele Studien ergeben indes, dass das vorübergehende Illegal-Sein aus der Perspektive der Strategien der MigrantInnen

3 Für eine Übersicht vgl. Schönwälder et al. 2004.

4 Den Übergang zwischen diesen verschiedenen Kategorien beziehungsweise den transitorischen Charakter der Illegalität beschreibt Friedrich Heckmann als Resultat der intensiven Kontrollen bundesdeutscher Behörden (2003), die es für MigrantInnen auf Dauer unmöglich machten, ein Leben in der Illegalität zu führen.

kalkuliert sein kann – insbesondere im Kontext regionaler Pendelmigration (vgl. zum Beispiel Morokvasic 1994 und 2003). Ein Teil der Untersuchungen geht auf die Verschränkung der rechtlichen mit der politischen Ebene ein: So verweisen Karen Schönwälder et al. auf den dynamischen Charakter der rechtlichen und politischen Dimension illegaler Migration und betonen, dass die Faktoren, die „Illegalität" buchstäblich erzeugen, historisch und konjunkturell variieren können (2004, 38) und erinnern insbesondere an einzelne Aspekte der Forschung zur Gastarbeitsmigration bei Karen Schönwälder (2001) und Barbara Sonnenberger (2003). Bei ihnen finden sich Hinweise darauf, dass illegale Migration in der Gastarbeitsära trotz restriktiver Gesetzeslage toleriert wurde. Die Verschränkung wird hier im Sinne einer Implementierungsproblematik konzeptualisiert. Eine derartig ausgerichtete Untersuchung der unterschiedlichen Anwendung von Rechtsnormen beziehungsweise deren Transformation haben auch unter anderem Norbert Cyrus und Dita Vogel (2001) sowie Holk Stobbe (2004) vorgelegt. Cyrus und Vogel zeigen, dass die Implementierung von Arbeits- und Aufenthaltsregelungen vom Handlungsspielraum der Verwaltung abhängt und aufgrund der Zuständigkeit der Bundesländer regional unterschiedlich ausgelegt werden kann. Stobbe kommt – die USA mit Deutschland vergleichend – zu dem Ergebnis, dass die Einbettung der Kontrollen in unterschiedliche institutionelle Kontexte über deren Reichweite bestimmt, zum Beispiel wenn Ausländerbehörden mit anderen Institutionen kooperieren (vgl. 2004, 190f). In diesem Kontext wird auch das leistungszentrierte Sozialstaatssystem der Bundesrepublik als Faktor für eine solche Einbettung oder Verzahnung gesehen: Wo soziale Leistungen an Versicherungsbeiträge gebunden sind, ist der Zugang zu diesen Leistungen für illegale MigrantInnen erschwert (vgl. Schönwälder et al. 2004). Untersuchungen hierzu existieren jedoch für die Bundesrepublik nicht, obwohl die Behauptung, das Sozialsystem der Bundesrepublik sei ein Pull-Faktor in der internationalen Migration, ein gewichtiges Argument in der politischen und medialen Debatte um Migration darstellt. Während einzelne AutorInnen die Kontrolldichte der bundesdeutschen Migrationspolitik hervorheben (vgl. Hailbronner et al. 1998; Stobbe 2004), bleibt die Untersuchung des Zusammenhangs zwischen Sozialstaatsniveau und einem durch illegale MigrantInnen bereitgestellten Niedriglohnsektor weiterhin eine Forschungslücke. Forschungen zu den Auswirkungen illegaler Migration auf den Arbeitsmarkt existieren bislang vor allem zur Situation in den USA (vgl. OECD 1999). In Italien, so legt Venturini nahe, seien lohnsenkende Effekte durch illegale Migration zu beobachten (vgl. 2004). Da Sans Papiers in der Regel Beschäftigung in der informellen Ökonomie finden müssen, hängt der Kontrollgrad und die Präsenz auch vom Grad der Formalisierung der Arbeitsverhältnisse ab – die oft, aber nicht immer – einem hohen Grad an Sozialstaatlichkeit gleichkommt (vgl. Hjarno 2003). Jan Hjarno zeigt für die skandinavischen Länder im Vergleich mit den USA, dass Migrationskontrollen nicht – wie häufig behauptet – mit zunehmender Demokratie abnehmen. Vielmehr wiesen gerade Länder, in denen Kollektivverhandlungen und damit ein „demokratischer Arbeitsmarkt" zentral seien, einen hohen Grad an Kontrollen bezüglich illegaler Migration auf.

Ein weiterer Aspekt der Forschung zu Politiken der illegalen Migration in der Bundesrepublik ist deren Europäisierung. Die Europäisierung ist unter anderem deswegen ein zentraler Aspekt, weil illegale Migration als symbolische und materielle „Grenzverletzung" heute an den Außengrenzen der Europäischen Union stattfindet, die, wenn auch nicht in jeder Hinsicht – migrationspolitisch gesehen – de jure auch die Grenzen der Bundesrepublik sind. Im Mittelpunkt stehen die Verlagerung der Grenzen an die Außengrenzen der EU im Kontext des Schengener Vertrags, die Vereinheitlichungstendenzen etwa hinsichtlich der Visapolitik, aber auch die Aspekte der Ausdehnung der Kontrolltätigkeit auf Flughäfen, Bahnhöfe und grenznahe Bereiche (vgl. Lahav/Guiraudon 2000). In diesem Zusammenhang wurde auch eine zunehmende Privatisierung der Migrationskontrollpraktiken beobachtet, durch die die Einhaltung menschenrechtlicher Standards schwerer überprüfbar geworden sei. Damit sind in erster Linie so genannte *carrier sanctions* gemeint, mit denen Beförderungsunternehmen (vor allem Fluggesellschaften) unter Strafandrohung dazu gebracht werden, die Aufenthaltspapiere ihrer Kunden zu prüfen.[5] Die Forschungsgesellschaft Flucht und Migration (1998) hat für die Bundesrepublik einen besonderen Fall von *carrier sanctions* untersucht: Ende der 1990er Jahre wurden vom Bundesgrenzschutz in zahlreichen Städten nahe der deutsch-polnischen Grenze Strafprozesse gegen Taxifahrer angestrengt, denen vorgeworfen wurde, Fahrgäste im Inland zu befördern, ohne deren Ausweispapiere zu kontrollieren.[6] Mit den *carrier sanctions* werden staatliche Kontrollen durch die Privatisierung nicht ersetzt, sondern vielmehr ausgeweitet.

Viele Studien zur Europäisierung der Migrationspolitik konzeptualisieren diese als Bau einer „Festung Europa" und fokussieren insbesondere auf die Verschärfung von Einwanderungskontrollen an den Außengrenzen der Europäischen Union (vgl. Angenendt/Kruse 1997; Bade/Münz 2000). Ein solcher Ansatz wird den widersprüchlichen Effekten des europäischen Grenzregimes nicht gerecht, auf die ich in Kapitel 6 eingehen werde. So verkennt er beispielsweise, dass die zunehmende Bedeutung von NGOs innerhalb des Migrationsregimes einerseits eine Ausweitung und Privatisierung staatlicher Verfügungsansprüche über die Bewegungen der Migration darstellt, andererseits aber zu einer Verrechtlichung und damit zur Etablierung eines Menschenrechtsregimes führt, auf das sich auch MigrantInnen in ihren Projekten beziehen können, wie etwa Efthimia Panagiotidis und Vassilis Tsianos (2007) sowie Manuela Bojadžijev zeigen (2007).

5 In der Bundesrepublik wurde ein entsprechender Paragraf bereits Anfang der 1980er Jahre eingeführt, vgl. Kapitel 3.

6 Einzelne Fahrer wurden in diesem Rahmen zu Haftstrafen verurteilt (vgl. Dietrich 1998).

1.1.1 Methodologischer Reduktionismus: Zwischen Abschottung und sozialer Fürsorge

Alle empirischen Studien zur illegalen Migration in Deutschland arbeiten – in unterschiedlicher Gewichtung – mit Samples, Experteninterviews und unter Rückgriff auf statistische Daten. Die Erhebungsproblematik in diesem Feld ist dabei gekoppelt an die politischen Konfliktlinien der Migration. Das Forschungsfeld ist unterteilbar in solche Ansätze, deren Problemdefinition und Ausgangspunkt die Verhinderung von illegaler Migration ist – sei es aus Gründen der Arbeitsmarktpolitik oder eines abstrakten staatlichen Kontroll- und Souveränitätsanspruchs – und solche, für die illegale MigrantInnen eine spezifische Klientel sozialer Fürsorge darstellen. Während letztere, die ich als „humanitär" motivierte Studien bezeichne – oft in Auftrag gegeben von Wohlfahrtsverbänden oder Kirchen (vgl. zum Beispiel Flüchtlingsrat Niedersachsen 1996; Alt 1999; Erzbischöfliches Ordinariat Berlin 1999; Cyrus 1999) – häufig auf Feldstudien basieren und erklären, keinen Beitrag zu einer restriktiveren Migrationspolitik leisten zu wollen, greifen die kontrollpolitisch motivierten Studien in der Regel auf Datenmaterial zurück, das auf Aufgriffszahlen des BGS, der Polizeien und der Arbeitsämter zurückgeht. Der *bias* in den Forschungen – auf der einen Seite empirisch qualitativ, auf der anderen Seite (quasi-) repräsentativ statistisch – korelliert mit einer politischen Konstellation. Das jeweils produzierte Wissen ist auf spezifische Weise zugeschnitten, so dass es den jeweiligen politischen Strategemen entspricht: hier Argumente für eine bessere Betreuung und Versorgung statusloser MigrantInnen, dort Material für eine Effektivierung staatlicher Kontrollmechanismen.[7] Das heißt aber nicht, dass nicht auch humanitär ausgerichtete Forschungen im Sinne einer Einwanderungsverhinderung argumentieren. Oftmals vertreten die ForscherInnen die These, dass ihr Ansatz sogar viel eher der Bekämpfung illegaler Migration dienlich sei (vgl. Alt 2004).

Die humanitäre Ausrichtung folgt dabei dem Exklusionsparadigma der Sozialwissenschaften, das selbst eng gekoppelt ist an ein bestimmtes Modell der Sozialpolitik (vgl. Kronauer 2002). Der Ausschluss der illegalen MigrantInnen aus den sozialstaatlichen Versorgungssystemen wird hier in der Logik sozialpolitischer Klientelverwaltung behandelt – und angeprangert. Allerdings ist der Humanismus keineswegs ein Garant für eine klare Abgrenzung zu Migrationssteuerungspolitiken, wie man insbesondere am Diskurs um Menschenhandel und Trafficking aufzeigen kann, bei dem die Bekämpfung der Migrationsrouten und der Dienstleister der Migration vorgeblich dem Schutz der MigrantInnen dient (vgl. Kapitel 7).

7 Nicht alle Studien, die auf Statistiken aufbauen, sind auf diese Weise politisch ausgerichtet. Einige argumentieren etwa in der Logik von Beschwichtigungsrhetoriken, wenn sie nachweisen, dass ökonomische Nachteile für einheimische ArbeiterInnen durch illegale Migration nicht entstünden (vgl. dazu auch Schönwälder et al. 2004, 45).

Qualitative Forschungsmethoden generieren ein Wissen über Migrationen, das Aufschlüsse über Migrationsstrategien sowie Selbstentwürfe von MigrantInnen liefert, aber auch über deren Arbeitssituationen. Quantitative Untersuchungen, die auf Datenerhebung jenseits der Kontrollapparate basieren (zu deren Problematik siehe unten), hat es in der Bundesrepublik bislang nicht gegeben.[8] In jenen Ländern, in denen es solche Erhebungen gegeben hat, liefern sie in der Regel einen Überblick über illegale Populationen, Arbeitssituation und regionale Verteilung der MigrantInnen. Sie geben auch grundlegende Auskünfte über die Rolle von Community-Netzwerken in der Organisierung der klandestinen Reise und die Funktion so genannter Schleuser. Die Ergebnisse sind jedoch länderspezifisch, da sowohl Migrationsketten und lokale Arbeitsmärkte als auch rechtliche Rahmenbedingungen trotz Europäisierung unterschiedlich gestaltet sind.

1.1.2 Illegalisierung – ein performativer Akt?

Die wissenschaftliche Beschäftigung mit illegaler Migration ist mit mehreren methodischen Problemen konfrontiert. Im Vordergrund steht hier zunächst die so genannte Dunkelfeldproblematik. Die gesamte neuere Literatur zum Thema illegale Migration konstatiert ihr Vorhandensein, denn sie bildet eine für empirische Arbeiten kaum überwindliche Hürde. Gemeint ist damit die Schwierigkeit, eine Form von Wissen über ein soziales Feld zu erzeugen, dass sich per definitionem diesem Typus der Wissensgeneration entzieht. Nicht nur erscheint es problematisch, klandestine Migrationen, die sich ihrer Natur nach jeder Zählung entziehen, messen zu wollen.[9] Quantitative Forschungsmethoden sind Teil spezifischer Macht-Wissen-Komplexe, die im Kontext gesellschaftlicher Verhältnisse entstehen, in denen Raum und Bevölkerung staatlich erfasst und geordnet werden.[10]

8 Unter anderem hängt dies damit zusammen, dass es in Deutschland keine Regularisierungen illegaler Migrationen im Stil von Amnestien gegeben hat, wie etwa in den USA, Italien oder Griechenland (vgl. Fakiolas 2003; für einen Überblick Garson/Silberman 1986). Dies bedeutet allerdings nicht, dass die Praxis der Legalisierung in Deutschland nicht existiert. Sie hat vielmehr historisch die Form lokaler administrativer Akte, ministerieller Erlasse und schließlich der nachträglichen Einrichtung gesetzlicher Möglichkeiten für bestimmte Migrationsrouten angenommen. So gehen nicht nur den Anwerbeabkommen, sondern auch den verschiedenen gesetzlichen Migrationsmöglichkeiten, die in den 1990er Jahren eingerichtet wurden, illegale Migrationen voraus (vgl. zum Beispiel Irek 1998).

9 Viele ForscherInnen versuchen das Problem der Quantifizierung mit Schätzungen zu umgehen. Hier haben sich die kriminologischen Begriffe Dunkelfeld oder der ungleich problematischere, da Exaktheit suggerierende, Begriff der Dunkelziffer etabliert, mit denen statistisch nicht erfasste Handlungen beziehungsweise „Täter“ quantifiziert werden sollen.

10 Dies gilt freilich auch für die qualitative Forschung. Nassehi und Sake haben aus systemtheoretischer Perspektive darauf hingewiesen, dass die epistemologischen Probleme grundlegender Natur und nicht durch eine „Folklore“ zu lösen sind, nach der qualitative Methoden einer „Forschung von unten“ gleichkämen und vice versa. (Nassehi/Saake 2002, 70)

Die Statistik als Messung von Bevölkerungsbewegungen etwa diente historisch unter anderem der Inventarisierung der Migrationen unter der Perspektive ihrer Kontrolle im Kontext der Produktion, Regulierung und Stabilisierung von nationalen Kollektiven (vgl. Kleinschmidt 2002).[11] Die Statistik ist nicht nur etymologisch Staatswissen: Das Wissen über Bevölkerungen, ihre Fluktuationen und Bewegungen, ist mit dem Aufkommen der Biomacht, die das Leben der Menschen in produktiver, reichtumsproduzierender Weise neu gliedern und organisieren will, von entscheidender Bedeutung. Anfang des 19. Jahrhunderts finden in Frankreich und England erste Volkszählungen zur Erhebung der Bevölkerungsfluktuationen durch WanderarbeiterInnen statt. Es werden Geburtsort und Wohnort erfasst, aus deren Differenzial MigrationsforscherInnen Wanderungen ermitteln (vgl. Kleinschmidt 2002, 140). Die statistische Erfassung und Zählung der Bevölkerungen erzeugt ein Wissen, mit dem staatliches Handeln erst biopolitisch wird, das heißt den Zugriff auf die Gesellschaft im Sinne einer Steigerung der produktiven Potenziale zu organisieren im Stande ist (vgl. Foucault 2004a und b). Die Statistik ist darüber hinaus diejenige Wissensform, die der widersprüchlichen Struktur von Individualisierung und Kollektivität (in der Nationform) entspricht, die das Verhältnis zwischen bürgerlich-kapitalistischem Staat und den Menschen kennzeichnet (vgl. Poulantzas 1978; Schmidt 2005), da sie die Individuen als Summe Einzelner zu statistischen Größen zusammenfassen kann.

Mit dem Term „Dunkelfeld“ wird der Umstand reflektiert, dass in amtlichen Statistiken nur diejenigen Straftaten (eine solche stellt der irreguläre Aufenthalt auf dem Gebiet der Bundesrepublik dar) auftauchen, die auch zur Anzeige gelangen. Nur jene Handlungen werden gemessen, die den Behörden zur Kenntnis gelangen. Das Dunkelfeld bezeichnet demnach die fiktive Größe aller nicht registrierten kriminellen Handlungen. Das Verhältnis von Hellfeld und Dunkelfeld zu bestimmen und damit präzise Indikatoren für eine Schätzung der Gesamtzahl der Delikte zu erhalten, ist jedoch nahezu unmöglich (vgl. Kerner 1973; Hess/Scheerer 1997; Leder 1998). Diese Annahme ist nicht nur positivistisch be-

11 Schätzungen einzelner ForscherInnen und behördliche Zahlen sind nur Indikatoren eines Sachverhalts. Dabei stehen sie nicht außerhalb des Macht-Wissen-Komplexes (vgl. Foucault 1978), die „Politik der Schätzung“ ist vielmehr gewichtiger Bestandteil der Strategien aller Akteure. Die Größe „unsichtbarer” Bevölkerungsgruppen wird nach Raymond Lee (1993) generell eher überschätzt, da sowohl Befürworter von Zuwanderungskontrollen als auch die Hilfsorganisationen dazu neigen, relativ hohe Zahlen zu nennen, um die Dringlichkeit ihrer Forderungen nach mehr Ressourcen zu unterstreichen. So gehen die in der europäischen Debatte kursierenden Schätzungen allesamt auf eine Zahl zurück, die Jonas Widgren Anfang der 1990er genannt hatte (vgl. 1994). Widgren war zudem Leiter der Internationalen Organisation für Migration (IOM), einer der wichtigsten Think-Tanks und internationalen Agenturen, die sich die Errichtung eines globalen Migrationsregimes zur Aufgabe gemacht hat (vgl. Kapitel 5). Widgrens Zahl wurde 1998 von Europol verwendet (mit der Quellenangabe Widgren) und zwei Jahre später von der Europäischen Kommission (mit der Quellenangabe Europol) und kursiert nun in verschiedenen Veröffentlichungen als eine Schätzung der Europäischen Kommission.

gründet, insofern über unbekannte Größen grundsätzlich keine Aussagen zu machen seien. Vielmehr liegt es nahe, von einer Verzerrung auszugehen. Die Kontrolltätigkeit der Exekutive ist kein Zufallsgenerator, sondern unterliegt gesellschaftlichen und politischen Konjunkturen: Die Polizei ermittelt etwa gegen bestimmte, als gesellschaftlicher Rand stigmatisierte Gruppen häufiger, als gegen andere. Sei es aufgrund innerbehördlicher Vorannahmen und Täterbilder, oder gesellschaftlicher Stereotype, die wiederum ein spezifisch gewichtetes Anzeigeverhalten zur Folge haben (vgl. Hess/Scheerer 1997).[12] Die polizeiliche Kriminalstatistik, die gemeinhin als ein verkleinertes Spiegelbild der tatsächlichen Kriminalität angesehen wird, kann somit bestenfalls als deren Zerrbild angesehen werden.[13] So haben etwa Lederer und Vogel die in den 1990er Jahren gestiegene Intensität der Kontrollen an den Außengrenzen der Bundesrepublik berücksichtigt, um zu klären, ob die steigende Zahl illegaler MigrantInnen auf die Kontrolltätigkeit zurückzuführen sei. Da aber die Verhaltensmuster klandestiner MigrantInnen selbst keine beständige Größe sind, sondern sich in Reaktion auf die Kontrolltätigkeit der Behörden permanent verändern, kann auch auf diese Weise illegale Migration nicht quantifiziert werden – dies gilt sowohl für die klandestinen Migrationsrouten, als auch für Arbeitsverhältnisse oder Bewegungsmuster etwa innerhalb einer Stadt. Oft muss unklar bleiben, ob steigende Aufgriffszahlen auf eine erhöhte Aktivität der Behörden oder der MigrantInnen zurückzuführen seien: „It is difficult to tell whether the authorities are becoming stricter or the flows are increasing, or both." (İçduygu 2002, 32)

Die Aussage, nach der illegale Migration keine eigene soziale Konsistenz besitzt, sondern nur als eine rechtliche und politische Konstruktion zu verstehen ist, geht auf den *labeling approach* zurück (vgl. Sack 1968), nach dem Handlungen stets nachträglich als kriminell oder nicht-kriminell gelabelt werden und dies nicht „an sich" sind. Darauf verweist auch der in der flüchtlingsaktivistischen und antirassistischen Szene entwickelte Slogan „kein mensch ist illegal".[14] Diese

12 Empirische Studien zeigen, dass selbst jene Delikte, bei denen allgemein ein hohes Hellfeld (beziehungsweise eine hohe Aufklärungsquote) angenommen werden, zu einem viel geringeren Teil überhaupt zur Anzeige kommen. Nach einer Studie von Ennis, bei der über 10.000 Haushalte in den USA befragt wurden, kamen insgesamt 55 Prozent aller Straftaten zur Anzeige (vgl. Ennis 1967). Darunter befanden sich auch schwere Straftaten wie Mord. Nach Hans-Jürgen Kerner (1973) ist das Hellfeld auch bei Tötungsdelikten nicht höher als 50 Prozent (vgl. auch Eger/Schwind 1973).

13 Dita Vogel (1999) zeigt die Schwachstellen einer ganze Reihe von statistischen Verfahren auf, bei denen die Zahl illegaler MigrantInnen indirekt ermittelt werden könnte.

14 In der starken Variante des labeling approach, wie er von Fritz Sack entwickelt wurde, wird „abweichendes Verhalten" erst nachträglich als abweichend definiert. Ausschließlicher Untersuchungsgegenstand ist der Prozess des „Etikettierens", der von den „Herrschenden" beziehungsweise „Mächtigen" vorgenommen wird. Die Verteilung der negativen Eigenschaft „kriminell" unterliegt dabei den gleichen gesellschaftlichen Mechanismen wie sie in dieser Theorieströmung für die Verteilung

Perspektive legt nahe, der Staat betriebe eine Politik der Illegalisierung. Ein großer Teil der illegalen Migration findet jedoch im Rahmen der allgemeinen juridischen Systeme (etwa der Ausländergesetze) statt, als deren Übertretung illegale Migration sich darstellt. Man muss also, um von einer aktiven Illegalisierung sprechen zu können, über die Ebene der Rechtssetzung hinausgehen, die immer auch Illegalisierung aller von ihr per definitionem ausgeschlossenen Handlungen ist. Gewichtiger noch erscheint die paradoxale Struktur der Argumentation, nimmt man die Anwendung der Gesetze hinzu: Entweder führen, so die Annahme, staatliche Behörden häufige Kontrollen durch, um dem Willen des Gesetzgebers zur Durchsetzung zu verhelfen und erzeugen damit die Illegalen, das heißt jene die Illegalen, die in der Statistik erscheinen. Oder aber, solche Kontrollen an Grenzen oder Arbeitsplätzen finden nicht oder weniger statt und dokumentieren damit die staatliche Duldung der illegalen Migration, wie einige kritische Kommentatoren meinen. Tatsächlich finden sich für die These, die Duldung illegaler MigrantInnen diene ökonomischen Zwecken, immer wieder Hinweise. Alt etwa verweist in seiner empirischen Arbeit zur Situation Illegaler in Leipzig auf BehördenmitarbeiterInnen, die der Auffassung sind, dass eine Verhinderung irregulärer Beschäftigungsformen möglich wäre, wenn der „politische Wille zur Bekämpfung ernsthaft da wäre“ (1999, 414). Tobias Pieper verweist im Fall der polnischen Haushaltshilfen, deren illegale Beschäftigung 2004 öffentlich diskutiert wurde, auf die Nicht-Durchführung von Kontrollen in Haushalten hin (vgl. 2004, 12).[15] Der gesellschaftliche Bedarf nach Arbeitskräften in einem bestimmten Arbeitsmarktsegment, etwa nach besonders flexibler und niedrig entlohnter Arbeit, generiert aber sein Angebot nicht selbst. Der Hinweis, Kontrollen würden „auf Druck der Arbeitgeber“ (ebd.) nicht durchgeführt, greift nicht, wenn – was viele der AutorInnen tun, die so argumentieren – die Illegalisierung selbst als Effekt staatlicher Praxis gesehen wird, die ja – in letzter Instanz – Ausdruck unternehmerischer Interessen sei.[16] Die sporadischen Hinweise, die sich hierfür immer

der materiellen Güter in einer Gesellschaft angenommen werden: im Kapitalismus sei die Macht im Besitz der herrschenden Klasse, die die subalterne etikettiere.

15 Kontrollen in Privatwohnungen durch den Zoll dürfen aus rechtlichen Gründen nicht durchgeführt werden. Seit 1998 werden Kontrollen des Arbeitsamts gemeinsam mit Zollbeamten durchgeführt, weil diese die Befugnisse von Hilfsbeamten der Staatsanwaltschaft besitzen und zum Beispiel Schusswaffen tragen dürfen. Kontrollen in Privatwohnungen, den Arbeitsplätzen der domestic workers, sind problematisch weil dafür ein richterlicher Durchsuchungsbefehl notwendig ist und das Delikt darüber hinaus schwer nachweisbar. Haushaltshilfen könnten stets behaupten, sie seien nur Gäste ihrer ArbeitgeberInnen. Aussagen von BehördenmitarbeiterInnen oder ForscherInnen, der Staat könne „illegale Migration“ bekämpfen, so der politische Wille existiere, verkennt aus dieser Perspektive die Selbstbeschränkungen staatlicher Gewalt in bürgerlich-liberalen Gesellschaften. (Interview mit Hauptzollamt Köln)

16 Pieper argumentiert, dass auf der lokalen Ebene der Behörde ein Kontrollwille existiere, der politisch gleichsam gebremst werde. In meiner Untersuchung der illegalen Migration im Rahmen der Gastarbeiter-Rekrutierung verläuft der Konflikt jedoch

wieder finden lassen, bedürften jedoch einer umfassenderen empirischen Untersuchung. Diese Arbeit wurde im bundesdeutschen Kontext bislang nicht unternommen.

Die oben genannten drei Forschungslücken sind jedoch nicht Gegenstand dieser Arbeit im Sinne der Untersuchung einer Kausalbeziehung zwischen einzelnen Faktoren wie Sozialstaat, Versicherungstypus oder Niedriglohnsektor in ihrem jeweiligen Verhältnis zur illegalen Migration. Im Mittelpunkt dieser Arbeit stehen vielmehr die gesellschaftlichen Verhältnisse, in denen illegale Migration als Problem und Gegenstand in einem historischen Prozess konstituiert werden.

1.2 Illegale Migration als Konfliktfeld

In den meisten empirischen Arbeiten zu illegaler Migration wird der Status der illegalen MigrantInnen vorausgesetzt. Das heißt, dass zwar die verschiedenen Wege in die Illegalität nachgezeichnet werden (vgl. Alscher et al. 2001; Alt 2003) – dies ist die Begründungsfolie für eine Zurückweisung der Konstruktion des Illegalen als heimliche Grenzgänger – die Problematik der Illegalisierung als solche aber nur am Rande des Feldes auftaucht. Staat, Legalität und die Kontrolle von Grenzen oder eben Ausländerpolitik sind dagegen evidente Größen.

Die Begriffe Diskurs, Hegemonie und Dispositiv können für eine theoretische Matrix der Analyse der Geschichte der Transformation illegaler Migration fruchtbar gemacht werden. Dies zeigt bereits ein kurzer Überblick über einige Elemente des Migrationsregimes, auf die ich später ausführlicher eingehen werde: Dass der Anwerbestopp von 1973 Ausdruck einer Krise des Migrationsregimes war, gehört heute zum *Common Sense* der Migrationsforschung (vgl. Sciortino 2004). Zum Anwerbestopp kam es, weil die Migration sich als nur schwer kontrollierbar erwies, sich die Funktion der Reservearmee nicht mechanisch umsetzen ließ und weil die Transformation der „Gastarbeiter" in „Einwanderer" zu spezifischen politischen und sozialen Problemen führte. Aufgrund der relativ hohen Sicherungsniveaus durch den Sozialstaat konnte die inländische – dazu zählten zunehmend die ehemaligen GastarbeiterInnen – Arbeitskraft nur schwer mobilisiert werden. Zu erklären, wie der weiterhin bestehende Bedarf und sein irreguläres Angebot sich in einem neuen Migrationsregime „arrangieren", ohne das eine vom anderen abzuleiten, ist die Herausforderung einer staats- und diskurstheoretisch informierten Theorie der Migration.

---

mit umgekehrten Vorzeichen. Ende der 1960er Jahre sind es in West-Deutschland die lokalen Behörden, die entgegen den Bestimmungen der Innenministerkonferenz und den Anweisungen der zuständigen Innenminister illegal eingereisten MigrantInnen Arbeitserlaubnisse erteilen (vgl. Kapitel 3). Man kann daher nicht ohne Weiteres argumentieren, dass die lokalen Staatsapparate eher von den herrschenden Klassen dominiert werden – oder umgekehrt. Vielmehr müsste man nachzeichnen können, ob es im Zuge der postfordistischen Restrukturierungen zu einer Verschiebung der Machtzentren innerhalb des staatlichen Gefüges gekommen ist.

An den Diskursen über illegale Migration, die bereits ab Mitte der 1960er Jahre beginnen, zeichnen sich wiederum Fluchtlinien ab, die mit der allgemeinen Migrationspolitik kommunizieren. Die Bearbeitung der illegalen Migration ist dabei eine Verlängerung und Verdichtung der sozialen Konflikte (und Kompromisse), die sich im Rahmen des Migrationsregimes entwickeln. Dies zeigt etwa die Debatte um Legalisierung der illegal eingereisten MigrantInnen ab Ende der 1960er Jahre (vgl. Kapitel 3). Mit der Krise dieses Regimes verschieben sich die Konfliktlinien im sozialen Kompromiss um Migration und werden neu verhandelt. Dies ist auch insofern plausibel, als Illegalität zugleich als soziale Kategorie figuriert. So analogisiert ein Gewerkschaftsfunktionär Anfang der 1970er Jahre Stufen der prekären Beschäftigung mit Aufenthaltsstatussen: Illegale, Halblegale und Viertellegale (vgl. Diamant 1973a und 1973b).

Schließlich reicht es nicht aus, einen entsprechenden Straftatbestand zu schaffen oder das Strafmaß zu erhöhen, um aus dem Delikt der Grenzübertretung eine gefährliche und kriminelle Handlung zu machen, wie etwa jüngere Forschungen zur Etablierung eines Migrationsregimes in der südeuropäischen Peripherie zeigen (vgl. TRANSIT MIGRATION 2007; vgl. auch Dietrich 1998). Zum Aufbau eines Grenzregimes gehört die Konstruktion von Migration als Problem.[17] Dabei ist der Einsatz der Figur des Schleppers und der mafiösen Struktur des klandestinen Migrationsgeschehens wichtiger Bestandteil hegemonialer Strategien zur Migrationsbekämpfung. Die Analyse des Spezialdiskurses „Trafficking" und seine Rolle bei der Restrukturierung des gesamten Feldes der Migrationspolitik zeigt, wie Diskurse nicht nur die Rahmenbedingungen der Auseinandersetzung prägen, sondern auch, wie durch sie Subjekte und Akteure gleichsam formiert werden.

In der internationalen Migrationstheorie ist das Problem der Kontrolle von Migrationen auf verschiedene Weise behandelt worden. Insbesondere aber im Kontext der Globalisierungsdebatte haben sich AutorInnen immer wieder auf den vermeintlichen Widerspruch zwischen der Mobilität für Waren und der Immobilisierung der ArbeiterInnen bezogen. Diejenigen, die entgegen der „ökonomischen Vernunft" für die Existenz nationaler Grenzen plädieren – der Ort an dem der Status der Illegalität entsteht – verweisen in der Regel auf in diesen Ansätzen als exogen gefasste Phänomene wie Rassismus und Nationalismus. Myron Weiner konstatiert etwa, dass die neoklassischen Ökonomen sich zwar für freien Verkehr von Kapital und Waren aussprechen, nicht aber „when it comes to mobility of people" (1995, 113). Er erklärt dies mit „außerökonomischen" Gründen, zum Beispiel dem Rassismus: Wachse die Zahl der MigrantInnen, könne die lo-

17 In ihren Untersuchungen zur polnisch-deutschen Grenze zeigten die ForscherInnen der Forschungsgesellschaft Flucht und Migration, in welchem Ausmaß lokale Bevölkerungen von den zuständigen Behörden (auf deutscher Seite dem Bundesgrenzschutz) überhaupt erst für das Problem der klandestinen Migration „sensibilisiert" werden mussten, um sie zu einer Kooperation, das heißt de facto zur Denunziation von „heimlichen GrenzgängerInnen", zu bewegen.

kale Bevölkerung xenophobisch werden, so Weiner (vgl. 1996, 173). Die nationalstaatliche Kontrolle über Migrationen sei notwendig zur Aufrechterhaltung der nationalen Identität und zum Schutz der „eigenen" Bürger. Ähnlich kontrastiert James Anderson die Globalisierung des Kapitals mit „the raising of barriers to labour migration and the mobilization of nationalistic and racist hostility to immigrants and refugees, as implied for instance in ‚Fortress Europe'" (2001, 4). Auch für James Hollifield ist die zentrale Frage, weshalb es nicht zur Herausbildung eines Regimes der Migration als Regulierung internationaler Arbeitskräftemobilität analog denen für Handel, Finanzen und Währungen gekommen ist (vgl. 1992, 20). Die Antwort wird von den marxistisch orientierten AutorInnen wie Stephen Castles in der Regel in einer unterstellten Funktionalität von flexibler und billiger Arbeitskraft für die Interessen der Unternehmerschaft, von den liberalen Theoretikern wie Hollifield (vgl. 1992) oder Weiner in einer Aufteilung der Felder gesucht: Liberalismus und Souveränität in Fragen der Migration werden dann als Gegensatz gefasst, den man mit einem Set von Regeln bearbeiten und damit entschärfen könne (vgl. 1995, 114f).

Während in Ansätzen wie dem von Weiner die Rationalität staatlichen Handelns nicht-ökonomisch begründet ist, tendieren polit-ökonomische Ansätze dazu, den sozialen Gehalt der staatlichen Handlungen klassenreduktionistisch zu konzeptualisieren. Anstatt zu untersuchen, auf welche Weise bestimmte Handlungen staatlich und wie bestimmte soziale Phänomene zu Gegenständen staatlichen Handelns werden, geht es in der polit-ökonomischen Migrationstheorie oft darum, bestimmte ökonomische Interessen entsprechenden Klassen zuzuschreiben: Bereits seit den 1970er Jahren existieren klassenbasierte Ansätze der Migrationstheorie, die vor allem dadurch gekennzeichnet sind, dass die von ihnen identifizierten Interessen objektiv bestimmt und strikt an ökonomische Positionen gebunden werden (vgl. Burawoy 1976; Castles/Kosack 1972; Cohen 1987). Diese Ansätze erklären illegale Migration als Resultat von Strategien zur Errichtung einer flexiblen Reservearmee (vgl. Bach 1978). Im Unterschied zu pluralistischen Ansätzen, die die Nicht-Verhinderung von Migration in demokratischen Gesellschaften als Folge von deren Entscheidungsfindungsprozessen interpretieren (vgl. Freeman 1995) – denn diejenigen, die von Migration profitierten, seien besser organisiert, als die verstreuten und desorganisierten Bürger – fokussieren die klassenbasierten Ansätze darauf, dass ein rationales Interesse an Migration oder an illegalisierter Migration existiert. Illegale Migration ist demnach Folge der „objective interest of firms to import immigrants in a most legally tenuous position" (Portes 1978, 474). Auch in der aktuellen Diskussion um illegale Migration existieren derartige Theoreme. AutorInnen wie Emmanuel Terray oder Alain Morice verweisen darauf, dass gerade der rechtlose Status den Erfordernissen einer nach neoliberalen Prinzipien restrukturierten Arbeitswelt entspricht: „Ausländer werden mit gesetzlichen Mitteln zurückgewiesen und gleichzeitig aus wirtschaftlichen Gründen angeworben." (Morice 1997) Hierin sehen die Autoren keine Paradoxie, sondern den positiven Zusammenhang einer staatlichen Duldung. Für Terray „toleriert der Staatsapparat die illegalen Arbeitsmärkte“ (2002) und nach Morice existiert „in dieser Frage eine zweckdienliche, wenn auch nicht unbedingt beabsichtigte Komplizenschaft zwischen Staat und Arbeitgebern“ (Morice 1997). Ihnen geht es darum, die zunehmende Flexibilisierung und Deregulierung der Arbeitswelt nicht auf die MigrantInnen zurückzuführen, sondern auf den Neoliberalismus, aus dessen Perspektive die Sans Papiers „die Masse perfekt flexibler Arbeitskräfte [sind; SK], denn sie können je nach Auftragslage angeworben und entlassen werden“ (Terray 2002; vgl. auch Pieper 2004).

Auch nach Nicholas de Genova ist die Illegalisierung unmittelbar funktional für die Produktion eines Subproletariats: „Indeed, it is their distinctive legal vulnerability, their putative ‚illegality‘ that facilitates the subordination of the undocumented as a highly exploitable workforce.“ (2005, 2) Dabei ist es nicht die Abschiebung selbst, sondern die Möglichkeit derselben, die die illegale Arbeitskraft zum flexiblen Arbeitskräftereservoir macht: „It is *deportability*, and not deportation as such, that has historically rendered undocumented migrant labor as a distinctly disposable commodity.“ (Ebd.)[18] Angesichts der ökonomischen Besonderheiten der Arbeitsmärkte, auf denen illegale MigrantInnen arbeiten, erscheint der Status der Illegalität in der Tat als höchst funktional. Das zeigen etwa historische Untersuchungen zum Einsatz migrantischer Arbeitskräfte in der Landwirtschaft.[19] Der Aspekt der Flexibilität spielt aber schon innerhalb staatlicher Rekrutierungsprogramme eine bedeutende Rolle und zwar sowohl im US-amerikanischen Gastarbeiter-Regime (dem Bracero-Programm, in dessen Rahmen Millionen mexikanischer ArbeiterInnen auf Plantagen in den USA arbeiteten, vgl. de Genova 2005), als auch im Rahmen des europäischen Modells der Gastarbeit oder in der polnischen Pendel-Migration während des Deutschen Reiches (vgl. Kahrs 1993). Die „notwendige“ und „funktionale“ Flexibilität – diesen Aspekt behandelt insbesondere die Theorie vom dualen Arbeitsmarkt (vgl. Piore 1980) – kann aber oftmals nicht durchgesetzt werden: Noch während der Weimarer Republik führte dies zum Phänomen der illegalen Abschiebungen polnischer SaisonarbeiterInnen, die entgegen den rechtlichen Regelungen, gleichsam zur Durchsetzung ihrer Funktion als Reservearmee, nach Polen abgeschoben wurden (vgl. Elsner 1974). Gleichzeitig zeigt die Untersuchung der illegalen Migration der bundesdeutschen Nachkriegsgeschichte, dass unautorisierte Migration keineswegs ausschließlich als eine unter neoliberalen Vorzeichen organisierte Entwertung der Arbeitskraft zu verstehen ist.

Auch das Argument einer heimlichen staatlichen Duldung der illegalen Migration ist zunächst unbefriedigend, da ein solcher Funktionalismus dazu tendiert, teleologischen Charakter anzunehmen. Es muss unterstellt werden, dass die Verbindung zweier Elemente in einer Gesellschaft einen außerhalb dieser Rela-

18 Hervorhebungen in Zitaten sind, wenn nicht anders angegeben, stets im Original.

19 So entstand die intensive Landwirtschaft Kaliforniens erst nach dem Ende der legalen chinesischen Einwanderung, als diese also illegalisiert wurde (vgl. Berlan 1974 und 2004).

tion liegenden Sinn habe (vgl. Demirović 1987, 154). Gesellschaftliche Verhältnisse haben jedoch keinen Telos, sondern bestehen aus Widersprüchen und Konflikten. Der Regulationstheoretiker Alain Lipietz argumentiert deshalb, dass eine Gesellschaft nicht in erster Linie sich selbst, sondern vor allem ihre Widersprüche reproduziere (vgl. 1998, 80). Angesichts der „Dysfunktionalität" (Merton) vieler sozialer Phänomene ist überdies nicht von vorneherein bestimmbar, worin ihre manifesten oder latenten Funktionen eigentlich bestehen könnten. Auch von der Systemtheorie wird das Verhältnis von Regel und Ausnahme als notwendiges – funktionales – Element sozialer Systeme gefasst. Abweichungen schärfen demnach etwa das Normbewusstsein, geben innovativem Verhalten Raum und ermöglichen erst die Anpassung an eine sich ändernde Umwelt. Günther Ortmann kritisiert an der systemfunktionalen Perspektive, dass sie die „Brauchbarkeit der Illegalität" voraussetzt und die Infragestellung des Systembestands durch Abweichungen damit unterschätzt (2003, 252f).

Darüber hinaus impliziert eine solche Herangehensweise ein aus staatstheoretischer Perspektive „naiven" Staatsbegriff. Die Logik eines naiv-funktionalistischen Staatsbegriffs läuft auf eine Deduktion ex post hinaus: Was geschehen ist, muss intendiert gewesen sein. Zudem werden damit transnationale Aspekte der Staatlichkeit – etwa multilaterale Abkommen, UN-Konventionen und EU-Gesetze – und deren Rolle bei der Eingrenzung exekutiver Staatsgewalt unterschätzt. Dies verweist einerseits auf die besondere Struktur der Staatlichkeit in bürgerlich-kapitalistischen Gesellschaften, wie ich im nächsten Abschnitt darlegen werde, andererseits zeigt es die Notwendigkeit auf, das Verhältnis von ökonomischen Erfordernissen – wie der Suche des Kapitals nach günstigen Verwertungsbedingungen – und der gesellschaftlichen oder staatlichen Beantwortung dieser Nachfrage, anders zu rekonstruieren, als innerhalb der Parameter eines instrumentellen Staatsbegriffes.

Aus staatstheoretischer Perspektive ist es aber auch unbefriedigend, den Klassencharakter staatlicher Handlungen zu unterstellen, als würden diese unmittelbar die (zugeschriebenen) Interessen bestimmter Teile der Unternehmerschaft ausführen. Die diesen Ansätzen impliziten Staatsbegriffe rekurrieren auf einen instrumentellen Staatsbegriff. Mit der Staatstheorie, wie sie insbesondere von Poulantzas entwickelt wurde, kann demgegenüber der Staat – sozusagen nicht-essentialistisch – als Verdichtung sozialer Kräfteverhältnisse untersucht werden (vgl. 1978). Denn Poulantzas hat in kritischer Auseinandersetzung sowohl mit dem zeitgenössischen Marxismus, als auch mit den Arbeiten von Foucault ein relationales Staatsverständnis entwickelt (vgl. 1978). Allerdings verbleibt Poulantzas' Argumentation innerhalb funktionalistischer Muster, wie die Diskussion im Anschluss an seine Arbeit herausgearbeitet hat (vgl. Demirović 1987). Insofern arbeite ich mit einer an Poulantzas angelehnten, aber weiter entwickelten Staatstheorie. Um die tendenziell funktionalistische Annahme einer „strukturellen Selektivität" zu vermeiden, wie sie Poulantzas vorschlägt, muss daher im Anschluss an Bob Jessop (1990) von einer strategischen Selektivität des Staates gesprochen werden. Der Staat ist also gleichursprünglich mit der Gesellschaft und der Ökonomie, nicht aber koextensiv. Was das staatliche Feld ausmacht, wird durch diskursiv vermittelte Strategien bestimmt. Die Diskurs- und Hegemonietheorie ist in diesem Verständnis integraler Bestandteil des Denkens über Staatlichkeit, denn ihr geht es gerade um die Emergenz eines Feldes, die Konstitution der Subjekte und die Transformation der politischen Formen, anstatt diese vorauszusetzen. Staat ist nicht einfach eine Institution, in der bestimmte machtvolle Akteure ihre Interessen einschreiben können, sondern die Einschreibung ist selbst ein konflikthafter Prozess. Die Kämpfe um die Deutung von Praktiken, ihre Etablierung und Durchsetzung verlaufen auf einem diskursiven Terrain. Diskursanalyse ist Konfliktanalyse (vgl Schwab-Trapp 2001).

Einen Hinweis auf die Notwendigkeit eines derartigen Perspektivwechsels in der Forschung zu illegaler Migration gibt Michael Samers (2003), der eine „postfunktionalistische" politische Ökonomie der Migration vorschlägt, in der nicht Wirtschaftsinteressen unmittelbar die Migrationspolitik bestimmen. Anstatt nun aber das Verhältnis von Migration und Arbeitsmarkt zu negieren, komme es, so Samers, darauf an, die Kämpfe innerhalb und zwischen staatlichen Apparaten ebenso einzubeziehen, wie Konflikte zwischen VertreterInnen von KapitalbesitzerInnen und anderen Positionen aus der Zivilgesellschaft und dabei politische Rethoriken über Migration zu genau diesen materiellen Dimensionen in Beziehung zu setzen. Samers argumentiert, dass das Reden über Migration konstruktivistisch zu interpretieren sei: „That is, if undocumented immigration is produced by stricter regulations, then the state is not so much *controlling* it, the popular press not so much *reporting* it, as they are both *creating* it." (Samers 2003, 576) Das Verdienst Samers ist es, auf die produktive Rolle von Diskursen und Apparaten hinzuweisen. Im Anschluss an seinen Ansatz gilt es zu betonen, dass die Rolle der Diskurse nicht auf eine bloße Umkehrung des Kausalitätsschemas zu beschränken ist, in dem nicht Diskurse die Realität „abbilden", sondern den epistemologischen Platz der „Realität" selbst einnehmen. Für den Zusammenhang dieser Arbeit ist es daher eine fruchtbarere Herangehensweise, die Übergänge und Passagen zwischen diskursiven Formationen in den Blick zu nehmen, um zu verstehen, wie die Konstruktion illegaler Migration sich verändert. Gerade der Begriff der Verdichtung ermöglicht es hier, die Effekte asymmetrischer sozialer Verhältnisse hinsichtlich diskursiver Formationen und subjektivierender Anrufungen zu analysieren. In einer solchen Perspektive wäre Illegalität aber nicht als empirische Tatsache zu interpretieren, sondern beispielsweise im Kontext der Reorganisierung des flüchtlings- und ausländerpolitischen Diskurses zu untersuchen (vgl. Düvell 2000).

Der Vorschlag der vorliegenden Arbeit ist es daher, auf methodische und theoretische Überlegungen der Staatstheorie, der Diskurs- und Hegemonietheorie, sowie der Regulationstheorie zurückzugreifen, um theoretische Defizite der Migrationsforschung in Bezug auf die Untersuchung illegaler Migration zu überwinden. Diese Defizite interpretiere ich als epistemologische Hindernisse[20], die durch die theoretischen Instrumente erzeugt werden, die in den herkömmlichen Theorien zur Anwendung kommen.

1.2.1 Modi des Regierens und Politiken der Migration

Will man also Funktion oder Stellenwert illegaler Migration im Rahmen des bundesdeutschen Migrationsregimes untersuchen, muss man den Zusammenhang zwischen Diskursen, rechtlicher Ebene und Bewegung der Migration als konfliktorisches Feld der Migrationspolitik analysieren. Dabei ist es nicht ausreichend, Politiken der Migration als Effekt von Kompromissen zu interpretieren, die sich innerhalb der Staatsapparate und in ihrer Konfiguration artikulieren. Der „Migrationskompromiss" wäre so nichts weiter, als eine weitere Arena des Konflikts unter den bereits gegebenen Bedingungen. Die Migration involviert aber eigenständige Subjekte mit Projekten, Zielen und Wünschen, die der Migrationskompromiss organisiert oder desorganisiert. Die Modi des Regierens der Migration und ihre Inhalte sind nicht nur eine abhängige Variable innerhalb eines deduktionistischen und funktionalistischen Erklärungsrahmens. Wie aber die Handlungsmacht der Migration konzeptionell fassen, vor allem jener Migration, der aufgrund ihrer Klandestinität der Zugang zur Politik als öffentlicher Sphäre verbaut ist?

Hier kommen die die repräsentationalen Verhältnisse ins Spiel, die die Modi der Subjektivität der Migration regulieren. Dass MigrantInnen in Opfer und Täter der Migration unterschieden werden, ist Effekt von Macht-Wissen-Komplexen, die ich als epistemologisch-politische Barrieren bezeichne. Sie in die Analyse einzubeziehen, ermöglicht, die Konstruktion der Diskursgegenstände nicht nur im Sinne der Ideologiekritik als empirisch „falsch" zu kritisieren. Es geht stattdessen darum, die Produktionsbedingungen des Politischen im Feld der Migration zu analysieren und herauszuarbeiten, wo epistemologische und politische Engpässe errichtet werden.

Denn die Einschreibung in den staatlichen Migrationskompromiss verläuft nicht im Sinne einer physikalischen Verdichtung, sondern gleichsam verzerrt. Alex Demirović hat darauf hingewiesen, dass der Begriff der Verdichtung nicht als mechanische Konzentration zu verstehen sei, sondern im Sinne der Psychoanalyse als ein „Vorgang, in dem sich mehrere soziale Widersprüche in kontingenter Weise, je nach Kräfteverhältnis in einer spezifischen Auseinandersetzung, überdeterminieren und sich wechselseitig aufstufen" (1997, 58). Der Begriff der

20 Bei Gaston Bachelard fungiert der Begriff des epistemologischen Hindernisses wie ein notwendiges Element in der Entwicklung des „wissenschaftlichen Geistes" (1988). Die Überwindung des Hindernisses ebnet den Weg für ein neues Paradigma wissenschaftlicher Erkenntnis. Im Kontext der vorliegenden Arbeit verweist der Begriff jedoch vielmehr, darauf komme ich im nächsten Abschnitt, auf Macht-Wissen-Komplexe, die ich als epistemologisch-politische Barrieren bezeichne.

Verdichtung entstammt der Psychoanalyse und wurde von Poulantzas[21] auf politische Prozesse übertragen, wo er darauf verweist, dass der Staat mehrere Assoziationsketten[22] vertritt, an deren Kreuzungspunkt die Verdichtung sich befindet. Der Staat ist in diesem Verständnis durchzogen von einer Vielzahl konfliktorischer Energien, die sich aber nicht gleichsam synchron in ihm reproduzieren und also eine unmittelbare repräsentationale Struktur innerhalb des Staates erzeugen. Der Begriff der Verdichtung verweist vielmehr darauf, dass die jeweiligen Assoziationsketten und Kräfte in unterschiedlicher Weise zusammengefasst werden, sich überlagern und verschieben (in andere Begriffe, Repräsentationen, etc.) und neue Formen bilden.

Dabei spielt die spezifische Materialität des Staates eine wesentliche – nämlich organische – Rolle: Denn der Staat konstituiert und organisiert eine soziale Gruppe als politisch herrschende Klasse, hat jedoch „eine eigene Dichte und Widerstandskraft“ (Poulantzas 1978, 121). Der Staat stellt also ein materielles Gerüst dar, das nicht auf die politische Herrschaft reduziert werden kann. Ausgangspunkt ist dabei die Überlegung, dass die in einer Gesellschaft dominierenden sozialen Gruppen selbst nicht einheitlich, sondern vielfach gespalten sind. Weil diese Gruppen unterschiedliche politische Strategien verfolgen, ist der Staat eine Einrichtung, welche das instabile Kompromissgleichgewicht vermittelt und die Stabilität eines Blocks an der Macht aufrechterhält. Dieser ist also eine Formation, die „sich aus verschiedenen Fraktionen der bürgerlichen Klasse zusammensetzt“ (ebd., 117). Um nun einen solchen Block überhaupt organisieren zu können, muss der Staat über eine „relative Autonomie“ (ebd., 118) verfügen, beziehungsweise umgekehrt: Weil sich verschiedene Klassen und Gruppen in seinem Inneren befinden und er daher nicht das Instrument einer Gruppe darstellen

---

21 Wenn in dieser Arbeit vom Migrationskompromiss oder dem sozialen Kompromiss der Migration gesprochen wird, so verweist dies auf ein spezifisches Staatsverständnis, das auf die kritisch-materialistische Staatstheorie von Poulantzas zurückgeht. Seine Konzeption des Staates als einer „materiellen Verdichtung von Kräfteverhältnissen“ will zwei theoretische Sackgassen vermeiden: Zum einen sollen instrumentalistische Vorstellungen zurück gewiesen werden, die den Staat als inhaltlich leer und deshalb als ein neutrales Werkzeug betrachten. Zum anderen werden Theorien kritisiert, die den Staat als Subjekt und damit Träger einer absoluten Autonomie ansehen. Stattdessen, so Poulantzas, müsse geklärt werden, wie „der politische Kampf und die politische Herrschaft im institutionellen Gerüst des Staates eingeschrieben sind“ (1978, 116).

22 Nach Jean Laplanche und Jean-Bertrand Pontalis sind Besetzungsenergien, die sich von bestimmten Vorstellungen lösen, der Ausgangspunkt zur Bestimmung einer Verschiebung. „Ökonomisch gesehen ist sie [die Verdichtung; SK] also mit Energien besetzt, die, an diese verschiedenen Ketten gebunden, sich in ihr anhäufen. […] Die Verdichtung darf jedoch nicht mit einer Zusammenfassung gleichgestellt werden: Wenn jedes manifeste Element durch mehrere latente Bedeutungen determiniert ist, so kann umgekehrt jede dieser Bedeutungen sich in mehreren Elementen wiederfinden; andererseits gibt es keinen gemeinsamen Bezugspunkt für das manifeste Element und jede seiner Bedeutungen, die es repräsentiert: es faßt sie folglich nicht zusammen, wie das der Begriff tun würde.“ (1989, 580f.)

kann, verfügt er über eine relative Autonomie. Die subalternen Klassen hingegen werden vom Staat „desorganisiert", indem sie im „Volk-als-Nation" zusammengefasst werden. Das heißt jedoch nicht, dass diese dem Staat äußerlich sind – vielmehr sind sie Bestandteil des Prozesses, der den Staat zu einem permanenten „instabilen Kompromissgleichgewicht" macht.

Die „Funktionen" des Staates sind somit nicht naturgegeben, sondern gerade darin begründet, dass der Staat als ein Verhältnis zu begreifen ist. Wenn Staat nun als ein konjunkturell bestimmtes Kräftegleichgewicht angesehen wird, das sich durch alle sozialen Praktiken zieht, so wird deutlich, dass damit nicht eine Sache oder ein bestimmter Apparat gemeint ist. Der Staat markiert hier eine spezifische Qualität sozialer Beziehungen. Andererseits beharrt Poulantzas immer wieder auf dem materiellen „Kern" des Staates, der nicht der Gegenstand der Konjunktur ist. Man könnte also von einer Art Dialektik von Kompromiss und Struktur im Staat reden. Die Praktiken der Staatlichkeit stellen sich jeweils von neuem in sozialen Auseinandersetzungen und spezifischen Kompromissformen her. Die Materialität des Staates besteht nicht nur aus Gewalt und Ideologie, „der Staat wirkt auch in positiver Weise, er *schafft, verändert, produziert Reales*" (ebd., 28). Er ist damit mehr als die Instanz, die die ideologische und gewaltförmige Reproduktion der Produktionsverhältnisse gewährleistet, wie noch bei Althusser. Er ist vielmehr ein von vielfältigen und widersprüchlichen, ihn „überflutenden" Machtbeziehungen durchzogenes Feld, auf dem mit Hilfe von Machttechnologien, Steuerungs- und Kontrollverfahren eine asymmetrische aber gleichwohl konsensuale gesellschaftliche Regulation erzielt wird. Die Energien der Kämpfe erzeugen qua Verdichtung gleichzeitig Veränderung und Kohäsion. Über die Funktionsweise der politischen Ebene wird einerseits eine (hierarchische) Gemeinschaftlichkeit erzeugt, andererseits wird aber auch die vorhandene Energie so verdichtet, dass sie für politische Taktiken und Strategien genutzt werden kann.

Da die Machtverhältnisse nicht auf den Staat reduzierbar sind, geht Poulantzas davon aus, dass Wissens- und Diskurspraktiken selbst einen Bereich sozialer Machtverhältnisse darstellen. Demirović kritisiert daher eine strukturalistische Lesart der Staatstheorie: „Staat kann nicht mehr von seiner Struktur her analysiert werden, sondern muss von seinem Konstitutionsprozess in den sozialen und politischen Auseinandersetzungen her gedacht werden, in die Wissenspraktiken konstitutiv einbezogen sind." (1987, 24)

1.2.1.1 Staat und Recht

Ausgehend von der materialistischen Staatstheorie von Poulantzas kann das Recht weder als autopoietisches System, wie bei Niklas Luhmann, noch als Medium einer demokratischen Selbstorganisation, wie bei Jürgen Habermas, konzeptualisiert werden, sondern muss als eine relativ autonome, von Kräfteverhältnissen durchzogene Ebene betrachtet werden (vgl. Buckel 2005). Das Gesetz hat bei Poulantzas zwei Funktionen: die Kohäsions- und die Konsensfunktion. Die Funktion als Kohäsionsfaktor entsteht aufgrund der Parzellierung des gesellschaftlichen Körpers in den Produktionsverhältnissen. Das moderne Recht organisiert die gesellschaftlichen Unterschiede als Einheit. Nur über das Recht kann die Einheit der Subjekte als Volk und Nation bewerkstelligt werden. Die Sanktionierung der Unterschiede bei gleichzeitiger Homogenisierung dieser Unterschiede ist der Ursprung für die Universalität des Gesetzes. „Das Gesetz bildet so ein Scharnier zwischen den vereinzelten Individuen und der Einheit der Gesellschaft." (Adolphs 2003, 87) Das Recht nimmt dabei die Rolle ein, die die Religion als dominante Ideologie des Feudalismus innehatte, nämlich die des gesellschaftlich Imaginären (vgl. Poulantzas 1978, 80). Aber auch im Rahmen der Organisierung der verschiedenen Fraktionen der herrschenden Klassen spielt die Kohäsionsfunktion eine wichtige Rolle, denn es ermöglicht Kalküle und einen gewissen Grad an Stabilität der Regeln für strategisches Handeln. Das Gesetz regelt die Beziehungen der einzelnen Teile des Blocks an der Macht: „Es schafft so die Möglichkeit, dass die Modifizierung der Kräfteverhältnisse innerhalb des Bündnisses an der Macht im Staat zum Ausdruck kommt, ohne Erschütterungen hervorzurufen." (Ebd., 83) Das bürgerliche Gesetz ist also die „notwendige Form eines Staates, der gegenüber dieser oder jener Fraktion des Blocks an der Macht relativ autonom sein muss, um ihre Einheit unter der Hegemonie einer Klasse oder Fraktion zu organisieren" (ebd.) und den Rahmen eines permanenten Kompromissgleichgewichts herzustellen. Die Subalternen werden durch das Gesetz in das politisch-soziale Netz integriert. Das Gesetz ist damit einer „der wichtigsten Faktoren für die Organisierung des Konsenses der beherrschten Klassen" (ebd., 75), indem es ihnen Rechte zuspricht und materielle Kompromisse ermöglicht. Es organisiert den Konsens, da über das Parlament grundsätzlich alle gesellschaftlichen Gruppen legal an die Macht gelangen können. Die Legalität macht dabei die Rolle der physischen Gewalt im Staat unsichtbar, obgleich diese im bürgerlichen Staat durch das Gewaltmonopol und das Recht, Krieg zu führen, eine historisch ungekannte Dichte erreicht. Das Gesetz ist demzufolge der Code organisierter öffentlicher Gewalt, die bei geregelten Herrschaftsverhältnissen kaum eingreift, dafür jedoch in die Mechanismen des Konsenses eingeschrieben ist: Der Einsatz der Konsenstechniken setzt die Monopolisierung der Gewalt durch den Staat voraus (ebd., 73).

Das Recht impliziert einen Transformationsprozess, in dem die Produktions- und Lebensverhältnisse der Menschen auf spezifische Weise bearbeitet werden. Einerseits entsteht durch diese Übersetzungsarbeit eine relative Autonomie, eine rechtliche „Existenzweise" (vgl. Maihofer 1992; Buckel 2006). Andererseits ist die Autonomie, ebenso wie beim Staat, Ausdruck von sozialen und politischen Kompromissen. Auch wenn die Rechtsform Ausdruck des Anspruchs ist, den allgemeinen Willen zu repräsentieren, ist das Recht auch eine Artikulationsfläche für nicht hegemoniale Gruppen. Rechtsforderungen sind etwa, so Andrea Maihofer, ein wichtiges Medium für die Vereinigung der ArbeiterInnen zu einer Klasse gewesen (vgl. ebd., 222ff.). Das Recht ist damit die Bewegungsform für das Ensemble gesellschaftlicher Widersprüche auf einem historisch bestimmten Niveau. Poulantzas begründet jedoch den materiellen Kern des Staates durch Recht und Bürokratie, die als Formen die Vorherrschaft der Bourgeoisie absichern. Dieser harte Kern geht auf die gesellschaftliche Trennung von Hand- und Kopfarbeit zurück, die gleichzeitig mit der Trennung von Staat und Gesellschaft entsteht und Effekt der Produktionsverhältnisse ist. Damit tendiert die Staatstheorie bei Poulantzas dazu, die Apparate als einen materiellen Kern zu konzeptualisieren, die den Kämpfen vorausgehen. Demgegenüber müsste mit Foucault der Primat der Kämpfe betont werden, die auch in nicht-staatlichen Mechanismen verankert sind.

1.2.1.2 Diskurse, Dispositive und das Regieren der Migration

Um zu verstehen, auf welche Weise Diskurse eine organisierende Funktion im Kontext der Transformation der Regierung der Migration einnehmen, gilt es, den Diskursbegriff genauer zu bestimmen. Diskurse werden hier nicht als geregelte Redeweisen verstanden, in denen Begriffen präexistente Gegenstände entsprechen. Die Diskursanalyse verlässt vielmehr den Standpunkt der fertigen Phänomene und bricht „mit der Naturalisierung des Sozialen" (Laclau 1982, 21). Sie macht „den semantischen Naturalismus (das heißt die naive Annahme, dass Wörter gegebene Sachverhalte bezeichnen und Bedeutungen an sich existieren) zum Problem" (Laugstein 1995, 728). Die Diskurstheorie setzt dabei an der Theorie der Arbeitsteilung an: Den arbeitsteilig ausdifferenzierten Spezialpraktiken einer Gesellschaft entsprechen spezielle Wissensbereiche, die ihrerseits als „diskursive Praktiken" ausdifferenziert werden (ebd., 745). In Foucaults „Archäologie des Wissens" (1973b) werden Diskurse als „diskursive Formationen" untersucht, die über längere Zeiträume als in ihrer Operativität identische Wissensformen Gegenstände, subjektive Äußerungsmodalitäten, Begriffsraster und thematische Strategien (vgl. Foucault 1973, 61ff) beinhalten. Diese Diskurse behandelt Foucault als Praktiken, „die systematisch die Gegenstände bilden, von denen sie sprechen" (ebd., 74) und zwar durch sprachliche und andere Verfahren, wie Klassifizierungen, Tabellen, Messwerte oder Statistiken. Diskurse sind ebenso verankert in Staatsapparaten wie als Wissen innerhalb der Produktivkräfte.[23] Durch die Kopplung von Diskursen an Apparate und seine Legitimitätsgrenzen, die bestimmte Subjekte zum Sprechen legimitieren, haben Diskurse Machteffekte.

Entscheidend ist die produktive Dimension der Diskurse. Sie bilden nicht eine außerhalb der Diskurse angesiedelte Realität ab, sondern generieren sie:

23 Auf den intellektuellen Aspekt der Produktivkraft und den Diskurs als Teil der Wertschöpfungskette verweist bereits das berühmte Maschinenkapitel in den „Grundrissen" von Marx (1987, 594), das von den TheoretikerInnen der immateriellen Arbeit als Grundlagentext betrachtet wird (vgl. etwa Lazzarato et al. 1998).

Wissensproduktion und Machttechniken bilden einen Komplex, in dem zu führende Subjekte in Diskursen kodiert und mit Bedeutungen versehen werden. „Zwar bestehen diese Diskurse aus Zeichen; aber sie benutzen diese Zeichen für mehr als nur zur Bezeichnung der Sachen. Dieses mehr macht sie irreduzibel auf das Sprechen und die Sprache." (Foucault 1973b, 36) Real wird etwas, wenn es in ein Feld positiven Wissens eingeschrieben ist. Diskursformationen bilden immer soziale Formationen. So sind etwa Spezialdiskurse, mit denen innerbehördlich Probleme der Migration bearbeitet werden, auf andere Weise mit nichtdiskursiven Praktiken verkoppelt, als etwa der (Gegen-)Diskurs der Gewerkschaften oder der ökonomische Diskurs der Migration, wie er im Migrationsregime der Gastarbeiter-Ära über lange Zeit dominant war (vgl. Kapitel 3).

Aus den Reihen der Cultural Studies wurde gegen dieses Konzept die Kritik vorgetragen, dass es die Machtwirkungen der Diskurse verabsolutiere und das „eigen-sinnige" Handeln der Akteure vernachlässige. Dagegen wird in der kritischen Diskursanalyse im Besonderen (vgl. Jäger 2000) und in Diskursanalysen im Anschluss an Gramsci hinaus der Akzent auf die Konflikthaftigkeit von Diskursen gelegt. So betont Norman Fairclough etwa, dass innerhalb von Diskursen Ideologien am Werk sind, die untereinander in Konkurrenz- und Hierarchiebeziehungen stehen (Fairclough 1992: 30). Chantal Mouffe und Ernesto Laclau wiederum haben in ihrem grundlegenden Werk *Hegemonie und radikale Demokratie* diskurstheoretische mit hegemonietheoretischen Überlegungen zusammengeführt und eine Theorie der Artikulation und Verkettung aufgestellt, mit der sie die Logik der Diskurse mit einer Logik des Politischen kurzschließen (Laclau/Mouffe 2000). Der Vorteil dieser auf eine Logik der Auseinandersetzung orientierten Theorien ist es, dass mit ihnen das dynamische Moment in der Entwicklung von Diskursen nicht exogen erklärt werden muss, sondern die Wirkweisen der Diskurse selbst permanent Krisen und Brüche generieren. Freilich sind etwa Laclau und Mouffe an die Grenzen einer solchen Herangehensweise gestoßen, da ihre Annahme einer Diskurstotalität zu der Tautologie führt, dass Diskursregeln die Formen der politischen Identitätsbildung bestimmen – und umgekehrt (zur Kritik vgl. Eagleton 2000).

Diskurse sind also keine homogene Blöcke, sondern von Kämpfen durchzogen, deren Subjekte sie auf ähnliche Weise konstituieren, wie die Rechtsförmigkeit innerhalb der staatlichen Kämpfe die kollektiven Akteure formiert und transformiert. Macht operiert einmal auf der Ebene des Möglichkeitsfeldes und in der Produktion von Wahrscheinlichkeiten, mit denen Subjekte innerhalb dieses Möglichkeitsfelds handeln. Regieren bedeutet dann, das Feld eventuellen Handelns der anderen zu strukturieren. Die dafür notwendigen Bedeutungsproduktionen werden dadurch Ort und Gegenstand sozialer Kämpfe um die Definitionsmacht, um das Vorrecht der Klassifizierung und die Gliederung der sozialen Ordnung. (Howarth 2001; für die historische Diskursanalyse vgl. Sarasin 2003)

Ein hegemonialer Diskurs ist demnach ein Diskurs, in dem nicht nur eine bestimmte Gruppe oder Klasse ihre Interessen verallgemeinert. Vielmehr konstituieren sich die Subjekte als Gruppen erst in dem Prozess der diskursiven Formierung. Hegemonie kann jedoch nur durch Kompromisse hergestellt werden, sie besteht nicht in einer einfachen Verallgemeinerung eines sich gleich bleibenden ideologischen Inhalts. Der Zuschnitt der Gegenstände durch Diskurse – ihre Konstitution – kann nur bedingt als „positive Funktionalität für die Hegemonie der Gesellschaft" (Link 1995, 746) gesehen werden. Bereits die Konstitution ist von den Kämpfen durchzogen, sie können durch anti- und nichthegemoniale Klassen und Gruppen besetzt und funktionalisiert werden. Sie sind aber selbst wiederum eingebunden in Dispositive, das heißt Anordnungssysteme von Institutionen, Normen, Gesetzen und gesellschaftlichen Auffassungen. Es handelt sich um ein

> „heterogenes Ensemble, das Diskurse, Institutionen, architekturale Einrichtungen, reglementierende Entscheidungen, Gesetze, administrative Maßnahmen, wissenschaftliche Aussagen, philosophische, moralische oder philanthropische Lehrsätze, kurz: Gesagtes ebenso wohl wie Ungesagtes umfasst. Soweit die Elemente des Dispositivs. Das Dispositiv selbst ist das Netz, das zwischen diesen Elementen geknüpft werden kann." (Foucault 1978, 119f.)

Die miteinander verbundenen Elemente des Dispositivs bilden Strukturen, die in Form von Regeln Antworten auf gesellschaftliche Probleme bereitstellen. Handeln finalisiert sich in Bezug auf ein gesellschaftlich entstandenes Ziel und das Subjekt ist ein dadurch entstehender, den Regeln der Norm gehorchender Effekt. Die theoretische Basis der Normen sind die verschiedenen Wissenschaftsdisziplinen. Sie konstruieren das Subjekt, indem sie „natürliche" Regeln, Merkmale und Abläufe produzieren, die als allgemeine gesellschaftliche Wahrheiten funktionieren (Foucault 1978, 51). Ein Dispositiv schafft die Bedingungen für die Akzeptanz bestimmter Aussagen als wahr oder falsch. Mit dem Dispositiv können Kräfteverhältnisse verändert und geordnet und damit Machtbeziehungen auf bestimmte Weise koordiniert werden. Der zentrale Effekt dieser Koordination von Machtbeziehungen ist, dass damit Diskurse ermöglicht werden, die ein spezifisches Wissen erzeugen. Dieses Wissen ermöglicht den Individuen, sich auf bestimmte Weise zu denken und sich zu sich und der Welt ins Verhältnis zu setzen. Es stützt wiederum das Dispositiv, indem es die Praktiken und Kontrollmöglichkeiten ausbauen hilft. Das Dispositiv kann somit allgemein bestimmt werden als ein Ensemble von komplexen Vorkehrungen, die den beständigen Umschlag von Macht in Wissen und Wissen in Macht ermöglichen. Die Diskurstheorie ist also weder auf den Kalauer zu reduzieren, dass alles (diskursiv) konstruiert sei, noch auf eine soziologische Inhaltsanalyse. Vielmehr kommt es auf die Topologien und Regeln an, die sich mit und in der diskursiven Praxis herausbilden, die die Wirklichkeit – nicht als Texte, sondern als „Aussagesysteme" – auf je neue Weise konstituieren.

1.2.1.3 Umkämpfte Subjektivierungen in der Migration

Insbesondere Foucaults Überlegungen zur Gouvernementalität stellen einen theoretischen Bezugspunkt für das Verständnis der Subjektivität der Migration dar. Mit dem Neologismus „gouvernementalité" fasst Foucault programmatisch die Verkoppelung von Machtformen und Subjektivierungsprozessen als „Führung der Führungen", bei denen Selbsttechnologien (Selbstführung) und Machttechnologien (Führung oder Regierung durch andere) als ineinander greifende Praktiken gedacht werden (vgl. Foucault 2004). Subjektivierung ist bei Foucault eine Doppelbewegung von Unterwerfung und Subjektwerdung. Diese Doppelbewegung produziert Subjektivierungsprozesse, und finden auf einem Terrain statt, das auch Widerstandsmöglichkeiten einschließt (vgl. Lemke 1997, 312). Subjektivierungspraktiken sind damit jedoch kein autonomes Terrain, sondern finden immer innerhalb eines von ökonomischen, politischen und gesellschaftlichen Prozessen formierten Feldes statt. Subjektivierungsprozesse müssen daher im Verhältnis zu diesen Formierungen analysiert werden, ohne ein Determinationsverhältnis zu unterstellen und sie als bloß abgeleitete Phänomene zu betrachten. Die an Foucaults Überlegungen anschließenden Arbeiten der *Governmentality Studies* (vgl. zum Beispiel Barry et. al. 1996; Burchell et. al. 1991; Pieper/Gutiérrez-Rodríguez 2003), befassen sich mit der Untersuchung von Subjektivierung überwiegend im Kontext von Programmanalysen – wie Management- und Steuerungskonzepte, Ratgeberliteratur etc. (vgl. Lemke 2000; Bröckling et.al. 2000; kritisch dazu: Pieper 2003, 155f). Diese Analysen bieten eine wichtige Basis, um die Umrisse des Denkens in den neuen Konturen der Führung im Rahmen der gegenwärtigen Transformationsprozesse sichtbar zu machen und den dadurch entstehenden Raum der Intelligibilität zu markieren. Die vorliegende Arbeit schließt an diese Konzeptualisierung insofern an, als sie fragt, wie die Produktion von Subjekten und die Selbstkonstituierung aufeinander bezogen sind und wie sich im Kontext der hegemonialen Konstellationen bestimmte Kompromisse und deren „Verschiebung" auch auf der Ebene der Subjektivierung niederschlagen. Sie fasst Gouvernementalität als Effekt asymmetrischer Kräfteverhältnisse: Anrufungen treten vielstimmig und widersprüchlich auf, wobei nicht eine Führungs- oder Regierungstechnologie bruchlos durch eine andere abgelöst wird. Vielmehr gibt es Überlagerungen und Ungleichzeitigkeiten von beispielsweise fordistischen und postfordistischen Subjektivierungsweisen. Mehr noch als das Überschneiden verschiedener Regierungsweisen und Gouvernementalitäten sind die Transformationsprozesse zwischen ihnen selbst hoch konflikthaft. So funktionierte das „ökonomische" Regieren der Migration zur Zeit der Gastarbeit auf der Basis der Korrespondenz der Führung mit der Selbstführung: GastarbeiterInnen und bundesdeutsche Migrationspolitik entsprachen einander in einer ökonomischen Rationalität. So erschien die Befristung des Aufenthalts nur als rechtliche Absicherung am Rande eines von selbst, weil ökonomisch organisierten, Rücklaufs der MigrantInnen in die Herkunftsländer. Das Migrationsprojekt war auch auf Seiten der MigrantInnen als vorübergehend konzipiert. Das Modell geriet aber in eine Krise und brach schließlich zusammen: Die Perspektive der Befristung ließ sich nicht aufrechterhalten. Dadurch veränderte sich allmählich auch die Gouvernementalität der Migration weg von einer ökonomischen Rationalität der Regierung hin zu einer sozialen. Gerade nach dieser Krise des ökonomischen Regierens der Migration wird deutlich, dass die Kombination von Führung und Selbstführung in Bezug auf die MigrantInnen Gegenstand heftiger politischer Auseinandersetzungen wird. Davon handelt die gegenwärtige Debatte um Integration und die Furcht vor „Parallelgesellschaften". Problematisiert wird – das wird auch am Beispiel des „Europäergrundsatzes" deutlich, mit dem die deutschen Behörden verhindern wollen, „kulturfremde" MigrantInnen einreisen zu lassen (siehe Kapitel 3) – der staatliche Zugang zu Bevölkerungsteilen, die sich dem Wirkungsmodus von Regierung entziehen, indem sie sich politisch und ökonomisch in einem transnationalen Raum bewegen und weil sie in den politischen Kompromiss auf nationalem Territorium nicht integrierbar sind, solange sie nicht als StaatsbürgerInnen adressiert werden können.

Im Kontext der Migration ist die „Subjektivität" der MigrantInnen in hohem Maße umkämpft, denn entweder wird sie kriminalisiert, weil sich in ihrer *agency* gerade die bedrohliche und unerwünschte illegale Migration artikuliert, oder die Subjektivität der MigrantInnen wird ausgestrichen, wenn aufgrund der hegemonialen Konstellation das Opfersubjekt die einzige Möglichkeit zu werden scheint, MigrantInnen zu repräsentieren. Mehr noch, sie scheint auch die einzige Form zu sein, in der MigrantInnen sich selbst repräsentieren können. Die Gouvernementalität der Migration handelt freilich von den „Tücken des Subjekts" (Žižek 2001) im Allgemeinen, die sich im Feld der Migration zuspitzen, nicht zuletzt aufgrund der Prekarität der Bürgerschaft von MigrantInnen.

1.2.1.4 Das Regime der Migration

Um die verschiedenen und durchaus heterogenen theoretischen Zugänge wie Staatstheorie, Diskurstheorie und Theorie der Regierung miteinander verknüpfen und für die Untersuchung des Verhältnisses von Migration und ihrer gesellschaftlichen und staatlichen Bearbeitung fruchtbar machen zu können, verwende ich in dieser Arbeit den Regimebegriff. Dieser Begriff ermöglicht sowohl ökonomistische als auch funktionalistische Theoreme in der Migrationstheorie zu vermeiden und wurde in neueren Diskussionen herangezogen, da er dem Bedürfnis entgegenkommt, den in den Sozialwissenschaften seit den 1990er Jahren konstatierten Verlust (national)staatlicher Souveränität begrifflich Geltung zu verschaffen. Wo vorher oftmals von Migrationssystemen die Rede war, ermöglicht der Regime-Begriff die Einbeziehung einer Vielzahl von Akteuren, deren Praktiken zwar aufeinander bezogen, nicht aber in Gestalt einer zentralen (systemischen) Logik geordnet, sondern vielfach überdeterminiert sind. So fasst Sciortino ein

Migrations- und Grenzregime als mehr oder weniger ungeordnetes Ensemble von Praktiken und Macht-Wissen-Komplexen:

> „It is rather a mix of implicit conceptual frames, generations of turf wars among bureaucracies and waves after waves of ‚quick fix' to emergencies, triggered by changing political constellations of actors. The notion of a migration regime allows room for gaps, ambiguities and outright strains: the life of a regime is a result of continuous repair work through practices. Finally, the idea of a ‚migration regime' helps to stress the interdependence of observation and action. Migration regimes are rooted both in ways of observing and acting. The overall structure of the migration will determine how flows – regardless of their ‚true' nature – will be observed and acted upon. Similar flows will be observed very differently within different regimes. Differential treatments will feed back in different ways of observing." (2004, 32)

Was den Regimebegriff so bedeutsam macht, ist, dass er es erlaubt, die staatstheoretischen Überlegungen im Anschluss an Poulantzas und Foucault für die Migrationsforschung zu operationalisieren und Regulationen als Effekte, als Verdichtungen von sozialen Handlungen zu verstehen und sie nicht funktionalistisch vorauszusetzen. Eine derart strukturierte Forschungsüperspektive steht in diametralem Gegensatz zu der Annahme, dass „die Metropolen" in der Lage seien, die Arbeitsmigrationen „perfekt" zu steuern (vgl. Potts 1988, 251), oder zur Vorstellung eines geheimen Bündnisses zwischen ArbeitgeberInnen und Staat. Mit dem Begriff des Regimes ist auch eine Kritik an Vorstellungen verknüpft, nach denen der Staat ein „erster Beweger" sei und als Ausgangspunkt gesellschaftlicher Handlungen verstanden werden könnte.

Eine (Migrations-)Regimeanalyse muss demgegenüber analytisch den Standpunkt der Migration einnehmen, ohne ihn individual-methodologisch zu verabsolutieren. Damit ist eine Abkehr auch von solchen Forschungsansätzen verbunden, die individuelle Taktiken oder die „Kunst des Handelns" (de Certeau 1988) auf der subjektiven Ebene lokalisieren und diese dann machtvollen Apparaten der Regierung gegenüberstellen. In einem Migrationsregime treffen zwar Akteure aufeinander, die ein asymmetrisches Macht-Verhältnis eingehen. Ohne Zweifel sind daher jene Akteure, die Grenzpolizei, Schengener Informationssystem und Ausländergesetze durchsetzen, in Begriffen einer Macht-Ökonometrie, überlegen. Diese Asymmetrie zu konstatieren reicht jedoch nicht aus. Entscheidend ist das Produkt dieser Asymmetrie, die keineswegs die von den mächtigen Akteuren proklamierte Immobilität ist. Die Produktivität eines Grenzregimes besteht in der Regulation der grenzüberschreitenden Arbeitsmobilität, in der Verwaltung und Bearbeitung des Überschusses, der sich in den Reibungen, Konflikten und Kämpfen ergibt. Sandro Mezzadra entwickelt dazu eine weitere Funktionskomponente des Regimes:

„Es ist offensichtlich, dass ein solches Migrationsregime – auch wenn zu seinen eher unmittelbaren Auswirkungen die Befestigung der Grenzen und die Verfeinerung der Internierungs- und Abschiebemaschinerie gehören – nicht auf die Exklusion der Migrantinnen und Migranten zielt, sondern darauf, die Momente des Überschusses (also der Autonomie), die für die Migrationsbewegungen heute charakteristisch sind, zu verwerten, auf ihre ökonomische Dimension zurückzuführen und so auszubeuten." (2007, 183)

Insbesondere im Kontext transnationaler sozialer Räume der Migration (vgl. Pries 1998) kann dieser Zusammenhang verdeutlicht werden.[24] Das Regime ist der Rahmen, in dem etwa die Migrationsbewegungen zwischen den USA und Lateinamerika, die im Wesentlichen klandestin sind, zur Herausbildung eines transnationalen sozialen Raums führen, der eine eigene „Schwerkraft" (ebd., 69) oder eine solche Dichte aufweist, dass kulturelle, politische und wirtschaftliche Praktiken in ihnen eine Transformation erleben und sich re-arrangieren. Dieser durchaus prekäre transnationale soziale Raum ist damit der Effekt eines Migrationsregimes, in dem die MigrantInnen auf die Bedingungen der Illegalität reagieren, das heißt sie reagieren auf die Abschottungsbemühungen, die die Zielländer unternehmen, indem sie eine eigene, klandestine Migrationsform kreieren und dabei einen sozialen Raum schaffen, der transversal zu den nationalstaatlichen Räumen liegt (vgl. Smith/Guarnizo 1999).[25] Der Regimebegriff verweist

---

24 Transnationale Ansätze der Migrationsforschung stellen eine Grundlage zur Infragestellung des Integrationsparadigmas in der Migrationspolitik und -theorie dar, in der Migration als unidirektionaler Ortswechsel, als raum-zeitlich begrenzter Prozess der Aus- und Einwanderung gedacht wird. Dem liegt die Vorstellung eines nationalstaatlichen Containermodells von Gesellschaft zugrunde, welche die soziologische und kulturwissenschaftliche Wissenspraxis der Moderne durchgehend kennzeichnet (vgl. Pries 1997, 29 ff.). Dieser methodologische Nationalismus (Bommes 2002), entnennt nicht nur die gewaltvollen Territorialisierungsprozesse, in denen bis heute Raum, Gesellschaft und Kultur symbolisch und juridisch deckungsgleich zu ordnen versucht werden. Die Territorialisierungsforderung hat weitreichende Konsequenzen auf staatsbürgerliche Rechtsvorstellungen, rassistische Exklusionspraktiken und das gesamte gesellschaftliche Migrationsmanagement. Angesichts dieser Konzeptualisierung der Migration wird die Aufrechterhaltung einer dualen Orientierung von MigrantInnen entweder gänzlich „invisibilisiert" oder als Problem definiert. Zum einen wurde eine transnationale Lebenspraxis, wie sie bereits im Kontext der „klassischen" Arbeitsmigration der 1970er Jahre vorzufinden war, als Übergangsphänomen hin zur Integration verstanden, zum anderen galt sie als Integrationshindernis und wurde zum Schauplatz diverser pädagogischer und politischer Maßnahmen. Pendeln wird dann als „gescheiterte Remigration" und Bezüge in das Herkunftsland als Momente einer „Parallelgesellschaft" gesehen. Vor diesem Hintergrund wird deutlich, wie „Illegalität" zu einer Anomie wird, im Sinne eines Phänomens, das vom Bezugssystem Nationalstaat nur als „Abweichung" gedeutet werden kann (vgl. Hess 2005).

25 Dabei ist die Gruppe der „MigrantInnen" selbst keineswegs homogen, sondern vielschichtig strukturiert und hierarchisiert. Dazu gehören geschlechtsspezifische Hierarchien und Ausbeutungsverhältnisse ebenso wie die für die Trafficking-Diskurse

somit auch darauf, dass Grenzen sozialen Dynamiken und Kräfteverhältnissen unterliegen – wobei die Migration selbst eine maßgebliche Kraft über das Grenzgeschehen darstellt. Die Illegalisierung der Migration ist demnach nicht der Ausdruck eines finsteren Plans zur Überausbeutung eines zu schaffenden Dienstleistungsproletariats, sondern paradoxaler Effekt der Kämpfe um Migration.

Die transnationale Perspektive wird hier nicht als Beleg für die Irrelevanz staatlicher Souveränität herangezogen, sondern um zu zeigen, dass der „methodologische Nationalismus" (Bommes 2002) Teil von Macht-Wissen-Komplexen ist, in und mit denen die Probleme bearbeitet und reguliert werden, die durch die beständige „Flucht" der Menschen vor und aus den nationalstaatlich-räumlichen Strukturen entstehen können. Eine solche Perspektive stellt gerade weniger die Abschottung und mehr das Moment der Entrechtung oder eines Rechte-Differenzials als zentrale Funktionsweise des Migrations- und Grenzregimes in den Mittelpunkt.

Titel wie „Transnationalism from Below" (Smith/Guarnizo 1999) verweisen auf das in den *Cultural Studies* dominierende Subversionsparadigma, mit dem der transnationalen Migration nicht selten die Aura einer an sich widerständigen Praxis zu verleihen versucht wird (Karakayalı/Tsianos 2007). Demgegenüber ist mit Aiwa Ong zu betonen, dass auch unter den Bedingungen der Transnationalität die „Menschen, seien sie nun fest ansässig oder in Bewegung, durch politische und kulturelle Mechanismen geprägt, diszipliniert, gesteuert und zivilisiert" (2005, 33) werden. Die MigrantInnen können sich nie ganz befreien von den Regulierungen „die von der Staatsmacht, dem Marktgeschehen und den Normen verwandtschaftlicher Beziehungen ausgehen" (ebd.). Aus diesem Grund benutzt Ong den Begriff der „flexiblen Staatsbürgerschaft" (ebd.), der auf das wechselseitige Verhältnis von migrantischen Mobilitätsstrategien und neoliberalen Restrukturierungen von Staatlichkeit verweist.

1.2.2 Genealogie der Illegalität

Die Emergenz der illegalen Migration als Gegenstand von Migrationspolitik, sowie schließlich als eigenständige Migrationsform und die historisch sich verändernde Gestalt dieses Gegenstandes müssen als Gesamtheit untersucht werden. Hierfür scheint eine genealogische Perspektive fruchtbar, auch weil mit ihr die epistemologisch-politische Ebene und die Transformation der Regierungsweisen herausgearbeitet werden können. Dies kann bereits an der Konstitution des Forschungsgegenstands verdeutlicht werden: Die Literatur zum Thema illegale Migration in Deutschland unterstellt, dass selbige erst seit den 1990er Jahren empi-

so wichtige Arbeitsteilung zwischen Transportunternehmern der Migration und den zu befördernden MigrantInnen.

risch auftrete (vgl. Schönwälder et al. 2004)[26] beziehungsweise, dass es etwa ab dem Jahr 1990 zu einem sprunghaften Anstieg von einer *quantité négligeable* zu einem signifikanten sozialen Problem komme. Dabei wird angenommen, dass sie sich gewissermaßen reziprok zu den legalen und regulären Einwanderungsmöglichkeiten verhalte. Die Recherchen zu vorliegender Arbeit zeigen aber, dass illegale Migration sowohl als Diskursobjekt als auch als Gegenstand behördlicher Praxis bereits seit den 1960er Jahren in Erscheinung getreten ist und dass sie eine wesentliche Rolle bei der Formierung des bundesdeutschen Migrationsregimes einnahm. Die genealogische Perspektive trägt nun dazu bei, diese historische Kontinuität zu verstehen, ohne sie ausschließlich als Forschungsdefizit zu deklarieren, sondern ihr Auftauchen als Formveränderung zu konzeptualisieren. Das heißt nicht nur, dass sich die Personengruppe der „Sans Papiers" historisch verändert, sondern dass sich alle Elemente des Migrationsregimes und des sozialen Kompromisses verändern, innerhalb derer illegale Migration situiert ist.

Selbst im kurzen historischen Zeitraum zwischen dem Beginn des Gastarbeitsregimes Mitte der 1950er Jahre und der Post-Asyl-Ära der 1990er Jahre, in denen illegale Migration europaweit zum Angelpunkt der Migrationspolitik wird, erfährt diese einen mehrfachen Gestaltwandel, in dem zuweilen nur der Term illegale Migration als Bindeglied fungiert. Bei näherer Betrachtung erweist sich schließlich, dass auch solche Migrationsformen zum Gegenstand gezählt werden müssen, die mit dem Term nicht bezeichnet werden.[27] Illegale Migration untersuchen heißt nicht den Spuren der juridischen Konstruktionen zu folgen, sondern unerwünschte Migration auch innerhalb der legalen Formen der Migration aufzuspüren.[28] Es geht nicht nur um die Feststellung, dass sich der Begriff der illegalen Migration historisch wandelt, sie demnach kein präexistenter sozialer Tatbestand ist, sondern vor allem Ergebnis der Verschränkung von Diskurs, staatlicher Praxis und Bewegung der Migration, in deren Transformation illegale Migration ihren Stellenwert im Gefüge des Migrationsregimes verändert. Eine genealogische Perspektive ist für die Untersuchung der Transformation illegaler Migration in historischer Dimension daher unabdingbar. Ein Blick auf die Vorgeschichte der Migration selbst, ihre Entwicklung hin zu einem sozialen und politischen

26 Insbesondere historische Studien haben in jüngster Zeit Material zu früher illegaler Migration im Gastarbeitsregime herausgearbeitet (vgl. Schönwälder 2001; Sonnenberger 2003; Yano 1998).

27 Für die neuere Forschung hat Alt den Begriff der „Scheinlegalität" verwendet, um Migrationsformen zu benennen, die aus juridischer Sicht nicht als illegal bezeichnet werden können (2003, 21).

28 Abgrenzungen, wie die durch die AutorInnen der Forschungsbilanz „Migration und Illegalität in Deutschland" (Sciortino et al. 2004, 6) vorgenommene, zwischen nur aufenthaltsrechtlichen Illegalen und anderen Formen „unkontrollierter Migration" sind daher für diese Arbeit nicht wesentlich. Es geht nicht darum, eine juridische Kategorie zu isolieren, sondern gerade den Zusammenhang zwischen illegaler Migration und der Tatsache „dass sich auch der Familiennachzug teilweise staatlicher Kontrolle entzieht" (ebd.) aufzuzeigen.

Problem, das mit der kapitalistischen Produktionsweise und der Nationform gleichermaßen zusammenhängt, macht dies anschaulich, wie ich in Kapitel 2 zeigen werde. Damit wird auch die Annahme der Migrationsforschung zu problematisieren sein, Migrationskontrollen als natürlichen Bestandteil staatlicher Souveränität anzusehen, wie etwa bei Hollifield: „The control of borders is the essence of state sovereignty." (1992, 5)

Für die Entwicklung eines genealogischen Zugangs greife ich auf Arbeiten von Foucault zurück, dessen Ausgangspunkt hierfür die Kritik an der traditionellen historischen Methode ist, die, so Foucault, auf der Suche nach feststehenden Wesenheiten und metaphysischen Finalitäten sei. Der Genealogie gehe es dagegen darum, „die Einmaligkeit der Ereignisse unter Verzicht auf eine monotone Finalität" (1973, 83) zu verstehen. Die genealogische Abkehr von einer angenommenen Tiefe und versteckten Bedeutungen führten notwendig zu einer Art Positivismus der Erscheinungen. Da eine wie auch immer verborgene „Natur der Dinge" nicht existiert, sondern immer nur Interpretationen, „ist das Werden der Menschheit eine Reihe von Interpretationen" (ebd., 95). Anstelle ewiger Wahrheiten und den Doktrinen von Fortschritt und Entwicklung – hier folgt Foucault Nietzsches „Genealogie der Moral" – ist die Geschichte nur unter dem Aspekt von Unterwerfung, Beherrschung und Kampf zu verstehen. Während Nietzsche aber die Moral als individuelle Taktiken dechiffriert, in denen der Anspruch auf Objektivität subjektive Beweggründe kaschiert, entpsychologisiert Foucault die Genealogie. An die Stelle individueller Absichten treten Strategeme und Kräfteverhältnisse, denen wiederum nicht Subjekte vorausgehen. Entscheidend ist, dass die Akteure nicht vorher feststehen, um auf der geschichtlichen Arena „mit Horngeschmetter" (Dreyfus/Rabinow 1987, 138) aufeinander zu treffen, sondern erst mit dem „Schlachtfeld" (ebd.) selbst auftauchen.[29] In der kontingenten Entstehung eines Konflikt-Feldes konstituieren sich demnach die Akteure entsprechend der Spezifizität des Feldes. Eine genealogische Untersuchung illegaler Migration würde demnach – ihren Gegenstand nicht voraussetzend – die Elemente in den Blick nehmen, die zu seiner Generierung beitragen. Die Emergenz des Problems und damit die Wissensformen, die es generieren, sind Teil des Gegenstands, wie Alejandro Portes hervorhebt: „A thorough scholarly analysis of illegal immigration cannot take the popular and governmental definitions of the subject for granted, but must subject them to scrutiny as integral components of the object of study. Such scrutiny begins by the very definition of the phenomenon as a ‚problem'." (1978, 470)

---

29 Eine ähnliche Argumentation entwickeln TheoretikerInnen aus dem Umkreis der so genannten Althusser-Schule. Die Begriffe Klasse und Klassenkampf bezeichnen ihnen zufolge einen offenen Prozess und keinen mit einer mythischen Identität und Kontinuität ausgestatteten einheitlichen Akteur. Étienne Balibar schlägt daher vor, von einem „Klassenkampf ohne Klassen" zu sprechen (vgl. 1990).

Eine der Thesen der vorliegenden Arbeit ist, dass das Konfliktfeld illegale Migration sich im Untersuchungszeitraum mehrmals transformiert.[30] Die Herausbildung des Objekts illegale Migration (sei es als Narrativ oder als Straftatbestand) unterliegt den Regeln des jeweiligen herrschenden Migrationsregimes, innerhalb dessen illegale Migration eine je unterschiedliche Funktion einnimmt. Die Transformation der Migrationsregimes und die damit verbundenen Formwechsel der illegalen Migration sind damit Teil einer permanenten Umwälzung des Staates beziehungsweise des Staat-Werdens.[31] Oder in den Worten von Samers: „There can be no undocumented immigration without immigration policy, and thus those who are deemed to be ‚illegal', ‚irregular', ‚sans papiers' or indeed ‚undocumented' shift with the nature of immigration policy." (Samers 2003, 556) Die Transformationen vollziehen sich in dem Wechsel der Migrationsregimes, die je unterschiedliche Regierungsweisen und Leitbilder erzeugen, unter denen die MigrantInnen subsumiert werden.[32]

1.3 Zur Staats- und Diskurstheorie illegaler Migration – eine Annäherung

Der Begriff des Regimes dient in dieser Arbeit dazu staats-, hegemonie- und gouvernementalitätstheoretische Ansätze unter Einbeziehung der Genealogie und Diskurstheorie zu operationalisieren. Ein Mittel zur Operationalisierung der allgemeinen Theorie in Bezug auf den Gegenstandes dieser Arbeit ist, ausgehend von den oben gemachten theoretischen Annahmen, die verschiedenen Regimetypen in ihrer Genealogie herauszuarbeiten. Ein solcher Regimebegriff erlaubt es, die gesellschafts-, subjekt- und staatstheoretischen Annahmen für bestimmte historische Abschnitte zu übersetzen. Dabei unterscheidet sich der Regimebegriff von den allgemeinen Begriffen, von denen er gespeist wird:

So nimmt die Staatstheorie eher allgemeine Merkmale des kapitalistischen Staates in den Blick, die zwar als historisch entstanden angesehen werden, aber

30 Zur Genealogie des Re-Bordering vgl. auch Walters 2004.

31 Eine ähnliche Herangehensweise wird von Lipietz für die Regulationstheorie entwickelt. Demnach ist ein kohärentes Zusammenspiel von Regulationsweise und Akkumulationsregime nur als „historische Fundsache", also als ein relativ kontingentes Zusammentreffen unterschiedlicher Faktoren anzusehen. (1985, 114)

32 Das Migrationsregime fasst damit politische Flüchtlinge als ArbeitsmigrantInnen und ArbeitsmigrantInnen als politische Flüchtlinge. Historische Studien bspw. zur spanischen Arbeitsmigration haben gezeigt, dass unter dem Label der Gastarbeit auch politische Flucht stattgefunden hat (vgl. Munoz Sanchez 2005). In der Migrationsforschung ist mittlerweile Common Sense, dass ein ganzes Ensemble an Motiven zur Migrationsentscheidung führt. Siehe dazu Alt (2003) oder etwa die Einschätzung Sadako Ogatas, der ehemaligen Hochkommissarin des UNHCR, wonach „die feine Unterscheidung zwischen Flüchtlingen und WirtschaftsmigrantInnen [...] kaum hilfreich" (1997, 240) und es sinnvoller sei, stattdessen von einer „gemischten Migration" (ebd.) zu sprechen.

über längere Zeiträume grundsätzlich vorhanden sind. Der Regimebegriff betont demgegenüber eher die historischen Veränderungen und erlaubt auch nationalstaatliche Gegebenheiten zu berücksichtigen, ohne diese aber verallgemeinern zu müssen. Dies ist insbesondere vor dem Hintergrund der teilweisen Transnationalisierung staatlichen Handelns im Kontext der Europäisierung des Migrationsregimes bedeutsam.

Die Hegemonietheorie wiederum ist eher auf gesellschaftliche Formationen als Ganze bezogen. Mit dem Regimebegriff können dagegen auch einzelne Bereiche, wie zum Beispiel die Migration, fokussiert werden, ohne dass der Regimebegriff dem Hegemoniekonzept entgegenstehen würde. Der Regimebegriff „übernimmt" und betont Aspekte der Kompromissbildung, der Veränderung von Formen des institutionellen und politischen Handelns sowie die hegemonial induzierten Wissensformationen. Der Begriff der Gouvernementalität verweist darauf, dass ein Regime aus einer bestimmten Wissensordnung besteht, mit der nicht nur regiert wird, sondern die sozioökonomische mit subjektivierenden Aspekten zusammenbindet – dies ist der Zusammenhang zwischen Machttechnologien und strategischem Wissen. Der Regimebegriff ermöglicht jedoch – über das Regierungswissen hinaus – den Aspekt der Kämpfe zu konzeptualisieren.

Der Dispositivbegriff markiert bei Foucault den Übergang von einem an Diskursen und Wissen orientierten Konzept hin zur Auseinandersetzung mit Macht, ohne dass dabei der Wissensaspekt aufgegeben würde. Der Begriff reflektiert also, dass eine rein diskursive Perspektive (im Sinne einer Epistemologie) nicht genügt. Vielmehr müssen auch nicht-diskursive Elemente mit einbezogen werden. Mit dem Dispositiv stehen die Kämpfe im Mittelpunkt der Betrachtung. Der Gouvernementalitätsbegriff wiederum behandelt darüber hinaus verschiedene Subjektformierungen, die auf ein staatliches Feld bezogen werden, das aber selbst aus Praktiken und Wissen besteht. Die genealogische Perspektive schließlich ist eine ontologisch-epistemologische Fassung der Grundlagen der Regimetheorie.

Man könnte demnach den Regimebegriff verstehen als die Zusammenfassung dieser verschiedenen Ansätze auf einem operationalisierbaren Niveau. In den einzelnen Kapiteln dieser Arbeit werden, je nach Quellenlage, unterschiedliche Aspekte des Regimes herausgearbeitet, bei denen die oben herausgearbeiteten Ansätze in unterschiedlicher Gewichtung herangezogen werden.

1.4 Das Material

Insbesondere die historische Spannweite der vorliegenden Untersuchung – von den Anfängen der Mobilitätskontrollen im Mittelalter über die ersten Anwerbeverträge nach dem zweiten Weltkrieg bis in die Gegenwart hinein – hat es notwendig gemacht, auf unterschiedliche Quellensorten zurückzugreifen. Für das Kapitel, das die Vorgeschichte der Migration behandelt und in dem ich genealogisch die Bedingungen rekonstruiere, unter denen überhaupt aus der Mobilität von Menschen das Problem der Migration in seiner spezifisch modernen Gestalt in den kapitalistischen Industrie- und Einwanderungsländern wird, greife ich auf historische Forschungen über Landflucht und Vagabundage zurück (Kapitel 2). Anhand der Forschungsergebnisse zu den historischen Migrationen in Europa zeige ich, dass – wenn man sie aus der Perspektive des Problems der illegalen Migration liest – mit der Herausbildung der Nationalstaaten die Grenzen zwischen erwünschter und unerwünschter Mobilität sich neu ordnen.

Der darauf folgende Teil – Kapitel 3 – basiert auf ministeriellen und behördlichen Akten, Printmedien und anderen historischen Quellen aus der Zeit des Gastarbeitsregimes. Beide fungieren dabei sowohl als Quelle, als auch als Objekt der Untersuchung: Denn wie bereits ausgeführt, existieren keine von politischen und ideologischen Artikulationen befreite Wissens- und Datenkomplexe. Diese Akten stellen also doppelte Quellen dar, weil sie Aufschluss geben über die konkreten Argumentationsfiguren der Migrationspolitik und -kontrolle in spezifischen Problemlagen und damit ein Bild des Regierungswissens liefern, um einen Begriff von Foucault zu verwenden. Diese Akten sind wiederum eingebettet in einen sozialen Kompromiss, zu dessen Produktion, Reproduktion aber auch Transformation sie beitragen und der sich auf der Ebene der Verdichtung sozialer Kräfteverhältnisse – nämlich ihrer staatlichen Bearbeitung – nachzeichnen lässt. Dabei war zu berücksichtigen, dass insbesondere die ausführenden Organe der Migrationspolitik aufgrund der föderalen Struktur des politischen Systems in der Bundesrepublik auf Länderebene angesiedelt sind. Während etwa die Bundesministerien des Inneren und der Arbeit – und insbesondere die dem letzteren untergeordnete Bundesanstalt für Arbeit – im Rahmen des Gastarbeitsregimes für die organisatorischen Strukturen der Rekrutierung der migrantischen Arbeitskräfte verantwortlich waren, sind es die Innenminister der Länder, die die konkrete Ausländerpolitik ausführen. Auf der juridischen Ebene ist illegale Migration eine Angelegenheit der Polizei, die ebenfalls Ländersache ist. Ein zweiter Gesichtspunkt bei der Archivfrage ist die Verteilung der migrantischen Arbeitskräfte auf das Bundesgebiet. Ende 1969 lebte die überwiegende Zahl der MigrantInnen in vier Landesarbeitsamtbezirken: In Baden-Württemberg waren es 412.000, in Nordrhein-Westfalen 425.000, in Hessen 176.000 und Südbayern 160.000 migrantische ArbeiterInnen (vgl. Kaiser 1971, 26). Für die vorliegende Arbeit wurden die Archivbestände der Innenministerien von Nordrhein-Westfalen, Hessen und Baden-Württemberg untersucht. Im Unterschied zum Hessischen Hauptstaatsarchiv (HHstA.), dem Staatsarchiv Baden-Württemberg (StArch. BW), sowie dem Bundesarchiv Koblenz (BA Ko), existieren im Staatsarchiv von Nordrhein-Westfalen keine Aktenbestände zur Thematik. Bereits die Unterschiede in Umfang und Zusammensetzung in jenen Archiven, in denen Aktenbestände zu finden sind, weisen darauf hin, dass hier unterschiedliche Aktenführungen vorliegen, oftmals in Abhängigkeit davon, was und ob die Archivarinnen Aktenbestände als relevant einstuften. In den Archiven finden sich nicht nur Dokumente staatlichen oder exekutiv-staatlichen Handelns – also Protokolle inter- und intraministerieller Besprechungen, so genannte Referenten-Vorlagen, innerbehördlicher Schriftverkehr, Dienstanweisungen und Verordnungen und deren Begründung[33] – sondern vielmehr auch Schriftstücke unterschiedlichster gesellschaftlicher Akteure, die in die Auseinandersetzung etwa um die Legalisierung illegaler MigrantInnen involviert waren. Darunter auch Briefe von MigrantInnen, UnternehmerInnen, Initiativen, Verbänden und Gewerkschaften, sowie Zeitungsartikel und Flugblätter. Eine weitere Quelle in diesem Kapitel sind Veröffentlichungen zeitgenössischer „kritischer" Akteure des Migrationsregimes. Dazu gehören die Gewerkschaften und Kirchen, sowie linke Gruppen und Einzelpersonen. Kaum dokumentiert sind jedoch Zusammenkünfte oder Tagungen zur illegalen Migration. Eine Ausnahme stellt die Dokumentation einer Tagung dar, die in einer evangelischen Zeitschrift abgedruckt wurde (vgl. etwa Schiller 1973). Die Analyse der Pressebeiträge gibt nicht nur über illegale Migrationen Auskunft, sondern ermöglicht auch eine Einschätzung über deren diskursiven Stellenwert. Die Presseauswertung zeigt, inwiefern ein Objekt namens illegale Migration überhaupt als gesellschaftliches Problem in einer bestimmten historischen Periode existiert.[34]

In der Historiographie besteht das strukturelle Problem, dass asymmetrische soziale Beziehungen sich häufig in der Quellenlage widerspiegeln.[35] Sind behördliche Akten eine Hauptquelle, um historische Migrationen zu analysieren, muss man dieses Material einer symptomalen Lektüre unterziehen und es „gegen den Strich" lesen. Für dieses Unterfangen bedarf es wiederum eines anderen Typus von Material, aus dem Kriterien für eine solche Leseweise entwickelt werden können. Hierzu können Quellen und empirisches Material aus gegenwärtigen Untersuchungen aufschlussreich sein. So weist die historische Kontinuität des Schlepperdiskurses vom Deutschen Reich über die nachkriegsdeutsche Gastarbeiter-Rekrutierung bis zur Gegenwart darauf hin, dass bestimmte Elemente in der Anordnung auf ähnliche Weise untersucht und bestimmt werden können.

In Kapitel 4, das den Übergang von der Gastarbeitsmigration zum Asylregime behandelt, können Aktenbestände nur noch begrenzt, bis Mitte der 1970er

---

33 Dazu gehören auch handschriftliche Anmerkungen auf Vorlagen für Gesetze und Verordnungen, in denen die AutorInnen Begründungszusammenhänge und Motive zu erkennen geben.

34 Zu diesem Zweck habe ich im Archiv der Frankfurter Rundschau (FR) recherchiert, die thematische Ordner zu den Themen Gastarbeit, Ausländer und Asyl führt, was im Übrigen ziemlich genau der Phaseneinteilung der historischen Migrationsregime entspricht. Diese Ordner enthalten auch Beiträge anderer Printmedien.

35 Nicht für alle Mitglieder einer Gesellschaft besteht die Möglichkeit, ihre Positionen, Einstellungen oder Erfahrungen schriftlich niederzulegen, sei es aufgrund des Alphabetisierungsgrades oder des Zugangs zu Veröffentlichungsmöglichkeiten. Gerade in der historischen Forschung ist die Quelle „Dokument" daher immer problematisch. Mündliche Erzählungen für den Zeitraum Gastarbeitsregime als Quellen einzubeziehen geschieht in dieser Arbeit nur durch Sekundärquellen.

Jahre, herangezogen werden, da sie aufgrund der verschiedenen Archivgesetze in aller Regel für dreißig Jahre gesperrt bleiben (zum Beispiel Archivgesetz NRW vom 16.5.1989, § 7).[36] Hier sind Zeitungsartikel und Sekundärliteratur ausschlaggebende Quellen für die Rekonstruktion der Passage und Transformation illegaler Migration. Hinzu kommen Rechtsnormen, Gesetze und Verwaltungsvorschriften, die durchgängig der Forschung zugänglich sind. Sie stellen freilich nur ein Element im komplexen Gefüge des Migrationsregimes dar und sprechen keineswegs für sich, sondern müssen je im Kontext der Diskurse und sozialen Praktiken der Migration interpretiert werden. In dieser Phase konnte zwar kein behördliches Archivmaterial untersucht werden, allein aber der Rückgang einer spezifischen Sorte Berichterstattung in den Printmedien ist ein Indikator für den Wandel der Repräsentation illegaler Migration als politischem Problem.

Im Kapitel über Viktimisierung kommt allen Textsorten eine Bedeutung zu, die gemeinsam den Diskurs der Migration ausmachen. Die gleichsam manichäische Aufteilung der Migration in ein zweifaches Subjekt, die Opfer und Täter der Migration, ist ein Vorgang, der sich sowohl innerhalb journalistischer Texte finden lässt, in akademischen Publikationen untermauert wird und in Gesetzestexten zur Anwendung kommt. Da auch das wissenschaftliche Wissen von Machtbeziehungen durchzogen ist, können diese Texte in die Analyse eines epistemologisch-politischen Zusammenhangs zwischen dem Wissen über die Migration und der Regierung der Migration einbezogen werden. Insofern untersucht das Kapitel entlang der These von der Viktimisierung der Migration das heterogene Material und durchleuchtet es nach Spuren dieser spezifischen Form der Verdichtung, die nicht zuletzt Grundlage für das politische Handeln vieler Akteure ist. So lässt sich etwa der Übergang vom Gastarbeits- zum Integrationsparadigma als verzerrte Einschreibung verstehen, in der sich Modi und Muster der Einschreibung verändern: Illegale Migration und Viktimisierung grundieren das humanistische und Gleichheitsparadigma innerhalb dessen Ghettoisierung, Familienzusammenführung und Heiratsmigration verhandelbar werden.

Für den Zeitraum nach 1990 liegen zum einen eine Reihe empirischer Befunde vor, die in dieser Arbeit als Sekundärliteratur Verwendung finden. Daneben beziehe ich mich auf Dokumente, in denen sich die national- und suprastaatliche Reorganisierung der Migrationspolitik im europäischen Rahmen aufzeigen lässt. Zum anderen untersuche ich Stellungnahmen und politische Positionen von Parteien und NGOs zur Frage der illegalen Migration in der Bundesrepublik Deutschland. Für den Untersuchungszeitraum der jüngeren Vergangenheit rekurriere ich überdies auf von mir geführte ExpertInnen-Interviews.[37] Zusätzlich zu

36 Anfragen auf Verkürzung der Frist, etwa im Hessischen Hauptstaatsarchiv, verliefen ergebnislos.

37 Unter anderem mit dem Leiter des Ordnungsamtes Frankfurt am Main, einer Vertreterin des Hauptzollamtes in Köln, MitarbeiterInnen von Nichtregierungsorganisationen wie Doña Carmen e.V. und einzelnen MigrantInnen aus dem Raum Frankfurt am Main. Diese Gespräche wurden – auf Wunsch der Interviewten oder aufgrund

diesen Daten beruht die Arbeit auch auf Forschungsergebnissen aus dem Forschungsprojekt TRANSIT MIGRATION an dem ich gemeinsam mit Manuela Bojadžijev, Sabine Hess, Regina Römhild, Rutvica Andrjašević, Efthimia Panagiotidis und Vassilis Tsianos beteiligt war und das zwischen 2002 und 2005 am Institut für europäische Ethnologie und Kulturanthropologie an der Universität Frankfurt am Main durchgeführt wurde (vgl. TRANSIT MIGRATION 2007).

Mit der heterogenen Beschaffenheit des Materials stellt sich nur scheinbar das Problem der Systematisierbarkeit der auf diese Weise gewonnenen Erkenntnisse. Denn der Bezug auf eine einzige Datenquelle kann unter Umständen problematisch sein, wenn sich etwa alle anderen Koordinaten im Gefüge verändern. Das hier vorgeschlagene genealogische Vorgehen ist aber mit den herkömmlichen Verfahren, bei dem Varianzen innerhalb einer identischen Materialsorte untersucht würden, gerade nicht vereinbar. Die Konstitution, Verschiebung und Transformation des Gegenstandes – die sowohl ihr Auftauchen in den verschiedenen Feldern und Schauplätzen betrifft, als auch ihre verschiedenen Namen – könnte damit eben nicht erfasst werden. Die genealogische Perspektive reflektiert dabei den flüchtigen Charakter des Gegenstands illegale Migration, der sich aus der Verschränkung juridischer und politischer Ebenen ergibt. Die Gestaltwandel der illegalen Migration einzufangen, gleicht einem nahezu unmöglichen Unterfangen. Das Verfahren dieser Arbeit ähnelt daher dem, was Theodor W. Adorno als Konstellation beschrieben hat: „Als Konstellation umkreist der theoretische Gedanke den Begriff, den er öffnen möchte, hoffend, dass er aufspringe etwa wie die Schlösser wohlverwahrter Kassenschränke: nicht nur durch einen Einzelschlüssel oder eine Einzelnummer sondern eine Nummernkombination." (1966, 166)

des Auskunftscharakters – nicht aufgezeichnet. Die Rekonstruktion der Gesprächsinhalte erfolgte aufgrund von handschriftlichen Gesprächsnotizen.

2. Von der Wanderung zur Einwanderung

„The vagabond, the original type of all the forces of evil, is found wherever illegal or criminal activities go on: he is their born artisan.“ (Procacci 1991, 161)

2.1 Zur Genealogie der Migration

Dieses Kapitel handelt nicht von der Geschichte oder Vorgeschichte der illegalen Migration. Es sammelt vielmehr historische Spuren für die Beantwortung der Frage, unter welchen gesellschaftlichen Bedingungen Mobilität problematisch wird und wie sich die politische Bearbeitung unerwünschter Mobilität historisch transformiert. Damit nehme ich – wie im vorangegangenen Kapitel dargelegt – eine genealogische Perspektive ein, die ihr Objekt nicht voraussetzt, sondern sich den Bedingungen zuwendet, unter denen ein Untersuchungsobjekt überhaupt entsteht. Dabei beziehe ich mich in diesem Kapitel auf unterschiedliche Epochen und geografische Räume, wodurch das Material nicht in erster Linie historisch-chronologisch angeordnet ist. Stattdessen werden anhand unterschiedlicher historischer Kontexte bestimmte Aspekte der Mobilität und ihrer Regulierung in den Blick genommen.

Das unerlaubte Überqueren nationalstaatlicher Grenzen, gegenwärtig so charakteristisch für die illegale Migration, ist ein historisch relativ neues Phänomen. Die Elemente dieser Praxis, Grenzen und Nationalstaaten, werden in der Debatte um illegale Migration nicht selten unkritisch vorausgesetzt. Ein historischer Blick auf Politiken der Mobilität kann dazu beitragen, die Emergenz der Grenzen des national-sozialen Staates als Bearbeitung eines Sets von Problemen zu begreifen, die mit der Mobilität der Arbeitskraft entstanden sind. Migration wird zur illegalen Migration, indem sie unter den Bedingungen der Formation von Nationalstaaten rekodiert wird. Zwar wird das Problem der umherziehenden BettlerInnen und VagabundInnen im späten Mittelalter und der frühen Neuzeit von MigrationshistorikerInnen zuweilen mit der illegalen Migration der Gegenwart in

Verbindung gebracht (zum Beispiel Lucassen 1997, aber auch Castel 2001). Auch wenn es im Rahmen der feudalen Gesellschaftsordnung Gesetze gegeben hat, die diese Mobilität zu unterbinden oder zu steuern versucht haben, ist die juridische Artikulation unerwünschter Migrationen in dem Begriff der illegalen Migration ab dem 20. Jahrhundert ein Spezifikum, das mit dem modernen kapitalistischen Staat zusammenhängt und gesellschaftstheoretisch erklärungsbedürftig ist. Es geht also darum, die Analyse illegaler Migration nicht auf die Untersuchung der durch Ausländer- oder Einwanderungsgesetze vorgegebenen Kategorien zu beschränken, wie in der zeitgenössischen Illegalitätsforschung üblich (vgl. Kapitel 1). Aristide Zolberg hat darauf hingewiesen, dass es dabei nicht ausreicht, Staatlichkeit im Kontext der Migration ausschließlich anhand von Einwanderungsgesetzen zu untersuchen. Vielmehr trägt umgekehrt die Regulation von Bewegung selbst überhaupt zur modernen Staatlichkeit bei (Zolberg 2000).[1] Eine Untersuchung der illegalen Migration, die sich nicht auf die Logik des Juridischen beschränken möchte, kommt nicht umhin, die Genese der Apparate und gesellschaftlichen Verhältnisse – wenn auch hier nur in Grundzügen – zu rekonstruieren, die Migration zum Problem machen.

Dies bedeutet jedoch nicht, dass Migration und Mobilität als Problem von politischen Apparaten erzeugt und daher gleichsam artifiziell sei. Vielmehr ist, so Sandro Mezzadra,

> „für den Kapitalismus eine strukturelle Spannung charakteristisch […], nämlich die Spannung zwischen der Gesamtheit subjektiver Praxisformen, in denen die Mobilität der Arbeitskraft auftritt – und die letztlich auch als adäquate Reaktion auf die fortwährenden Umwälzungen ‚traditioneller' gesellschaftlicher Strukturen durch die kapitalistische Entwicklung zu verstehen sind –, und dem Versuch seitens des Kapitals, darüber eine ‚despotische' Kontrolle auszuüben, in ihrem Kern durch den Staat" (Mezzadra 2007, 179).

Diese strukturelle Spannung liegt der Behandlung der Mobilität als Problem seit den Anfängen der kapitalistischen Produktionsweise zugrunde. Sie führt nicht zu einer einheitlichen und immer gleichen Politik der Mobilität beziehungsweise ihrer Kontrolle. Zum einen weil die Spannung zwischen einer notwendigen und marktkonformen Mobilität und einer, die sich den marktförmig vermittelten Zwängen entzieht, ein strukturelles Ungleichgewicht impliziert. Zum anderen gehören Migrationen zum Gegenstand der Bevölkerungspolitik und folgen damit keineswegs ausschließlich ökonomischen Imperativen. Zum Dispositiv, inner-

---

1 In einer historischen Dimension bedeutet diese Aussage unter anderem, dass zentralisierte Staatsapparate etwa im absolutistischen Frankreich zwar den Anspruch erheben können, souverän über die Bevölkerung zu regieren, dies aber praktisch nicht durchsetzen können. Der drakonische Charakter vieler Gesetze und Erlasse geht auch auf die hohe Durchlässigkeit der staatlichen Apparate in der feudalen Ordnung zurück.

halb dessen die Verwertung und Zügelung der Mobilität der Arbeitskraft reguliert werden, gehören sowohl die in dieser Spannung sich konstituierenden Subjektivitäten der lebendigen Arbeit, als auch etwa die sich in der Nationform verdichtenden sozialen Kompromisse gesellschaftlicher Gruppen.

Wenn im Folgenden gezeigt wird, wie Nomaden, BettlerInnen und VagabundInnen historisch dem Zugriff des Staates zugeführt und wie in der Formierung des Nationalstaats die Kontrollinstrumente auf neue Weise arrangiert und dem Imperativ unterworfen werden, der eine Bevölkerung einem Territorium zuweist, dann geht es dabei auch um die strategischen Fluchtlinien von Begriffen innerhalb von Wissen-Macht-Dispositiven. Wie bereits herausgearbeitet (vgl. Kapitel 1), entsteht das Wissen um die Migration gemeinsam mit Machttechnologien und Subjektivitäten und existiert nur in Wechselwirkung mit diesen. So wird deutlich, dass jeweils bestimmte Rationalitätsfelder durch Taktiken und Strategien verschiedenster Gruppen erzeugt werden, in denen sich – durch die Kämpfe – die Subjekte erst konstituieren. Wenn also aus dem Wanderer der Einwanderer wird, ist dies im Kontext jener von Michel Foucault untersuchten Zusammenhänge zwischen Wissen und Macht zu platzieren, innerhalb derer man verstehen kann, warum nicht jede Klasse, Gruppe oder soziale Kraft ihre eigene Ideologie besitzt, die es erlaubt, ihre Bestrebungen in die Theorie zu übersetzen, sondern umgekehrt:

> „Jede Transformation, welche die Kräfteverhältnisse zwischen Gemeinschaften oder Gruppen modifiziert […], erfordert die Anwendung von Taktiken, welche die Machtbeziehungen zu modifizieren erlauben, und die Aufbietung von theoretischen Elementen, die diese Taktiken moralisch rechtfertigen oder auf Rationalität gründen." (Foucault 2004, 313f.)

In der Forschung wurden dagegen in aller Regel solche Begriffe außerhalb ihres strategischen Wirkungskontextes, gleichsam „naiv", verwendet und auf ihren Realitätsgehalt geprüft. So finden sich in der wissenschaftlichen Debatte um Vagabunden und Arme zahlreiche Interventionen zur Frage, ab wann es etwa historisch angemessen sei, den Begriff des Arbeiters auf diese Gruppen anzuwenden. So ist es nach Robert Castel „nicht unangebracht, schon vor Aufkommen des Kapitalismus von Proletariern zu sprechen" (2000, 70). Leo Lucassen wiederum spricht im Kontext der Reform der Armenfürsorge, die die Einheimischen von *alien beggars* unterscheidet, von einer Ausländerpolitik *avant la lettre* (Lucassen 1997, 231) und Castel behauptet, die Vagabunden seien das „Äquivalent zu den Immigranten" (Castel 2001, 88).[2] Die Freisetzung der Bauern führte zu einer

2 In den frühen marxistischen Debatten etwa war umstritten, ob Vagabunden, Bettler und Arme, die ihre „Hände" vermieten, als Proletarier bezeichnet werden können. Karl Wittfogel und Friedrich Engels kritisierten beispielsweise Karl Kautsky für die Ausdehnung des Begriffs auf das Mittelalter (vgl. Wittfogel 1977, 62f.). Yann Moulier Boutang dagegen meinte, eine Periodisierung, die den Kapitalismus mit der

Form von Mobilität, für die noch keine modernen Mechanismen der Regulation existierten. Castel spricht deshalb auch von einem „Proletariat *avant la lettre*" (ebd. 2001, 70).

Die konventionelle Geschichtsschreibung bearbeitet das Thema der Mobilität als Geschichte der Armenfürsorge, des Banditen- und Vagabundentums, des Bettelns und der „Zigeuner", aber auch als historische Migrationsforschung.[3] Sie reproduziert dabei entweder die in den zeitgenössischen Debatten um die Armen- und Bettlergesetze eingelassenen Unterscheidungen zwischen berechtigten und unberechtigten Migrationen mehr oder weniger unkritisch (zum Beispiel Geremek 1988), oder sie analysiert sie, wie in der kritischen Tradition des sozialen Konstruktivismus (Berger/Luckmann 1970), als Instrumente sozialer Kontrolle, mit denen Randgruppen stigmatisiert werden sollten. Entweder also wird angenommen, es existierte tatsächlich ein Problem namens Vagabundage, und die Existenz der damit verbundenen sozialen Phänomene wird konstatiert, dann wird damit die Problemdefinition der je herrschenden Gruppen und Diskurse reproduziert. Oder aber, die Repression der nomadischen und mobilen Lebensweisen wird zur Herrschaftstechnik der Normalisierung von Lebensstilen erklärt. Armut und Devianz, als den Objekten des obrigkeitlichen Kontrollinteresses, wird eine signifikante Rolle als soziale Kategorien abgesprochen. Sie werden vielmehr im Sinne eines pejorativen Ideologiebegriffs interpretiert, etwa als „Ablenkungsmanöver" (zum Beispiel Lis/Soly 1979). Vieles spricht dafür, dass der Aspekt der sozialen Kontrolle eine wichtige Rolle in der Genese und Funktionsweise der Mobilitätsregimes der Vergangenheit spielte. Daraus kann aber nicht geschlossen werden, dass diejenigen Gruppen, die die Repression gegen die Mobilen ausüben, das Objekt Mobilität oder Vagabundage „erfinden". Die Frage nach der Art und Weise der Problematisierung eines sozialen Phänomens muss aber jenseits eines naiven erkenntnistheoretischen Realismus gestellt werden, nach dem man sich zwischen zwei Optionen entscheiden muss: Entweder hat es ein Bettlerproblem gegeben, dass den Behörden „wirklich" zum Problem wurde, oder die herrschenden Gruppen haben die Bettelei nur zum Vorwand genommen, um Repressionen auszuüben. Das Bettlerwesen stellte auch im Mittelalter keine natürliche Armut dar, sondern war die Institutionalisierung eines gesellschaftlichen Kompromisses, die innerhalb des dominanten Wissenstypus, der christlichen Theologie (beziehungsweise in Foucaults Perspektive der Gouvernementalität: der Pastoralmacht) operierte. Genauso sind auch der Arbeiter und schließlich der Immi-

französischen Revolution beginnen lässt, sei ideologisch: „Or de même que l'histoire du XIVe au XVIIIe siècle a montré récemment que le capitalisme sous son avatar marchand était beaucoup plus implanté comme rapport social, que ne laisse accroire la légende intéressé de la Révolution Industrielle bousculant l'Ancien régime économique." (Boutang 1998, 346f.)

3 Gutton 1971; Lis/Soly 1979; Sachße/Tennstedt 1980; Graus 1985; Snell 1985; Mollat 1987; Schubert 1988; Geremek 1988; Steinfeld 1991; Emsley 1991; Moch 1992; Lucassen 1997.

grant keine Essenzen. In ihnen kommen stets auch die Widerstände, Kämpfe und die Subjektivität der Akteure zum Ausdruck.

Bevor ich auf die historischen Quellen eingehe (ab Abschnitt 2.2.), befasse ich mich in den folgenden beiden Abschnitten zunächst mit einigen allgemeinen theoretischen Überlegungen zur Frage der Mobilität.

2.1.1 Die strukturelle Spannung der Mobilität

Mobilität als Problem tritt nicht erst mit der Durchsetzung der kapitalistischen Produktionsweise auf. Es ändern sich jedoch die Bearbeitungsweisen des Problems und damit auch die Kategorien, innerhalb derer es gefasst wird – wie in 2.2.3 gezeigt wird. Zugleich folgen die Produktionsweisen einander nicht in klar getrennten historischen Perioden: In Europa existierten etwa früh Inseln einer Produktionsweise, die man mit Karl Marx als formell dem Kapital subsumiert bezeichnen kann. In einigen Städten Flanderns und Norditaliens entstanden Prototypen[4] der kapitalistischen Produktionsweise, mit einer hoch entwickelten Arbeitsteilung und entsprechender Ausdifferenzierung sozialer Klassen. Diese Inseln waren eingelassen in die dominierende feudale Produktionsweise, in der geldwirtschaftliche Elemente eine zunächst untergeordnete Funktion hatten. Charakteristisch für die lange Periode des Übergangs vom Feudalismus zum Kapitalismus sind einander scheinbar widersprechende Tendenzen der Festsetzung der Arbeitskraft, zum Beispiel die Indentursklaverei, oder Maßnahmen, die eher dem Erhalt der feudalen Gesellschaftsstruktur dienten, wie das Verbot, außerhalb der Zünfte zu arbeiten. Diese Widersprüchlichkeiten sind durch die Koexistenz verschiedener Produktionsweisen bedingt und führen zu sich aus diesen unterschiedlichen Strömungen und Tendenzen zusammensetzenden Mischformen. Entscheidend ist nicht die Frage nach dem Beginn des Kapitalismus, sondern dass bereits mit Elementen, die die Gesellschaft und ihre Produktionsweise noch nicht dominieren, spezifische Problem- und Interessenlagen gegeben sind.[5] Sowohl in Flan-

4 Hans Mottek etwa spricht von „Keimformen" der kapitalistischen Produktionsweise (1974, 197). Rodney Hilton wiederum betont, dass sich die „Industrialisierung von Flandern, Brabant, Lüttich, der Lombardei und der Toskana […] chronologisch sekundär im Verhältnis zu der Entwicklung der Produktivkräfte in der Landwirtschaft" verhält (1977, 401). Die Grundlage für die Warenproduktion liege nicht in der Landwirtschaft exogenen Faktoren, sondern entstehe vielmehr aus dem Kampf um die feudale Rente, die überhaupt zu einem nennenswerten Surplus führe.

5 Der Begriff des „Kapitalismus", sowie die Frage nach dessen Beginn und Periodisierung wurde von Autoren wie Sombart (1987) in die Debatte gebracht. Mit Louis Althusser und Étienne Balibar folge ich einer Lesart, nach der Kapitalismus eine Gesellschaftsformation ist, in der die kapitalistische Produktionsweise dominiert, nicht jedoch die einzige ist. Entscheidend ist die Frage nach der Anordnung der jeweiligen Elemente in einer Gesellschaftsformation und ihren strukturierenden, sowie dominanten Teilen. Ähnlich wird dies in der Regulationstheorie konzipiert: „Eine Gesellschaft als kapitalistisch zu bezeichnen heißt also nicht, sie auf die für den Kapitalismus charakteristischen Verhältnisse zu reduzieren, sondern zumindest

dern, Norditalien, Augsburg und Prag war das Tuchgewerbe das Laboratorium nicht nur der fabrikmäßigen Kooperation, sondern auch des Streiks als Konfliktform einer Lohnarbeiterschaft, die diesen Namen noch nicht trägt (vgl. Mollat 1987, 189 und Piper 2000). Diese Aufstände, die ganz Europa in der zweiten Hälfte des 14. Jahrhunderts beinahe gleichzeitig durchzogen, wurden getragen von den „neuen Armen, Gesunden und Arbeitern, die kärgliche, kaum ausreichende Löhne erhielten“ (Mollat 1987, 191). Wenn Lohnarbeit tendenziell auf der Vorstellung und Praxis beruht, dass es einen Markt für Arbeitskraft gibt, das heißt die ArbeiterInnen ihre Ware Arbeitskraft unterschiedlichen Käufern, also Unternehmern anbieten, dann ist Mobilität geradezu notwendige Grundlage der kapitalistischen Verwertung lebendiger Arbeit. Die strukturelle Spannung hat eine objektive und eine subjektive Seite: Zum einen bedarf es aufgrund der permanenten Umwälzung der Produktionsverhältnisse und der sich verändernden Inhalte und Formen der (manuellen) Arbeit eines mobilen und destabilisierten Reservoirs an Arbeitskräften. Aber Arbeiterschaften werden auch über lange Zeiträume stabilisiert, indem man sie etwa an ein Unternehmen bindet (oder ihre Mobilität auf andere Weise beschneidet), um sie „zur Arbeit zu erziehen“ beziehungsweise um tatsächlich über sie zu verfügen. Zum anderen besteht die Besonderheit der Ware Arbeitskraft darin, darauf hat Marx hingewiesen, dass sie von ihren BesitzerInnen, den menschlichen Trägern, Subjekten und Individuen nicht zu trennen ist. Die Mobilität ist keine Eigenschaft der Ware Arbeitskraft, sondern ihres Trägers, des Menschen. In dem spezifischen historischen Kontext der im späten Mittelalter sich herausbildenden Produktionsverhältnisse erweist sich Mobilität weder als Folge von reinem Zwang, noch als Summe individueller Entscheidungen, sondern entsteht in einer Doppelbewegung: dadurch, dass die Menschen das Land, die Scholle etc. in Richtung Stadt verließen und damit bestimmten Herrschafts- und Produktionsweisen das „Menschenmaterial“ entzogen. Es waren nicht die Lehnsherren, die aus den Bauern freie ArbeiterInnen machen, sondern die Bauern selbst, die mit der Flucht aus den schlechten Verhältnissen die Grundlagen für ihre Verwandlung in die ersten Proletarier legten, wie ich insbesondere in Abschnitt 2.2.2 zeige. Die subjektive Dimension der Mobilität ist dabei keine exogene Zutat zur objektiven: Oft ist sie der Ausgangspunkt einer Veränderung von sozialen Praxen, auf die von Seiten der Obrigkeit, der Behörden oder des Staates reagiert wird, die aber auch zur Entstehung neuer Produktionsweisen und Verkehrsformen beitragen kann.

---

anzuerkennen, daß ein großer Teil des gesellschaftlichen Lebens um die Reproduktion dieser Verhältnisse herum organisiert wird.” (Lipietz zitiert nach Krebs/Sablowski 1992, 111) Die kapitalistische Produktionsweise existiert demnach lange bevor sie zur treibenden Kraft der gesamten gesellschaftlichen Produktion und Reproduktion wird, man also von einem Kapitalismus als Gesellschaftsformation sprechen kann. Zu den verschiedenen Kapitalismusbegriffen in der Geschichtswissenschaft (vgl. Dobb 1972, 16ff.).

2.1.2 Mobilität und Gewalt

Die verschiedenen Modi der Regierung der Migration werden aus einer liberalen theoretischen Tradition heraus in einer Opposition zwischen (staatlichem) Zwang einerseits und bürgerlich-liberaler Freiheit andererseits situiert. Es verwundert daher nicht, wenn ein Teil der Migrationsforschung den Beginn von Migrationskontrollen auf den Beginn des 20. Jahrhunderts beziehungsweise auf des Ende des 1. Weltkriegs (zum Beispiel Santel 1995, 39ff.) datiert. Das ist insofern plausibel, als diesem Zeitraum eine gleichsam liberale Ära in Europa vorhergeht, in der es für Mobilität keine Grenzen zu geben schien. In England existierte ab 1795 freie Mobilität für ArbeiterInnen, der norddeutsche Bund verwarf 1867 (beinahe) alle Mobilitäts-Restriktionen für die „unteren" Klassen und auch in Frankreich herrscht Freizügigkeit in Sachen Einwanderung (vgl. Torpey 2000, 65f). Es scheint so, als gingen die Entwicklung des Kapitalismus und Freizügigkeit für Arbeitskraft Hand in Hand.

Sowohl in an Max Weber orientierten Rationalisierungskonzepten, als auch in vielen Staats- und Herrschaftstheorien in der Tradition der „Kritik der politischen Ökonomie" erscheint staatliche Gewalt entweder als atavistisches Relikt oder als Ausnahme in systembedrohenden Krisen. Zwang gilt als ein subsidiäres Herrschaftsmittel. Demgegenüber wird der stumme Zwang der Verhältnisse und sein rechtsförmiger „Überbau" betont, der zunehmend alle außerökonomische Gewalt, gleichsam synonym mit vorkapitalistischen Verhältnissen, zurückdränge (vgl. Lüdtke 1982, 30). So nennt Étienne Balibar im Anschluss an Marx als Kriterium für den Unterschied zwischen feudaler und kapitalistischer Produktionsweise die „Nicht-Koinzidenz von Arbeit und Mehrarbeit", die den Einsatz „‚außerökonomischer Maßnahmen' zur effektiven Durchführung der Mehrarbeit notwendig" mache (Balibar 1972, 296). In der feudalen Produktionsweise nehme die Abschöpfung der Mehrarbeit demnach die Form des Herrschafts- und Knechtschaftsverhältnisses an.[6] Während sich die Abschöpfung des Mehrprodukts in einen ökonomischen Vorgang transformiert, verschwindet der Zwang gegenüber der Arbeitskraft aber nicht, sondern verändert sich.

Gerade die verschiedenen Formen der Sklaverei und Leibeigenschaft sind zwar heute als juristische Formen weitgehend von der Bildfläche der Arbeitswelt verschwunden, verbreiteten sich aber vor allem mit der Entwicklung des Kapitalismus. Sie waren in der Neuzeit die wichtigsten Institutionen einer Immobilisie-

6 Balibar geht es darum, „historistische" und evolutionistische Auffassungen von der Transformation der Produktionsweisen zurückzuweisen. Er betont, dass die verschiedenen Elemente der vorkapitalistischen Produktionsweisen sich unabhängig voneinander entwickeln. Dies gilt insbesondere für die Hauptfaktoren der Transformation: „freie" ArbeiterInnen und Handelskapital (Balibar 1972, 376). Marx spricht im „Kapital" über ein „vogelfreies Proletariat", das nicht von den Manufakturen absorbiert werden könne, auch weil es nicht über die notwendige Disziplin verfüge und sich daher in „Bettler, Räuber, Vagabunden" verwandle (Marx, MEW 23, 761f.).

rung der Arbeitskraft mit Zwangsmitteln. Dies zeigt auch die Debatte um die Verfügbarkeit von Arbeitskräften in den jungen Vereinigten Staaten (vgl. Steinfeld 2001; siehe Abschnitt 2.3.2). Sklaverei, Indentur und andere Formen von *coerced labor* sind als spezifische Regulationsformen zu verstehen, die mit den Problemen von Arbeitskräfteknappheit und kapitalistischer Akkumulation zusammenhängen.

Aus wenn die Sklaverei überall auf der Welt geächtet wird – das Interesse daran, Arbeitskraft zu kontrollieren, zu zügeln und verwertbar zu machen, ist geblieben. Von Bedeutung für meine Argumentation in dieser Arbeit ist die Verschiebung der Dimension des Zwangs durch die Entstehung des Nationalstaats als eines „national-sozialen" Staats, dem es durch die Inkorporation sozialer Rechte gelingt, die Widersprüche im Konfliktfeld der Mobilität zum Teil zu „lösen". Das heißt, wo die Restriktionen gegenüber der Mobilität zurückgehen, kommen einerseits „ökonomische" Rationalitäten zum Einsatz und verlagern sich andererseits die Momente des Zwangs auf die neu entstehenden nationalstaatlichen Grenzen. In diesem Zusammenhang ist bedeutsam, dass gerade die vom Liberalismus reklamierte Kontraktfreiheit nicht Folge der kapitalistischen Produktionsweise, sondern von Kämpfen der Arbeiterbewegung ist.

Innerhalb der Länder des globalen Nordens haben im Laufe mehrerer Jahrhunderte soziale Kämpfe zu jenen demokratischen und sozialstaatlichen Kompromissen geführt, die wir als Bürgerrechte kennen und zu denen man auch die Arbeitsrechte zählen kann. Die Kämpfe der ArbeiterInnenorganisationen sind nicht nur „ökonomische" um Arbeitszeit und Lohnhöhe sondern betreffen auch die Frage der individuellen Freiheit. Auf den britischen Inseln etwa war der Kampf um die *Beschränkung* der Kontraktfreiheit[7] gleichbedeutend mit der Entwicklung und Herausbildung der *freedom of person*: „Modern free labor in England must be seen as a product of labor's struggle to improve its position in a market society." (Steinfeld 2001, 234)

Diese marktförmige Fassung im nationalstaatlichen Rahmen als der Begrenzung dieses Marktes ergibt ein Element der Grenzziehung – des *boundary drawing* – innerhalb der Arbeiterbewegung, nachdem bestimmt wird, wer zur Arbeiterklasse gehören soll und wer von ihr ausgeschlossen wird – nämlich die „fremden" ArbeiterInnen sowie auch Frauen. Der despotische Aspekt der Arbeitskraftpolitik verlagerte sich also durch soziale Kämpfe auf die eingewanderte, minoritäre Arbeitskraft. Im Rahmen der Nationformierung wurde nicht nur „das Volk" buchstäblich identifiziert, nämlich mit Ausweispapieren ausgestattet, an einen nationalen Raum gebunden und unter anderem dadurch zum Staatsvolk gemacht (vgl. Brubaker 1992; Noiriel 1994; Torpey 2000), sondern auch die Migration im modernen Verständnis geschaffen.

---

7 Die ArbeiterInnen kämpften für eine Einschränkung der Vertragsfreiheit, insofern Vertragsverstöße zwischen UnternehmerInnen und ArbeiterInnen im 19. Jahrhundert oftmals strafrechtliche Konsequenzen hatten.

Im Folgenden werde ich, ausgehend von den ersten Formen einer historischen Mobilität in Europa (2.2)[8], Elemente der Transformation von Mobilität in Migration herausarbeiten: Der Mobilität wurde über mehrere Jahrhunderte mit einer despotistischen Politik der Immobilisierung und Bändigung begegnet, innerhalb derer unter anderem die „Disziplin" als eine soziale Technik entstand, mit der die Subjekte der Mobilität gebändigt werden sollten (2.3). Die verschiedenen Instrumente, die in diesem Prozess entstanden sind, darunter sozialpolitische ebenso wie administrativ-repressive, wurden schließlich gebündelt und mit der Entstehung des Nationalstaats in den Dienst eines neuen sozialen Kompromisses gestellt, der die zu bändigende „Menge" unterscheidet in In- und Ausländer (2.4.).

2.2 Zur Konstitution der Mobilität – umherschweifende ArbeiterInnen

Die Ursprünge einer umherschweifenden Menge der Armen, die Geburt der Vagabundage, fielen historisch zusammen mit der (2.2.1) Institutionalisierung der Armenfürsorge und einer ökonomischen Krise der feudalen Ordnung, an die sich eine erste Landflucht anschloss (2.2.2). Im Kontext einer exogenen Krise, der „großen Pest", wurden dann erste Projekte der Einschließung und Disziplinierung entwickelt, um die Flucht aus der Arbeit rechtlich zu reglementieren.

2.2.1 Der Wandel der Armut

Mit dem Begriff der Vagabundage wurde ab etwa 1350 in Frankreich eine unerwünschte Form von Mobilität bezeichnet, die alsbald mit einer Reihe von Dekreten und Gesetzen unter Strafe gestellt wurde (Vexliard 1956; Sachße/Tennstedt 1980; Geremek 1988). Bezeichnungen wie Vagabunden, Arme, BettlerInnen oder MüßiggängerInnen reflektieren, dass aus der Perspektive der feudalen Gesellschaft die unkontrollierte Mobilität mindestens ein Problem darstellte. Diese Einordnung von Mobilität mag damit zusammenhängen, dass wer in einer Gesellschaft mobil ist, deren Herrschaftsstrukturen auf der Sesshaftigkeit der Bevölkerung beruhen, die Grundlagen derselben gefährdet.

8 Beim Hochmittelalter anzusetzen, bedeutet nicht, dass dort die Geschichte menschlicher Mobilität beginnt. In der Anthropologie ist überdies umstritten, ob Sesshaftigkeit überhaupt der „Normalfall" menschlicher Vergesellschaftung ist. Allerdings stellt (zumindest hinsichtlich der gesellschaftlichen Entwicklungen in Europa) die Völkerwanderung im Verhältnis zur Landflucht, gesellschaftstheoretisch betrachtet, ein völlig verschiedenes Phänomen dar.

Die legitime Form von Mobilität, die die mittelalterliche Gesellschaft kannte, war die Pilgerreise[9]; weit weniger geduldet war das Nomadentum. Die definitorischen Grenzen waren manchmal uneindeutig. Nomaden aus Nordafrika bezeichneten sich – um ihre Mobilität zu legitimieren – als Pilgerreisende aus Ägypten, im Englischen wurde daraus die Bezeichnung „Gypsies“. Ihnen schlossen sich häufig Menschen an, die dann als „counterfayte Egyptians“, als verkleidete, getarnte „Gypsies“ bezeichnet wurden (Lucassen 1997, 231). In England warnten Edikte vor „people disguised as Egyptians“, eine Kategorie, die sich nach Lucassen wohl gegen englische MigrantInnen richtete „who joined or imitated the Egyptians“ (Lucassen 1997, 232). Daneben bevölkerten Gaukler, Märchenerzähler, Schmiede, Studenten, Soldaten und andere Berufsgruppen die Straßen des späten Mittelalters.[10]

Zwar galt Nomadismus auch im frühen Mittelalter schon als unerwünscht und die Unterscheidung in arbeitsfähige und damit illegitime sowie legitime, das heißt nicht-arbeitsfähige BettlerInnen, findet sich bereits in den innerkirchlichen Debatten des Hochmittelalters. Mit der Ausbreitung der Geldwirtschaft in Europa ab dem 11. Jahrhundert aber entwickelte sich eine christliche Doktrin beziehungsweise ein Ethos der Armut, als „Protest gegen den Reichtum der Kirche und des Klerus“ (Geremek 1988, 45) und äußerte sich in einer „Weltflucht“, die kirchlicherseits solange toleriert wurde, wie sie individuell blieb. Wo sie kollektiv wurde, kanalisierte man sie durch die Gründung von Bettelorden (ebd., 30). Die Veränderungen in den gesellschaftlichen Verhältnissen führten nicht nur dazu, dass Geldbesitz der Kritik ausgesetzt war. Mit der Etablierung karitativer Einrichtungen (wie etwa der Bettelorden) wurden vielmehr auch Instrumente entwickelt, die den Widerspruch zwischen Geldbesitz und christlichem Ethos produktiv gestalten sollten. So wurden im 12. und 13. Jahrhundert zunehmend karitative Einrichtungen gegründet, die behaupteten, durch Barmherzigkeit sei zur Heilserlangung zu kommen, während sie die Zurschaustellung von Reichtum guthießen. Diese Doktrin der Armut und das Lob des Almosens ermöglichten eine Legitimation der sozialen Unterschiede – sie „sanktioniert auch den Reichtum, ist dessen

9 Zu den Formen massenhafter gesellschaftlicher Mobilität zählen auch die Kreuzzüge, die ab dem 11. Jahrhundert begannen und die zum Teil den Charakter von Emigrationsströmen hatten. So war der so genannte Volkskreuzzug von 1096 von Papst Urban II. ursprünglich als militärische Pilgerfahrt nach Jerusalem geplant worden, entwickelte sich dann aber zu einer Massenauswanderung von etwa 100.000 verarmten Bauern (Mayer 2005).

10 Der englische Vagrancy Act von 1744 fasste alle Kategorien zusammen: „Beggars, strolling actors or gamblers, gypsies, peddlers, and all those who refused to work for the usual and common wages.” (Ignatieff 1978, 25) Zwar unterscheidet die Forschung zwischen fahrendem Volk mit spezifischer Kultur, Sprache und Codes einerseits (Graus 1985, 100) und SaisonarbeiterInnen, die gegebenenfalls bereit sind, sesshaft zu werden, andererseits. Die Grenzen zwischen beiden ist aber fließend. Die damaligen Behörden oszillierten zwischen der Bemühung, diese voneinander zu unterscheiden und mangels geeigneter Instrumente wie Dokumenten oder Ausweispapieren, sie als einheitliche Gruppe zu identifizieren.

ideologische Rechtfertigung" (ebd., 27). Die Ritualisierung und Institutionalisierung der Armenfürsorge machte aus der Armut einen Beruf. An dieser Ritualisierung der Armenfürsorge wurde lange vor der Reformation Kritik laut: Kritisiert wurde, dass das System der christlichen Armenfürsorge das Betteln attraktiv mache, nicht zwischen richtigen und arbeitsfähigen Armen unterscheide, zuviel Almosen gewähre und schließlich, dass das Lob der Armut der christlichen Arbeitspflicht widerspreche. Zunehmend wurde die institutionelle Funktion der Armut als Bestandteil der feudalen Ordnung in Frage gestellt. In den Kritiken waren bereits die Elemente der späteren Transformation der Vagabunden in Ausländer und MigrantInnen angelegt, nämlich in der Unterscheidung zwischen fremden und einheimischen BettlerInnen: „Der Ausschluss der fremden Bettler ist von den frühesten Bettelordnungen an ein dominantes Thema der Neuordnung der Armenfürsorge." (Sachße/Tennstedt 1983, 43)

2.2.2 Die erste Landflucht

Das Hochmittelalter war unter anderem gekennzeichnet durch eine Krise der feudalen Produktionsweise, die sich in einer Flucht der Bauern aus den feudalen Beziehungen äußerte – die erste Landflucht. Dieser Exodus war Ausdruck eines Kampfes um die Feudalrente – den durch die bäuerliche Mehrarbeit entstehenden Überschuss dieser Produktionsweise. Die Jahrhunderte vor der großen Pest von 1347 bis 1351, die allgemein als Ausgangspunkt zur Entstehung eines vorkapitalistischen Arbeitsmarkts gelten, waren geprägt von einem Anwachsen der Ausgaben der feudalen Haushalte.[11] Überall in Europa verließen die Bauern ihre Güter „illegal". Die Landflucht führte entweder in die rasant anwachsenden Städte, kanalisierte sich in Kolonisierungsbewegungen gen Osten oder führte die Bauern in das Vagabundenleben. Das feudale System, das auf der Verrichtung von Frondiensten beruhte, wurde durch die Flucht der Bauern in eine Dauerkrise gestürzt:

> „Das Güterwirtschaftssystem wurde nicht durch die Umwandlung der Dienstleistungen in Geldzahlungen, sondern durch die Flucht der Bauern ausgehöhlt. [...] Massenfluchtbewegungen von den Herrengütern beschleunigten das Ende der Leibeigenschaft in England." (Lipson nach Dobb 1972, 57)

Die Einführung von Geld- anstelle von Dienstleistungen war eine Reaktion der Feudalherren auf den Arbeitskräftemangel. Die Flucht und damit die strukturelle Knappheit versetzte die Bauern als Gesamtheit in die Lage, Rechte und Privilegien einzufordern. In einigen französischen Provinzen konnten Situation freie Landgemeinden entstehen, die über einen Bürgermeister und eine eigene Gerichtsbarkeit verfügten (Dobb 1972, 57). Überall in Europa wurden ganze Land-

11 Zu den Ursachen zählt Maurice Dobb das zahlenmäßige Anwachsen der Adelsfamilien, die Kosten der Kreuzzüge, Kriegskosten sowie die Kosten für durch den Fernhandel neu auf den Markt kommende Luxusgüter (Dobb 1972, 55f.).

striche und Dörfer verlassen. Abgesehen von den Fällen, wo geflohene Bauern „zurückgeworben“ wurden, hatte die Landflucht einen strukturellen Effekt: Aus Mangel an Arbeitskräften wurden zunehmend Güter an Bauern verpachtet. Aber die Reaktion der Feudalherren auf diese Entwicklungen war nicht einheitlich. Während in einigen Teilen Europas den Bauern Konzessionen gemacht wurden, reagierte der Adel woanders mit einer Verschärfung der Fronarbeit. Flüchtige Bauern wurden „eingefangen“ und feudale Verpflichtungen mit Gewalt abgepresst. Für Dobb steht die repressive Praxis, die besonders in Osteuropa[12] ausgeprägt war, im Gegensatz zu der Politik der Konzessionen. Diese Politik wird von ihm als eine Rückkehr zur feudalen Ordnung interpretiert, als eine „feudale Reaktion“. Die unterschiedlichen Formen, mit denen die Feudalherren auf das Problem reagierten, hingen zusammen mit dem Verhältnis zwischen verfügbaren, mobilen Arbeitskräften, Löhnen und einem absoluten Arbeitskräftemangel: Dort, wo ein absoluter Arbeitskräftemangel herrschte, griffen die Feudalherren auf Zwangsmittel zurück, um die Arbeitskraft an die Produktionsmittel zu binden, was in Osteuropa der Fall war. Wo die Landflucht nicht mit einem absoluten Mangel an Arbeitskräften zusammenfiel, führte sie umgekehrt dazu, dass die mobilen Bauern tendenziell als Arbeitskräfte zur Verfügung standen.

Allerdings reichte der ökonomische „Mechanismus“ eines Überangebots nicht aus: Statt einer Masse an billigen Arbeitskräften entwickelte sich zunächst das Vagabundenwesen. Die Vagabunden wiederum waren noch keine Reservearmee im modernen Verständnis, denn um aus stellenlosen ArbeiterInnen eine Reservearmee zu machen, die Druck auf die Löhne ausübt, müssen diese „arbeiten wollen beziehungsweise dazu gezwungen werden“ (Castel 2000, 78). Den Zwang übten die Projekte der Disziplinierung und Einschließung der Armen und BettlerInnen in Armen- und Arbeitshäusern, aber auch in Klöstern, Galeeren und Armeen aus, die in den folgenden Jahrhunderten das Problem der mobilen Klassen, des *mobs*, lösen sollten.

2.2.3 Die große Pest: Mobilitätsrestriktionen als Lohnpolitik

Der Schwarze Tod, die Pestepidemie der Jahre 1347 bis 1351, bei der ungefähr ein Drittel der Bevölkerung Europas ums Leben kam (Mottek 1974, 193), ver-

12 Unter der Bezeichnung „Osteuropa“ werden in der wissenschaftlichen Literatur historisch je unterschiedliche soziale und geografische Räume gefasst. Die widersprüchlichen und uneinheitlichen Kriterien reichen dabei von „ethnischen“, nach denen diejenigen Länder zu Osteuropa gehören, die von „Slawen“ bewohnt werden, über politische, etwa des Einflusses des Russischen Reichs, durch den sich Osteuropa vom Balkan unterscheidet, welcher unter osmanischer Herrschaft stand, bis hin zum Einflussgebiet der orthodoxen Kirche, wodurch Osteuropas Grenzen wiederum anders gezogen werden müssten. In dem vorliegenden Kontext beziehe ich mich auf Thesen der historischen Forschung, wonach eine spezifische, durch Kolonisierung und Feudalsystem geprägte Herrschaftsweise, historisch den Raum Osteuropa begründet (vgl. Casanova/Parain 1977).

schärfte die Effekte des Kampfes um die Feudalrente.[13] Sie ist ein anschauliches Beispiel für das Verhältnis zwischen der subjektiven Dimension der Mobilität und den Politiken zu ihrer Regulierung.

Zu den unmittelbaren Folgen der Epidemie gehörte einerseits, dass die *brassiers* – Menschen, die ihre „Arme" vermieteten – nun zur „Mangelware" gehörten, wodurch ihre Löhne stiegen. Der Preisanstieg der Ware Arbeitskraft variierte in Europa je nach Branche und Region. In Paris etwa stiegen die Löhne von HilfsarbeiterInnenn beim Bau um das Doppelte und die Löhne landwirtschaftlicher Tagewerker in England lagen während der Pest etwa zweieinhalb mal höher als zu Beginn des Jahrhunderts. Tageslöhne von englischen Bauarbeitern wiederum stiegen in dieser Zeit nur um zwanzig Prozent (vgl. Mollat 1987, 180). Um 1350 wurden in Europa (England, Frankreich, Portugal, Kastilien, Bayern, Aragon)[14] Edikte gegen die mit der Knappheit verbundene Lohnsteigerung erlassen. 1351 richtete sich ein Erlass von König Johann dem Guten in Frankreich gegen die Landstreicher, die ihre bisherige Arbeit nicht aufnehmen wollten. Der Erlass schrieb vor, dass wer „körperlich gesund ist und bisher von Lohnarbeit gelebt hat, […] sofort an die Arbeit zu gehen hat, bei Strafe des Prangers, der Brandmarkung oder der Verbannung" (zit. nach Geremek 1988, 100). Einige Jahre später, 1354, rechtfertigten die Händler ihre hohen Preise damit, dass „die Arbeiter nicht arbeiten wollen, wenn sie nicht entsprechend ihren Forderungen bezahlt werden, die aber so übertrieben sind, daß der Preis der Produkte notwendig hoch sein muß" (ebd., 99).

Dort, wo Kommunen oder regionale Fürsten Preise für Arbeitszeiten festlegten, umgingen die ArbeiterInnen sie, indem sie nach dem Akkordsystem arbeiteten, einem System also, bei der die Entlohnung nicht auf der Arbeitszeit, sondern den Stückzahlen basiert. Oder sie gingen dorthin, „wo derartige Verordnungen nicht gelten" (ebd., 100). Landstreicherei wurde mit Arbeitsflucht und Lohntreiberei gleichgesetzt. Auch in Spanien wurden 1351 Bestimmungen erlassen, in denen Obergrenzen für Löhne festgelegt wurden und Wanderarbeit mit Landstreicherei gleichgesetzt wurde. In England wurde 1349 die *Ordinance of Labourers* erlassen, die eine Arbeitspflicht bis zum 60. Lebensjahr und den Zwang beinhaltete, Löhne auf dem Niveau von 1325 zu akzeptieren. Von ihren Arbeitsplätzen geflohene ArbeiterInnen durften woanders nicht beschäftigt werden. In der *Ordinance of Labourers* heißt es:

„Da ein großer Teil der Bevölkerung, besonders unter den Arbeitern (workmen) und Dienstleuten (servants) kürzlich an der Pest starb, wollen viele von ihnen, jetzt wo sie die Not bei den Meistern und die große Knappheit an Dienstleuten sehen, nur noch zu

13 „Daher erzeugte die große Pest die ökonomische Krise nicht, sondern verstärkte sie nur, denn das veränderte Gleichgewicht des Arbeitsmarktes hatte bereits begonnen, Wirkungen zu zeigen." (Lipson zit. nach Dobb 1972, 59)

14 Auch die Städte regulierten die neue Arbeitskräftemobilität, so zum Beispiel Orvieto, Florenz, Metz und Amiens (vgl. Mollat 1987, 182).

übertriebenen Löhnen dienen, und manche wollen gar lieber in Müßiggang betteln gehen als ihr Leben durch Arbeit zu verdienen“ (zit. nach Castel 2000, 65).

Die auf diese Beschreibung folgende Verordnung enthielt mehrere Elemente: erstens die Festlegung des Lohnes beziehungsweise die Außerkraftsetzung des Marktmechanismus; zweitens die Verhinderung der Flucht aus der Arbeit. Letztere sollte durch zwei Maßnahmen erzielt werden: Zum einen sollten die beschäftigten ArbeiterInnen ihre Herren nicht verlassen: „Es sei stets vorausgesetzt, daß die Herren jedem anderen von ihren Untertanen oder Grundholden derart vorgezogen werden sollen, daß jene in ihrem Dienst verbleiben.“ (Ebd.) Zum anderen sollte eine Flucht in das Bettelwesen und „Müßiggang“ verhindert werden, weshalb verboten wurde, „solchen Leuten, die arbeiten könnten, irgendetwas [zu; S.K.] geben“ (ebd., 66). Vertragsbruch bei Bediensteten, das heißt Flucht aus dem Arbeitsverhältnis, wurde mit Gefängnis bestraft. Nach Castel war dieses neue „Arbeitsrecht“[15] in erster Linie eine „Reaktion auf die Feststellung, daß sich ein bestimmter, nicht in die Strukturen der Arbeitsteilung eingebundener Bevölkerungstyp von nun an zum Problem mausert“ (ebd., 67). Ganz offensichtlich konnte das Problem der mobilen ArbeiterInnen aber damit nicht ohne weiteres gelöst werden. Überall, wo Erlasse die Mobilität einschränken sollten, folgten immer neue Bestimmungen gleichen oder modifizierten Inhalts, weil sich an den Praktiken der mobilen ArbeiterInnen offenbar nichts geändert hatte.

Diese Politik wurde noch bis weit in das nächste Jahrhundert und darüber hinaus fortgesetzt. Die mangelnden Durchsetzungsmöglichkeiten der rigiden Vorschriften beruhten auf dem Fehlen eines geeigneten Staatsapparats und der weitgehend inexistenten Kooperation der Bevölkerung mit den Meistern und Herren. Die Einsperrung und Bestrafung der „Armen und Bettler“ stieß auf Ablehnung „beim einfachen Volk, das bisweilen aktiv für die BettlerInnen Partei ergriff, die sich der Einschließung widersetzten“ (Geremek 1988, 267). Diese Solidarität ging zuweilen so weit, „daß unter jenen, die zur Verteidigung der Armen Tumulte und Unruhen anzetteln, Handwerker, Diener, Lakaien und Arbeiter waren“ (ebd., 268) (vgl. Gutton 1974). Für die mobilen ArbeiterInnen gab es noch keinen einheitlichen Begriff. Vielmehr changierten die Bezeichnungen und bedienten sich offenbar selbst der verschiedenen Elemente dieser Lebensweisen, unter deren Namen sie bekämpft wurden. Es war Intellektuelle wie Thomas Morus, Martin Luther oder Erasmus von Rotterdam – Denker der Reform der Armenfürsorge –, die sich eine Trennung zwischen echten und betrügerischen Armen zum Ziel setzten. Geremek verweist dem gegenüber auf die Solidarität zwischen städtischer ArbeiterInnenbevölkerung und BettlerInnen (vgl. Geremek 1988, 268), auf die auch Castel aufmerksam macht: „Auf Seiten des Volkes“ schien „häufiger eine positive Vorstellung vom Vagabunden“ vorzuherrschen,

15 Bronislaw Geremek spricht von den „Grundprinzipien der Sozialpolitik der Neuzeit“ (1988, 101).

insbesondere bei Vertretern des Kleinhandwerks in den Städten, „die schon mal Partei für einen verhafteten Landstreicher oder Bettler ergriffen" (Castel 2000, 92, FN 88).

Die Allianzen zwischen dem städtischen Volk und den BettlerInnen weisen eher darauf hin, dass die Städter die Grenze als fließend betrachteten und die drakonischen Maßnahmen gegen das Betteln und Vagabundieren auch als einen Angriff auf sich wahrnahmen. Dies änderte sich nachdrücklich mit der Entstehung von Nationalstaaten, in denen die Teilung in Sesshafte und Mobile sozialstaatlich abgesichert wurde, wie ich in Abschnitt 2.4 darlegen werde. Voraussetzung dafür war die Disziplinierung der umherschweifenden ArbeiterInnen, wie der folgende Abschnitt zeigt.

2.3 Die Immobilisierung der lebendigen Arbeit

Grundlage für die Kontrolle und Steuerung der Mobilität bildete mit dem Beginn der kapitalistischen Industrialisierung die Individualisierung durch das Disziplinar-System (2.3.1), innerhalb derer, wie ich im Anschluss an Foucault argumentiere, sich erste Elemente einer Politik der Subalternen herausbildeten, die später im Kontext des national-sozialen Staates weiterentwickelt wurden. Am Beispiel der Migration nach Nordamerika lässt sich dann zeigen, wie Migration und Mobilität als „Desertion" zum Objekt einer ökonomischen Regierung werden beziehungsweise diese begründen. „Flucht" ist daher nicht nur eine negative Kategorie im Gegensatz zur politischen Artikulation, sondern bildet einen eigenständigen *continent of flight* (2.3.2).

2.3.1 Disziplin und Arbeitshaus

Noch bis ins 18. Jahrhundert hinein bevölkerten Arme, BettlerInnen und VagabundInnen die Städte, Dörfer und Straßen – und vor allem die politischen Debatten Europas. Die Landflucht der Bauern war historisch eine Exit-Option im Kampf um die feudale Rente. Später scheint es sich umgekehrt zu verhalten. Mit den Einfriedungen (*enclosures*) von kommunalem Land in England beispielsweise, das in Weideflächen umgewandelt wurde und das Thomas Morus veranlasste, von Schafen zu sprechen, die Menschen fressen, wurden die Bauern vom Land vertrieben und bildeten ein neues, unfreiwilliges Heer der Armen und BettlerInnen.[16] Diese Einfriedungen wurden Ende des 15. Jahrhunderts begonnen, 150

16 „Die Schafe, einst so sanft und genügsam, sind mild und raubgierig geworden, daß sie sogar Menschen fressen, Felder, Gehöfte und Dörfer verwüsten und entvölkern. Denn überall, wo feinste Wolle erzeugt wird, sind Edelleute und Abte nicht mehr mit den jährlichen Einkünften und Erträgnissen zufrieden, die ihren Vorgängern aus den Landgütern erwuchsen. Die Wolle bringt ihnen viel höheren Gewinn als das Korn. So verwandeln sie das Ackerkind in Viehweiden, die sie einhegen. Häuser

Jahre lang betrieben und nahmen im 18. Jahrhundert noch einmal zu, wo sie dann unter der *Bill for Inclosure of Commons* im legalen Rahmen stattfanden. Die Einfriedungen erzeugten, abgesehen von der Mobilisierung der Bauern zu ProletarierInnen, einerseits eine größere Abhängigkeit der Pächter, andererseits eine Vergrößerung der Agrarflächen der neuen Besitzer, die begleitet war von einer „Revolution der Agrikultur“ (Marx, MEW 23, 755). Aber schon zuvor, im 15. und 16. Jahrhundert war die Bettlerfrage permanent aktuell, trotz Bevölkerungsanstieg und niedrigen Löhnen, Bedingungen also, die denen der Zeit nach der Pest diametral entgegengesetzt sind. Marx spricht im „Kapital“ von einer „Blutgesetzgebung wider Vagabundage“, in der die „Väter der jetzigen Arbeiterklasse [...] gezüchtigt [wurden, S.K.] für die ihnen angetane Verwandlung in Vagabunden und Paupers“ (MEW 23, 762). Die zahlreichen, teils drakonischen Maßnahmen, die in ganz Europa während mehrerer Jahrhunderte die BettlerInnen und VagabundInnen drangsalierten, von der Brandmarkung über die Auspeitschung bis zur Todesstrafe, sind für Marx vor allem im Kontext einer Disziplinierung der vormaligen Bauern zu verstehen:

> „So wurde das von Grund und Boden gewaltsam expropiierte, verjagte und zum Vagabunden gemachte Landvolk durch grotesk-terroristische Gesetze in eine dem System der Lohnarbeit notwendige Disziplin hineingepeitscht, -gebrandmarkt, -gefoltert.“ (Ebd., 765)

Dieser Linie folgt auch Foucault, der im Laufe des 17. Jahrhunderts einen Machttypus aufziehen sieht, der in der Unterwerfung und Nutzbarmachung der Körper besteht. Im Unterschied zur Disziplin der Klöster, denen es eher um Entsagung geht, ist die neue Disziplinarmacht eine Machtmaschine, die die Körper zergliedert und wieder auf neue Weise zusammensetzt und damit eine doppelte Wirkung entfaltet. Mit der technischen Ebene korrespondiert eine politische: Die Disziplin steigert und schwächt zugleich die Kräfte des Körpers. Die Formierung der Kräfte resultiert in einer Steigerung der Nützlichkeit und einer dazu symmetrisch zunehmenden Unterwerfbarkeit. Foucault stellt diesen Modus der Teilung in den Zusammenhang der kapitalistischen Produktionsweise, wenn er die Trennung von Arbeitskraft und Produkt analogisiert mit der Trennung von „Tauglichkeit“ und Unterwerfung (vgl. Foucault 1976, 176f.). Für ihn sind es Armeen,

---

und Dörfer reißen sie nieder bis auf die Kirche, die sie als Schafstall benutzen. Ein einziger gieriger Vielfraß kann als wahre Landplage Tausende voll Äckern Landes zusammenwuchern, indem er die kleinen Besitzer auskauft oder mit Unrecht, Gewalt und Betrug so lange verfolgt, bis sie freiwillig abziehen. Dann müssen sie, Männer und Weiber, Witwen und Waisen, arm und elend in die weite Welt hinauswandern. Uni ihren und der ihrigen Hunger zu stillen, bleibt ihnen nichts mehr als Betteln oder Stehlen, so daß sie entweder dem Gefängnis oder dem Galgen verfallen. Denn Arbeit können sie ja nicht finden, weil ein einziger Hirte oder Schäfer genügt, wo früher viele fleißige Bauernhände vonnöten waren.“ (Morus 1964, 27f.)

Schulen und Hospitäler, in denen die Disziplinarmacht zur Anwendung kommt und denen es zunächst um die Verteilung der Individuen im Raum geht.

Die Disziplinartechniken sind eine Art Scharnier zwischen der „Akkumulation von Menschen" und der „Akkumulation von Kapital" (ebd., 283), die mit den Instrumenten der feudalen Macht nicht mehr in eine produktive Korrespondenz zu bringen waren. Die Disziplin löste die feudalen Machtmechanismen ab und etablierte Machtformen, die sich an der Wertschöpfung orientierten. Dieses Element der Unterwerfung des produktiven Körpers exemplifiziert Foucault am Arbeitshaus: als ein Modell temporärer Einsperrung zur Förderung einer bestimmten Arbeits- und Mobilitätssubjektivität. Arbeitshäuser waren modellhafte Anstalten, die den Auftrag hatten, „Bettler und junge Tunichte" (Foucault 1976, 155f.) umzuerziehen. Foucault verweist auf den Aspekt einer topokratischen Kontrolle von Mobilität, wenn er die Disziplin als ein „gegen das Nomadentum gerichtetes Verfahren" (ebd., 280) beschreibt. Die Arbeitshäuser erschienen im 18. Jahrhundert auch als Antwort auf das Problem der Kettenabschiebungen, wie ein zeitgenössischer Kommentator berichtete, da die gegen die „Bettler verhängten Verbannungsstrafen ohne Wirkung bleiben, weil sich die Staaten ihre gefährlichen Subjekte gegenseitig zuschieben" (zit. nach Foucault 1976, 157). Das System der Einsperrung wurde ausgehend von der Delinquenz entwickelt:

> „Das unübersichtliche Gewimmel von gelegentlichen und unvorhersehbaren rechtswidrigen Praktiken, die in einer Bevölkerung im allgemeinen üblich sind, oder die unselbstständigen Scharen von Landstreichern, die je nach Umständen Arbeitslose, Bettler, Arbeitsverweigerer anwerben und die sich […] zu gefährlichen Truppen der Plünderung und der Unruhestiftung verstärken können, ersetzt man durch eine relativ beschränkte und geschlossenen Gruppe von Individuen, die sich einer stetigen Überwachung unterwerfen lassen." (Ebd., 358)

Die Delinquenz ermöglichte über die Einsperrung und Überwachung der „gefährlichen" Ränder der Bevölkerung, diese als Ganze zu steuern. Ausgehend vom Gefängnis wurde die Individualisierung der gesamten Gesellschaft im Kerkerbeziehungsweise Disziplinar-System möglich. Insofern ist die Individualisierung, das heißt die Verortung in Raum und Zeit usw. auch die Grundlage der Steuerung von Mobilität. Diese Form der Regierung der Mobilität, mit der auch die Polizei als eine spezifische Institution der Bevölkerungskontrolle entstand, war selbst zunächst nicht ein Produkt des Staates. Vielmehr entstanden in England[17]

17 In Frankreich ist der lettre de cachet das Vehikel einer von unten nach oben gerichteten sozialen Kontrolle. Es handelt sich formal um einen königlichen Befehl, der Personen zu Verbannung, Amtsenthebung oder Einkerkerung zwingt und der auf Eingaben aus dem Volk zurückgeht. Die moderne Vorstellung der Einsperrung zur „Besserung" der Delinquenten – im Kontext der lettres de cachet die einzige Möglichkeit der Beendigung der Kerkerhaft – geht auf dieses Institut zurück, das ursprünglich nicht Teil der französischen Justiz war, die die Kerkerhaft als Strafe nicht kannte.

im 18. Jahrhundert Organisationen und Gruppen die „ohne jeden Auftrag seitens einer höheren Macht“ (Foucault 2003, 88) damit begonnen, Apparate zur Aufrechterhaltung der Ordnung zu errichten. Vor allem religiöse Gruppierungen bildeten eigene Polizeien, die der doppelten Aufgabe der Unterstützung und Bestrafung von Devianz dienten. Diese Parajustiz „war im Grunde ein Versuch, der politischen Macht zu entkommen“ (ebd., 91), deren gewalttätiger Strafapparat in England bei über 300 Delikten die Todesstrafe vorsah. Die moralischen Reformvereine sollten die Subalternen schützen, indem sie sie davor bewahrten, delinquent zu werden, „was der Macht die Möglichkeit geboten hätte, die Gruppe anzugreifen, zu zerstören und Mitglieder unter einem beliebigen Vorwand aufs Schafott zu schicken“ (ebd.). Die staatliche Polizei war das Resultat einer Vereinnahmung und Einbindung dieser Praxen, die sich dadurch aus Apparaten des Schutzes vor der politischen Macht in Agenturen der sozialen Kontrolle transformierten. Diese Parajustiz hatte ihren Ursprung also nicht im Strafrecht selbst, sondern war diesem äußerlich.

Die entstehende Biopolitik – als eine Machtform, die die produktiven Potenziale der Lebensweisen mobilisiert – rekurrierte auf diese Mechanismen einer Sozialkontrolle der Subalternen. Die Subalternen verdoppelten sich einerseits in eine Ressource der produktiven Macht und andererseits in ihre zu bändigende Dimension, als Gegenstand jener Macht. Während in Marx’ Perspektive die Freiheit der Bauern ideologisch war, weil sie der Effekt der gewaltsamen Enteignung und damit der Trennung der ArbeiterInnen von ihren Produktionsmitteln war, lässt sich mit Foucault die subjektive Dimension der Mobilität anders als in den bürgerlichen Robinsonaden konzeptualisieren: nämlich als konfliktuelle Bewegung sozialer Konstitution. Das Feld der Mobilität und die Kämpfe um die Mobilität verfügen über ein eigenständiges Koordinatensystem, mit Flucht und Fixierung der Arbeitskraft als Hauptvektoren. Die gesamte Geschichte der Arbeiterbewegung ist daher auch ein Kampf um die Begrenzung der Kontraktfreiheit, der Freiheit der „ArbeitgeberInnen“, ArbeiterInnen vertraglich an einen Arbeitsplatz zu binden. Ihre Wurzeln findet sie weniger in den Zünften, sondern in der Bewegung der freien ArbeiterInnen, die während der französischen Revolution die ersten waren, die die Abschaffung der Zünfte forderten, nicht anders als die Bourgeoisie.

2.3.2 Grenzen, Arbeitsmarkt und Multitude

Die Regierung der Mobilität ist widersprüchlich und inkohärent, weil sie zwischen Mobilisierung und Fixierung oszilliert, da der Einsatz der Arbeitskraft in der kapitalistischen Produktionsweise einerseits keineswegs stabil bleiben kann, und weil andererseits die subjektiven Migrationsprojekte ein über die Lohnarbeit überschießendes Moment beinhalten.

Dies kann am Beispiel der britischen Auswanderung nach Nordamerika veranschaulicht werden: Sie wurde durch Regierung und Fabrikanten gefördert, nach der Ankunft sollte aber die Mobilität still gestellt werden. Im letzten Kapitel des ersten Bands des „Kapital" setzt Marx sich mit der Kolonisierung Nordamerikas auseinander und behandelt dort die systematische Renitenz der Siedler gegenüber ihrer „Einschließung" in die Fabrik. Marx fragt, weshalb trotz des Vorhandenseins aller technischen Voraussetzungen die kapitalistische Produktionsweise in Amerika auf Widerstand stieß. Es reichte offenbar nicht aus, dass Geld, Arbeitskraft und Technologie aus Europa in ein Land ohne jedwede feudale Fesseln importiert wurden. Diese Elemente blieben, was sie waren und gingen keine – zumindest im Sinne der kapitalistischen Produktionsweise – produktive soziale Beziehung ein. Denn die Zutaten sind für sich „kein Kapital. Sie werden Kapital nur unter Bedingungen, worin sie zugleich als Exploitations- und Beherrschungsmittel des Arbeiters dienen" (Marx, MEW 23, 794). Marx weist auf die Gewohnheit der Kolonisten und Einwanderer hin, nur für kurze Zeit in den Fabriken zu arbeiten um anschließend in Richtung Westen aufzubrechen: „Der Lohnarbeiter von heute wird morgen unabhängiger, selbstwirtschaftender Bauer oder Handwerker. Er verschwindet vom Arbeitsmarkt, aber – nicht ins Worke house." (MEW 23, 797) Im Land der unbegrenzten Möglichkeiten wurde die Möglichkeit, ohne Aufsicht und Chef zu arbeiten, zum Problem für die Industriellen. Bereits Benjamin Franklin verwies auf den Mangel an Arbeitskräften durch die Flucht der ArbeiterInnen und den Zusammenhang mit verfügbarem Land:

„Labor (in America is) generally too dear there, and hands difficult to be kept together, every one desiring to be a master, and the cheapness of lands inclining many to leave trades for agriculture. […] Great establishments of manufacture require great numbers of poor to do the work for small wages; those poor are to be found in Europe, but will not be found in America till the lands are all taken up and cultivated, and the excess of people, who cannot get land, want employment." (Zit. nach Virno 2005, 17)

Selbst wenn die Unternehmer ihre „eignen Lohnarbeiter aus Europa […] importieren" (Wakefield zit. nach MEW, 797) konnten sie das Problem nicht lösen, weil die ArbeiterInnen desertierten, um, so Edward Gibbon Wakefield[18], „sich bald in unabhängige Bauern oder gar in Konkurrenten ihrer alten Meister auf dem Lohnarbeitsmarkt selbst" (ebd.) zu verwandeln. Der Arbeitsmarkt und mit ihm der Zwang, einer Lohnarbeit nachzugehen, musste künstlich geschaffen werden. Wakefield schlug vor – und die englische Kolonialmacht setzte es um – den Bodenpreis künstlich zu verteuern, so dass „kein Arbeiter fähig ist, sich Land zu verschaffen, bevor er für Geld gearbeitet hat". Die Einnahmen flossen in einen „Fonds zur Herüberbringung frischer Arbeit nach den Kolonien" (zit nach MEW,

18 Wakefield war als Diplomat des britischen Königshauses mit Kolonialangelegenheiten befasst. Mit seinen Büchern (zum Beispiel „England and America") und seiner Teilnahme an der Gründung von Kolonialgesellschaften (etwa der New Zealand Association) beeinflusste er die Kolonisierungspraxis des 19. Jahrhunderts.

800). Der Preis war so hoch, dass sichergestellt war, „daß er die Arbeiter verhindert, unabhängige Bauern zu werden, bis andre da sind, um ihren Platz auf dem Lohnarbeitsmarkt einzunehmen“ (ebd.).

Neben der künstlichen Verknappung des Bodens waren Sklaverei, Indenturarbeit und das Cooliesystem Formen der Immobilisierung der lebendigen Arbeit[19], mit denen England und später die amerikanische Regierung das Problem des Exodus zu lösen versucht haben. Auch das System der Indentur[20] brach Ende des 18. Jahrhunderts zusammen, weil die „gebundenen Arbeiter“ ihre Anstellungen massenhaft verließen. Trotz aller rechtlichen Absicherungen, die das Verlassen des Arbeitsplatzes sanktionierten, war es nicht möglich, die Masse der *runaways* zu verhindern. Nur wenige wurden überhaupt vor Gericht gestellt. ArbeitgeberInnen versuchten eher, die Fluchtgefahr durch die Beschäftigung von MigrantInnen zu mindern, die kein Englisch sprachen (vgl. Erickson 1984, 40). Mit dem Verbot des Sklavenhandels durch die englische Regierung wurde das System der Indentur schließlich ab etwa 1830 vollends durch die so genannte Kontraktarbeit ersetzt. Vor allem in den nördlichen Staaten wurden durch eine Reihe von Gesetzen der Sklaverei und Indentur rechtliche Schranken gesetzt (vgl. Steinfeld 2001, 29-84).

In diesen Zusammenhang lässt sich mit Paolo Virno (2005) das Paradigma der Desertion ansiedeln, in dem autonomes Handeln nicht ein dünnes Residuum ist, das auf der Oberfläche wirkmächtiger Strukturen ein Schattendasein führt, sondern zum zentralen Objekt und damit Ausgangspunkt von Despotie und Unterwerfung wird. Die Strategie der Flucht ist weder mit Ricardos ökonomischen Gesetzen noch Hegels bürgerlicher Gesellschaft der Bedürfnisse zu fassen, so Virno. Deren Modelle fußen auf der Knappheit der Ressourcen, die mit der *frontier* nicht mehr gegeben ist, wo das „Gesetz der Arbeitsnachfrage und Zufuhr [...] in die Brüche gerät“ (MEW 23, 797). Für Virno handelt es sich nicht um ein historiografisches, sondern ein strukturelles Problem: Der Druck der Reservearmee wird im Kontext des Sozialstaats auf neue Weise und in größerem Ausmaß zurückgenommen, und auch in der Gegenwart seien Nomadismus, Desertion und das Empfinden von Überfluss Quellen des sozialen Konflikts (vgl. Virno 2005, 20). Virno bemerkt überdies, dass die Kultur des Exodus den demokratischen und sozialistischen Traditionen Europas entgegengesetzt ist, die sich vielmehr am Modell der Grenze orientieren. Während die *frontier* eine mobile Zone der Unbestimmtheit markiert, ist die Grenze stabil und fix:

19 Zu Sklaverei und Cooliesystem vgl. Boutang 1998; Emmer 1986; Breman 1987; Erickson 1984; Steinfeld 1991; Potts 1988.

20 Ein großer Teil der Migration nach Nordamerika und in die Karibik war Indenturmigration. In diesem Vertragsverhältnis verpflichten sich die MigrantInnen, bei einem Arbeitgeber für mehrere Jahre zu arbeiten, um die Kosten der Reise zu decken. Zahlen sind, wie insgesamt für die Migration beziehungsweise Kolonisierung des amerikanischen Kontinents nur auf der Basis von Schätzungen zu nennen. Für die Mitte des 17. Jahrhunderts seien in Maryland etwa 80 Prozent der MigrantInnen Indentur-„Sklaven“ gewesen, heißt es bei David Souden (1984, 23).

„Democratic, socialist politics is based on fixed identities and safe delimitations. Its task is to grasp the ‚autonomy of the social' by making thorough and transparent the mechanism of representation that connects work to the state. The individual is represented in the work, the work in the state – a sequence without fissures." (Ebd., 20)

Aus dieser Perspektive wundert es nicht, wenn in diesen Traditionen Desertion als unpolitisches Handeln abgewertet wurde. Die emanzipatorischen Bewegungen insbesondere im Umfeld der ArbeiterInnenorganisationen haben, in der Terminologie von Albert Hirschman, die *exit*-Option in Gegensatz zur *voice* gestellt, mit der die Artikulation von Dissens oder Widerspruch in einen Gegensatz zum Verlassen oder der Flucht aus den Verhältnissen gesetzt wird.[21] Dies ist aber selbst das Resultat eines langen Inkorporationsprozesses der Bewegung der Mobilen zur Arbeiterklasse, ihre Identifikation mit dem Staat. Sie musste nicht nur unterworfen und immobilisiert werden, sondern sich auch selbst an den Staat adressieren. Erst dieses *Making of the working class* (Thompson 1987) ermöglicht die Etablierung eines an Staatsbürgerschaft und stabilen Klassenidentitäten gekoppelten Politikverständnisses, das sich dann auch an der territorialen Grenze artikuliert. Vom Objekt der Mobilitätspolitik zum imaginären Subjekt der Grenze führt der Weg über die Formierung der Menge zur Arbeiterklasse und deren Staatwerdung im Volk-als-Nation (vgl. Poulantzas 1978).

Aus der Foucaultschen Perspektive der Vereinnahmung sozialer Kontrolle ist der Exodus in diesem Szenario auch konstitutiv für die Entstehung des ökonomischen oder liberalen Regierens. Weil man die ArbeiterInnen nicht zwingen kann, in den Fabriken zu arbeiten, muss man ihr „natürliches", als marktförmig zu interpretierendes Verhalten zur Grundlage machen. Eine Regierungsweise, von der Foucault betont, dass sie gerade nicht den Regierten von Regierenden auferlegt wird, sondern „durch eine ganze Reihe von Konflikten, Übereinkünften, Diskussionen und gegenseitigen Zugeständnissen" hergestellt wird (Foucault 2004b, 28). Der Liberalismus als Selbstbegrenzung des Regierens, die auf der Vorstellung einer „Natur der Dinge" beruht, ist jenseits der Problematik einer rechtlichen Einschränkung des politischen Handelns angesiedelt. Foucault arbeitet nicht weiter heraus, weshalb es zu dieser Selbstbegrenzung der Regierung kommt. Einen Hinweis darauf bietet jedoch Toni Negris Konzept der Multitude, demzufolge es die Menge oder Multitude ist, die diese Grenze zieht. Diese Macht der Multitude „beruht nicht so sehr auf der Möglichkeit, dieses Verhältnis zu zerschlagen, als darauf, es ins Leere laufen zu lassen, wegzugehen, sich ihm durch radikale Negation zu entziehen" (Negri 2004, 24).

21 In der deutschen Übersetzung von Hirschmans Standardwerk „Exit, Voice and Loyalty" (1970) werden diese Termini mit „Abwanderung" und „Widerspruch" wiedergegeben (vgl. Hirschman 1974).

2.4 Die Transformation der Mobilitätskontrollen

Eine Bedingung für die Entwicklung des modernen Staates ist die Einbindung der Menschen ins Territorium als Volk. Die Mobilen sind demgegenüber das Andere des Staates, wie etwa Hobbes nahe legt (2.4.1). Dies wird auch an den Fluchtgemeinschaften deutlich, die sich oftmals aus der Bewegung der Flucht bilden (2.4.2). Die Herausbildung des Nationalstaats beendete Mobilität jedoch nicht, sondern verschob die Problematik auf ein neues Terrain: die Unterscheidung zwischen In- und Ausländern. Die Menge wurde zum Volk und ihre soziale und materielle Bindung an den Nationalstaat in Form einer sozialen Staatsbürgerschaft führte zu einer „Sozialdemokratisierung" der Institution der Grenze (2.4.3). Grundlegend für das dominante Migrationsregime und den „national-sozialen Staat" (2.4.4) in Deutschland wurde das „Fremdarbeiter"-Regime, das sich ab Ende des 19. Jahrhunderts herausbildete (2.4.5) und sich in der Gastarbeiterära strukturell wieder finden lässt.

2.4.1 Die Inkorporation der Mobilen

Die Errichtung der Grenzen ist nicht nur eine historische „Erfindung", die die imperialen und feudalen Formen der Grenzziehung transformiert. Die Grenze und die Regulierung der Mobilitätsformen ist vielmehr eng mit der Frage der Souveränität verbunden. Die fiskalische, politische und ökonomische Administration des Territoriums erzeugt mit den Grenzen auch den Volkskörper, wodurch „der Staat" zum Repräsentanten der Bevölkerung beziehungsweise des „Volks-als-Nation" wird. In der politischen Theorie der Gewaltenteilung, etwa bei Montesquieu, wird die Präexistenz eines Volkes unterstellt. Das Volk als Parlament ist hier das Produkt der Souveränität, nämlich der Notwendigkeit, die Gewalt auf souveräne Weise zu formen. Kategorien wie das Volk oder die Bevölkerung haben aber keine vorgängige Existenz und entstehen nicht, wie in den Vertragstheorien behauptet, durch einen juristischen Vorgang. Vielmehr werden sie aus einem Set von Machttechniken der Immobilisierung, Bändigung und schließlich Kommodifizierung hervorgebracht – im Arbeitshaus, der Fabrik oder dem Gefängnis. Aus dieser Perspektive waren die umherziehenden ArbeiterInnen nicht nur ein arbeitsmarktpolitisches Problem, sie stellten praktisch und symbolisch eine Bedrohung der herrschenden Ordnung dar. Nicht, weil sie den Umsturz der Verhältnisse anstrebten, sondern, weil für wandernde ArbeiterInnen keine sozialpolitischen Instrumente existierten. Die Reichweite der Sozialpolitik überschritt zumeist nicht die Kommune. Die „masterless men" (Beier 1985), bislang unter der direkten Kontrolle von Meistern, Fürsten oder Grundherren, schienen sich dieser bislang kleinräumig organisierten sozialen Kontrolle zu entziehen. Aus diesem Grund wurden gegen die Vagabundage Instrumente der Bevölkerungspolitik entwickelt, die wiederum Vorbedingungen für die Entwicklung des modernen Staates waren. In Frankreich entstand im 17. Jahrhundert eine dem König unterstellte Landespolizei, die *maréchaussée*, die unter anderem der Bekämpfung des überregionalen Mobilitätsproblems dienen sollte (vgl. Lucassen 1997). Die gesamte Armenproblematik, dies war den feudalen und modernen Akteuren zunehmend bewusst, ließ sich nur mit einer Ausweitung staatlicher Kompetenzen behandeln. Mit der polizeilichen Bearbeitung, von der Castel überzeugt ist, dass sie alternativlos war – „sie kann überhaupt nur als polizeiliche Frage behandelt werden“ (Castel 2000, 92) –, wurden die Mobilen repressiv inkorporiert. Die Arbeitshäuser und Blutgesetze, die der Stillstellung der ArbeiterInnen, aber auch der Erzwingung niedriger Löhne dienten, versprachen zugleich indirekt, den NomadInnen und BettlerInnen einen Platz *innerhalb* der gesellschaftlichen Strukturen zuzuweisen. Die Multitude der Mobilen in Beziehung zum Staat neu zu ordnen, besteht historisch zunächst in ihrer buchstäbliche Fixierung. Sie ist die Voraussetzung für Politiken der passiven Repräsentation.

Dies wird auch deutlich in Hobbes' „Leviathan“, einem der zentralen Texte der politischen Theorie der Moderne. Darin werden BettlerInnen und VagabundInnen als illegale Körperschaften charakterisiert, die Hobbes von den legalen öffentlichen Körperschaften, wie etwa Handels- und Kolonialgesellschaften, unterscheidet (Hobbes, Leviathan II.22, 208). Die illegalen Körperschaften zeigen die Grenzen der faktischen Gewalt der Souveränität auf, die bedroht wird durch unkontrollierbare Massen, zu denen bei Hobbes auch die Menschenansammlungen („Zusammenlauf des Volkes“) gehören, wenn sie zu groß sind, um staatlicherseits kontrolliert werden zu können. Der Körper aus Körpern, der auf dem Titelbild der Originalausgabe des „Leviathan“ den Souverän darstellt, hat seine Grenze in den Körpern, die er sich einzuleiben vermag. Der Souverän ist zuallererst, so Étienne Balibar, eine Koppelung der Körper aneinander, bevor er eine Koppelung von Bevölkerung und Territorium wird (vgl. Balibar 2003, 237).

2.4.2 Maroons, Piraten, Aufstände – Fluchtgemeinschaften und Heterotopien

Der Prozess der Bearbeitung der Menge ist niemals abgeschlossen. Die Menge ist vielmehr eine „vielköpfige Hydra“ – auf diese Metapher in der Geschichte der Politik haben Peter Linebaugh und Markus Rediker hingewiesen (2000). Während in den Augen der Obrigkeit damit die Vorstellung eines nicht lösbaren Problems verknüpft ist, verweist sie bei Linebaugh und Radiker auch darauf, dass Formen von Sozialität stets konflikthaft enstehen. Einen Hinweis darauf liefert die Geschichte der Fuchtgemeinschaften.

In Gegensatz zu den obrigkeitlich kanalisierten Wanderungen (wie im Fall der Kreuzzüge oder der Bettelorden) haben sich Fluchtgemeinschaften als Widerstand gegen die je herrschenden Formen der Ausbeutung und Unterwerfung der Arbeitskraft herausgebildet. Piratenwesen, *maroons*, Sklavenaufstände und der *mob* der Hafenstädte waren die widerspenstigen Aktanten[22], auf die die Souveränität stieß und ihre Macht daraufhin teilen musste, um damit eine effektive Regierung der Bevölkerung zu ermöglichen. Da die Territorialisierung und Verstaatlichung des Raums notwendig mit einer Konstruktion und Zuweisung von Subjektivitäten und Identität einhergeht, wird in ihrem Zuge eine mehr oder weniger gewaltsame Vertreibung oder Zerstörung aller Formen der Subjektivität, die sich diesem Prozess widersetzen, die also in einem weiten Sinne der Territorialisierung Widerstand leisten, betrieben. Foucault (2005) hat für den Gegenraum, den diese Subjektivitäten bevölkern, den Begriff der Heterotopie geprägt. Es dürfte daher kaum wundern, dass der Ausdruck „Mob", gegen den sich die souveräne Macht errichtet hat, aus dem lateinischen *mobile* gebildet wird. Die Banden und Vagabunden stellten nicht nur Randständige oder, in der Lesart von Castel, aus der Gesellschaft Ausgeschlossene dar. Sie waren offenbar mehr als nur auf Raub und Diebstahl spezialisierte Banden, nämlich Vorläufer späterer Fluchtgemeinschaften wie den *maroons* und Piraten, die von zeitgenössischen Intellektuellen diabolisiert wurden. Als *vagrants* oder Vagabunden galten vor allem Straßenbanden, die sich aus geflohenen Leibeigenen zusammensetzten, die als „Sammlungsbewegung des einfachen Volks häufig den Ausgangspunkt planloser und gewalttätiger Erhebungen nach Art der Bauernaufstände, der ‚Jacquerie', bildeten" (Castel 2000, 69). Michel Mollat hat wie viele andere Historiker die Armen in den Volksaufständen des 14. Jahrhunderts als Protagonisten der Bewegung beschrieben, die „fast immer in der ersten Linie kämpften" (1987, 200) und deren Situation Forderungen und Parolen dieser Revolten bestimmten. Castel weist auf einen Bericht der Akademie von Dijon aus dem 18. Jahrhundert hin, in dem die Vagabunden als jene klassifiziert werden, „die nichts zu verlieren haben" und daher interessiert sind an „Umwälzungen des Staates, die einzig ihre Situation zu ändern vermögen" (zit. nach Castel 2000, 93).

Die *communitys of exodus* waren Laboratorien, in denen Sklaven, Leibeigene oder Matrosen Gegengesellschaften etablierten, in denen sie sich dem Lohn-Arbeitszwang entzogen (vgl. Linebaugh/Redikers 2000, 156ff): der „Versuch, in gemeinsamer Armut ohne Standesunterschiede zu leben" (Mollat 1987, 207) wurde zum Beispiel in der Hussiten-Bewegung um 1400, bei den *maroons* oder mit der *law of the privateers* des 17. Jahrhunderts in der Karibik unternommen, die sich sowohl an der Utopie einer klassenlosen Gesellschaft orientierten, als

22 Dieser Begriff geht auf die Arbeit Bruno Latours zurück, der damit die Problematik gesellschaftlicher Naturverhältnisse bearbeitet. Aktant ist ein Akteursbegriff, der auch nicht-menschliche Wesen umfasst, womit Latour die Subjekt-Objekt Dichotomie des modernen Denkens zu konterkarieren sucht (vgl. Latour 2001). In der politischen Theorie nehmen die gesellschaftlichen „Objekte", auf die der Souverän stößt, jedoch auch dinglichen Charakter an, insofern sie nicht Akteure der politischen Ordnung sind, sondern in sie inkorporiert werden. Dieser Vorgang bleibt jedoch nicht folgenlos für den Modus der Souveränität. Die passive Repräsentation der Aktanten findet auf der Ebene der Teilung der Mächte und der Kanalisierung des Exodus statt.

auch praktisch Formen einer kollektiven sozialen und politischen Demokratie entwickelten. Die Piraten, die oftmals früher Indentursklaven oder freie ArbeiterInnen waren, und dann durch *pressgangs* in den Häfen des transatlantischen Empires zum Galeerendienst mehr oder weniger entführt wurden, zahlten in eine Art Rentenkasse ein und wählten ihre Offiziere. Die Wahl der Offiziere war eine Tradition im Kontext des *revolutionary atlantic*, „just as they had done in the revolutionary army on the other side of the atlantic" (Linebaugh/Rediker 2000, 159). Sie bildeten, ähnlich wie geflohene Sklaven überall auf dem amerikanischen Kontinent, *maroon communitys*, in denen sich afrikanische Sklaven mit indigenen Stämmen zusammenschlossen, um der Tyrannei der Sklavenarbeit zu entkommen. Auch diese Exodus-Gemeinschaften waren nur bedingt überlebensfähig. Wo ihre Ökonomie teilweise auf Raub basierte, waren die *maroons* nicht nur ökonomisch abhängig von der Gesellschaft, die sie ablehnten, sondern konnten so auch leicht kriminalisiert werden. Das Piratenwesen war lange Zeit nicht nur geduldet, sondern Auftragsraub im Kampf der Kolonialmächte um politische und ökonomische Macht. Das britische Empire setzte Piraten in der Karibik ein, um die Besitzungen und den Kolonialhandel Spaniens zu schwächen. Die Piraten wurden erst zum Feind erklärt, als sie sich diesen Funktionalisierungen zunehmend entzogen und sich als Gegenmodell zu Arbeitszwang und Ausbeutung an Bord der imperialen Flotte etablierten (vgl. Linebaugh/Rediker 2000, Kapitel 5). Damit wird deutlich, dass die historische Mobilität keineswegs als rein ökonomischer Vorgang funktioniert, dem die Subjektivität eines homo oeconomicus korrespondiert, sondern dass die Flucht aus sozialen Verhältnissen die Keime alternativer Formen gesellschaftlicher Kooperation in sich trägt. Die Flucht steht nicht in Opposition zur Artikulation von Protest, sondern ist eine Form von „voice": Exit-Voice. Zum anderen zeigt die Zerschlagung dieser anderen Arten zu leben und zu arbeiten, welche Bedrohung für die herrschende Ordnung von ihnen ausging.

2.4.3 Demokratie und Pass – Volk als Nation

Die Monopolisierung des Rechts auf Mobilität durch den Staat verfestigte zunächst die Trennung in legitime und illegitime Formen der Bewegung und mündete schließlich in jene fundamentale Trennung zwischen interner und die Grenzen des Nationalstaats überschreitender Mobilität. In dem Maße, in dem die Staaten ihre Bürger identifizierten, entstand der Zwang, sie von den Nicht-Bürgern zu unterscheiden. Die Vorformen dieser Unterscheidung finden sich bereits in der feudalen Reform der Armenfürsorge, in der die stadteigenen von den fremden BettlerInnen unterschieden wurden. Der Ausschluss der *alien beggars* und das Heimatprinzip in den deutschen Gemeinden stellten derart eine Ausländerpolitik *avant la lettre* dar und führten zur ersten Illegalisierung der Wandernden (vgl. zum Beispiel Mollat 1987, 247). Diese Vorformen scheiterten nicht nur aufgrund der sozialen Widersprüche der Semi-Proletarisierung, wie sie weiter oben beschrieben wurden, sondern hängen auch mit der nationalstaatlichen Matrix zusammen, in die sich die kapitalistische Produktionsweise einschreibt.

Das 19. ist das Jahrhundert der großen Transformation der Mobilitätskontrollen. In den ersten Dekaden des 19. Jahrhunderts war man in Deutschland, insbesondere in Preußen, damit beschäftigt, Auswanderungen zu verhindern. Die Massenauswanderung wurde kommerziellen Auswanderungsagenten (den Schmugglern und *coyotes* der damaligen Zeit) zur Last gelegt. Ab 1820 bis zur Mitte des Jahrhunderts wurde das mutwillige Anstiften zur Ausreise von der preußische Regierung mit Haftstrafen sanktioniert (Torpey 2000, 66). Ziel der amtlichen Migrationsverwalter war es

> „zum einen Migration zu verhüten oder, wo dies weder möglich noch erwünscht war, in ihrem Umfang zu begrenzen, zum anderen Migranten zu lenken und zu kontrollieren und zum dritten Motivtaxonomien zu entwickeln, die [...] in der Regel indirekt aus numerisch-statistischen Daten“ gewonnen wurden (Kleinschmidt 2002, 145).

Die Ablösung des Merkantilismus durch den Freihandel in Europa führte jedoch nicht zu einer Politik der *open borders*, sondern zur Nationalisierung von Arbeitsmarkt und Sozialstaat (vgl. ebd., 69). Die jeweiligen nationalen Mobilitätspolitiken richteten sich zunehmend auf die nationalen Außengrenzen, etwa mit dem *Aliens Restriction Act* von 1836 in England, der einen großen Einschnitt in Bezug auf die seit der Magna Charta geltende Niederlassungsfreiheit markiert. Auch die Staatsbürgerschaftsmodelle wurden entsprechend dem Typus von Mobilität, den sie erzeugen wollten, gestaltet. Die Definition der Staatsangehörigkeit in Deutschland ist etwa nach Eberhard Jungfer „als Maßnahme zur Kontrolle der Mobilität der Pauperisierten“ entstanden (Jungfer 1993, 18).

Das preußische Staatsangehörigkeitsgesetz von 1820 schuf einen nationalen Raum und Arbeitsmarkt und erleichterte die interne Mobilität durch eine Reform des Sozialstaats, damit ArbeiterInnen aus dem Osten in die industriellen Zentren des Westens migrierten, ohne fürchten zu müssen, dort im Notfall keine soziale Unterstützung zu erhalten. Im Zusammenhang mit dem Staatsangehörigkeitsgesetz, das zunächst nur in einer Summe bilateraler Verträge bestand, entwickelte sich die systematische Trennung in die Rechtsformen Inländer und Ausländer.

Die Politik der Anwerbung ausländischer Arbeiter durch die deutsche Industrie hing mit der massiven Auswanderung Deutscher in den 1850er Jahren zusammen – schätzungsweise 1,25 Millionen migrierten vor allem in Richtung Nordamerika. Das Recht zur Auswanderung hatte die Frankfurter Nationalversammlung erst 1849 erlassen. Obwohl es eine Reihe von Erleichterungen der Mobilität gab, etwa das Passkarten-Abkommen von 1850, das wie eine Art Schengen für die deutschen Länder funktionierte, wurde diese Mobilität nur so genannten zuverlässigen Bürgern zugestanden. Die Behörden fürchteten die „unteren Klassen“, die Objekt spezieller Restriktionen blieben und Reise-Erlaubnisse ihrer lokalen Behörden benötigten. Diese so genannten Unterklassen waren, in den Worten von Alf Lüdtke, die Ausländer jener Zeit (vgl. Lüdtke 1982).

Gleichzeitig mit der passiven Repräsentation der Subalternen im Staat durch ihre sozialtechnische Inkorporation richtet sich der Despotismus über die Migration zunehmend gegen die als „Ausländer“ markierten. Unter Bismarck kam es zur Ausweisung von circa 50.000 polnischen AgrararbeiterInnen, die als Auslandspolen die Germanisierungspolitik in den annektierten Gebieten östlich der Elbe gefährdeten. Die Abschottung richtete sich aber auch gegen die „ostjüdische Armutsbevölkerung, die stets als arbeitsunwillig galt“ (Jungfer 1993, 19). Ein Kompromiss ermöglichte 1890 das Zwangsrotationsmodell, durch das das deutsche Reich zum weltweit zweitgrößten Importeur ausländischer Arbeitskraft wurde. Mobilitätskontrollen wurden gegenüber polnischen ArbeiterInnen eingesetzt, welchen von Vorarbeitern die Pässe abgenommen wurden, um ihre Mobilität zu behindern. Die Debatte um die polnischen ArbeiterInnen führte 1908 zum „Legitimationszwang“ als Teil eines Überwachungssystems für ArbeitsmigrantInnen in Gestalt der Deutschen Feldarbeiterzentrale (vgl. Herbert 1990, 9-37 und 34-44).[23]

Anhand des französischen Staatsbürgerschaftsrechtd zeigt Gérard Noiriel, wie gegen Ende des 19. Jahrhunderts zunehmend Gesetze erlassen wurden, die die Unterscheidung zwischen Ausländern und Inländern enthalten.[24] Während

23 Zur Regulierung der Saisonarbeit etablierte Preußen ab 1890 ein Kontrollsystem zur Steuerung und Überwachung der Arbeitsmigration polnischer Arbeitskräfte. Ziel war zu verhindern, dass aus der Pendelmigration Einwanderung würde. Das Anwerbeverfahren wurde 1907 auf die Preußische Feldarbeiterzentrale übertragen, die ein Rotationsverfahren organisierte. Aus ihr ging später die Deutsche Feldarbeiterzentrale hervor.

24 Darüber hinaus ist der Anspruch einer totalen Kontrolle gesellschaftlicher Mobilität auch abhängig von den identifikatorischen Mitteln, die einer Gesellschaft zur Verfügung stehen. Erst gegen Ende des 19. Jahrhunderts kommt es zur „révolution identificatoire“ (Noiriel 1994, 140ff.). In Frankreich und England wurden neue Methoden der Identifizierung (Fingerabdrücke und Anthropometrie) im Kontext der Strafverfolgung entwickelt, die die eindeutige Zuordnung und Identifizierung von Personen ermöglichen sollten. Parallel entstanden ein zentrales Amt, ein Erkennungsdienst und später mobile Karteikästen. Alphonse Bertillon, der Protagonist und Erfinder der Techniken, weist zu Beginn der Einführung bereits auf weitere Verwendungsmöglichkeiten hin, die er nicht zufällig im Zusammenhang ausländerpolizeilicher Probleme ansiedelt. Sein Verfahren könne auch „auf Ausländer angewandt werden, […] die keine Aufenthaltserlaubnis hatten, die zu identifizieren, die Polizei aber außerstande war“ (Noiriel 1994, 151). Tatsächlich wurde in den 1880er Jahren „das neue Identifikationsverfahren auf alle Ausländer ausgedehnt, die man für ‚suspekt‘“ hielt und in einem zweiten Schritt auf die gesamte ausländische Bevölkerung (ebd., 152). Noiriel rekonstruiert aus den Sitzungsakten, auf welchem Weg die Frage der Identifikation im Kontext der Migrationsfrage in der Erfassung endete. Demnach wollte die parlamentarische Kommission ursprünglich eine Steuer für MigrantInnen erlassen „um die Invasion der ‚ausländischen Arbeitskräfte‘ zu verhindern“ (ebd., 152f.). Als sie auf den Widerstand des Außenministers stieß, schlug sie vor, die internationale Gesetzgebung zu „umgehen“, indem sie einen

noch zur Mitte des Jahrhunderts das Gesetz über „Beihilfen für Bedürftige" Krankenhäuser verpflichtete, Kranke unabhängig von der Staatsbürgerschaft zu versorgen, legten nahezu alle Sozialgesetze der Dritten Republik ab 1870 fest,

„daß die zugestandenen Vorteile den Einheimischen vorbehalten blieben: Das Gesetz über Arbeitsunfälle (1898), über Alte und Bedürftige (1905), etc. Gleiches galt für Arbeitsgesetze wie das Gewerkschaftsgesetz (1884), das Ausländer von leitenden Positionen ausschloß, oder das Gesetz über Schöffen am Arbeitsgericht, das den immigrierten Arbeitern sogar verbot, an den Wahlen für die Arbeiterdelegierten teilzunehmen" (ebd., 71).

In vielen Bereichen wurde MigrantInnen und Nicht-Franzosen der Zugang zum Arbeitsmarkt beschränkt. Diese Summe von Einzelmaßnahmen wurde schließlich erst 1926 unter dem „Gesetz über den Schutz des nationalen Arbeitsmarktes" zusammengefasst. Die Formierung der Nationalität, das Knüpfen „unsichtbarer Bande" einer imaginären Gemeinschaft wird gewöhnlich als ideologisches Phänomen beschrieben, das durch ideologische Staatsapparate verbreitet und in die Gesellschaft „eingepflanzt" wird – etwa durch Medien und Schulwesen (z.B. Gellner 1999). Um aber aus Bretonen Franzosen oder aus Piemontern Italiener zu machen, bedurfte es auch einer rechtlichen Kodifizierung. Dieser homogene Raum politischer Bürgerschaft wurde jedoch nicht nur mithilfe massenmedial verbreiteter Stereotypen (über die Franzosen, die Deutschen, etc.) hergestellt. Eine wichtige Rolle spielte auch die sozialgesetzliche Normalisierung der Bevölkerung.[25] Die Nationalisierung der Mobilitätspolitiken kommt einer Transformation von Mobilität in zwei Typen gleich: eine interne, erwünschte Mobilität, die mit der Abschaffung innerer Kontrollen und Mobilitätshemmnisse erreicht wird und dem entstehenden homogenen nationalen Raum entspricht, und eine illegitime, zweifelhafte Mobilität, die grenzüberschreitend ist. Den Mobilitätstypen entspricht die Trennung in In- und Ausländer. Aus mobilen und gefährlichen Massen sind Bürger einerseits und Ausländer und MigrantInnen andererseits geworden. Für die parlamentarische Kommission, die 1888 in Frankreich die Gesetze zum Schutz des Arbeitsmarkts prüfen sollte, entstand damit ein Widerspruch:

„Es ist eine pikante Feststellung, daß ausgerechnet die Völker, die sich am stärksten den Ideen des Fortschritts, des Liberalismus und der Demokratie verbunden fühlen, als erste dafür Sorge getragen haben, Gesetze zum Schutz gegen die Immigration zu erlassen." (Zit. nach Noiriel 1994, 75)

Umweg konstruierte: Ausländer sollten verpflichtet sein, einen Meldebescheid zu führen, den sie nur gegen eine Gebühr erhalten sollten.

25 In diesem Zusammenhang verweist Poulantzas (1978, 85ff.) darauf, dass die Nation keinesfalls den Grenzen und dem nationalen Territorium vorausgeht. Der Staat konstituiert sich vielmehr im gleichen Augenblick, in dem er mit Hilfe der Grenzen die Nation schafft.

Entscheidend ist nicht der Grad an Demokratie in einer Gesellschaft, wie Noiriel nahe legt, sondern das Moment der sozialen Integration. Auch die sozialpolitischen Maßnahmen unter Bismarck zielten nicht auf *politische* Repräsentation, sondern waren eine Reaktion auf den wachsenden Organisationsgrad der Arbeiterklasse in Gestalt von Parteien und Gewerkschaften sowie der Erfahrung, dass die Repressionsmaßnahmen, mit denen diese zunächst bekämpft werden sollten, nicht zum gewünschten Erfolg führten. Die Sozialversicherungen sind dabei keineswegs als soziales Quietiv zu verstehen oder als „Spaltung von Sozialdemokratie und Arbeiterbewegung durch Kriminalisierung der Parteiarbeit sowie durch Verheißung materieller Sicherungen" (Stolleis 1979, 391f). Es handelt sich vielmehr um eine *passive und passivierende Repräsentation* der Subalternen im Staat, die dazu führt, dass sowohl die feudale Opposition von Volk vs. Fürsten, als auch die neue, „ökonomische" Opposition zwischen KapitalistInnen und ArbeiterInnen, desartikulierbar wird.[26] Im Fall des deutschen Reichs waren die bürgerlichen Sozialreformer vom Verein für Socialpolitik mit ihrer Vorstellung, die gesellschaftlichen Unterschichten in die bürgerliche Gesellschaft zu „integrieren und damit die Einheit des ‚Volksganzen' zu gewährleisten" (Sachße/Tennstedt 1988, 17) gleichsam ideologische Katalysatoren dieser Einverleibung. Mit der Formierung der Nationalstaaten ging eine „Sozialdemokratisierung der Grenze" einher und umgekehrt die Sozialdemokratie nationalisiert.

2.4.4 Der national-soziale Staat

Mit der Transformation der Menge in nationale Völker durch ein Ensemble von Praktiken der Disziplin, Integration und Anrufung wurde das Problem der Mobilität nicht gelöst, sondern veränderte seine Bewegungsform. Hinzu kam, dass sich der Charakter der Mobilität veränderte, sie wurde zum Funktionselement der kapitalistisch-industriellen Produktionsweise. Der zyklische Charakter der kapitalistischen Ökonomie, die beständige Revolutionierung der Produktionstechniken sowie der krisenhafte Modus des Wachstums machten eine in jeder Hinsicht mobile, flexible und verfügbare Arbeitskraft unabdingbar. Mit der Kommodifizierung und Proletarisierung der Gesellschaften des Nordwestens wurde dieser Prozess einerseits abgeschlossen, da keine alternativen (Re-)Produktionsweisen mehr existierten: Das Verschwinden der bäuerlichen Produktionsweise und jeder Form von Subsistenzwirtschaft verwies die Mehrheit der Menschen auf den Arbeitsmarkt. Andererseits trug die sozialstaatliche Bindung der ArbeiterInnen zu einer Form von Sesshaftwerdung bei, die kompensiert werden musste.

Vor diesem Hintergrund sind Sozialversicherung und nationalstaatliche Grenze zwei Seiten eines Mobilitätsregimes. Auf je spezifische Weise organisieren sie Mobilität und Immobilisierung der Arbeitskraft auf einem tendenziell abgeschlossenen Arbeitsmarkt. Für diesen Problemzusammenhang beziehe ich

26 Zum Begriff der Passivierung vgl. Adolphs/Karakayali 2007.

mich auf den Begriff des national-sozialen Staates, wie er von Balibar vorgeschlagen wurde. Der Begriff verweist auf den Prozess der Einbindung des *mobs* oder der „gefährlichen Klassen“ in der Form der Nation. Durch die bürgerlichen Revolutionen und deren Egalitarismus seien die Rechte dieser „gefährlichen Klassen“, so Balibar, „in unumkehrbarer Weise auf die Tagesordnung“ (Balibar 1990c, 253) gelangt, so dass es zu einer Reorganisierung der sozialen Antagonismen habe kommen müssen. Durch die soziale und politische Inkorporation eines Teils der ArbeiterInnen als Bürger konnten die Merkmale der arbeitenden Klassen auf die „Grenzen der Nationalität“ verlagert werden. Im nationalsozialen Staat gelingt es demnach, die Klassenkämpfe durch Sozialpolitik und Institutionen zur kollektiven Sicherung eines Teiles der LohnarbeiterInnen zu regulieren und dadurch überhaupt die nationale Form des Staates und seiner Hegemonie aufrechtzuerhalten. Die Konstitution des national-sozialen Staates mündet darin, Staatsbürgerschaft und Nationalität stärker aneinander zu binden. „Diese Rechte transformieren die Staatsbürgerschaft in eine *soziale*, die selbstverständlich in dem Maße Wirkmächtigkeit gewinnt, indem ihre Garantie und ihre Entwicklung auf der Wichtigkeit der staatlich anerkannten und organisierten sozialen Kämpfe basiert.“ (Ebd.)

2.4.5 Illegale Migration zwischen Despotismus und Sozialdemokratie

Nach dem Verlust der osteuropäischen Besitzungen des deutschen Reiches wurde Deutschland erst mit der Weimarer Republik ein Nationalstaat im engeren Sinn.[27] An der Migrations- und Arbeitskräftepolitik der Weimarer Zeit lässt sich nicht nur zeigen, wie über die Integration der „Einheimischen“ die despotische Kontrolle der Arbeitskraft nunmehr auf die Ausländer verschoben wurde. Darüber hinaus wurden hier die Grundlinien der Migrationspolitik der Bundesrepublik Deutschland bereits angelegt. Der Despotismus wurde kombiniert mit einem sozialdemokratischen Element, wodurch erst die spezifische Signatur des fordistischen Migrationskompromisses entstand.

27 Das Verhältnis zwischen dem Deutschen Reich und Polen lässt sich aus mehreren Gründen als kolonial charakterisieren. Die Eliten im deutschen Reich sahen in der „Ostsiedlung“ und der deutschen Herrschaft über Ostmitteleuropa eine „,kolonisatorische Großtat des deutschen Volkes'“ – so einer der vielen Buchtitel zum Thema, die in der Weimarer Republik erschienen (Ther 2005). Es war die Bismarck-Ära, in der die imperiale Herrschaft koloniale Züge annahm. Polen wurden Schritt um Schritt von der Mitwirkung an Staat und Gesellschaft ausgeschlossen – unabhängig davon, ob sie sich zu ihrer Nationalität bekannten oder nicht. Wichtiger noch für die Kennzeichnung der preußisch-deutschen Herrschaft als Kolonialismus ist die Konstruktion kultureller Fremdheit: Ähnlich wie im überseeischen Kolonialismus diente die Konstruktion „rassischer“ Unterschiede und das angeblich unterlegene Kulturniveau (vgl. Webers antipolnische Ressentiments, Mezzadra 2000; dazu auch Zimmerman 2006) der Rechtfertigung der preußisch-deutschen Herrschaft.

Bereits vor dem ersten Weltkrieg hatte sich eine polnische Arbeitsmigration in den Agrarsektor im Osten des Deutschen Reiches entwickelt.[28] In der ersten Hälfte der 1890er Jahre fing man im Deutschen Reich an, massiv Arbeitskräfte aus dem Ausland anzuwerben, um Abwanderungsbewegungen aus dem deutschen Nordosten zu kompensieren (vgl. Bade 1987, 63). Die Anwerbung der polnischen ArbeiterInnen war eine Reaktion auf Landflucht und die damit einhergehende „Arbeiternot", wie es damals hieß. Für Max Weber war die Wanderung der ArbeiterInnen eine regelrechte Flucht, die er „als echte soziale Bewegung, bei deren Analyse immer auch die subjektive Seite einbezogen werden muß", interpretiert (Mezzadra 2000, 286). Hinter der Entscheidung, nach Westen zu „fliehen", entdeckt Weber einen bewussten Versuch, dem patriarchalischen System des Landes und dem Despotismus der Großgrundbesitzer zu entfliehen. In der Landflucht sieht Weber eine Art „Mobilmachung zum Klassenkampf"[29], einen „latenten Streik" (MWG I/4, 452), der dazu beiträgt, ein ganzes gesellschaftliches und wirtschaftliches System auszuhebeln. Ganz im Gegensatz dazu werden bei ihm die polnischen LandarbeiterInnen als Bedrohung des Deutschtums, als „Feinde der deutschen Nation" angesehen. „Worauf es Weber ankommt, ist einzig und allein die Tatsache, daß das niedrigere *Kulturniveau* den Polen einen entscheidenden Vorsprung im vermeintlichen ‚Kampf ums Dasein' im deutschen Nordosten geben würde." (Mezzadra 2000)[30] Diese Spaltung der Migration in eine progressive interne, quasi „sozialdemokratische" und eine bedrohliche äußere und „fremde" Mobilität ist charakteristisch für die Lösung des Migrations- und Mobilitätsproblems durch die nationalistische Ideologie im Deutschen Reich und später in der Weimarer Republik.

Im Spannungsfeld zwischen einem landwirtschaftlichen und industriellen Bedarf an mobiler Arbeitskraft wurden Ende des 19. Jahrhunderts die Grundstei-

28 Nach mehrmaliger Aufteilung Polens zwischen seinen verschiedenen Nachbarn im Laufe des 18. kommt es im 19. Jahrhundert dann zur Aufteilung zwischen dem Deutschen und dem Russischen Reich, die ab 1830 mit einer Germanisierungs- beziehungsweise Russifizierungspolitik kombiniert wird. Bis zum Versailler Vertrag von 1918, bei dem wieder ein polnischer Staat etabliert wurde, waren die ArbeitsmigrantInnen daher unterteilt in Reichs- und Auslandspolen.

29 „Es ist der dunkle Drang nach persönlicher Freiheit, welcher die Arbeiter zur Arbeit in die Fremde treibt. Sie opfern ihre gewohnten Lebensverhältnisse dem Streben nach Emanzipation aus der Unfreiheit: ihre stumpfe Resignation wird durchbrochen. Die viel beklagte ‚Mobilisierung' der LandarbeiterInnen ist zugleich der erste Anfang der Mobilmachung zum Klassenkampf." (MWG I/4, 448)

30 „Es ist nicht möglich, zwei Nationalitäten mit verschiedenen Körperkonstitutionen – mit verschieden konstruierten Mägen, um mich ganz konkret auszudrücken – auf einem und demselben Gebiete als Arbeiter gänzlich frei konkurrieren zu lassen. Es ist nicht möglich für unsere Arbeiter, mit den polnischen Arbeitern zu konkurrieren. Die deutschen Arbeiter müßten in ihren Bedürfnissen eine Kulturstufe heruntersteigen" (MWG I/4, 182). „Man ist alsbald versucht, an eine auf physischen und psychischen Rassequälitäten beruhende Verschiedenheit der Anpassungsfähigkeit der beiden Nationalitäten an die verschiedenen ökonomischen und sozialen Existenzbedingungen zu glauben. Und in der That ist dies der Grund" (MWG I/4, 548).

ne der sozialen Kompromisse der Migration gelegt. Instrumente dieses Kompromisses waren zum einen die so genannte „Karenzzeit“, die die Auslandspolen verpflichtete, in den Wintermonaten das deutsche Gebiet zu verlassen. Im Jahre 1907 wurde die so genannte „Zwangslegitimierung“ eingeführt: Um Kontraktbrüchen entgegenzuwirken, mit denen die SaisonarbeiterInnen versuchten, auf der Suche nach besseren Lebensbedingungen ihre Flucht nach Westen fortzuführen, wurde die Aufenthaltserlaubnis auf den Namen des Arbeitgebers ausgestellt. Ein Kontraktbruch führte daher zur sofortigen Ausweisung (vgl. Herbert 2001). Neben der rechtlichen existierte eine räumliche Ebene der Kontrolle der Arbeitskraft, da die meisten polnischen LandarbeiterInnen in Kasernen untergebracht wurden. Der Exodus der polnischen MigrantInnen sollte auf den ostelbischen Zuckerrübenfeldern ihr Ende finden. Um das zu gewährleisten, musste nach dem Krieg ein System von Unterkunftslagern entlang der (neu gezogenen) Grenze reorganisiert werden, Sammelzüge sollten verhindern, dass sich polnische ArbeiterInnen Fahrkarten ins Landesinnere kauften und Eisenbahnbeamte sollten das Recht erhalten, diese nach ihren Reisezielen zu befragen.

Die polnischen SaisonarbeiterInnen in der ostelbischen Landwirtschaft verkörpern jene andere Seite der Medaille. Während die deutschen ArbeiterInnen zu Subjekten ihrer eigenen Befreiung aus feudalen Fesseln des Patriarchalismus wurden, blieben die Polen der persönlichen Abhängigkeit vom Arbeitgeber völlig anheimgegeben. Wo der Exodus der einen durch den Exodus der anderen kompensiert wurde, griff der Despotismus des „salariat bridé“ (Boutang 1998).

In der Weimarer Republik wurde an diese Tradition zwar angeschlossen, indem etwa der Legitimierungszwang beibehalten und bis 1923 weiter ausdifferenziert wurde. So wurde ein „Befreiungsschein“ für seit 1913 (Landwirtschaft) und 1919 (Industrie) Beschäftigte eingeführt, der überwiegend deutschstämmige MigrantInnen für zwei Jahre vor Ausweisungen schützte. Mit der Einführung eines halbparitätischen Genehmigungsverfahrens für ausländische ArbeiterInnen, der allmählichen Durchsetzung des Tarifvertragswesens und dem Inländerprimat wurden die institutionellen und politischen Grundlagen für eine fordistisch-korporatistische Politik der Arbeitsmigration gelegt. Mit der Einführung der Genehmigungspflicht wurde auch der Tatbestand der „illegalen Beschäftigung“ geschaffen (vgl. Kahrs 1993, 136).

Die Festlegung von Kontingenten und die Erteilung von Genehmigungen entsprechend der Arbeitsmarktlage reflektiert eine Kompromissstruktur, wie sie auch im Nachkriegsdeutschland der Gastarbeiteranwerbung zu finden ist. ArbeitsmigrantInnen wurden dort beschäftigt, wo einheimische Arbeitskräfte nicht mobilisierbar waren. Auf lange Sicht sollte Migration nur in Saisonberufe stattfinden, um diese prekären Beschäftigungsverhältnisse Nicht-Deutschen zu übertragen, während Dauerarbeitsverhältnisse – also das, was man später das Normalarbeitsverhältnis nennen würde – und damit soziale Integration, Aufstiegsmöglichkeiten und ein gesichertes Jahreseinkommen den einheimischen Bürgern zuzusichern sei, wie es der Weimarer Arbeitsminister Friedrich Syrup formulierte (vgl. Syrup 1918)[31]. Die durch die zentrale Arbeitsgemeinschaft vereinbarte Tarifpflicht im Verein mit Karenzzeit und Legitimationszwang verhinderte den Einsatz der ArbeitsmigrantInnen als Streikbrecher und lohndrückende Effekte auf die Mehrheitsbevölkerung (vgl. Herbert 2001, 121). „Auf die Nationalisierung des deutschen Arbeitsmarkts und deren ausländerrechtliche Absicherung konnten sich politische Kräfte von den Gewerkschaften bis zu den Deutschnationalen positiv beziehen." (Kahrs 1993, 137) Die sinkende Zahl der mit einem Legitimationsausweis Beschäftigten und der hohe Anteil von staatlich Vermittelten unter diesen im Zeitraum von 1910 bis 1930 macht auch deutlich, dass es der deutschen Politik gegenüber den migrantischen Arbeitskräften um den Ausbau der staatlichen Verfügungsgewalt über die Migration ging. Während 1910 von 350.000 Beschäftigten mit einem Legitimationsausweis knapp dreißig Prozent vermittelt wurden, sank die Zahl der ArbeiterInnen auf insgesamt 100.000, wobei der Anteil der Vermittelten auf über achtzig Prozent anstieg (vgl. Kahrs 1993, 164).

Das deutsch-polnische Migrationsregime war aber nur oberflächlich von einer Verrechtlichung gekennzeichnet. Weil die deutsch-polnische Grenze seit 1919 geschlossen war, da die polnische Seite die Abwerbung der Saisonarbeitskräfte verhindern, die deutsche Seite aber die polnischen Bedingungen nicht akzeptieren wollte, organisierte die Deutsche Arbeiterzentrale, eine parastaatliche Einrichtung, die illegale Schleusung der ArbeiterInnen aus Polen. Schon 1919 kamen auf diese Weise circa 50.000 ArbeiterInnen über die grüne Grenze. Diese Praxis wurde durch die 1920er Jahre fortgesetzt und erst Eskalationen an der Grenze führten zu erneuten Verhandlungen, die schließlich in ein Abkommen mündeten. Die deutsche Seite machte aber noch 1927 deutlich, dass sie einen Anspruch auf diese Arbeitskräfte habe. Der Direktor der Deutschen Arbeiterzentrale formulierte diesen Anspruch im Rahmen der Verhandlungen wie folgt:

> „Es muß immer wieder darauf hingewiesen werden, daß die Dinge nicht etwa so liegen, daß Polen, da es die Arbeiter hat, etwa die Bedingungen diktieren könnte, zu denen es sie abgeben will, sondern daß es vielmehr so liegt, daß Deutschland, da es die von hunderttausenden polnischen Arbeitern heiß erstrebte Arbeitsgelegenheit hat, in der Lage ist, der polnischen Bevölkerung und dem polnischen Staat eine Wohltat zu erweisen, für die es Gegenleistung erwarten und fordern kann." (Zit. nach Tessarz 1962, 133)

31 Trotz seiner materiellen Aspekte eignet dem Nationalismus eine ideologische Dimension, insofern er gesellschaftliche Konflikte nur imaginär zu lösen imstande ist. Die soziale beziehungsweise materielle Inkorporation der Staatsbürger kann nicht vollständig sein: Auch die deutsche Arbeitslosenbevölkerung wurde immer wieder Objekt repressiver Maßnahmen der Arbeitsverwaltung. So wurde in der unmittelbaren Nachkriegszeit der Versuch unternommen, städtische Arbeitslose und ehemalige LandarbeiterInnen zum Einsatz in der Agrarwirtschaft zu zwingen, was bereits 1919 endgültig als gescheitert betrachtet wurde (vgl. Tessarz 1962).

Nach den legalen und illegalen Anwerbungen von polnischen SaisonarbeiterInnen und dem Arbeitskräfteüberangebot Mitte der 1920er Jahre folgten 1925 bis 1926 staatlich organisierte illegale Massenabschiebungen polnischer Arbeitskräfte. Vor allem die illegal angeworbenen ArbeiterInnen verfügten oftmals über keinen Pass. Die Sorge der deutschen Behörden bestand darin, diese Illegalen nicht mehr loszuwerden. Das preußische Innenministerium leitete 1925 die illegale Abschiebung von 50.000 SaisonarbeiterInnen ein und ordnete Zwang an. Grenzschützer und Agenten der Arbeiterzentrale brachten die mit Zügen an die Grenze transportierten ArbeiterInnen in kleinen Gruppen über die grüne Grenze. Die Reichsbahn war in die Planungen involviert und unterstützte die Durchführung. Die Hälfte der ArbeiterInnen war illegal angeworben worden. Die rechtlichen Strukturen waren offensichtlich den sozio-politischen Interessenlagen nachgeordnet. Das legalistische Prinzip, das in der deutschen Migrationspolitik so gerne bemüht wird, wenn es um Legalisierung illegaler MigrantInnen geht, ist, vermeintlich tief in der deutschen Rechtskultur verankert, keine Schranke, wenn es um die Verfügung über die migrantische Arbeitskraft geht.

Die national-sozialen Züge des Migrationskompromisses wurden unter dem Nationalsozialismus reorganisiert. Zuallererst wurden die paritätisch besetzten Ausschüsse in der Rekrutierungsbehörde für Arbeitsmigration zugunsten einer zentralen Lenkung abgeschafft. Dies führte aber zu keiner inhaltlichen Verschiebung, da mit dem rüstungsindustriellen Aufschwung ab Mitte der 1930er Jahre ein Arbeitskräftemangel einherging. Die Strukturen der polnischen Arbeitsmigration hatten sich dabei kaum verändert (vgl. Herbert 2001, 124). Um den Bedarf an industriellen ArbeiterInnen zu decken, organisierten die Nationalsozialisten darüber hinaus durch Verträge mit Italien, Jugoslawien, Ungarn, Holland und Bulgarien, sowie über den „Anschluss" Österreichs und die Annexion von Böhmen und Mähren eine Arbeitskräftezufuhr, um die Rüstungsproduktion, notwendig für die Kriegspläne, aufrechterhalten zu können. Mit den insgesamt circa 400.000 angeworbenen Arbeitskräften konnte der Bedarf aber nicht gedeckt werden. Gleichzeitig wurden aufgrund der Erfahrungen im 1. Weltkrieg schon 1936 Vorbereitungen getroffen, um den Einsatz von Kriegsgefangenen vor allem in der Landwirtschaft zu organisieren. Das System des „Ausländereinsatzes" wurde während des Krieges mit dem Einsatz von Millionen ZwangsarbeiterInnen vor allem aus den östlichen Staaten, in erster Linie der Sowjetunion, auf die Spitze getrieben.[32] Die Arbeitsteilung folgte dem bereits in der Weimarer Republik entwickelten Muster, allerdings mit weitaus brutaleren Mitteln. „Die Strafskala kennt zwischen Ernährungsbeschränkung und standrechtlicher Exekution im allgemeinen keine weiteren Stufen." (Göring zit. nach Herbert 2001, 137) Um eine

32 Die Entscheidung, Kriegsgefangene aus der Sowjetunion auch zum „Einsatz im Reich" zuzulassen, erfolgte jedoch erst, als sich 1941 abzeichnete, dass ein schneller militärischer Sieg gegen die Sowjetunion nicht möglich war. Weil deutsche Arbeitskräfte weiter als Soldaten eingesetzt werden mussten, fiel die Entscheidung, den massiven Arbeitskräftemangel mit sowjetischen Gefangenen zu kompensieren.

Solidarisierung zwischen deutschen und sowjetischen ArbeiterInnen zu verhindern, wurde eine strikte Trennung der Arbeitergruppen angeordnet, die Hierarchisierung unterlag einer kriegs- und „rassen"-politischen Rationalität[33]: „Deutscher Arbeiter ist grundsätzlich Vorgesetzter der Russen." (Göring zit. nach ebd.) Neuere Arbeiten haben gezeigt, dass „das Soziale" im Nationalsozialismus keineswegs ausschließlich ideologische Blendung war, sondern sein materielles Substrat in der Bereicherung und Umverteilung geraubter Vermögen von Juden und aus Besatzungsländern hatte (vgl. Aly 2005). Die radikale Version der Unterschichtung und Ausbeutung von AusländerInnen als ZwangsarbeiterInnen[34] in Deutschland durch den Nationalsozialismus kann als Teil dieser nationalsozialen Konstellation gesehen werden. Der Begriff des „national-sozialen Staats", wie von Balibar (2001) vorgeschlagen, reflektiert eine Rationalität, die auch im Nationalsozialismus zur Wirkung kam. Letzteren „nur" als irrationalen Exzess oder „Zivilisationsbruch" zu kennzeichnen verhindert, sowohl den Nationalsozialismus als ein Ensemble gesellschaftlicher Verhältnisse zu analysieren, als auch, die systematische Unschärfe der Grenzen zwischen freier und unfreier Arbeit zu erkennen (vgl. Steinfeld 2001). Tatsächlich stellt der national-soziale Staat eine Alternative zum Nationalsozialismus dar, insofern ersterer die Widersprüche zwischen Nationform, Kapitalismus und Klassen auf andere Weise zu lösen bestrebt ist als letzterer.

33 Das System der „Ostarbeiter", wie es bei den Nazis hieß, war durch die rassistische Trennung in „Herren- und Untermenschen" strukturiert, mit Anleihen beim Kolonialismus des Deutschen Reichs.

34 Ausführlich zur „Rekrutierung" ausländischer Arbeitskräfte in den okkupierten Gebieten vgl. Gerlach 1999.

3. Die „Gastarbeiter der Gastarbeiter": Zur Regulierung illegaler Migration im Kontext der bundesdeutschen Arbeitskräfteanwerbung

„Mitglied zu sein der deutschen Kommission
Gehört einfach zum guten Ton
Und heute nun, statt anzuheuern
Da wollen wir Betriebsfest feiern […]

Und nun zu unseren Herrn Doktoren
Sie prüfen Augen, Herzen, Ohren
Und wehe, wenn der kleine Zeh
Der Bauch, die Zähne nicht OK […]

Doch dies geschieht zu spät
Dass alles aus den Fugen geht
Die Migranten sind am Weinen
Wenn sie erneut im Dorf erscheinen

Doch ist es auch schon vorgekommen
Dass der Entschluss zu spät gekommen
Während man ihn ‚no apto' schrieb
In Deutschland er herum sich trieb."

(Gedicht von Wilhelmine Brück, Mitarbeiterin der Deutschen Kommission in Madrid 1960-1973)[1]

In der Literatur zur bundesdeutschen Migrationsgeschichte und -gegenwart kursiert die Annahme, dass illegale Migration ein Phänomen neueren Datums sei,

1 Manuela Bojadžijev hat dieses Gedicht im Rahmen der Recherchen zu ihrer Dissertation gefunden (vgl. Bojadžijev 2005).

und die Regulationsmechanismen von Arbeit und Bürgerrechten während der Nachkriegszeit vor allem innerhalb des formalen Rahmens des Anwerbesystems für GastarbeiterInnen angesiedelt gewesen seien. Die unterschiedlichen Formen illegaler Migration seit Ende der 1950er Jahre dokumentieren etwas anderes. Sie zeigen, dass Illegalität keineswegs ausschließlich der Effekt mangelnder Einreisemöglichkeiten ist, wie häufig angenommen wird. Die Bearbeitungs- und Problematisierungsmodi illegaler Migration stehen nicht transhistorisch fest; sie unterliegen nicht der systemischen Rigidität der formaljuridischen Matrix, sondern sind in die Konjunkturen des gesamten Migrationskompromisses eingebettet: So wie der Vagabund eine spezifische Artikulation der gesellschaftlichen Beziehungen darstellt, in denen seine Form der Mobilität als „unerwünscht" bekämpft wird, so verändern sich mit den Transformationen des Migrationsregimes der Bundesrepublik – von der Anwerbung über die Passage zur Asylmigration bis zur neuen Gastarbeit der 1990er Jahre – auch die Kategorien und epistemologischen Dispositive, mit denen illegale Migration als Gegenstand erkannt und politisch bearbeitet wird.

Wie ich durch die Untersuchung historischer Quellen aus staatlichen, verbandlichen und anderen Archiven, sowie der Printmedien zeigen werde, gibt es illegale Migration bereits seit den Anfängen der Bundesrepublik. Für den Zeitraum der 1960er Jahre existiert zwar keine Literatur zum Thema illegale Migration, sie findet jedoch in verschiedenen historischen Arbeiten Erwähnung (zum Beispiel Schönwälder 2001; Sonnenberger 2003; Yano 1998; Hunn 2005), wird dort allerdings nicht als eigenständiges Phänomen untersucht. 1971 wurde die Kategorie der Illegalen zum ersten Mal in einer Polizeilichen Kriminalstatistik, der von Niedersachsen, verwendet. Die Mehrzahl der Illegalen waren in dieser Statistik türkische GastarbeiterInnen, dicht gefolgt von polnischen StaatsbürgerInnen. In dieser ersten Aufstellung betrug der Anteil der Illegalen an den tatverdächtigen AusländerInnen ungefähr 15 Prozent.[2] Die wenigen Schätzungen, die es für diesen Zeitraum gibt, bewegten sich Anfang der 1970er beinahe alle zwischen zehn und 15 Prozent im Verhältnis zur Gesamtzahl der MigrantInnen (Lohrmann/Manfrass 1974; ifo-schnelldienst 1975). In einem Beitrag über den europaweiten Anwerbestopp zwischen 1973 und 1975 im ifo-Schnelldienst wurde für Europa die Zahl von 900.000 Illegalen genannt, für Deutschland 300.000 und für Frankreich zwischen 50.000 und 150.000 (insgesamt lebten zu diesem Zeitpunkt 8,1 Millionen ArbeitsmigrantInnen in Europa). Auch in Spanien und Griechenland, die damals noch nicht Mitglied in der Europäischen Gemeinschaft waren und als Auswanderungsländer galten, wurden jeweils ungefähr 25.000 Il-

2 Es sind gerade diejenigen, die sich im Rahmen der migrationspolitischen Debatte gegen eine Legalisierung (siehe unten) aussprechen, die diese Zahlen als zu hoch gegriffen kritisieren. Ein Vertreter des Landes Nordrhein-Westfalen meinte in einer Ausländerreferentenbesprechung, dass die Zahl der Illegalen insgesamt unter einem Prozent liege (vgl. Ausländerreferentenbesprechung in Berlin, 15.-16.10.1970, HHStA, 503/ 5741a).

legale vermutet. Die „Illegalen-Quote“ betrug laut diesem Bericht in allen EG-Ländern rund zehn Prozent. Nach Schätzungen des DGB lebten 1973 um die 200.000 Illegale auf dem Bundesgebiet (vgl. Treichler 1998, 48).[3] Die FAZ erwähnte in einem Artikel vom 6.10.1972 die Zahl von 100.000 illegalen MigrantInnen. Ülkü Gürhan vom Türkischen Volkshaus, einem MigrantInnenzentrum in Frankfurt am Main, sprach im Interview mit der FAZ von 50.000 illegalen TürkInnen. Die Frankfurter Polizei schätzte 1972 den Anteil der Illegalen unter den rund 100 000 AusländerInnen in Frankfurt auf 1.500 (FR, 25.1.1972). Jürgen Micksch, ein in Migrationsfragen engagierter Pfarrer, verwies auf Angaben der städtischen Behörden: „München 20.000, Frankfurt/M. 11.000, Köln 15.000, Hamburg 15.000, Berlin 30.000“ und kam damit auf einen Anteil von zehn Prozent illegalisierter Bevölkerung bezogen auf die Gesamtzahl der Migrierenden, also 250.000 Menschen für die Bundesrepublik (vgl. Micksch 1973, 48).[4]

Die Formen der Migration sind nicht nur in der geschichtlichen Abfolge voneinander zu unterscheiden. Bis zum historischen Datum des Anwerbestopps 1973, als die Bundesregierung – darin allen anderen Einwanderungsländern Europas gleich – die Anwerbung von Arbeitskräften aus den Anwerbeländern aussetzte, existierten vier Typen nebeneinander beziehungsweise zeitlich versetzt zueinander. Dabei ist hervorzuheben, dass die Migration den politisch und juridisch strukturierten Migrationswegen historisch vorausgeht. Fast alle Anwerbeabkommen stellen Reaktionen auf Migrationsbewegungen dar[5], bei denen die Auswanderungsländer versuchten, mit Abkommen „die Ausreise ihrer Staatsangehörigen und ihre nationalen Arbeitsmärkte unter Kontrolle zu bringen, sowie

---

3 Diese Angaben von Reinhard Lohrmann und Klaus Manfrass gehen auf Max Diamant zurück, der als Gewerkschaftsfunktionär für die IG-Metall-Zeitschrift „metall“ verantwortlich war und sich als Funktionär mit Fragen der so genannten illegalen Ausländerbeschäftigung auseinandersetzte. Er gehörte zu den Akteuren, die sich für eine rigide Bekämpfung der illegalen Arbeit einsetzten (vgl. Diamant 1973b). Die Schätzungen des ifo-schnelldienstes und die des DGB, das legen die Quellen nahe, könnten auf eine einzige Schätzung zurückzuführen sein.

4 Sanz Diaz schreibt von mehreren zehntausend spanischen „Clandestinos“, die nach Deutschland reisten. In der bundesrepublikanischen öffentlichen Diskussion erzeugte die illegale Migration aus Spanien aber keine vergleichbare Debatte wie etwa im Fall der türkischen oder marokkanischen Migration (vgl. Sanz Diaz 2004, 14). Die Arbeitsmigration aus den europäischen Diktaturen der Nachkriegszeit (wie aus Portugal oder Griechenland) war auch immer politische Emigration. Der frankistische Staat wollte eine vollständige Kontrolle über die Ausreise von ArbeiterInnen erreichen, denn außerhalb des Zugriffs der Apparate der Diktatur konnten die ArbeitsmigrantInnen antifrankistische Politik betreiben. Im Fall Spaniens war es die deutsche Seite, die die klandestin eingereisten spanischen ArbeiterInnen tolerierte. Die diplomatischen Spannungen ergaben sich aus dem Druck der spanischen Seite, die eine unkontrollierte Auswanderung verhindern wollte (ebd.).

5 So registrierten zum Beispiel die deutschen und spanischen Behörden bereits zwei Jahre vor dem Abkommen zwischen diesen Ländern, also 1958, etwa 1.800 illegale oder irreguläre ArbeitsmigrantInnen, im Jahr darauf bereits 2200 (vgl. Sanz Diaz 2004, 77).

illegale Vermittlungen privater Agenten zu unterbinden“ (Yano 1998, 45f.). Das Datum des ersten Anwerbeabkommens mit Italien 1955 stellt dagegen einen Mythos dar, mit dem die bundesrepublikanische Migrationspolitik ihr vermeintliches Jahr Null begeht. Diese Konstruktion hängt nicht nur damit zusammen, dass mit ihr der Primat der politischen Steuerung der Migration behauptet werden kann, sondern auch mit der Sorge der deutschen Stellen, es könnte eine Verbindung zwischen der Rekrutierung von GastarbeiterInnen und der so genannten Fremdarbeiterpolitik während des Nationalsozialismus hergestellt werden. Dass schon ab 1952 italienische SaisonarbeiterInnen in Süddeutschland den durch Landflucht entstandenen Arbeitskräftemangel kompensierten, erweist unter diesem Blickwinkel betrachtet, dass an alte Migrationsrouten angeknüpft wurde. Diese „allerersten ‚Gastarbeiter‘ [waren; SK] nichts anderes als ‚Illegale‘, die von den Behörden toleriert wurden“ (Meier-Braun 2002, 32; vgl. auch Bojadžijev 2005, 194-232). Die Kategorien, die die nationalstaatlichen Regularien bereitstellen, reflektieren allein die Regierungstechnik und haben nur bedingt deskriptiven Charakter, wie im Fall der Auswanderung aus den südeuropäischen Diktaturen der Nachkriegszeit.

Der erste Weg, die von der Bundesanstalt für Arbeit in den Anwerbeländern durchgeführte Anwerbung, die eine ärztliche Untersuchung, eine berufliche sowie politische Prüfung der Arbeitskräfte und ihre amtlich organisierte Zugreise einschloss, repräsentierte den höchsten Grad an staatlicher Kontrolle über die Migration. Die Rekrutierung wurde auf Nachfrage der ArbeitgeberInnen organisiert; eine Einreise fand erst nach erfolgter Selektion statt. Der zweite Weg ermöglichte dagegen eine Einreise, bei der die MigrantInnen einen Sichtvermerk in einer deutschen Auslandsvertretung einholten, der einer Aufenthaltserlaubnis gleichkam. Diese wurde jedoch erst nach Zustimmung der zuständigen Ausländerbehörde in Deutschland erteilt. Gegenüber dem ersten Weg lag die Lenkungskompetenz nicht bei der Bundesanstalt für Arbeit oder den Unternehmen, sondern in letzter Instanz bei den Innenministerien, denen die Ausländerbehörden untergeordnet sind. In den Augen eines Frankfurter Beamten stellte daher nur der zweite Weg „tatsächlich eine staatliche Zuzugslenkung“ (Schiller 1973, 26) dar. Diese beiden ersten Typen repräsentierten die offiziellen formalen Einreisewege. Der dritte Weg war demgegenüber kryptolegal; er war nicht vorgesehen, wurde aber geduldet. Die MigrantInnen reisten als TouristInnen ein, suchten und bekamen einen Arbeitsplatz und erhielten von den Behörden nachträglich die notwendigen Papiere. Staatliche Stellen konnten demnach ex post regulierend eingreifen, durch Duldung, Legalisierung oder Ablehnung. Dieser Weg war jedoch nur für einen Zeitraum von wenigen Jahren offen. Die Konstellation des dritten Wegs führte zu einer Politisierung der Migrationsregulation, da hier weder die Ausländerbehörden noch die Bundesanstalt die Rekrutierung als reinen Verwaltungsakt organisieren konnten, sondern der Aufenthalt zu einer öffentlichen Angelegenheit wurde, in deren Aushandlung Regierungsstellen, VolksvertreterInnen und Verbände involviert waren. Mit der Schließung des dritten Wegs durch die

Innenminister Mitte der 1960er Jahre wurde versucht, die Migrationsregulation zu vereinheitlichen und die Behörden explizit gegenüber dem Interesse der Wirtschaft, MigrantInnen zu rekrutieren, zu schützen.

Diese Schließung führte jedoch zur Etablierung dessen, was ich den vierten Weg nenne, nämlich einer Ökonomisierung des dritten Wegs. An die Stelle der politischen Arena, in der die Präsenz der auf eigene Faust eingereisten MigrantInnen aushandelbar war, trat ein neuartiger Schauplatz, in dem sich sowohl Einreise- als auch Aushandlungsebene veränderten. Die Modalitäten der Einreise wurden zwar von MigrantInnen organisiert, aber diese waren zu professionellen Dienstleistern geworden, die die rechtlich prekäre Situation der MigrantInnen, denen keine politische Lösung offen stand, ausbeuteten. Ein gewerkschaftlicher Einfluss auf den Ablauf war in diesem Verfahren, anders als beim ersten Weg, wo die Bundesanstalt drittelparitätisch besetzt war, nicht existent. Behörden bearbeiteten den vierten Weg ex post, in der Regel durch Abschiebung. Anders als bei den anderen Wegen, führte der vierte Weg, der in der zeitgenössischen Debatte als „moderner Sklavenhandel" bezeichnet wird, in einen langwierigen Prozess von Veränderungen und Reformen in Verwaltung und Recht.

Die vier Wege repräsentieren demnach erstens unterschiedliche Typen von sozialen Kompromissen: Im ersten Weg ist es der in den Anwerbeverträgen auch unter Beteiligung der Entsendeländer entstandene, vertraglich fixierte soziale Kompromiss über die Bedingungen der Migration, der zum Tragen kommt. Im zweiten Weg fehlt dieses Regulativ; so sind die Arbeitsverträge, die im Rahmen dieses Wegs zustande kommen, nicht an Tarife gebunden. Der dritte Weg ist auf der Ebene der sozialen oder ökonomischen Regulation allem Anschein nach nicht vom zweiten unterschieden, indirekt aber bedroht die unregulierte Mobilität der MigrantInnen das Moment der Befristung, das, wie ich zeigen werde, im Zentrum des gesellschaftlichen Kompromisses der Migration steht. Im vierten Weg schließlich kommt es zu einer radikalen Unterschichtung der MigrantInnen, die an eine extreme Flexibilität der Arbeitskraft gekoppelt ist. Dieser Weg ermöglicht unterschiedliche Formen politischer Aushandlung; er verschließt oder öffnet tendenziell Arenen und Modi des Konflikts; er moduliert die Strategien, die von staatlich verwalteten Formen des sozialpartnerschaftlichen Konflikts über Legalisierungsdebatten und -praktiken, die in der politischen Arena ausgehandelt werden, bis hin zu einer Informalisierung der Regulation reichen.

Alle Formen der irregulären Migration, die allein schon von ihrem quantitativen Umfang nicht annähernd das Ausmaß der regulären erreichen, sind im Zeitraum der Gastarbeitsmigration in den legalen Rahmen dieses Regimes eingebettet. Der nächste Abschnitt skizziert daher die allgemeinen Züge des Migrationsregimes in der Bundesrepublik nach dem Zweiten Weltkrieg.

3.1 Der erste Weg – Formierung des Gastarbeitsregimes in der Bundesrepublik Deutschland

Nach dem Zweiten Weltkrieg führte das exportinduzierte Wirtschaftswachstum in der Bundesrepublik Deutschland trotz steigender Frauenerwerbstätigkeit und der Zuwanderung aus Osteuropa, mit der die Erwerbsbevölkerung zunahm, schnell zur Vollbeschäftigung. In den 1950er Jahren sank die Arbeitslosenrate von über zehn auf 1,3 Prozent (vgl. Hirsch 1986, 19). Der Einsatz von Arbeitskräften aus Südeuropa, der Türkei und Nordafrika erlaubte es, die Löhne insgesamt niedrig zu halten. Zu diesem Zeitpunkt war eine Erweiterung der Produktion entweder mit zusätzlichen Arbeitskräften realisierbar oder dadurch, dass die Unternehmen auf dem bestehenden knappen Arbeitsmarkt ArbeiterInnen mit höheren Löhnen abwerben würden. Die „Ausländerbeschäftigung" ermöglichte aber, auf Billiglöhnen und einfacher Arbeit beruhende Exportbranchen aufrechtzuerhalten (vgl. Polster/Voy 1991, 194). Die Arbeitsmigration drückte eine hochorganisierte und regulierte Form des internationalen Arbeitsmarktes aus. Seine partielle Ausweitung über die Grenzen des Nationalstaates hinaus ist ein spezifischer Kompromiss-Effekt, in dem die gesellschaftlichen Kräfteverhältnisse des Nachkriegsfordismus in der Bundesrepublik Deutschland artikuliert wurden. Das verdeutlicht die Debatte um die Anwerbung von GastarbeiterInnen, die vor dem ersten Anwerbevertrag mit Italien im Jahre 1955 stattfand, und die vor allem interministeriell, von den ArbeitgeberInnenverbänden und den Gewerkschaften geführt wurde.

3.1.1 Die Debatte um das erste Anwerbeabkommen

Bereits zu Beginn der 1950er Jahre kam es zu einer Verknappung des Arbeitskräftereservoirs in der Landwirtschaft, bedingt durch Landflucht und die sinkende Bereitschaft, die niedrig bezahlten Jobs in diesem Bereich anzunehmen. Da die Lohnhöhe teilweise unter dem Niveau der Arbeitslosenhilfe lag, war es trotz Arbeitslosigkeit nicht möglich, offene Stellen zu besetzen. Auch die Installierung eines Workfare-Regimes, mit dem Erwerbslose zur Annahme von Arbeitsstellen in der Landwirtschaft gezwungen werden sollten, verlief etwa in Baden-Württemberg erfolglos (vgl. Dohse 1985, 138). Eine Kampagne landwirtschaftlicher Organisationen erreichte ihren Höhepunkt 1955, als sich die Landwirte an die Landesregierung Baden-Württembergs wandten, weil sowohl das Bundesarbeitsministerium als auch die Bundesanstalt für Arbeit die Anwerbung von ArbeitsmigrantInnen ablehnte. Im selben Jahr schaltete sich die Bundesvereinigung der Arbeitgeberverbände in die von den Landwirten initiierte Debatte ein und setzte sich für „eine großzügige Handhabung der Bestimmungen über die Beschäftigung von ausländischen Arbeitskräften im Einzelfall wie für den Abschluß staatlicher Globalabkommen über die Hereinnahme ausländischer Arbeitskräfte" (zit. nach Dohse 1985, 157) ein. Die ArbeitgeberInnen forderten somit nicht nur die Anwerbung saisonaler Arbeitskräfte in der Landwirtschaft und in der Baubranche, sondern auch die Anwerbung von Dauerarbeitskräften.

Lange vor dem Abkommen mit Italien gab es innerhalb der Arbeitgeberverbände eine bevölkerungspolitische Debatte über die Problematik des mangelnden Arbeitskräftereservoirs in der Bundesrepublik. In ihr stand die Frage im Vordergrund, wie sich die Konkurrenz der Einzelunternehmen um Arbeitskräfte und die damit verbundene stetige Erhöhung der Kosten der Arbeitskraft vermeiden ließen. Diese ökonomischen Überlegungen richteten sich zunächst auf die deutsche Bevölkerung. Im Jahre 1953 wurden etwa ungesteuerte Spontanauswanderungen – vor allem nach Übersee – als „Griff nach dem deutschen Facharbeiter" und als „Menschenausverkauf" beklagt. In einem Memorandum des BDI wurde gar erwogen, die Bewegungsfreiheit der ArbeiterInnen allgemein und die im Grundgesetz verankerte Freiheit der Arbeitsplatzwahl einzuschränken. Da Gewerkschaften und Bundesarbeitsministerium nach Bekanntwerden des Memorandums protestierten, wurde nie eine dezidierte Forderung daraus. Zu diesem Zeitpunkt mischte sich die Kritik an der Auswanderung mit ersten Forderungen nach so genannter Ausländerbeschäftigung. Die Macht der Arbeitnehmer, schlecht bezahlte Arbeitsplätze nicht anzunehmen, war gestiegen. Das gesellschaftspolitische Ziel der Vollbeschäftigung erwies sich im Grenzfall als Problem. Um das Vollbeschäftigungsdilemma zu lösen, wurden verschiedene Strategien erwogen. So gab es Überlegungen, ländliche Bevölkerungsteile und Frauen vermehrt in den Arbeitsprozess zu integrieren. Der damit verbundene finanzielle Aufwand jedoch, etwa das Angebot von Halbtagsstellen und die Errichtung von Kindertagesstätten, ließen diese Lösung als zu kostspielig erscheinen.

Um der Knappheit an Arbeitskräften und ihren preistreibenden Effekten ein Ende zu bereiten, trat 1954 auch das Bundeswirtschaftsministerium für die Anwerbung migrantischer Arbeitskräfte ein, da dies die kostengünstigste und flexibelste Variante zu sein sein, da man glaubte. Man glaubte, die GastarbeiterInnen je nach Bedarf wieder außer Landes befördern zu können.

Die Forderung nach Anwerbung zielte nicht auf eine direkte Absenkung der Löhne von ArbeitsmigrantInnen unter das deutsche Niveau: „Auch sie werden nicht unter Tarif bezahlt werden können." („Der Arbeitgeber", 5.12.1955, 268)[6] Genau auf dieser Ebene war ein Kompromiss mit den Gewerkschaften zu finden, da sie den Standpunkt vertraten, dass die Erweiterung des Arbeitskräfteangebots ihre Position schwächen würde. Der DGB erklärte 1954 in einer im Rundfunk publizierten Stellungnahme:

6 Während vertraglich geregelt war, dass MigrantInnen die gleichen Löhne und Sozialleistungen zu erhalten hatten wie Deutsche, gab es bei den Unterkünften Einsparungsmöglichkeiten, die sich in entsprechend schlechten Wohnverhältnissen niederschlugen (vgl. Herbert 2001, 216). Für die Unternehmen war die Bereitstellung von Wohnunterkünften für die GastarbeiterInnen ein bedeutender Kostenfaktor in der Ausländerbeschäftigung.

„Die Gewerkschaftsbewegung ist in ihrem Denken und Handeln weitgehend international. Unbeschadet dieser internationalen Solidarität wird jedoch keine Gewerkschaft eines Landes sich mit dem Hereinströmen von Arbeitskräften aus dem Ausland einverstanden erklären können, solange im eigenen Lande noch eine nicht unbeträchtliche Zahl von Arbeitnehmern arbeitslos ist oder Kurzarbeit leistet." (DGB 1955, 37)

Die Auseinandersetzung um die Frage der Anwerbung spielte sich eher auf dem Niveau einer Einflussnahme auf die Staatsapparate ab und nahm nicht die Form einer politischen Auseinandersetzung an. Klar schien sowohl, dass untertarifliche Bezahlung ausgeschlossen war, als auch, dass die Arbeitsmigration nicht würde verhindert werden können (vgl. Borris 1973). Die Gewerkschaften aber wollten über den Umweg des so genannten Inländerprimats trotz Anwerbeabkommen eine De-facto-Abschottung erreichen. Der Inländerprimat war eine im Rahmen der Arbeitsvermittlung wirksame Regelung, nach der freie Stellen zuerst an deutsche Arbeitslose beziehungsweise an Erwerbssuchende zu vermitteln seien, die diesen zum Beispiel durch die EG-Verträge gleichgestellt waren. Neben dem Inländerprimat nannten die Gewerkschaften drei weitere restriktive Bedingungen für eine Arbeitsmarktöffnung: 1. Gleichstellung in Lohn- und Arbeitsbedingungen, das heißt, arbeits- und sozialrechtliche Gleichstellung, 2. eine regionale und sektorale Bedarfsermittlung, die an den Maßstäben des Inländerprimats orientiert sei, und 3. eine entsprechend strukturierte Vorausfestlegung der Anwerbungen und eine Beschränkung der so genannten Ausländerzulassung auf saisonalen Spitzenbedarf. Die Gewerkschaften machten aber keine prozeduralen Vorschläge darüber, wer in welcher Weise darüber befinden sollte, wann eine Sättigung des Arbeitsmarktes vorläge beziehungsweise was ein Inländerprimat im Einzelnen hieße und welche inländischen Arbeitskräfte unter welchen Bedingungen bevorzugt eingestellt werden sollten.

Anlässlich der späteren Abkommen kam es nicht mehr zu jenen politischen Kontroversen, die es noch vor 1955 gegeben hatte, die aber ohnehin marginal geblieben waren. Zu Beginn der Anwerbungsdebatte herrschte bei den Fraktionen im Bundestag, dem Arbeitsministerium und der Bundesanstalt für Arbeit eine ablehnende Haltung. Das erste Abkommen hatte – aus der Retrospektive betrachtet – eher die Funktion eines Türöffners, mit dem eine grundsätzliche Akzeptabilität der GastarbeiterInnenanwerbung vom Wirtschaftsministerium auf administrativem Weg durchgesetzt worden war. In diese staatliche Entscheidung flossen aber auch strukturelle Interessen ein, die sich aus dem Kräfteverhältnis zwischen den Lagern der ArbeiterInnenorganisationen und der UnternehmerInnenverbände ergaben.

Entgegen den Bemühungen der politischen Akteure verfestigte sich der Aufenthalt der MigrantInnen, vor allem bedingt durch ihre partielle Integration in den Sozialstaat, insbesondere in die Sozialversicherungspflicht. Diese Integration bildete die Grundlage für die spätere widersprüchliche Ausländerpolitik. Mit den in diesem Kontext gewährten Rechten verschoben sich die mit der Migration aufgeworfenen Konflikte auf die Ebene des sozialstaatlichen Klassenkompromisses. Damit war auch eine institutionelle Barriere entstanden, an denen konjunkturell mobilisierte Politiken gegen Einwanderung oftmals scheiterten, sollten die rechtsstaatlichen Grundlagen nicht selbst außer Kraft gesetzt werden (vgl. Bade/Bommes 2000, 172f).[7]

Die zentrale operative Funktionsprämisse des Gastarbeitsregimes war die Organisation und Durchsetzung eines temporären Aufenthalts, dem sich immer wieder Migrantinnen entzogen haben, indem sie ihren Aufenthalt mit Hilfe verschiedener Gesetzeslücken verlängerten beziehungsweise überhaupt ermöglichten. Die proklamierte Temporalität, das so genannte Rotationsprinzip, nach dem die GastarbeiterInnen alle zwei Jahre ausgewechselt werden sollten, konnte nicht durchgesetzt werden, auch wenn beispielsweise die Innenministerkonferenz immer wieder versucht hat, entsprechende Klauseln in die bilateralen Anwerbeverträge einzubringen (vgl. Schönwälder 2001). Die begrenzte Aufenthaltsdauer war ein zentrales Verdichtungsmoment der Kompromissstruktur innerhalb des fordistischen Migrationsregimes. Sie war Bestandteil des ersten Vertrags mit der Türkei und wurde schon bei der darauf folgenden Revision des Vertrags herausgenommen (vgl. Jamin 1998). Mit Rotation kann in Bezug auf die deutsche Migrationsgeschichte daher nur von einem Verfahren gesprochen werden, das in unterschiedlicher Dichte und Form allein informell und indirekt zur Wirkung kam. So hat die Unterbringung vieler MigrantInnen in firmeneigenen Baracken de facto eine Rotation begünstigt, wie das Beispiel der italienischen ArbeiterInnen bei Volkswagen zeigt. Dort war 1962 die Hälfte der ArbeiterInnen nur maximal ein Jahr geblieben, während das Ausländergesetz und die Arbeitsvermittlung eher allgemeine Rahmenbedingungen für eine Rotation geliefert hatten. Ein großer Teil der politischen Auseinandersetzungen um den Einsatz migrantischer Arbeitskraft – von der Familienzusammenführung bis zur Infrastrukturdebatte – kreist um die Frage der Befristung des Aufenthalts, die im Konzept einer formalisierten Rotation, wie sie in der zweiten Hälfte der 1960er Jahre von den UnternehmerInnenverbänden propagiert wurde, nur ihre besondere Gestalt findet (vgl. Lohrmann 1974).

3.1.2 Ökonomische und rechtliche Segregation

Die Zuwanderung ausländischer Arbeitskräfte hat auf den ersten Blick ausschließlich im Interesse der Unternehmen stattgefunden. Dass die Gewerkschaften kaum gegen diese Erweiterung des Arbeitsmarkts protestierten, hängt damit zusammen, dass ihre Klientel, weitgehend deutsche, männliche Facharbeiter, von der Ausweitung unterdurchschnittlicher Arbeits- und Lohnverhältnisse im Rah-

7 In diesem Zusammenhang ist die Androhung von Bundeskanzler Kohl während der Debatte zur Änderung des Asylrechts Anfang der 1990er Jahre zu verstehen, es müsse angesichts der Asylbewerberzahlen der Staatsnotstand ausgerufen werden, wenn die Opposition sich nicht zu einer Änderung bereit erkläre.

men der Tarifverträge profitierten, konnte nun sie doch höhere Positionen einnehmen.

Anstatt inländische Reserven zu mobilisieren oder die Produktionsmittel zu modernisieren, konnten mit der Anwerbung ausländischer Arbeitskräfte gleich zwei Ziele erreicht werden: Zum einen verhinderte sie die Arbeitskräfteverknappung und damit eine Erhöhung des allgemeinen Lohnniveaus – womit die Unternehmen eines ihrer wesentlichen Ziele erreicht hatten; zum anderen verhinderte sie, dass es aufgrund des temporären Charakters der Arbeitsmigration zu einer dauerhaften Aufstockung des Arbeitskräftereservoirs kommen würde. So kam es zu einer Art ethnisierter Arbeitsmarktsegmentation, durch die den GastarbeiterInnen jene Arbeitsplätze zukamen, die einer möglichen Modernisierung zum Opfer gefallen wären. Die deutschen Arbeitskräfte hingegen bestiegen einen sozialen Fahrstuhl nach oben. Nach Berechnungen von Heckmann konnten zwischen 1960 und 1970 circa 2,3 Millionen deutsche Beschäftigte von Arbeiter- in Angestelltenpositionen aufrücken (vgl. Heckmann 1981). Die staatliche Disposition über die MigrantInnen fundierte eine sowohl ökonomische als auch rechtliche Spaltung. Was Étienne Balibar im Zusammenhang mit der Ausweitung des Rassismus innerhalb der Arbeiterklasse in Frankreich schreibt, gilt auch für die Situation in der Bundesrepublik. Der Rassismus

> „ist weniger durch die bloße strukturelle Immigration und die Konkurrenz auf dem Arbeitsmarkt bedingt […], als durch die Art und Weise, wie die Unternehmer und der Staat die Hierarchisierung der Arbeiter organisiert haben. Sie haben die qualifizierten Arbeitsplätze und die Leitungsfunktionen für die ‚Franzosen' reserviert, die unqualifizierten Arbeitsplätze an die eingewanderten Arbeiter gegeben und Industrialisierungsmodelle gewählt, die eine große Zahl von unqualifizierten Arbeitern erforderten, für die es die Möglichkeit der massiven Immigration gab. […] So war der Rassismus der französischen Arbeiter organisch mit den relativen Privilegien der Qualifikation, mit dem Unterschied zwischen Ausbeutung und Überausbeutung verbunden" (Balibar 1990, 269).

Entscheidend aber ist, dass die Konflikte um Migration nicht ausschließlich als arbeitsmarktbezogenes Phänomen verstanden werden können, in dem MigrantInnen konkurrierende, weil billigere Waren darstellen.[8] Für die bundesdeutsche Migrationsgeschichte liefern die großen Migrationen deutscher Flüchtlinge und Vertriebener bis zum Beginn der 1960er Jahre die Folie, vor deren Hintergrund das Verhältnis zwischen Rassismus, Migrationen, Arbeitsmarkt und gesellschaft-

8 Dass sich gegen die Migration gerichtete politische Haltungen aus der Konkurrenz der ArbeiterInnen auf dem Arbeitsmarkt ergeben, ist dabei keine neue These. In seiner Untersuchung der Transformation irischer KatholikInnen von abolitionistisch eingestellten Opfern des englischen Kolonialismus zu Mitgliedern einer „weißen Rasse" – die gerade durch diese Rekomposition erst entsteht – zeigt Allen, dass das Element der Konkurrenz nicht ausreicht, um eine Abwehrpolitik der Arbeiterorganisationen gegen Migrationen zu begründen (vgl. Allen 1998, 312ff.).

licher Arbeitsteilung klar wird. Allein zwischen 1945 und 1950 wanderten mehrere Millionen Flüchtlinge nach Westdeutschland, wo sie bis in die 1950er Jahre etwa ein Viertel der Gesamtbevölkerung ausmachten. Ähnlich wie die späteren GastarbeiterInnen waren auch sie in den schlecht bezahlten, mit körperlich anstrengender Arbeit verbundenen Bereichen beschäftigt und Anfeindungen seitens der Einheimischen ausgesetzt, die sie mit den während des Nationalsozialismus in Lagern untergebrachten Fremd- und Zwangsarbeitern assoziierten (Herbert 2001, 192ff.). Die Ablehnung der Flüchtlinge sei auch auf der kulturellen Differenz dieser Gruppen begründet gewesen, so Ulrich Herbert. Trotz dieser sozioökonomischen und ideologischen Faktoren entwickelten sich die Flüchtlinge und Vertriebenen nicht zu einer rassifizierten gefährlichen *underclass*. Herbert begründet dies unter anderem mit der hohen Integration in Arbeitsverhältnisse. Dies war jedoch gerade bei den späteren nicht-deutschen ArbeitsmigrantInnen in viel stärkerem Maß der Fall. Als weitere Faktoren gelten das Fehlen sprachlicher Barrieren, die staatsbürgerschaftliche Einbindung sowie die Gewissheit seitens der Alliierten und der Besatzungsverwaltung, dass diese Bevölkerungsgruppe dauerhaft auf deutschem Territorium würde bleiben müssen. Staatsbürgerschaft und Sesshaftwerdung waren hier eng gekoppelt und gehörten offensichtlich ins gleiche Set von Faktoren. Die Befristung des Aufenthalts für die GastarbeiterInnen – möglich durch den Status als Ausländer – war auch ein zentrales Moment in der Konstruktion einer von der einheimischen Bevölkerung abgespaltenen Gruppe. Der Antagonismus bestand weder in einem Gegensatz von Mobilität der Arbeitskraft und ihrer Begrenzung, noch in einem apriorisch äußerlichen Verhältnis von Fremden und Einheimischen.

ArbeitsmigrantInnen substituierten also weitgehend inländische ArbeiterInnen in den statusmäßig niedrigsten Beschäftigungsverhältnissen. Weil es sich dabei aber um Arbeitsplätze im Kern des industriellen Produktionsapparates handelte, waren betriebspolizeiliche Aspekte bei der Anwerbung der ArbeiterInnen für Staat und Unternehmen von Beginn an von Belang. Die Angst vor einer kommunistischen Infiltration führte so weit, dass Spitzenbeamte des Bundesamts für Verfassungsschutz an Sitzungen des Ausschusses „Ausländische Arbeitskräfte" des Bundesverbands deutscher ArbeitgeberInnen teilnahmen und dort diskutierten, wie angesichts etwa der zunehmenden Beteiligung von MigrantInnen an wilden Streiks, deren politisches Wohlverhalten herzustellen sei.

Der spezifische Zugriff auf die ausländischen ArbeiterInnen war nur vor dem Hintergrund einer prinzipiellen Rechtsunsicherheit möglich. Zwar machen etwa Sozial- und Zivilrecht keine Unterscheidung nach Nationalität, so dass Ausländer und Deutsche weitgehend gleichgestellt sind. Jedoch erlaubt das System von Aufenthalts- und Arbeitserlaubnis das Unterlaufen dieser Rechte. EinE AusländerIn hat etwa prinzipiell Anspruch auf Sozialhilfe, kann aber nach dem Ausländerrecht bei deren Inanspruchnahme abgeschoben werden. Gleiches gilt für Leistungen aus der Sozialversicherung. Selbst das häufige Wechseln des Arbeitsplatzes, ein eigentlich rechtlich nicht sanktioniertes Verhalten, kann über den Entzug der Arbeits- oder Aufenthaltserlaubnis gesteuert werden.

Die Funktionsweise des auf Ermessensspielräumen basierenden Ausländerrechts ist hierbei entscheidend, weil die Unwägbarkeit der Verwaltungsentscheidungen disziplinierende Wirkungen auf die MigrantInnen zeitigen kann. Da das Prinzip der Ermessensentscheidungen dezentral funktioniert, wird das Verwaltungshandeln durch gerichtliche Kontrolle nicht nennenswert begrenzt. Einzelne Verwaltungsbeamte interpretierten zum Beispiel jene rechtlich unbestimmten Kriterien, die in der Ausländerpolizeiverordnung verankert waren, nämlich etwa, ob der oder die Betroffene „der Gastfreundschaft würdig“ oder sein/ihr „Verhalten, [...] wichtige Belange des Reiches und der Volksgemeinschaft zu gefährden geeignet“ sei.[9]

3.1.3 Auslegung des Inländerprimats

Das Anwerbeverfahren lag spätestens seit 1959 formal ausschließlich in den Händen der Bundesanstalt für Arbeit. Ihre Aufgabe bestand darin, den Arbeitskräftebedarf festzustellen sowie den Inländervorrang zu prüfen. Zwar waren sowohl ArbeitgeberInnen als auch Gewerkschaften nicht mehr Teil des Entscheidungsverfahrens, in der Praxis jedoch lieferten die ArbeitgeberInnen die Angaben zum Arbeitskräftebedarf.

Mit zunehmender Verknappung der Arbeitskraft auf dem inländischen Markt setzte ein Prozess der Dezentralisierung der Entscheidungsstrukturen innerhalb der Arbeitsverwaltung ein, der es ermöglichen sollte, den gestiegenen Bedarf möglichst ohne aufwendiges Prüfverfahren zu befriedigen. Im April 1961, als die Arbeitslosenquote auf 0,8 Prozent fiel, wurde die Entscheidungskompetenz schließlich auf die Hauptvermittler in den einzelnen Arbeitsämtern übertragen. Die Entbürokratisierung erhöhte nicht nur die Zugriffsgeschwindigkeit auf den internationalen Arbeitsmarkt. Durch die Regionalisierung der Entscheidungsstruktur wurde der Arbeitsmarktausschnitt, in dem nach einer geeigneten inländischen Arbeitskraft gesucht werden musste, kleiner, wodurch sich der Inländervorrang weiter auflockerte. Wer für einen Arbeitsplatz geeignet sei, war keine durch die Arbeitsverwaltung definierte Größe, sondern richtete sich nach dem allgemeinen Eignungsbegriff der Unternehmen. Potentielle Arbeitskräfte, die von den Unternehmen nicht eingestellt werden würden – Leistungsgeminderte, Teilzeitkräfte oder Behinderte –, wurden auch nicht vermittelt. Daraus folgte die Praxis, dass die Arbeitsämter mit den ArbeitgeberInnen gemeinsam die geeigneten Arbeitskräfte bestimmten. Das Anwerbeverfahren lag somit letztlich nur formal

9 Die so lautende „Ausländerpolizeiverordnung“ stammt aus dem Jahr 1938 und wurde erst 1965 durch ein Ausländergesetz abgeschafft, das jedoch zum Teil Verschlechterungen für die Rechtssicherheit von Ausländern mit sich brachte. So war im neuen Ausländergesetz nicht mehr das Verhalten als Ausweisungsgrund ausschlaggebend, sondern allgemein die Belange der Bundesrepublik Deutschland.

in den Händen der Arbeitsverwaltung, tatsächlich beschränkte sich ihre Rolle darauf, die Wünsche der Unternehmen auszuführen. Ein Ministerialdirektor des Bundesarbeitsministeriums in den 1970er Jahren bestätigte diese Einschätzung:

„Der Ruf nach einer Konzeption ist nicht zu überhören. In dieser Forderung könnte der Vorwurf durchklingen, bisher sei konzeptionslos verfahren worden. Das wäre jedoch irrig. Die Zulassung von Ausländern zur Beschäftigung allein nach den Bedürfnissen der Wirtschaft ist auch eine Konzeption." (Ernst 1973 nach Dohse 1985, 150)

Der Inländerprimat funktionierte damit nicht auf der Ebene einer allgemeinen arbeitsrechtlichen Bevorzugung von Deutschen auf dem Arbeitsmarkt, sondern vielmehr als der – wie erst später deutlich wurde – inadäquate Ausdruck der ethnisierten Hierarchie der Arbeitskräfte. Mit anderen Worten: Dort, wo die ArbeitsmigrantInnen den Vorstellungen der Unternehmen entsprechend eingesetzt werden sollten, konkurrierten sie nicht mit deutschen Arbeitskräften. Die Gewerkschaften, die auf den Inländerprimat gedrungen hatten, setzen ihn nicht durch, da die zur Disposition stehenden Arbeitsplätze ihre Klientel nicht betrafen. Die Unternehmen wiederum bevorzugten die MigrantInnen ohnehin. Ein allgemeiner Inländervorrang hätte impliziert, deutsche Arbeitskräfte, und seien sie – in den Augen der Unternehmen – noch so ungeeignet, auch gegen deren Willen zu vermitteln. Erst als es mit dem Anwerbestopp 1973 zu einer engeren Auslegung des Inländerprimats kam, war damit schließlich auch eine Verschärfung der Zumutbarkeitskriterien in der Arbeitsvermittlung und folglich eine Verschlechterung der Position von deutschen ArbeitnehmerInnen verbunden.

In dieser Phase strukturierte sich das Migrationsregime also über die Verbindung von vier Momenten: Im Zentrum stand zum einen der Inländerprimat, um den herum sich die partielle Entrechtung, die Einbindung in die Sozialversicherung und das politische Dogma, nach dem die MigrantInnen sich nur vorübergehend in Deutschland aufhalten sollten, gruppierten. Diese proklamierte Temporalität der Arbeitsmigration stellte, wie in 3.1.1 ausgeführt, ein wichtiges Verdichtungsmoment des national-sozialen Kompromisses dar. Sie gewährleistete die operative Konsistenz einer staatlich regulierten Einwanderungspolitik, die arbeitsrechtlich die Privilegien der nationalen Arbeitskraft sicherte, ohne dabei die Gesamtstruktur des Sozialstaates durch eine sozialrechtliche Diskriminierung von ArbeitsmigrantInnen prinzipiell in Frage zu stellen.

3.2 Der zweite Weg: Das Sichtvermerksverfahren und die Praxis der Kettenmigration

Im überwiegenden Teil der Literatur zum bundesdeutschen Migrationsregime werden zwei Möglichkeiten der Einreise beziehungsweise Anwerbung von Arbeitskräften untersucht. Neben dem offiziellen Weg über die Abkommen mit den Anwerbeländern existierte, wie bereits angeführt, eine zweite legale Möglichkeit für ausländische Arbeitskräfte, ein Arbeitsverhältnis in der BRD einzugehen. Im Sichtvermerksverfahren erteilten die Ausländerbehörden im Verein mit den Arbeitsämtern den deutschen Botschaften die Genehmigung, AusländerInnen mit einem Sichtvermerk in ihren Einreisedokumenten auszustatten, der einer Arbeitserlaubnis gleichkam. Auch hier überprüften Arbeitsamt und Ausländerbehörde die Einhaltung der entscheidenden Kriterien: zum einen den Inländerprimat und zum anderen die Selektion nach betriebspolizeilichen Aspekten. Für diese Art der personalen Selektion wurde im Wesentlichen auf das Ausländerzentralregister und die Zentralkartei für nicht-deutsche ArbeitnehmerInnen zugegriffen.

Dass im Laufe der 1960er Jahre die Zahl der über dieses Verfahren Angeworbenen zunahm, hatte mehrere Ursachen. In den offiziellen Abkommen wurden den GastarbeiterInnen in den Musterverträgen Tariflöhne zugesichert.[10] Vor allem Frauen wählten den Weg über das Sichtvermerksverfahren, da die gesundheitlichen Anforderungen im Rahmen des Anwerbeabkommens für sie höher lagen als für Männer. Gleichzeitig versuchten Unternehmen, durch die Anwerbung im Sichtvermerksverfahren die Tarifvertragsklausel zu umgehen. Sie organisierten Arbeitskräfte über private Vermittler oder die Vermittlung durch bereits im Betrieb beschäftigte ausländische ArbeiterInnen, wodurch Kettenmigrationen befördert wurden. Der Effekt dieser Verbindung, nämlich das Unterlaufen der Tarifvertragsklausel, war nur möglich, weil der soziale Kompromiss, in dem er platziert war, offensichtlich instabil war: Die Ausweitung des Sichtvermerksverfahrens verdeutlichte, wie die Widersprüche des Migrationsregimes bis in die Staatsapparate selbst hineinreichten. Einerseits sollte das Anwerbeverfahren die Migration zügeln, andererseits verlangte die wirtschaftliche Konjunktur die schnelle Zufuhr von Arbeitskräften.

Der zweite Weg wurde mit zunehmendem Gebrauch politisch problematisiert. Die Migration hatte sich mit dem steigenden Wirtschaftswachstum und dem wachsenden Bedarf an Arbeitskräften vervielfacht, wodurch auch die Anwerbeländer ihr Interesse geltend machten, Kontrolle über die Auswanderung ihrer Arbeitskräfte auszuüben (vgl. Steinert 1985, 229, 289, 298). Nach Barbara Sonnenberger (2003) bestand ein starkes Interesse seitens der deutschen Arbeitsverwaltung, das Sichtvermerksverfahren aufrechtzuerhalten, denn nur auf diesem Weg ließen sich insbesondere Frauen anwerben, wie Monika Mattes herausgearbeitet hat.[11] Dennoch kam es 1965 zu einer Einschränkung dieses Verfahrens

10 Knuth Dohse nimmt an, dass diese Regelung auf die Herkunftsstaaten zurückgeht, da sie nur im Anwerbeverfahren, nicht aber im Sichtvermerksverfahren galt (vgl. Dohse 1985).

11 Dass die Einreise per Sichtvermerk nicht unterbunden wurde, sei Ausdruck einer „geschlechterpolitischen Weichenstellung“, so Mattes: „Der so genannte zweite Weg, d.h. Einreise per Sichtvermerk, wurde zwar 1965 für männliche Hilfskräfte verschlossen, nicht aber für weibliche Arbeitskräfte und männliche Facharbeiter.

durch die Bundesanstalt für Arbeit, um eine gesundheitliche Prüfung vornehmen zu können und vor allem um so genannte gewerbsmäßige Vermittler auszuschalten. Die Bundesanstalt für Arbeit wollte damit nicht nur ihr Monopol auf die Arbeitsvermittlung aufrechterhalten, sondern auch einen nicht-intendierten Effekt in der Migrationsregulierung ausschalten. Die gewerbsmäßigen Vermittler sind jedoch auch Ausdruck einer Selbstbewegung der Migration. Denn was die ArbeitgeberInnen im Rahmen des Sichtvermerksverfahrens verstärkt hatten, war die selbstorganisierte Anwerbung. Sie lief fast immer über bereits im Betrieb beschäftigte MigrantInnen, die so ihre Verwandten und Angehörigen nach Deutschland holten. Die gewerbsmäßige Vermittlung stellt eine professionalisierte Verdichtung dieser Praxis dar. Ein Mitarbeiter des Landesarbeitsamts Düsseldorf beschrieb die Strukturen der Kettenmigration im Rahmen des Sichtvermerksverfahrens so:

„Viele Betriebe haben die Erfahrung gemacht, daß die *namentliche Anforderung* von Angehörigen durch bereits hier ansässige ausländische Arbeitnehmer zu einer Ansammlung einer Sippe führt. Ist die Sippe in Deutschland vereinigt, genügt der Beschluß des Familienältesten oder Familienrats, um die ganze Sippe von einem Betrieb abwandern zu lassen. Dies hat viele Firmen dazu bewogen, die *anonyme Anforderung* ausländischer Arbeitnehmer zu bevorzugen und die namentliche Anforderung nicht zu forcieren." (Weichert 1969, 70)

Manche Betriebe, die aufgrund des „geringen Lohnniveaus" und der „schlechten Arbeitsbedingungen" (ebd.) besonders stark auf migrantische Arbeitskräfte angewiesen waren, würden entgegen diesen Bedenken die namentliche Anforderung betreiben. Diese Betriebe wären „eine ständige Schleuse für Ausländer, ohne daß die Ausländer auf Dauer dort tätig sind. Sie erhöhen […] die allgemeine Fluktuationsquote" (ebd.). Dieses Dokument eines staatlichen Intellektuellen der Migrationspolitik zeigt, auf welcher Ebene die Rationalität der Arbeitskräfteregulierung angesiedelt ist, sie funktioniert nicht ausschließlich entlang der Marktgesetze von Angebot und Nachfrage. Die namentliche Anforderung, so die Kritik des Mitarbeiters, unterläuft nicht nur den abstrakten Souveränitätsanspruch des Staates, vielmehr werden damit offenbar Momente der Selbstorganisation in der Migration befördert. Denn die Arbeitskräfte-StaatsbürgerInnen und noch mehr die MigrantInnen, die über keinen Bürgerschaftsstatus verfügen, werden im bür-

Diese konnten weiterhin direkt mit Sichtvermerk an der staatlichen Anwerbung vorbei als Arbeitskräfte einreisen. Um die Engpässe auf dem weiblichen Arbeitsmarkt zu schließen, wurde zweigleisig gefahren. Man warb staatlicherseits so viele Frauen an, wie man konnte, und verließ sich gleichzeitig auf die zusätzlichen Kettenmigrationseffekte, die dafür sorgten, daß viele ausländische Frauen über den Zweiten Weg und damit an den Selektionsfiltern der Bundesanstalt vorbei einreisten." (Mattes 1999, 299)

gerlich-kapitalistischen Staat als Individuen adressiert.[12] Alle anderen – nicht rechtlich über den Staat vermittelten – Bindungen müssen einem panoptischen Bezug zu den staatlichen Institutionen tendenziell weichen, der durch individuelle Atomisierung garantiert wird (darauf verweist auch schon Hobbes' „Leviathan", vgl. Kapitel 2). Die migrantischen Netzwerke stehen an dieser Stelle vor allem für eine Infragestellung des Migrationskompromisses. Indem sie die schlecht bezahlten Arbeitsplätze verlassen – und damit weitere Migrationen hervorrufen –, wird ihre Mobilität zum Problem. Nicht nur, weil sie eine „illegale Körperschaft" (Hobbes) darstellen und durch Exit-Praktiken höhere Einkommen zu erzielen suchen, sondern auch, weil in diesem Ausschnitt aus dem Migrationsgeschehen ein exzessives Moment in Erscheinung tritt: Auf die durch den Migrationskompromiss entstandene Unterschichtung reagieren die MigrantInnen nicht im engeren Sinne politisch, sondern durch kollektive Flucht, die aus einer doppelten Mobilität besteht[13]; die Mobilität derer, die die Einstiegsarbeitsplätze nur als transitorische Brückenköpfe betrachten – ein typisches Merkmal migrantischer Strategien (vgl. Piore 1980; Tarrius 1994) –, und die Mobilität derer, die nachrücken und das Netzwerk derjenigen stärken, die bereits angekommen sind.

3.3 Der dritte Weg: Tourismus als kryptolegale Variante der Arbeitsmigration

Bereits seit den 1950er Jahren existierte ein dritter Weg (vgl. Sonnenberger 2003), mit dem MigrantInnen als Arbeitskräfte in die Bundesrepublik kommen konnten.[14] Dabei handelt es sich um eine kryptolegale Variante der Arbeitsmigration, durch die MigrantInnen ohne Sichtvermerk einreisen konnten. Im Nachhinein eine Arbeitserlaubnis zu beantragen, war zwar nicht vorgesehen, wurde aber toleriert. Diese Praxis war anfangs – das heißt bis 1958 – legal und wurde von der Bundesanstalt für Arbeit gebilligt, als es zu Verzögerungen bei der Anwerbung kam; nach 1958 wurde sie jedoch durch Erlasse des Präsidenten der Bun-

12 Die vom Arbeitsprozess ausgehende spezifisch kapitalistische Individualisierung bildet bei Poulantzas den Ansatzpunkt für die institutionelle Materialität des Staates, dessen Apparate sich über die Gesamtheit der gesellschaftlichen Beziehungen erstrecken. Der politische Raum wird durch eine anonyme Organisation kontinuierlicher, homogener, linearer, gleich weit entfernter und voneinander getrennter Verbindungen restrukturiert, die die vorkapitalistischen Privilegien und persönlichen Verbindungen ersetzen (vgl. Poulantzas 1978, 57f.).

13 Das bedeutet nicht, dass MigrantInnen sich nicht auf dem Terrain des im engeren Sinne Politischen artikuliert hätten, wie die Arbeit von Manuela Bojadžijev zeigt.

14 Versteht man aber die Anwerbeabkommen als Reaktionen auf Migration, dann ist der dritte Weg zugleich auch historisch und strukturell der erste Weg. In dieser Arbeit wird dennoch, aus Gründen der besseren Übersichtlichkeit, an die herkömmliche Einteilung angeschlossen.

desanstalt für Arbeit und durch Initiativen der Innenminister eingeschränkt (ebd.).[15] In den Jahren zwischen 1960 und 1965 hatte sich die MigrantInnenzahl signifikant gesteigert; von circa 280.000 im Jahre 1960 vervierfachte sich die Anzahl der ausländischen Arbeitskräfte auf 985.000 im Jahre 1965. Gleichzeitig wandelte sich der Charakter der Arbeitsmigration von landwirtschaftlicher Saisonarbeit zu industrieller Dauerbeschäftigung merklich. Zu diesem Zeitpunkt nahm auch die Zahl der TouristInnen zu. So schätzte die Deutsche Botschaft in Griechenland, die Zahl der ohne Sichtvermerk zu Arbeitszwecken in die Bundesrepublik eingereisten GriechInnen für die Jahre 1963 und 1964 auf circa 10.000 (Sonnenberger 2003, 167). In den Printmedien finden sich wenige Berichte zum Thema illegale Migration, erst 1964 begann eine mediale Diskursivierung. In den Jahren 1963 bis 1964 wurde die illegale Einreise zumindest in der medialen Öffentlichkeit nicht als ein mit dem Migrations- beziehungsweise Gastarbeitsregime zusammenhängendes Phänomen gesehen. In der Frankfurter Rundschau etwa sah man die wachsende Zahl „junger Ausländer", die „auf eigene Initiative und ohne die geringste Kenntnis dessen kommen, was sie hier erwartet" (FR, 14.8.1964), vor allem als ein Problem der Universitätsstädte, denn die MigrantInnen kämen in der Absicht, ein Studium aufzunehmen, ohne die erforderlichen Schulabschlüsse aufweisen zu können.[16] Die „lernbegierigen, gutwilligen jungen Menschen" drohten in die „Asozialität" (ebd.) zu geraten. Deshalb gelte es wachsam zu sein, sonst „züchten wir in den Großstädten ein neues Lumpen-Proletariat, wenn nicht Schlimmeres" (ebd.). Es fällt ins Auge, dass die illegale Migration, die schon ein Jahr später, ab 1965, nur noch unter dem Namen des Menschen- und Sklavenhandels firmiert, hier als Migration „auf eigene Faust" dargestellt wurde, die von Familiennetzwerken unterstützt wurde.

Im Jahre 1963 fasste ein Bericht des Bundeskriminalamts, der an die Landeskriminalämter adressiert war, die von deutschen Behörden bis zu diesem Zeitpunkt gesammelten Informationen zusammen (vgl. BKA, 15.2.1963, in: Bü III 685/165, StArch. BW).[17] In diesem Bericht wurde – ähnlich späteren Dokumenten – ein Dunkelfeldquotient von fünf bis zehn Prozent angegeben. Demnach kämen auf zehn bis zwanzig reguläre MigrantInnen je eine oder ein undokumentierteR. Diese Größenordnung sei durch die Behörden der Großstädte ermittelt worden.

Die Illegalen reisten demzufolge in der Regel als TouristInnen ein, über die grüne Grenze oder vermittels gefälschter Dokumente, wobei es oft zu einer Re-

15 Steinert vertritt die These, dass es sich um eine systematische Unterwanderung der Rolle der Anwerbekommissionen gehandelt habe (vgl. Steinert 1995).

16 Juristisch gesehen stellt die Einreise über ein Studienvisum einen Unterschied zum Touristenvisum dar, das auf nur wenige Monate begrenzt ist. Dennoch subsumiere ich diese Form unter den dritten Weg, da es mir in erster Linie um den Aspekt einer nachträglichen Legalisierung geht.

17 Es ist unklar, was der Anlass des Berichtes gewesen ist. Er verweist allerdings darauf, dass auf behördlicher Ebene anscheinend früh damit begonnen wurde, illegale Migration als Problem wahrzunehmen.

gularisierung käme: „Bei Facharbeitern oder dem besonders knappen Hotelpersonal wird der Mangel der illegalen Einreise vielfach nachträglich legalisiert.“ (Ebd., 6) Allen Bemühungen zum Trotz hätte sich kein Rückgang dieser Straftaten beobachten lassen, so das BKA. Das Fazit des Berichts lautete, dass durch Personalmangel und die Unmöglichkeit, den Grenzraum zu überwachen, illegale Migration schwer zu bekämpfen sei: „Praktisch scheint die Entwicklung darauf hinauszulaufen, die mangelnden Kontrollmöglichkeiten an der Grenze in die Arbeitsämter und Fremdenpolizei-Dienststellen im Inland zu verlegen.“ (Ebd., 6)

Dem Bericht war eine zehn Seiten lange Liste mit rund 180 Namen von Firmen und Einzelpersonen beigefügt, die „als illegale Arbeitsvermittler bisher in Erscheinung“ (ebd.) getreten wären. In einer nach Ländern gegliederten Übersicht wurden darüber hinaus Schleuser-Organisationen und Einzelpersonen dargestellt. Mit den Ausnahmen von Libanon, Syrien und Marokko wurden illegale Einschleusungen nahezu ausschließlich aus europäischen Länder verzeichnet: Griechenland, Italien, Jugoslawien und Spanien.

Nach den Erkenntnissen des BKA hat eine Professionalisierung vor allem im Libanon, in Syrien, in Marokko sowie vereinzelt auch in Griechenland stattgefunden. Dabei schienen sich in allen Fällen die Preise für die Dienstleistung „Schmuggeln“ in einer großen Bandbreite zu bewegen. So attestierte der Bericht dem Reisebüro „Kuwait Transport Express“ unverhältnismäßig hohe, dem Reisebüro „Nigmeh“, ebenfalls ansässig in Beirut, „Preise in normalen Grenzen“ (ebd., 40). Durchschnittlich zahlten griechische ArbeitsmigrantInnen für die Dienstleistung einer Vermittlung 45 US-Dollar, „wobei in einzelnen Fällen allerdings die Beförderung mit Kfz eingeschlossen ist“ (ebd., 17). In vielen Fällen wurden allem Anschein nach keine, in manchen Fällen sehr geringe Vermittlungsgebühren erhoben, zum Beispiel im Fall eines deutschen Vermittlers, der im Oktober 1960 mehrere spanische MigrantInnen über die Grenze gebracht und hierfür 35 DM verlangt hatte (vgl. ebd., 35). Die Preise stiegen mit der geografischen Distanz. Für die Länder des Nahen Osten werden Vermittlungs- und Transportpreise zwischen 130 und 500 DM genannt. Der Bericht beschreibt die libanesischen Vermittler als Betrüger:

> „‚Geschäftstüchtige‘ jordanische und libanesische Reisebüros hatten unter den in misslicher Lage befindlichen Palästinaflüchtlingen in den Konzentrationsgebieten um Irbid, Nablus und Amman Propaganda gemacht und diese vielfach zu Überpreisen in kleinen Omnibussen über Salzburg oder auf Umwegen über Österreich und Frankreich über die Grenze gebracht.“ (Ebd., 5)

Obgleich das BKA selbst hervorhebt, dass Abschiebungen aus Deutschland in diese Region „wegen der hohen Rückführungskosten“ unterbleiben (ebd., 6), werden die Reisedienstleistungen als überteuert bewertet. Dagegen wurden sowohl bei der „Einschleusung“ italienischer als auch „jugoslawischer Arbeiter (..) regelrechte Vermittlungsbüros bisher nicht festgestellt“ (ebd., 26). In der Regel erfolge die Vermittlung über „bereits in Deutschland befindliche Landsleute" (ebd.).

Die Schmuggler arbeiteten in den allermeisten Fällen auf der Basis von Fälschungen, es handelte sich jeweils um Teil- oder so genannte Totalfälschungen von Stempeln und Arbeitserlaubnissen. Der Bericht enthält aber auch Details über einzelne Fälle von Vermittlung, die darauf hindeuten, dass die „Gebühren" von Firmen gezahlt wurden. So erhielt ein jugoslawischer Arbeitsmigrant, der im Frühjahr 1962 etwa 150 Arbeitssuchende vermittelt hatte, Aufenthaltszusicherungen von einer Firma sowie für jeden vermittelten Arbeiter eine Prämie von 50 DM (ebd., 26).

Bis zur Innenministerkonferenz im Jahre 1965, bei der eine einheitliche Zurückweisung beziehungsweise Abschiebung der Illegalen beschlossen wurde, spielte der dritte Weg eine widersprüchliche Rolle im Rahmen des bundesdeutschen Migrationsregimes. Der hohe Grad an rechtlicher und politischer Prekarität, durch den der dritte Weg gekennzeichnet ist, führte im Verbund mit den widerstreitenden Interessen gegenüber der Migration insgesamt dazu, dass die MigrantInnen zum Gegenstand extrem wechselhafter Konjunkturen wurden. So waren Anfang der 1960 Jahre 4.000 jordanische StaatsbürgerInnen, ohne den dafür vorgesehenen Sichtvermerk, der erst zur Arbeitsaufnahme berechtigen sollte, in die Bundesrepublik eingereist und konnten ohne weitere Komplikationen die notwendigen Arbeits- und Aufenthaltserlaubnisse erlangen.

„Beschäftigung fanden sie in Westdeutschland sofort, zumal sie bereit waren, auch die schmutzigste Arbeit anzunehmen. So kehren in Mannheim jordanische Lehrer die Straße, und Akademiker schlucken in den Gießereien Rauch und Staub. Sie machen alles das, wofür sich die Gastarbeiter aus anderen Ländern zu schade halten." (SZ, 1.12.1964)

Als es über diese Praxis zu einer länderinternen Auseinandersetzung kam, erklärte das Land Baden-Württemberg ein Jahr später, dass aufgrund der Engpässe auf dem Arbeitsmarkt Arbeitserlaubnisse an illegal eingereiste Touristen erteilt worden wären (vgl. Brief des Bayr. Staatsministeriums des Innern an das BMI, 27.4.1964, in: BA Ko, B 106/60291). Eine der Ursachen für die Duldung des dritten Wegs war demnach die Arbeitsmarktlage:

„Der Nachweis, irgendwo anfangen zu können, genügte den Arbeitsämtern, eine Arbeitserlaubnis auszustellen [...]. Die freie Wirtschaft, vor allem auch die einem immer fühlbarer werdenden Personalmangel betroffenen kommunalen Betriebe, setzten alle Hebel in Bewegung, um die lang entbehrten Kräfte beschäftigen zu können." (Handelsblatt, 7.2.1966)

Vor allem die lokalen Behörden erteilten die nötigen Papiere, allerdings mit Duldung der Landesregierung. Die rechtliche Basis dafür existierte allerdings nur für einen kurzen Zeitraum. Am 4.4.1960 wurde die nachträgliche Erteilung von

Arbeitserlaubnis per Erlass genehmigt, um dann auf Druck des BMI und anderer Bundesländer am 9.6.1961 wieder aufgehoben zu werden. Im BMI aber stapelten sich Akten mit Vorgängen, die das Gegenteil dokumentieren. Tatsächlich hatten Unternehmen Arbeitskräfte brieflich zur Einreise als Touristen aufgefordert (vgl. BA Ko, B 106/ 47380). Das Beispiel der marokkanischen (und jordanischen) Gastarbeitsmigration, auf das ich im Folgenden eingehen werde, dokumentiert diesen Zusammenhang.

3.3.1 Legalisierungspraktiken im Falle der Arbeitsmigration aus Marokko (und Jordanien)

Der Fall der circa 6.000 Marokkaner, die Mitte der 1960er Jahre auf diesem Weg nach Deutschland gelangt waren, veranschaulicht die Prozesse der nachträglichen Legalisierung im dritten Weg. Die ArbeitgeberInnen, darunter die Stadt Düsseldorf, wo viele Marokkaner bei der städtischen Müllabfuhr arbeiteten, „besorgten ihnen beim Ausländeramt Aufenthalts- und Arbeitserlaubnis. Aus den illegal eingereisten wurden legale Gastarbeiter. Im Mai 1964 gab das Innenministerium für sie zudem eine Art ‚Generalpardon'" (ZEIT, 4.2.1966).

Schon im Mai 1959 war den deutschen Behörden bekannt, dass marokkanische ArbeiterInnen durch die Vermittlung sogenannter Reisebüros als Arbeitskräfte nach Deutschland gelangten. In einem Schreiben der BAA wurde von der privaten „Vermittlungsstelle Courtier & Albert Pistorius" berichtet, die mit Inseraten in deutschen Zeitungen[18] für eine kostenlose Stellenvermittlung nach Deutschland warb (vgl. Schnellbrief, 20.5.1959, HHStA 503/5740c). Der Brief der BAA war an alle Dienststellen gerichtet und sollte diese warnen, da die Vermittlerfirma mit gefälschten Stempeln arbeite. Ein Bedarf an marokkanischen ArbeiterInnen bestehe überdies nicht, wie mit Verweis auf die „grundsätzliche" Position des Bundesministers für Arbeit erklärt wurde. Mit der Standardformulierung von den „Schwierigkeiten in der Eingewöhnung in die andersartigen Lebens- und Arbeitsverhältnisse sowie in der sprachlichen Verständigung" wurde auf das verwiesen, was erst 1965 mehr oder minder offiziell der „Europäergrundsatz" genannt wird (dazu ausführlicher in Abschnitt 3.4). Auch die bisherige, offensichtlich uneindeutige behördliche Praxis, nach der es immer wieder zur Erteilung von Arbeitserlaubnissen für diesen Personenkreis kam, fand hier Erwähnung. Marokkaner sollten nur in Ausnahmefällen vermittelt werden.

---

18 So wandte sich etwa eine Firma Kleinschmidt mit einem Schreiben an das Auswärtige Amt, um die Seriosität einer Firma zu erfragen, die in der „Abendpost" an mehreren Tagen Anzeigen geschaltet hatte, in denen sie die Vermittlung von „Tankwarten, Elektrikern und Installateuren" anbot. Als Adresse der Firma „Abel Kader" wurde Casablanca, Marokko angegeben. Der deutsche Interessent wollte sichergehen, „dass hinter der angegebenen ‚Personal-Agentur' nicht möglicherweise eine Unterwanderungsorganisation oder dergleichen steht" (Schreiben Kleinschmidt an AA, 25.5.1959, HHStA 503/5740c).

Im weiteren Schriftverkehr wird erkennbar, dass die Nichtbefolgung der Sichtvermerksregelung auf der Ebene der untergeordneten Behörden die illegale Einreise ermöglichte. Zwar hatte das deutsche Konsulat in Casablanca keine Einreisesichtvermerke erteilt. Als die marokkanischen ArbeiterInnen jedoch an der deutschen Grenze zurückgewiesen wurden, konnten sie an der nächstgelegenen Vertretung in Grenznähe Sichtvermerke erhalten. Angesichts dieser Situation und der durch die Vermittlungstätigkeit „zu erwartenden laufenden Einreise kleiner Gruppen von Marokkanern“ schlug das BMA einen Maßnahmenkatalog vor, der einerseits darin bestand, die zuständigen Stellen, also Grenzstationen und Konsulate an die strikte Einhaltung der Sichtvermerksregelung zu erinnern, andererseits die bereits eingereisten Arbeitskräfte „nachträglich durch Erteilung der Aufenthalts- und Arbeitserlaubnis für die Dauer von längstens 12 Monaten zu legalisieren“ (vgl. Schreiben vom 29.6.1959, BMA an AA, BMI, BA Ko 3081). Die Probleme blieben jedoch bestehen: Im September 1962 meldete die Bundesanstalt erneut, dass verschiedene deutsche Konsulate Einreisesichtvermerke erteilt hatten, wodurch die Erteilung einer Arbeitserlaubnis „in diesen Fällen nur schwer versagt werden kann“ (BA an BMI, BMA, 26.9.1962, ebd.). Dieses Dokument ist aus mehreren Gründen aufschlussreich: Erstens zeigt es, dass obwohl die illegale Einreise ein den deutschen Behörden bekanntes Phänomen war, die von den übergeordneten Stellen angeordneten Maßnahmen nicht durchweg befolgt wurden. Zweitens enthält das Schreiben einen Bericht über den Verlauf der Reise der MigrantInnen: Demnach begann die Migration mit Berichten von Landsleuten „in der Heimat“ durch die den MigrantInnen bekannt geworden sei, „daß im Raum Frankfurt (Main) Arbeitskräfte gesucht werden“. Der Migrant reiste,

> „mit angeblich erspartem Geld dann über Span.Marokko nach Spanien und von dort weiter nach Frankfurt. Er erhielt Einreisesichtvermerke für Spanien und Deutschland in den zuständigen Konsulaten. In Frankfurt schließlich wurde ihm von beschäftigten Marokkanern, die er am Hauptbahnhof getroffen haben will, geraten, in Rüsselsheim bei der Firma Opel um Arbeit nachzufragen“ (ebd.).

Die Autoren des Berichts ziehen in Zweifel, dass die MigrantInnen selbständig gehandelt hätten. So hat der Migrant sein Geld nur „angeblich“ gespart und die anderen MigrantInnen am Bahnhof nur „angeblich“ getroffen. Die Literatur zu transnationalen Migrationsnetzwerken zeigt jedoch, dass durchaus Familienverbände oder auch ganze Dörfer die Migration eines Mitgliedes finanzieren. Die Migration ist dabei nicht nur eine Investition in das Einkommen der Gemeinschaft, sondern trägt vor allem zur Einkommensdiversifizierung bei (vgl. Pries 2001). Auch die Rolle informeller Netzwerke und Treffpunkte für die Etablierung von Migrationswegen und einer informellen Arbeitsvermittlung war den zeitgenössischen deutschen Behörden kein Geheimnis. Der bereits zitierte Mitarbeiter des Landesarbeitsamts NRW erklärte das Phänomen der schnelleren Vermittlung („nicht zu verwechseln mit leichter“; Weichert 1969, 71) der migrantischen ArbeiterInnen unter anderem mit der ökonomischen und kulturellen Desintegration. Die MigrantInnen bedienten sich eines anderen Systems der Informationsbeschaffung: Da der migrantische Arbeiter keinen Zugang zu Massenmedien in seiner Sprache habe, „horcht (er) deswegen bei seinen Landsleuten, Gruppen, etc. an den üblichen Treffpunkten: Bahnhöfe, Arbeitsämter usw., wo etwas los ist" (71f.). Auf die Wünsche des Vermittlers im Arbeitsamt reagierten die wenigsten, so Weichert: „Sie verlassen sich lieber auf die eigene Findigkeit." (Ebd.) Tatsächlich verfügen die migrantischen Communities „über ein weit verzweigtes Netz von sozialen Beziehungen", das es ihnen ermöglicht, illegale Arbeitsverhältnisse einzugehen (vgl. Hunn 2005, 264).

Teil der Bemühungen deutscher Stellen, die illegale Einreise zu unterbinden, war es, die marokkanischen Behörden über die Migration zu unterrichten und sie aufzufordern, Maßnahmen zu deren Verhinderung zu ergreifen. Die marokkanischen Botschafter nutzten die Gelegenheit jedoch, um ein entgegen gesetztes Anliegen vorzutragen:

> „Der marokkanische Botschafter ist in den letzten Wochen zweimal persönlich im Auswärtigen Amt mit der Bitte um Prüfung vorstellig geworden, ob die Bundesrepublik auch mit Marokko ein Abkommen über Arbeitsvermittlung abschließen könne, wie dies mit Italien geschehen sei." (Schreiben AA an BMA, 19.8.1959; Verbalnote AA an Botschaft des Königreichs Marokko, 13.7.1959; Schnellbrief, 26.10.1960 AA an BMA, in: BA Ko 3081; vgl. auch Charchira 2005)

Im Rahmen der Verhandlungen auf Ministerebene zwischen den beiden Staaten sagte der BMA am 15.10.1962 dem marokkanischen Arbeitsminister zu, eine Vereinbarung über die Anwerbung marokkanischer GastarbeiterInnen abzuschließen. Der marokkanische Minister schlug eine Gesamtzahl von 20.000 Arbeitskräften vor. Sein deutscher Gegenpart „bemerkte hierzu, daß er vor allem an der Hereinnahme von Bergarbeitern interessiert sei" (Schnellbrief BMA, 26.10.1962 an AA, in: BA Ko 3081). In der Unterredung wurde auch beschlossen, die bereits illegal eingereisten Marokkaner – die Rede war von 1400 Arbeitskräften – zu legalisieren; die marokkanische Regierung würde darüber hinaus die weitere illegale Anwerbung unterbinden und zwar „auch schon vor dem Abschluß der Anwerbeverhandlungen" (ebd.). Diese Beifügung deutet darauf hin, dass die marokkanische Regierung die Verhandlungen über ein Abkommen offensichtlich unter Zuhilfenahme des Drucks der illegalen Migration geführt hatte. Kurze Zeit später tagte der interministerielle Arbeitskreis unter Teilnahme des BMI und BMWi und wies das Ansinnen eines Abkommens zurück. Anstatt eine Anwerbekommission einzurichten, sollten vielmehr Facharbeiter insbesondere für den Bergbau für die Dauer von zwei Jahren angeworben werden. Die Regelung der nachträglichen Legalisierung wurde beibehalten.

Die Maßnahmen führten aber offensichtlich nicht zu einer Eindämmung der illegalen Einreise, wie einzelne Berichte über Schlepper- und Vermittlertätigkeiten zeigen (vgl. StArch. BW, EA2/306). Anfang des Jahres 1965 schließlich kam es erneut zu einer interministeriellen Auseinandersetzung zu diesem Sachverhalt. Die Landesregierung NRW beabsichtigte Ende 1964, illegal eingereiste Marokkaner zu legalisieren, wogegen der Präsident der BAA protestierte, denn eine erneute Legalisierung würde

„dokumentieren, daß man dem Problem der illegalen Einreise anscheinend nur mit einer solchen Verfahrensweise beikommen kann. Außerdem würde damit die Beschränkung der offiziellen deutschen Anwerbe- und Vermittlungsaktionen auf den Steinkohlebergbau wenig konsequent erscheinen und die Bindung der offiziell Angeworbenen an den Bergbau nicht mehr voll gerechtfertigt sein." (BAA an BMA, 28.1.1965, in: BA Ko 3081)

Trotz dieser Bedenken einigten sich die Innenminister des Bundes und des Landes NRW auf eine auf zwei Jahre befristete Legalisierungsregelung. Im Bergbau beschäftigte Marokkaner wurden davon ausgenommen (vgl. Schnellbrief BMI an BMA und BMWi, 6.4.1965, ebd.). Die Regelung bestand im Kern in einer Staffelung der Aufenthaltsdauer, womit beabsichtigt wurde, Massenabschiebungen zu verhindern, die nicht nur finanzielle Probleme hervorrufen und auf den „Widerstand deutscher Wirtschaftskreise" stoßen würden (ebd.), sondern allgemein außen- und innenpolitisch bedenklich seien. Damit wurde auf die Berichte des Auswärtigen Amtes angespielt, die angesichts der ökonomischen Probleme in Marokko vor einer Massenabschiebung marokkanischer Arbeiter warnten. Das Auswärtige Amt beziehungsweise die deutsche Botschaft in Marokko unterstützte die Bemühungen der marokkanischen Stellen, die durch Massenentlassungen entstandenen politischen Spannungen, die der marokkanischen Opposition Auftrieb gegeben hatten, durch den Export von Arbeitskräften entgegenzuwirken (vgl. verschlüsseltes Fernschreiben Dt. Botschaft Rabat, in: BA Ko 3081). Die außenpolitischen Bestrebungen der Bundesrepublik liefen hier offensichtlich den inneren, arbeitsmarktpolitischen Belangen zuwider.

Als die Befristungen Anfang 1966 abzulaufen begannen, wurde deutlich, dass der interministerielle Konflikt nicht gelöst war. Während BMWi, BMA und AA darauf drangen, die befristete in eine endgültige Legalisierung umzuwandeln, widersetzte sich das BMI diesen Bemühungen. Während die Position des AA die außenpolitischen Schwierigkeiten reflektierte, die mit einer Abschiebung entstehen würden, vertrat das BMWi den Standpunkt der ArbeitgeberInnen. In der Begründung gegen die Befristung heißt es, die marokkanischen MigrantInnen arbeiteten an

„Arbeitsplätzen, für die andere Arbeitskräfte nur noch schwer zu gewinnen [sind; SK]. Angesichts der Arbeitsmarktsituation müßten die ausreisenden Marokkaner erneut durch ausländische Arbeitnehmer ersetzt werden, die wiederum mit erheblichem finanziellen Aufwand anzuwerben und einzuarbeiten wären" (Schreiben BMWi an BMI, 28.1.1966, ebd.).

Durch den Abschluss eines Abkommens mit Tunesien war es zwischenzeitlich notwendig geworden, auch Marokko gegenüber Zugeständnisse zu machen. Gefordert wurde der Wegfall der Beschränkung auf den Bergbau, was in einem interministeriellen Arbeitskreis erörtert wurde. Es wurde noch einmal hervorgehoben, dass Konsens über den so genannten Europäergrundsatz bestehe und alle Zugeständnisse gegenüber Marokko daher als Ausnahme anzusehen seien. Anstelle einer Ausweitung der Branchen entschied sich das Gremium für eine endgültige Legalisierung. Zwar seien illegale Ausländer grundsätzlich „sofort" auszuweisen, im Fall von Marokko aber sei die Alternative zur Legalisierung eine Ausweitung des Abkommens gewesen, die zur Quelle weiterer, nicht kontrollierbarer Migrationen hätte werden können.

Die Illegalen wurden zwar geduldet, ihre Ausweisung aber zugleich einkalkuliert. Anders als die italienischen MigrantInnen, denen aufgrund der Römischen Verträge im Rahmen der Europäischen Gemeinschaft Freizügigkeit zustand und die zu jenem Zeitpunkt die Mehrheit der ArbeitsmigrantInnen stellten, waren die „etwas außerhalb der Legalität" (vgl. ZEIT, 4.2.1966) eingereisten und lebenden MigrantInnen in den Augen der Behörden disponible Größen. Darauf deutet hin, dass bereits 1962 jordanische MigrantInnen aufgefordert worden waren, die Summe von 800 DM bei den örtlichen Polizeidirektionen zu hinterlegen, „damit im Falle eines Falles die Finanzierung ihres Heimfluges gesichert sei" (FR, 17.11.1964).

Ende 1964 beschloss das Land Baden-Württemberg, wo die meisten der 4.000 JordanierInnen lebten, offenbar in Abstimmung mit den anderen Bundesländern, die Illegalen auszuweisen (vgl. SZ, 1.12.64). Sowohl lokale DGB-Funktionäre als auch ArbeitgeberInnen waren sich darin einig, dass eine Ausweisung abzulehnen sei. Der Mannheimer DGB-Kreisvorsitzende erklärte: „Aber es ist uns und den Palästina-Flüchtlingen gedient, wenn wir sie in der Bundesrepublik arbeiten lassen." (SZ, 1.12.1964) Ende des Jahres 1964 erklärte die Landesregierung Baden-Württembergs, „drastische Maßnahmen" gegen die illegal eingewanderten Jordanier unternehmen zu wollen (FR, 17.11.1964; StArch. BW, EA2/303, Bü 205). Es kam zu Protesten: Die Jordanier, bislang politisch nicht in Erscheinung getreten, schrieben eine Petition und der DGB, bei dessen „arabischer Gruppe" die meisten organisiert waren, intervenierte. Ende November wurde auf einer Sitzung mit ArbeitgeberInnenvertretern, DGB, Arbeitsamt und dem Ministerpräsidenten vereinbart, eine Ausweisung zunächst auszusetzen. Zu diesem Zeitpunkt legte die Regierung eine Fristenlösung fest: Alle bis 1962 eingereisten wurden legalisiert, alle zwischen 1962 und dem November 1964 angekommenen MigrantInnen erhielten eine Aufenthaltserlaubnis für ein weiteres Jahr und mussten eine „Sicherheit" von 850 DM zur Deckung der Abschiebungskosten hinterlegen. Alle nach November 1964 eingereisten Illegalen hingegen sollten sofort ausgewiesen werden (vgl. StArch. BW, EA2/303, Bü 205; FR, 25.8.1965).

Ein knappes Jahr später, im Sommer 1965, wurden die ersten 70 JordanierInnen schließlich per Sammeltransport nach Jordanien abgeschoben. In den darauf folgenden Wochen folgten weitere solcher Transporte. Am 8.4.1965 hatte der Innenminister Baden-Württembergs per Erlass die Ausweisung aller JordanierInnen angeordnet, die nach dem 30. November 1964 eingereist waren.

3.4 Europäerprimat: Instrument zur Steuerung von Mobilität

Die jeweiligen Gruppen lebten aber keineswegs nur in einem der Bundesländer. Von den 4.000 jordanischen MigrantInnen etwa lebten immerhin 2.500 in anderen Bundesländern als Baden-Württemberg, unter anderem in Nordrhein-Westfalen. Zum Gegenstand einer „Flurbereinigung" wurden weder im jordanischen noch im marokkanischen Fall die Gesamtheit Illegalen. Auf die Frage etwa, warum in Nordrhein-Westfalen ein Teil der marokkanischen ArbeiterInnen ausgewiesen wurde und nicht auch die jordanischen oder tunesischen, antwortete das Innenministerium unter Minister Weyer: „Die Marokkaner bilden eben die größte Gruppe." Der Ausländerreferent Dr. Böckenförde (einer der Architekten der ausländerpolitischen Grundsätze, die die Innenministerkonferenz 1965 beschloss, vgl. Schönwälder 2001) nannte drei weitere Gründe, die im Laufe der gesamten Debatte um die als Touristen und damit illegal eingereisten MigrantInnen immer wieder kehrten: „Sie wurden im Gegensatz zu den regulär angeworbenen Ausländern weder auf Gesundheit und Arbeitstauglichkeit hin untersucht noch nach etwaigen Vorstrafen überprüft. Es steht fest, daß diese Leute zu ganz bestimmten Delikten neigen." (Böckenförde in Handelsblatt, 7.2.1966)[19]

Der Verlauf der Bearbeitung der illegalen Einreise am Beispiel dieser zwei Episoden zeigt mehrerlei: Die Bekämpfung illegaler Migration ist nicht durch das Legalitätsprinzip den Behörden gleichsam oktroyiert, sondern offensichtlich

19 In diesem Zusammenhang dürfte die Entscheidung der deutschen Behörden, eine Migration von so genannten „Afro-Asiaten" zu verhindern, von Bedeutung sein. Der Begriff des „Afro-Asiaten" zielte, dies zeigt die Arbeit von Schönwälder, auf die Hautfarbe ab. Im Rahmen der Diskussionen um mögliche Anwerbestaaten wurden auch portugiesische und französische Staatsbürger als „Afro-Asiaten" diskriminiert. Die Regierung verständigte sich darauf, Anfragen etwa von algerischen Franzosen nicht von vorneherein abzulehnen, sondern mit dem Hinweis auf fehlende Nachfrage „versanden" zu lassen. Dies führte zu einer Ablehnungsquote von 95 Prozent bei algerischen Franzosen (vgl. Schönwälder 2001, 260ff.). Die nordafrikanischen MigrantInnen wurden insbesondere im Südwesten Deutschlands mit der französischen Besatzungsmacht nach dem Sieg über Nazi-Deutschland in Verbindung gebracht, waren doch viele von ihnen Teil der französischen Armee gewesen, die südwestdeutsche Gebiete erobert hatte (Lebzelter 1985).

existieren Handlungsspielräume für eine Legalisierung, die dort, wo sie opportun erschienen, auch ausgenutzt wurden. Die Argumente, mit denen die Ausweisungen begründet wurden, zielten auf eine Öffentlichkeit, auf ArbeitgeberInnen und Gewerkschaften, die einer Ausweisung negativ gegenüber standen. Insbesondere die Begründung, die MigrantInnen seien keiner Gesundheitsprüfung unterzogen worden, spielte auf diffuse Vorstellungen von Seuchen und gesundheitlichen Gefahren für die einheimische Bevölkerung an.[20] Dies ist ein Hinweis darauf, dass ein *ökonomisches* Verständnis der „Regierung der Migration" offenbar eine Abschiebung der MigrantInnen nicht zu plausibilisieren vermag. Diesen Punkt sprach auch Torsten Schiller, Mitarbeiter einer Frankfurter Ordnungsbehörde, auf einer Konferenz im Jahre 1973 an. Er kritisierte

> „daß in diesem Bereich nahezu als frühkapitalistisch zu bezeichnende Usancen des ‚laissez faire – laissez aller' gelten und – getragen von einer nicht hinterfragten wirtschaftlichen Wachstumsideologie – die Unternehmer das Ausmaß der Einwanderung ausländischer Arbeitnehmer bestimmen" (Schiller 1973, 23).

Die Vertreter der ordnungspolitischen Apparate (der Polizei, Ordnungsämter und Innenminister) betonen daher, dass die Reduktion der Migrationspolitik auf ökonomische Gesichtspunkte und Verfahren (Nachfrage nach Arbeitskräften) andere Mechanismen vernachlässigt, über die dann langfristig staatliche Kontrolle nur schwierig zu bewerkstelligen sein würde. Folgerichtig befand Schiller, dass „Ausländerbeschäftigung und illegale Einreise sowie der illegale Aufenthalt ausländischer Arbeitnehmer in einem engen Kausalzusammenhang stehen" (ebd., 24). Diese ökonomische Regierungsweise würde erst mit der Krise des Migrationsregimes insgesamt zu einem Ende kommen. Denn das ökonomische Regieren der Migration konnte nur als Effekt des Migrationskompromisses funktionieren, in dem die Mehrheitsangehörigen, die deutschen Arbeiter, von der Einwanderung „profitieren". Nur so konnte „laissez faire" hegemonial werden.

Sowohl im Fall der jordanischen als auch der marokkanischen MigrantInnen wurde ein Teil der MigrantInnen „legalisiert" und zwar offensichtlich entsprechend der je unterschiedlichen, regionalen Konstellationen. Bei beiden Gruppen handelte es sich um Krypto-Illegale, die nicht, wie der Ausdruck „illegal" nahe legt, ohne jegliche Aufenthaltsdokumente lebten, sondern von den lokalen Behörden die entsprechenden Arbeitserlaubnisse erhalten hatten. Das heißt aber nicht, dass sie von den legalen MigrantInnen in sozio-ökonomischer Hinsicht nicht unterschieden werden könnten. Ob die Illegalen als die „Gastarbeiter der Gastarbeiter" angesehen werden können, wie der Zeitungsbericht nahe legt, demzufolge sie all jene Tätigkeiten ausübten, „wofür sich die Gastarbeiter aus ande-

20 Es wurde verschiedentlich darauf hingewiesen, dass die Überprüfung nach Seuchen sachlich unbegründet ist. Die Tatsache, dass sie Bestandteil des Anwerbeabkommens mit der Türkei gewesen ist, sei eher auf rassistische Stereotype zurückzuführen (vgl. Motte et al. 1999).

ren Ländern zu schade halten“ (SZ, 1.12.1964) kann nicht mehr überprüft werden. Wahrscheinlich dürfte es sich um eine argumentative Figur handeln, die schon bei der Legitimation der legalen Gastarbeit eine zentrale Rolle spielte. Dieses Argument war insbesondere an die deutsche Mehrheitsbevölkerung adressiert. Darauf deutet jedenfalls die Tatsache hin, dass der Hinweis auf die Unterschichtung (und die fehlende Bereitschaft deutscher Arbeiter, die „dreckige Arbeit“ zu verrichten) regelmäßig in solchen Texten erfolgte, die die Anwerbungspolitik rechtfertigten. Dennoch entbehrt die Annahme nicht einer gewissen Plausibilität: Durch ihren ultraprekären Status können die MigrantInnen weniger auf legale Schutzmechanismen zurückgreifen, wodurch sie viel leichter extremen Formen der Ausbeutung ausgesetzt sein können.

Wie bei allen MigrantInnen war der Aufenthalt der illegalen MigrantInnen an die Existenz eines Arbeitsverhältnisses gekoppelt. Ihr Aufenthalt stand aber nicht unter dem Schutz gesetzlicher Regularien, sondern unterlag dem Ermessen der zuständigen Behörden (die im Fall der JordanierInnen die Disponibilität der Arbeitskraft durch die „Kaution“ für die Abschiebungsgebühren organisierten). Diese hatten aber kein Interesse an einem Heer völlig disponibler und jederzeit ausweisbarer Arbeitskräfte. Im Vordergrund stand der Wunsch, die Migrationsströme insgesamt zu kontrollieren und souverän über die Einreise migrantischer Arbeitskräfte zu entscheiden, anstatt diese ex post zu verwalten.

Dies war eine der grundlegenden Maximen der migrationspolitischen Rationalität in der bundesrepublikanischen Nachkriegszeit. Darauf deuten unter anderem die Diskussion um den Europäerprimat und der Kontext der Anwerbeabkommen beispielsweise mit der Türkei hin. Der Konsens deutscher staatlicher Stellen, keine nicht-europäischen Arbeitskräfte zu rekrutieren, hatte einerseits einen rassistischen Hintergrund[21], andererseits jedoch erschien die territoriale

21 Dessen waren sich die Akteure bewusst, unternahmen sie doch Anstrengungen, ihre Politik zu verheimlichen. Das Auswärtige Amt drängte etwa darauf, bei der Ablehnung einer Arbeitserlaubnis die Gründe nicht schriftlich mitzuteilen oder im Schriftverkehr Begriffe wie „Überfremdung“ zu vermeiden (Schönwälder, 260). Es sollte „in jedem Falle der Eindruck vermieden werden, als handele es sich um eine diskriminierende Maßnahme.“ (Erlass des AA vom 8.11.1962, zit. nach Schönwälder 2001, 260). Man war sich bewusst, dass es aus „politischen Gründen nicht angängig ist, deutscherseits Einschränkungen hinsichtlich der rassischen Zugehörigkeit der Wanderarbeiter zu verlangen“ (so der Europapolitiker Ophüls, zit. nach Schönwälder 2001, 267). Die Stereotype, auf die dabei zurückgegriffen wurde, sind allerdings aufschlussreich. Die interministerielle Kommunikation führt zur Verdichtung der Argumente in einer Phrase, auf die später auch untergeordnete Behörden immer wieder zurückgreifen. Außereuropäische Wanderarbeiter seien abzulehnen unter anderem aufgrund der „Eingewöhnung in die völlig andersartigen Lebensverhältnisse und -gewohnheiten, die sprachliche Verständigung, [...] die verschiedenen religiösen Sitten und Gebräuche, die Unterschiede im Nationalcharakter“ (BMA nach Schönwälder 2001, 263). Die „mentale“ Andersartigkeit wird in einer vertraulichen Mitteilung des BMA an das BMI Ende 1955 mit einer Geschichte über algerische Arbeiter untermauert, die gegen ihre schlechte Unterbringung protestiert hatten und daraufhin entlassen wurden. Das Arbeitsamt hatte den Entlassenen keine

Beschränkung ein probates Mittel, die Migrationsströme besser kontrollieren zu können. In einem vertraulichen Schreiben beschreibt das BMI den Europäerprimat gleichsam als Steuerungsmodul:

> „Er hat es ermöglicht, die unkontrollierte, spontane Einwanderung aus diesen Ländern einzudämmen und eine Überflutung des Bundesgebietes mit Staatsangehörigen aus – nahezu allen – außereuropäischen Staaten zu verhindern, ohne daß sich einzelne Staaten auf eine diskriminierende Behandlung ihrer Staatsangehörigen berufen können." (Zit. nach Schönwälder 2001, 259)

Die große Entfernung führe, so wurde argumentiert, zu hohen Rückführungskosten im Falle einer Abschiebung. Zudem hätten gerade Nicht-Europäer, wegen der geografischen Distanz, ein Interesse an einer dauerhaften Ansiedlung, die ja verhindert werden sollte (vgl. Schönwälder 2001, 262; Lohrmann 1974, 121f.). Der zweite Hinweis auf den Vorrang der Kontrolle der Mobilitäten bei den Entscheidungen staatlicher Stellen dürfte die Genese des Abkommens mit der Türkei darstellen, das nicht in erster Linie als Ausdruck des gestiegenen Bedarfs an Arbeitskräften zustande kam. Es war zunächst die türkische Regierung, die im Bewusstsein ihrer strategisch wichtigen Rolle im NATO-Bündnis (vgl. Grothusen 1985) an die Bundesrepublik herantrat und für ein Anwerbeabkommen warb (vgl. Jamin 1998, 70). Die Bundesanstalt für Arbeit hielt noch im September 1960 ein Abkommen arbeitsmarktpolitisch nicht für erforderlich. In der interministeriellen Debatte plädierte schließlich das Innenministerium für ein Abkommen, um so die bereits bestehende Migration türkischer Arbeiter in geordnete Bahnen zu lenken, denn 1960 reisten „jeden Monat einige hundert türkische Arbeitskräfte individuell in die Bundesrepublik" ein (Schönwälder 2003, 127). Mit dem Abkommen sollte gewährleistet werden, dass die Arbeitskräfte einer politischen und gesundheitlichen Selektion unterworfen wurden und dass die Modalitäten der Rückübernahme klar geregelt waren.

Hilfe zukommen lassen, woraufhin diese militante Aktionen durchführten. Das BMA interpretiert, dass die Algerier eine „andersartige und eine dem Deutschen im allgemeinen fremde Mentalität" besäßen und daher als Arbeitskräfte unerwünscht seien (zit. nach Schönwälder 2001, 267). Dieses „Detail" verweist auf den klassenpolitischen Aspekt des Rassismus, mit der Arbeitsmigration sollte nicht nur ein disponibles und binnen-mobiles (bzgl. der Verteilung der Arbeitskraft auf das Bundesgebiet ja nach Nachfrage), sondern auch politisch ungefährliches Subproletariat erzeugt werden. Gerade weil die Mehrheit der Stellen im unteren Bereich der Jobskala von den MigrantInnen besetzt wurde, war dies von besonderer Bedeutung. Dieser Aspekt spielt in der weiteren Migrationsgeschichte eine wichtige Rolle, immer wieder thematisieren die staatlichen und unternehmerischen Akteure die geringe gewerkschaftliche Disziplin der migrantischen Arbeiter und deren Bereitschaft zu „wilden Streiks".

3.5 „Grundsätze" und Ausländergesetz als Reaktionen auf die irreguläre Migration

Ab 1965 mehrten sich in den Medien Berichte über den „Schmuggel" von GastarbeiterInnen. In diesen ersten Meldungen ist anfangs noch die Rede davon, dass sich die GastarbeiterInnen „selbst einschmuggeln", sie würden durch „schwärmerische Briefe früherer Kollegen" verführt und mit reisten mit einem Touristenvisum nach Deutschland ein, um sich auf die Suche nach einem Arbeitsverhältnis zu machen (FR, 4.2.1965). Die Behörden erteilten den TouristInnen nach Auskunft eines hessischen Behördenleiters „nur sehr ungern" die nötigen Papiere. Die Behörde des Landkreises Gelnhausen berichtet von 20 Fällen pro Woche. Zur Begründung der Ablehnung werden fehlende gesundheitliche und polizeiliche Selektion genannt. Die Behördenangestellten gaben ihr Bedauern zu Protokoll, durch die EG-Verträge diese Kontrolle nicht umfassend ausüben zu können, denn die Mehrheit der MigrantInnen seien EG-Bürger aus Italien.

Abgesehen von einzelnen Berichten kam es zu keiner weitergehenden öffentlichen Auseinandersetzung zu diesem Thema. Die Praxis der nachträglichen Erteilung von Arbeitserlaubnissen – und die uneinheitliche Weise, in der dies geschah – war aber einer der Gründe, die die Innenminister der Länder 1965 dazu veranlassten, eine bundeseinheitliche Politik zu schmieden (Schönwälder 2001, 324). Im gleichen Jahr wurde das erste Ausländergesetz in der Geschichte der Bundesrepublik verabschiedet. In beiden, den „Grundsätzen" und dem Ausländergesetz, kristallisierte sich das durchaus widersprüchliche Migrationsregime im Nachkriegsdeutschland heraus.

Im Juni 1965 erklärte die Innenministerkonferenz in ihren „Grundsätzen zur Ausländerpolitik" die Einreise zur Arbeitsaufnahme ohne Sichtvermerk für grundsätzlich illegal. Auch die Bundesanstalt für Arbeit hat sich für eine Schließung des dritten Wegs eingesetzt (vgl. Sonnenberger 2003). Die „Grundsätze" der Innenministerkonferenz wurden von den Ländern allerdings ohne Absprache mit dem Bundeskabinett oder dem Bundestag verabschiedet, auch wurden sie nicht vollständig veröffentlicht.[22] „Am Gesetzgeber vorbei und ohne Zustimmung des Kabinetts (allerdings auch ohne, daß dieses widersprach) formulierten die Innenminister von Bund und Ländern Grundlinien der Ausländerpolitik." (Schönwälder 2003, 129) Mit den „Grundsätzen" strebte die Innenministerkonferenz eine Politik der Einwanderungsverhinderung an. Die Grundsätze betrafen in der Tat entscheidende konzeptionelle Fragen wie die Temporalisierung des Aufenthalts, Fragen der Zusammenführung von Familien oder den Herkunftskreis der MigrantInnen. In den ersten beiden Grundsätzen verfestigten die Innenminister den Europäerprimat, mit dem eine Einwanderung „dunkelhäutiger" Arbeitskräfte verhindert werden sollte. Während der dritte Grundsatz Beschränkungen

22 Der kritischen Öffentlichkeit waren sie jedoch ab Ende der 1960er Jahre bekannt, ein Abdruck findet sich beispielsweise in Klee 1972, 224-237.

des Familiennachzugs behandelte, befasste sich der vierte unter anderem mit der nachträglichen Erteilung von Arbeitserlaubnissen an als Touristen eingereiste MigrantInnen. Diese sollte nun unterbunden werden:

„Ausländern, die ohne einen erforderlichen Sichtvermerk eingereist sind, darf keine Aufenthaltserlaubnis erteilt werden. Sie sind auszuweisen und ggf. abzuschieben; die Wirkung der Ausweisung oder Abschiebung ist auf eine Dauer von nicht weniger als 6 Monate festzusetzen. Von der Ausweisung oder Abschiebung kann nur abgesehen werden, wenn die unverzügliche freiwillige Ausreise des Ausländers gesichert erscheint." (Zit. nach Klee 1972, 232)

Der Grundsatz sollte eine Instanz sein, auf die sich untergeordnete Behörden berufen konnten, um sich „dem Drängen von Arbeitgebern zu verweigern" (Schönwälder 2001, 324). Darüber hinaus sollte eine „Rotation" gewährleistet werden, um Ansiedlungsprozesse zu unterbinden. Diesem Zweck diente die Regel, Aufenthaltserlaubnisse auf längstens drei Jahre zu befristen. Entscheidend war nach Ansicht des Bundesinnenministeriums jedoch der Familiennachzug: „Der Nachzug von Familienangehörigen ausländischer Arbeitnehmer wird in der Regel zu einer Seßhaftwerdung im Bundesgebiet von unbegrenzter, jedenfalls beträchtlicher Dauer führen." (Protokoll über die Besprechung mit den Ausländerreferenten der Länder am 28./29.1.1965 im BMI, BA Ko B106/69872)

Es bestand auf den ersten Blick eine widersprüchliche Konstellation, in der ein Teil des Staatsapparats (und zwar parteiübergreifend) scheinbar unmittelbar kurzfristige ökonomische Interessen bediente (Wirtschaftsministerium, Arbeitsministerium) und ein anderer (Innenminister der Länder und des Bundes) rein ordnungspolitische vertrat. Schönwälder führt diese Art der Arbeitsteilung auf das der Ausländerpolizeitradition verpflichtete Selbstverständnis der Behörde als „Wahrer von Sicherheit und Ordnung und Bollwerk gegen Liberalisierungsbestrebungen" zurück (2001, 323). Betrachtet man die einzelnen Elemente der in den Grundsätzen verschriftlichten ausländerpolitischen Linie, so lassen sich darin jedoch durchaus gesellschaftspolitische Konfliktlinien und deren kompromissartige Regulation erkennen. Was die Überlegungen der Innenminister kennzeichnet, ist erstens eine temporale Ausdehnung des Objekts der Politik: Im Blickpunkt standen nicht „konjunkturelle Erwägungen", wie es in einem Brief des bayrischen Innenministeriums an den BMI heißt (vgl. BA Ko B 106/60291), sondern die langfristigen Effekte der Migrationspolitik. Darauf verweisen die familienpolitischen Argumentationen der politischen Beamten und Funktionäre. Wer seine Familie und damit seinen Lebensmittelpunkt nach Deutschland verlagere, verliere zugleich entscheidende Eigenschaften als „Gastarbeiter". Denn der „volkswirtschaftliche Nutzen der Ausländerbeschäftigung liegt vor allem auch darin, daß die Ausländer – im Prinzip – nur vorübergehend bei uns tätig sind" (BMWi an BMI, 30.3.1966, zit. nach Schönwälder 2001, 335). Mit einem Zuzug der Familien aber, den die Innenminister zuvörderst zu verhindern trachteten, wäre eine solche Mobilität eingeschränkt worden. Die Mobilität der migrantischen Arbeit innerhalb des deutschen Arbeitsmarkts war eine der zentralen Stützen des Modells der industriellen Reservearmee. Aus Sicht der Befürworter des Gastarbeitsregimes gewährleistete gerade die Mobilität der MigrantInnen ihre ökonomische Funktionalität. In der „Welt“ wurde etwa argumentiert, dass durch die neu entstehenden beziehungsweise schnell anwachsenden Wirtschaftszweige die Rekrutierung ausländischer Arbeitskräfte unabdingbar sei, da „die Beweglichkeit der inländischen Arbeitskräfte nicht mehr groß genug ist, den Bedarf zu decken“ (Die Welt, 19.9.1964). Diese volkswirtschaftlichen Überlegungen waren vor allem auf der UnternehmerInnenseite *common sense*, auf einer Tagung der ArbeitgeberInnenverbände wurde dies im Jahr 1966 so formuliert:

> „Was bringen die ausländischen Arbeitskräfte auf dem Gebiet der Mobilität? Wenn wir das näher betrachten, stellen wir fest, daß die ausländischen Arbeitskräfte, die hier bei uns sind, total mobil sind, nicht nur der einzelne ausländische Arbeitnehmer, sondern die ausländischen Arbeitnehmer insgesamt durch den enormen Rückfluß und das starke Wiedereinwandern.“ (Rosenmöller zit. nach Herbert 2001, 209)

Die Mobilität war allerdings zugleich von den einzelnen ArbeitgeberInnen nicht unbedingt erwünscht; sie wollten die einmal eingearbeiteten Arbeitskräfte nicht an andere Unternehmen verlieren. Die zur Arbeitsaufnahme erforderliche Arbeitserlaubnis konnte ohnehin in den ersten fünf Jahren der Beschäftigung für eine bestimmte berufliche Tätigkeit an einen bestimmten Betrieb gebunden werden, was bei der erstmaligen Arbeitsaufnahme in der Regel geschah (vgl. Franz 1972, 42).

Das bedeutet nicht, dass die ordnungspolitischen Überlegungen bestimmter Akteure auf vermeintlich „wirkliche“ ökonomische Interessen zurückzuführen sind. Vielmehr kann man, entgegen ideologiekritischen oder konstruktivistischen Ansätzen den Term „öffentliche Ordnung“ als einen (keineswegs völlig leeren) Signifikanten interpretieren, der es ermöglicht, verschiedene Kompromissgefüge herzustellen. Hierin liegt auch das autonome Moment staatlicher Praxis gegenüber mächtigen gesellschaftlichen Akteuren, wie der Begriff der relativen Autonomie des Staates von Poulantzas nahe legt. In diesem Zusammenhang repräsentieren die Apparate der Innenpolitik das autonome Moment und verstehen sich auch selbst so. Diese Autonomie ergibt sich aus der „Verdichtung“ von Widersprüchen, die sich wechselseitig aufstufen und konfliktorische Energien, wie etwa die Kämpfe um Migration, absorbieren und damit keine andere Artikulationsform finden als den Staat (vgl. Demirović 1987).

Die Unterbindung des dritten Weges ist ein Beispiel für dieses Verhältnis. Die Innenminister untermauerten damit ihren Anspruch, die Migration zu kontrollieren und dies weder den MigrantInnen selbst, noch etwa den deutschen Unternehmen zu überlassen. Sie taten dies, indem sie einerseits auf die mangelnde Selektion der Arbeitskräfte durch das Unterlaufen des Anwerbeverfahrens verwiesen und damit den im Anwerbeverfahren selbst artikulierten Kompromiss aufriefen. Andererseits wurde das Volk adressiert, freilich als „deutsches“: In einem der Entwürfe zum vierten Grundsatz heißt es, dass bei „allem Verständnis für die Belange der Wirtschaft die öffentliche Sicherheit und Ordnung und die berechtigten Belange der deutschen Bevölkerung den Vorrang behalten“ (Schönwälder 2001, 326) müssten. Diese Konzeption des Politischen, der nahezu systematische Ausschluss der MigrantInnen als politische Subjekte war entscheidender Teil dieses Kompromissverhältnisses, das die gesamten sozialen und politischen Herrschaftsverhältnisse in der Bundesrepublik affizierte. André Gorz hat schon 1970 darauf aufmerksam gemacht, dass ein signifikanter Teil der Arbeiterschaft aus dem System der politischen Repräsentation ausgeschlossen ist, wodurch sie insgesamt politisch geschwächt werde (vgl. Gorz 1970; Lohrmann 1974).

Neben den ausländerpolitischen Grundsätzen der Innenminister war das Ausländergesetz von 1965 der zweite Kristallisationspunkt der strategischen politökonomischen Debatten um die Migration. Mitte der 1960er Jahre stieg die Zahl der angeworbenen oder auf anderen Wegen eingereisten MigrantInnen weiter. Obwohl öffentlich das Bild einer gastarbeiterfreundlichen Gesellschaft gepflegt wurde – 1964 wurde dem vermeintlich ein-millionsten Gastarbeiter, Armando Sa Rodriguez aus Portugal, am Bahnhof noch feierlich ein Moped überreicht – gingen die behördlichen und ministerialen Diskussionen in eine andere Richtung. Das Ausländergesetz macht deutlich, dass sich dies keineswegs auf die internen Planungen innerhalb der Innenministerien beschränkte.

Bis Mitte der 1960er Jahre hatte in der Bundesrepublik die Ausländerpolizeiverordnung vom 22.8.1938 Gültigkeit, die wiederum eine verschärfte Version der gleichnamigen Verordnung vom 27.4.1932 darstellte. Die APVO richtete sich an die Ausländerpolizei und wies ihr die Aufgabe zu, bei der Zulassung und Ausweisung von AusländerInnen bestimmte rechtliche Gesichtspunkte zu beachten. Während in der preußischen APVO von 1932 die Ausländerpolizei angewiesen wurde, jeden Ausländer zum Aufenthalt zuzulassen, „solange er die in diesem Gebiete geltenden Gesetze und Verwaltungsvorschriften befolgt“ (§ 1), wurde unter der nationalsozialistischen Herrschaft das Merkmal der „Würdigkeit“ hinzugefügt, demgemäß der Aufenthalt denjenigen Ausländern gewährt wurde, „die nach ihrer Persönlichkeit und dem Zweck ihres Aufenthalts […] die Gewähr dafür bieten, daß sie der ihnen gewährten Gastfreundschaft würdig sind“ (§ 1). War die Erteilung einer zur Arbeitsaufnahme benötigten Aufenthaltserlaubnis zuvor noch unbeschränkt, wurde es in der nationalsozialistischen Version dem Ermessen der Polizei unterstellt, diese zu befristen oder mit Auflagen zu versehen. Auch Einschränkungen bei der Verfügung einer Ausweisung wurden mit der Kategorie der Würde aufgehebelt und auf die gesamte Familie ausgedehnt.[23] Nach der Niederlage des Nationalsozialismus und der darauf folgenden, durch die Besatzungsmächte initiierten Verrechtsstaatlichung wurde aber diese Verordnung nicht durch ein Gesetz ersetzt, sondern im Rahmen der Rechtsinterpretation die APVO im Sinne von subjektiven Rechten gedeutet. In einem ersten Urteil des Bundesverwaltungsgerichts (vom 15.9.1955 und 10.4.1956, BVerwG 3, 58 und 235) aber wurde der Ermessensspielraum der Behörden stark erweitert. Die Kategorie der „Würdigkeit", die in der nationalsozialistischen Fassung ein objektives Recht darstellt und bei deren Erfüllung eine Arbeitserlaubnis erteilt wird, wird zu einer Kann-Bestimmung. Zudem wurde später die „Würdigkeit" mit Anforderungen versehen, die in der nationalsozialistischen Verordnung nicht vorhanden waren. Der Gastfreundschaft unwürdig, heißt es in einem späteren Urteil des Bundesverwaltungsgerichts (BVerwG 9, 84), sei ein Ausländer auch dann, wenn er „es mit der Wahrheit nicht genau nimmt, sich nicht an die von ihm selbst abgegebenen Erklärungen hält und durch sich widersprechende Angaben erreicht", dass eine „nur zum Zweck der Eheschließung befristet erteilte Aufenthaltserlaubnis verlängert wird" (ebd.).

Angesichts dieses umfassenden und „nahezu uferlosen Ermächtigungsrahmens" (Franz 1971, 54), der öffentlich nicht hinterfragt wurde, erscheint es erklärungsbedürftig, weshalb die Initiative zu einer Änderung der gesetzlichen Regelungen gerade von den Innenministerien ausging. Wie der interne Schriftverkehr bei der Vorbereitung des Ausländergesetzes von 1965 zeigt, ging es den Architekten des Gesetzes auf Seiten der Innenminister darum, die „Gefahr rechtsstaatlicher Einschränkungen staatlicher Dispositionsverfügungen über Ausländer" (Dohse 1985, 245) entgegenzutreten. Denn nach der AVPO konnten die MigrantInnen durchaus ein Recht auf Aufenthalt einfordern, wenn sie sich denn als „würdig" erwiesen. In den Entwürfen für das Gesetz wurde daher insbesondere darauf Wert gelegt, auszuschließen, „dass der Ausländer oder die Gerichte einen Anspruch auf Aufenthalt aus der derzeitigen Fassung herauslesen könnten" (Niederschrift über die Besprechung mit den Innenministern (-senatoren) der Länder über den Entwurf eines Fremdengesetzes am 3. und 4.7.1962 im BMI, in: BA Ko, B 106/ 39957).

Die Ende der 1960er Jahre aufkommende Kritik am Ausländergesetz betonte freilich, dass das Gesetz in einem nicht geringen Umfang eine erhebliche Verschlechterung und Verschärfung der gesetzlichen Lage von Ausländern in der Bundesrepublik bedeutete.[24] So sah die APVO zur Vorbereitung einer Auswei-

23 Mit dem Kriegsrecht vom 5.9.1939 wurde auch diese rechtliche Kodifizierung der Verwaltung aufgehoben. Paragraph 1 wurde ausgesetzt, anstelle der Würdigkeit trat die Formulierung, dass eine Ausweisung dann zulässig sei, wenn „öffentliche Belange es erforderten" (§ 10 Nr. 1 u. 3, Reichsgesetzblatt I, S. 1667).

24 Nach dem Regierungsantritt der sozial-liberalen Koalition veränderte sich das gesellschaftspolitische Klima insgesamt, unter anderem wurde es möglich, Rechte von Minoritäten als ein gesellschaftlich zu beschützendes Gut öffentlich zu thematisieren. Im Zuge der gesellschaftlichen Umbrüche, die mit dem Jahr 1968 verbunden sind, kam es zu einer deutlichen Kritik am Ausländergesetz. Ende der 1960er unter-

sung „nur“ einen vorübergehenden polizeilichen Gewahrsam vor, während das neue Ausländergesetz dafür die Möglichkeit einer Inhaftierung schuf, deren Dauer sechs Wochen nicht übersteigen „soll“ (§ 16 Abs. 1, AuslG[25]), die zusätzlich zur Sicherung einer Abschiebung auf ein Jahr ausgedehnt werden kann.[26] Von besonderem Interesse für die Bearbeitung illegaler Migration durch staatliche Praxis dürfte die Revision der Straftatbestände der unerlaubten Einreise sein. Diese waren in den Straf- und Bußgeldvorschriften der APVO in Form zweier Delikte aufgeführt und wurden mit dem Ausländergesetz zu einem Konvolut von sechs Straftatbeständen und zehn Ordnungswidrigkeiten. Die illegale Einreise wurde bei Vorsatz mit 5.000 DM, bei Fahrlässigkeit mit 2.000 DM bestraft, der unerlaubte Aufenthalt mit bis zu einem Jahr Haft. Die zahlreichen Unterscheidungen innerhalb der Straftatbestände und Ordnungswidrigkeiten scheinen dabei eine bestehende Praxis zu reflektieren, der mit dem Gesetz begegnet werden sollte. So war es strafbar, sich erkennungsdienstlichen Maßnahmen zur Feststellung der Person zu entziehen oder unrichtige Angaben zu machen, um „sich oder eine(m) anderen Urkunden für die Einreise oder den Aufenthalt“ zu beschaffen (Abschn. 5, § 47, Abs. 3 u. 6). Die Straftatbestände regelten den Aufenthalt während die Ordnungswidrigkeits-Tatbestände insbesondere auf die Praxis der illegalen Einreise abzielten.

Eine der Eigenschaften, die am meisten deutlich machten, wie das Ausländergesetz den politisch-ökonomischen Erfordernissen der Arbeitskraftregulation entsprach, war der Paragraph 10, der den Aufenthalt der MigrantInnen an „erhebliche Belange der Bundesrepublik Deutschland“ band. Diese sehr abstrakte Größe war, das zeigt die allgemeine Verwaltungsvorschrift (vom 7.7.1967, GMBI, S.231) und die Begründung des Regierungsentwurfs, sehr weit auslegbar. Die Belange der Bundesrepublik Deutschland konnten durch alle möglichen Tatbestände betroffen sein. Ein viel weiter gehendes Problem stellte aber der Umstand dar, dass die abstrakte Größe „Belange der Bundesrepublik“ zugleich zutiefst politisch war, denn was die Interessen des Gemeinwesens sind, musste sich zuallererst in der politischen Auseinandersetzung entwickeln. Dass der Souverän, der Gesetzgeber (der in diesem Fall einen Regierungsentwurf ohne Debatte verabschiedet hatte) diese „Belange“ der Interpretation der Rechtspflege überließ, führte zu einer direkten (und nicht gesetzförmigen) Politisierung des Rechts. Es sind die Kommentare zum Ausländergesetz, die die Maßgabe der Interpretation

zeichneten zahlreiche namhafte Intellektuelle einen Gegenentwurf zum Ausländergesetz, den „Alternativentwurf 70“, der dem Bundestag als Petition überreicht wurde. Kernstück des aus 18 Paragraphen bestehenden Gesetzentwurfs ist die Ablösung des behördlichen Ermessens durch rechtlich verpflichtende Sätze, die den MigrantInnen je nach Aufenthaltsdauer ein abgestuftes System rechtlicher Sicherheit garantierte (vgl. Forschungsinstitut Friedrich-Ebert-Stiftung 1970).

25 Ausländergesetz vom 28.4.1965, BGBl I, S. 353

26 Nach dem europäischen Auslieferungsabkommen vom 13.12.1957 (BGBl 1964 II, S. 1369) durfte etwa eine Maßnahme zur Sicherstellung einer Ausweisung, also eine Auslieferungshaft die Dauer von vierzig Tagen nicht überschreiten.

in der Rechtssprechung ausmachen und die zeigen, dass die Bandbreite dessen, was in einer Gesellschaft als gegenüber den MigrantInnen zu wahrende Interessen zu bestimmen ist, recht weit gefasst werden kann. So nannten verschiedene Kommentatoren des Ausländergesetzes in diesem Kontext unter anderem die „wilde Ehe, falls das bekannt wird" (Rauball/Sträter zit. nach Franz 1972, 43), „lesbische Liebe" (Schiedermair, ebd.), eine „bestimmte Situation der Wirtschaft oder des Arbeitsmarkts" (Kloesel/Christ, ebd., 42), die Befürchtung ungünstiger Auswirkungen, weil sich „zu viele Ausländer in der BRD befinden" (Weißmann, ebd.) oder die „Sicherung eines ruhigen Wahlkampfes" (Schiedermaier, Anm. 10 zu § 2). Des Weiteren wurden neben Verkehrsverstößen unter anderem auch der „unstete Lebenswandel" genannt (Weißmann, zit. nach Franz 1972, 43). Die Formel von der „erheblichen Beeinträchtigung der Belange der BRD" konnte nur im Kontext des Ausländergesetzes Bestand haben, was die Rechtssprechung zum Passgesetz zeigt, in dem die identische Formulierung verwendet worden war. In seinem Urteil zu diesem Gesetz erklärte das Bundesverfassungsgericht bereits 1957, dass diese Bestimmung „keinen Bestand haben" könne, weil die „Paßversagung praktisch in das unüberprüfbare Ermessen der Paßbehörde" gestellt wäre. Darüber hinaus dürfe sich der Gesetzgeber „sich seines Rechts, die Schranken der Freiheit zu bestimmen, nicht dadurch begeben, daß er mittels einer vagen Generalklausel die Grenzziehung im einzelnen dem Ermessen der Verwaltung überläßt" (BverfG zit. nach Franz 1972, 42). Mit einer Ausnahme rekurrierten die zeitgenössischen Kommentare aber nicht auf dieses Urteil, das ein Gesetz zur Regelung der Passversagung gegenüber deutschen Staatsbürgern betraf (vgl. ebd.). Vielmehr wurde die Formel so interpretiert, dass ein grundlegender Gegensatz zwischen den „Belangen der Bundesrepublik" und der Anwesenheit einer migrantischen Population hergestellt wurde. Die Rechtsgelehrten machten sich dabei bestimmte politische Leitlinien selbst zu eigen, wie der Kommentar von Kanein zeigt, der etwa vor den Gefahren einer Familienzusammenführung warnte, die nicht zur Sesshaftwerdung und „Assimilierung" führen dürfe, denn auch das laufe staatlichen Belangen zuwider. Kanein war bayrischer Ausländerreferent und an der Ausarbeitung der migrationspolitischen Grundsätze beteiligt. Die Forderungen, die die Ausländerreferenten auf der Innenministerkonferenz nicht durchsetzen konnten, lebten zum Teil in seinem Kommentar fort, wo es programmatisch heißt: „Für ausländische Arbeitnehmer, die beabsichtigen, nach einigen Jahren in ihre Heimatländer zurückzukehren, kommt grundsätzlich der Nachzug Familienangehöriger nicht in Betracht. Die Bundesrepublik ist kein Einwanderungsland." (Kanein 1966, 26f.) Die von der Innenministerkonferenz wieder gestrichenen Konzepte einer grundsätzlichen zeitlichen Beschränkung des Aufenthalts wurden so in den Rahmen des Justizapparates verlagert. Im Kommentar von Kanein wird auch die Rotation wieder eingeführt: „Der Gesamtaufenthalt soll, um die gekennzeichneten Gefahren auszuschließen, regelmäßig die Höchstdauer von drei Jahren nicht überschreiten." (Ebd., 46) Schönwälder hat in ihrer Rekonstruktion der internen Debatten im BMI herausgearbeitet, dass es bei der Vorbereitung des Ausländergesetzes vor allem darum ging, „angesichts offenbar unaufhaltsamer Bestrebungen zur Liberalisierung des Reiseverkehrs und der Arbeitsmärkte möglichst weitgehende Instrumente zum Gegensteuern zu sichern" (Schönwälder 2001, 239).

3.6 Der vierte Weg: Illegalisierung nach 1965

Nach der Verabschiedung der migrationspolitischen Grundsätze durch die Innenministerkonferenz wurden – zumindest offiziell – Arbeitserlaubnisse zunehmend nicht mehr an auf dem dritten Weg eingereiste MigrantInnen erteilt. Der Grundsatz funktionierte als eine Instanz, auf die sich die jeweiligen Akteure, darunter auch die zuständigen Innenminister berufen konnten, denn eine Zurückweisung der oft bereits in den Unternehmen arbeitenden MigrantInnen war gegenüber einer Öffentlichkeit, die in den migrantischen Arbeitskräften vor allem den Aspekt ihres Beitrags zur wirtschaftlichen Dynamik sah, legimitationsbedürftig. In Pressemeldungen zu solchen Vorkommnissen fand der Grundsatz häufig Erwähnung, so beispielsweise im Fall der ca. hundert türkischen Arbeiter, die im Aachener Bergbau eine Anstellung gefunden hatten, jedoch ohne Sichtvermerk eingereist waren. Der nordrhein-westfälische Innenminister Willi Weyer begründete die Ablehnung der Erteilung von Aufenthaltserlaubnissen für die MigrantInnen mit dem „Beschluß der Innenministerkonferenz vom Juni 1965, der als Grundsatz der Ausländerpolitik in der Bundesrepublik gilt" (FR, 16.8.1968). Wie stets in diesen Fällen, wurde mit dem Grundsatz der Gleichbehandlung, nach dem eine Aufenthaltserlaubnis auch „in allen übrigen Fällen illegaler Einreise in Zukunft erteilt werden" müsse (ebd.) sowie mit der Gefahr einer „Welle illegaler Einreisen in die Bundesrepublik" argumentiert. Nur vereinzelt jedoch kam es in den ersten Jahren nach Verabschiedung der Grundsätze zu Aktionen wie der Ausweisung der jordanischen ArbeiterInnen. In den Medien spielte das Thema keine besondere Rolle. In Berichten über die Arbeits- und Lebensverhältnisse der so genannten Gastarbeiter spielte Illegalität eine untergeordnete Rolle. In einem längeren Bericht in der Frankfurter Rundschau Mitte des Jahres 1966 wird ein Kriminalbeamter zitiert, nach dessen Einschätzung die Zahl der Illegalen stetig zunehme, und für deren Erfassung eine eigene „Inspektion" notwendig sei (FR, 29.6.1966).

Im Jahre 1966 kam es zu einer wirtschaftlichen Rezession, in deren Folge die Präsenz der migrantischen ArbeiterInnen auch in der Öffentlichkeit in Frage gestellt wurde. Nach einer zeitgenössischen Untersuchung der Printmedien wurde in diesem Jahr dreimal häufiger negativ über die Gastarbeiter berichtet, als es positive Urteile gab (vgl. Delgado 1966). In der Rezession wurden Arbeitslosigkeit und Gastarbeiterbeschäftigung in einen Zusammenhang gestellt, der sich als Konkurrenz der Arbeitskraft artikulierte. Dafür stehen beispielhaft die Infrastrukturdebatte des Jahres 1967.

In diesem Jahr darauf veröffentlichte der Wirtschaftswissenschaftler Carl Föhl einen Aufsatz, in dem er den kurzfristigen Nutzen der migrantischen Arbeit mit den gesellschaftlichen „Nebenkosten" kontrastierte (Föhl 1967). Er löste damit eine Debatte aus, weil er die mit der Beschäftigung von „Gastarbeitern" verbundenden Sekundärinvestitionen diesen quasi „anlastete". Die Aufwendungen wurden im einen Fall (nämlich in der „Preisniveau-Frage") als zusätzliche Nachfrage interpretiert, wodurch den ausländischen Arbeitskräften (trotz deren hoher Sparquote) eine preistreibende Wirkung zugeschrieben wurde. In Bezug auf die „Wohlstandsfrage" galten sie als Minderung des konsumierbaren Sozialprodukts, das andernfalls der inländischen Bevölkerung zur Verfügung stehen würde. Die Argumentation Föhls war jedoch weniger „ein Problem der theoretischen Durchdringung als eine Frage des Standorts" (Höpfer 1974, 57). Die Argumente waren „in erster Linie auf Inländer ausgerichtet, was in der theoretischen Ökonomie sonst nicht üblich ist" (ebd.).[27]

Der Artikel wurde Anlass einer kleinen Anfrage der FDP im Bundestag, denn was Föhl unter anderem thematisierte, war die zunehmende Aufenthaltsdauer und die damit sinkende Mobilität der MigrantInnen. Damit wurde eine entscheidende ökonomische Größe der migrantischen Arbeit aufgerufen, die nicht nur einen beliebigen sozialen Unterschied zur inländischen Arbeitskraft markierte. Die Mobilität der MigrantInnen war auch Chiffre für ihre Deprivilegierung und Ausdruck des „inländischen" sozialen Kompromisses, der weniger in einer sozialrechtlichen Unterschichtung bestand als im Konzept der Befristung angelegt war, durch die der Aufenthalt grundsätzlich prekarisiert wurde. Die Antwort des Wirtschaftsministers Schiller bekräftigte die Vorstellung, nach der die MigrantInnen ein flexibler Krisen- und Konjunkturpuffer seien. Ihre Mobilität würde nicht zum Erhalt unproduktiver Anlagen führen, sondern im Gegenteil: Die gewünschte Verdrängung von weniger produktiven Arbeitsplätzen würde

> „nur eintreten, wenn die berufliche, regionale und betriebliche Mobilität der Arbeitskräfte hinreichend groß ist. […] Demgegenüber weisen gerade die ausländischen Arbeitnehmer eine hohe Mobilität auf, die ihre Beschäftigung in den jeweiligen Brennpunkten des Bedarfs […] sicherstellt" (Schiller zit. nach Herbert 2001, 219).

Die migrantische Mobilität, möglich durch die Temporalisierung ihres Aufenthalts, die nicht nur rechtlich, sondern auch sozial organisiert war, etwa durch die Unterbringung in Wohnheimen etc., war damit ein entscheidendes Instrument zur Auslastung produktiver Kapazitäten.[28] Tatsächlich waren im Laufe der Krise im

---

27 In diese Richtung geht auch die Kritik von Nikolinakos: Es sei unverständlich, warum die MigrantInnen für die von ihnen induzierten Investitionen aufkommen sollten und dies für irgendeine andere Arbeitnehmergruppe nicht der Fall sein sollte (1973, 102ff.).

28 Stephen Castles weist darauf hin, dass der durch Migration induzierte dämpfende Effekt auf die Lohnentwicklung nur eine – kurzfristige – Seite der Medaille dar-

Jahre 1967 per Saldo 200.000 MigrantInnen weniger in Deutschland beschäftigt als noch im Jahr zuvor. Einen wichtigen Beitrag zu dieser Mobilität leistete neben dem gesetzlichen Rahmen die Praxis der Arbeitsämter, Arbeitslosengeld an die MigrantInnen möglichst nicht auszuzahlen. Denn wer, so die Begründung, in einem „angemessenen Zeitraum" nicht vermittelbar war, dem konnte die Arbeitserlaubnis verweigert werden. Dadurch war die Verfügbarkeit auf dem Arbeitsmarkt, Voraussetzung für die Auszahlung des Arbeitslosengeldes, nicht mehr gegeben. Die Bundesanstalt für Arbeit forcierte diese Praxis, wurde aber von den zuständigen Bundesministerien und dem Land NRW gebremst (vgl. Schönwälder 2001, 340). Ein weiterer Faktor führte dazu, dass die entlassenen MigrantInnen eher die Heimreise antraten, als Mittel aus der Arbeitslosenversicherung zu beziehen: Die Unterbringung in den betriebseigenen Unterkünften war in den allermeisten Fällen an eine Beschäftigung in den jeweiligen Firmen gebunden. So verloren die MigrantInnen mit ihrer Arbeitstelle auch ihre Unterkunft.[29] In dieser Phase forcierten die ArbeitgeberInnenverbände die Strategie der Rotation. Als Lösung der Infrastrukturprobleme, wie sie in dem Artikel von Föhl zum Ausdruck kamen, wurde die strikte Anwendung einer Rotation empfohlen; sie könnte sicherstellen, dass die MigrantInnen die Infrastruktur nicht in Anspruch nähmen, „da man den Ausländern den Reiz nimmt, sich längerfristig in der BRD niederzulassen, die Familien nachzuholen etc." (Lohrmann 1974, 114). Der BDA propagierte dies, die einzelnen Unternehmen folgten aber einer anderen Logik. „Das unmittelbare Interesse an der Verfügbarkeit von Arbeitskräften brachte es mit sich, daß viele Betriebe einmal eingearbeitete Ausländer gerne längerfristig beschäftigten und auch bereit waren, das Nachholen der Familien zu fördern." (Ebd.)

---

stellt, auf deren anderer Seite die langfristige Erhöhung der Reallöhne steht: „Der Einsatz von Arbeitsmigranten verhinderte den Zusammenbruch des Wirtschaftsaufschwungs durch eine inflationäre Entwicklung und bedeutete gleichzeitig eine längerfristige Erhöhung der Reallöhne gegenüber den Ländern mit einem beschränkten Arbeitskräftepotential und einem langsamen Wachstum." (Castles 1987, 30)

29 Entscheidend ist dabei nicht die Netto-Zuwanderung: „Zieht man von der errechneten Rückwanderung die regelmäßig freiwillig Zurückkehrenden ab und stellt den Rest den inländischen Arbeitslosen gegenüber, ergeben sich überraschende Werte." (Merx 1972, 151) Volker Merx nennt in seiner Studie eine „Summe von rund 160.000 (ausländischen) Arbeitskräften, die zu den inländischen Arbeitslosen hinzuzuzählen waren, und zwar 150.000 unfreiwillig abgewanderte ausländische Arbeitnehmer und etwa 9.000 Ausländer, deren Arbeitsverträge vor der Anreise storniert wurden" (ebd.). Überraschend ist die Summe der trotz Rezession eingereisten 178.000 MigrantInnen. Die Ströme sind gleich groß. Wichtig ist demnach die Rotation. Merx ist der Auffassung, dass der kontinuierliche Austausch der Arbeitskräfte der „wahrscheinlich […] wichtigste ökonomische Vorteil temporärer internationaler Wanderungen" ist (ebd., 228). Die geringen Präferenzen der ArbeiterInnen führen zu einem erhöhten Spielraum; das ändert sich mit dem Zuzug der Familie und verlängerter Dauer des Aufenthalts. Siehe auch Angenendt 1992, 155ff.

Auch nach Überwindung der Rezession blieb die dauerhafte Ansiedlung der MigrantInnen in den Augen vieler beteiligter AkteurInnen ein politisches und ökonomisches Problem. Dennoch kam es in den nach 1968 folgenden Jahren zu einem starken Anstieg der MigrantInnenzahlen in der Bundesrepublik. Allein zwischen 1968 und 1971 kamen so viele MigrantInnen nach Deutschland, wie im gesamten – in diesem Kapitel fokussierten – Zeitraum davor (vgl. Jamin 1998b).

Im Zuge der erneuten Nachfrage nach Arbeitskräften kam es nun zu einer neuen Konjunktur der Illegalität. Die unter Bezugnahme auf die Grundsätze zurückgewiesenen MigrantInnen, die bisher als Touristen gekommen waren, nahmen andere Wege. Fritz Franz führte den Boom von so genannten Verleihfirmen in diesem Zeitraum direkt auf die „Grundsätze" zurück: „Daß die sogenannten Illegalen angesichts dieser Praxis untertauchen, und von ‚Verleihfirmen', die den organisierten Menschenhandel als Geschäft betreiben, schamlos ausgebeutet werden, wird offenbar als weniger störend empfunden." (Franz 1972, 45) Ab 1968 nahmen immer mehr MigrantInnen die Dienstleistungen von Verleihfirmen in Anspruch, die ihnen die notwendigen Papiere, die auf dem dritten Weg nicht mehr zu erhalten waren, nun illegal beschafften. Die Verleihfirmen wurden oft von MigrantInnen selbst betrieben, die über ein „Migrations-Kapital" (Portes/Sensenbrenner 1994)[30], das heißt über das notwendige Wissen und die sozialen Netzwerke verfügten.

Mit dem Boom der legalen florierte auch die illegale Anwerbung: In den Jahren bis 1973 stieg trotz der legalen Möglichkeit der Einreise nach allem Anschein die Zahl derjenigen, die nicht mehr auf dem dritten, sondern dem vierten Weg zur Arbeitsaufnahme in die Bundesrepublik kamen. Auch hier war der formale Einreiseweg das Touristenvisum (das Abkommen des Europarats ermöglichte diese Art der Mobilität, BGBl II, 389). Der Unterschied zum dritten Weg bestand einerseits in der fehlenden Aussicht, eine Arbeitserlaubnis nachträglich zu erhalten und andererseits in der daraus folgenden Notwendigkeit, die Einreise und

30 Alejandro Portes und Julia Sensenbrenner (1993) sprechen – im Anschluss an Bourdieu – von sozialem Kapital, das sich durch spezifische Netzwerk-Strukturen ausbildet. Es bezieht sich im Gegensatz zu materiellem und Humankapital nicht auf bestimmte Ressourcen, sondern auf die Fähigkeit, diese Ressourcen zu mobilisieren, und wird definiert als „collective expectations affecting individual economic behavior" (ebd., 1326). Quellen für ein derart verstandenes soziales (Migrations-) Kapital können gemeinsame Wertvorstellungen und Sozialisationserfahrungen sowie gemeinsame Erfahrungen von Diskriminierung und Ausgrenzung sein. Durch die Gemeinsamkeiten können sich Vertrauen, Solidarität und gegenseitige Verpflichtungen innerhalb der MigrantInnengruppe entwickeln. Die AutorInnen betonen, dass soziales Kapital sowohl negative als auch positive Aspekte aufweist. So können Mitglieder eines Netzwerks bei ökonomischen Aktivitäten gegenüber Außenstehenden bevorzugt werden. Umgekehrt können zum Beispiel mit Rekurs auf die gemeinsame Gruppenmoral, individuelle Absichten, das Netzwerk zu verlassen, blockiert werden. Ein dichtes Netzwerkgefüge kann zudem eigene Sanktionsmechanismen entwickeln, die ebenfalls zum Schutz, aber auch zur Abhängigkeit von Netzwerk-Mitgliedern beitragen können.

Arbeitsaufnahme unter klandestinen Bedingungen zu organisieren. Im Unterschied zu den „Kryptolegalen“, die nach ihrer Einreise meist reguläre Arbeitsverhältnisse eingehen konnten, ist die Mehrheit der neuen Illegalen in Sektoren beschäftigt, in denen eine Umgehung legaler Vorschriften relativ leicht zu bewerkstelligen ist. In fast allen Berichten über illegale Beschäftigung von Ausländern wird die Bauwirtschaft als Arbeitgeberin genannt.[31]

Die Arbeitsverhältnisse, in die der vierte Weg führte, waren im untersten Segment des Arbeitsmarktes angesiedelt. Die meisten Angaben über die Lohnhöhe der illegalen MigrantInnen stammen aus Polizeiaktionen gegen Vermittler, Sub-Unternehmen und Baufirmen. Demnach wurde illegalen MigrantInnen ein Stundenlohn zwischen vier und sechs DM gezahlt. Die VerleiherInnen dagegen bekamen zwar von ihren AuftraggeberInnen in der Regel eine etwa doppelt so hohe Summe, in der zum Teil auch die Sozialversicherungsbeiträge für die „Entliehenen“ enthalten waren. Diese wurden allerdings von den VerleiherInnen meistens nicht an die Illegalen weitergegeben.[32] Die „Ausbeutung“ bestand also vor allem darin, dass die Bruttolohnsumme, die auch legalen ArbeitnehmerInnen nur teilweise bar zur Verfügung steht, weder ausgezahlt noch in die Sozialversicherung eingezahlt wurde. Die Profite, welche die VerleiherInnen auf diesem Weg erzielen konnten, bezifferte der DGB Kassel in einem konkreten Fall auf einen zusätzlichen Gewinn von 1.000 DM pro illegalem Arbeiter monatlich (FR, 19.12.1973), an anderer Stelle wird die Summe von 2.000 DM pro Arbeiter genannt (FR, 23.5.1973). In den Fällen, wo illegale MigrantInnen durch die Vermittlung von Verleihfirmen arbeiteten, zahlten die auftraggebenden Firmen einen regulären Lohn an die als Sub-Unternehmen auftretenden VerleiherInnen. Auf der Seite der Produktionskosten entstand den Firmen dadurch kein besonderer Kostenvorteil. Entscheidend für den Einsatz dieser Arbeitskräfte – darauf deutet auch die Häufigkeit hin, mit welcher der bauwirtschaftliche Sektor auf diese Arbeitskräfte zurückgriff – waren die Flexibilität des Einsatzes und der Kostenvorteil bei der Rekrutierung. Immer wieder beklagten die ArbeitgeberInnen die Dauer der Vermittlung durch die Anwerbekommission. Ein Vertreter des Freistaats Bayern erklärte entsprechend auf einer Ausländerreferentenbesprechung am 15./16.10.1979 in Berlin

„Wenn die Wirtschaft an der Dauerbeschäftigung ungelernter Arbeitskräfte interessiert wäre, könnte ja die Anwerbung entsprechend verstärkt werden. Die Wirtschaft sei aber offenbar nur an der Beschäftigung illegaler Arbeitskräfte interessiert, weil für diese kei-

31 Auswertung von Presseberichten aus FR, FAZ, verschiedenen Lokalzeitungen, sowie Berichten von Unterstützungsgruppen aus dem kirchlichen Bereich (zum Beispiel Micksch 1973; Stammberger 1973).

32 In vielen Fällen führte das Abhängigkeitsverhältnis zu Erpressungen gegenüber den Sans Papiers. So im Fall einer türkischen Gruppe, die den von ihnen vermittelten ArbeiterInnen einen Teil ihres Lohns wieder abnahm mit der Drohung, diese andernfalls an die Behörden zu verraten (FAZ, 3.12.1971).

ne Reisekosten erlegt werden müßten, billige Löhne gezahlt werden könnten, keine angemessenen Wohnungen beschafft werden müßten und weil ihnen jederzeit – insbesondere in den Saisongewerben – gekündigt werden könne." (HHStA. 503/ 5741a, 6)

Die illegalen VerleiherInnen schienen problemlos ArbeiterInnen vermitteln zu können. Auch die prekäre rechtliche Situation der MigrantInnen erhöhte den Flexibilitätsgrad, denn bei einer Denunziation drohte die Abschiebung. Illegale Beschäftigung zu bekämpfen hieß in der Praxis, die papierlosen MigrantInnen abzuschieben. So zum Beispiel im Fall einer Gruppe marokkanischer Arbeiter, die 1972 ausgewiesen wurden. Die Sprecherin der Ausländerbehörde erklärte, dass die Abschiebung „die einzige Lösung" sei (FR, 24.11.1972). Der Fall konnte von einer Gruppe der evangelischen Studentengemeinde in Clausthal-Zellerfeld rekonstruiert werden: Die Reise von Marokko nach Wuppertal[33] kostete die MigrantInnen demnach circa 400 DM, Unterkunft konnten sie bei Verwandten und FreundInnen, oder bei den VermittlerInnen beziehungsweise bei deutschen VermieterInnen finden – die letzteren beiden verlangten dafür hohe „Mieten".[34] Der Untersuchung zufolge ging es den einstellenden Unternehmen darum, den „Spitzenbedarf an Personal zu befriedigen" (Stammberger 1973, 34). Die Untersuchung bestätigt auch die häufige Wiederkehr abgeschobener Illegaler. Die Kritik der Gruppe konzentriert sich auf die Abschiebepraxis der Behörden, die zu einer Straffreiheit der so genannten Menschenhändler führt: „Da die aufgegriffenen Ausländer normalerweise innerhalb von zwei Tagen ohne richterliche Vernehmung abgeschoben werden, droht den Menschenhändlern keine Gefahr durch ihre Aussagen." (Ebd., 35) Vor allem aber wird den staatlichen Stellen vorgeworfen, nicht ausreichend auf „solche Fälle von Menschenhandel" vorbereitet zu sein. Dieser werde sogar „gefördert", weil „wirksame Kontrolle aufgrund ungenügender Richtlinien und Gesetze nicht möglich ist" (ebd., 36). Aus kirchlicher Sicht müsse daher vom Gesetzgeber gefordert werden, gesetzliche Bestimmungen zu verschärfen, also „z.B. Freiheitsstrafen gegen Beteiligte am Menschenhandel statt Bußgelder wegen Ordnungswidrigkeiten" (ebd., 39). Nötig seien auch eine bessere Koordination der Behörden sowie ein stärkeres Engagement der Betriebsräte. Medien sollten zukünftig ausführlicher über das „ganze Ausmaß dieser Ausbeutung hilfloser Menschen" berichten und Kirchen „nachdrücklicher als bisher" die Wertvorstellungen „unseres Wirtschaftslebens" hinterfragen (ebd.,

33 Wuppertal war ein Zentrum für die Vermittlung illegaler migrantischer ArbeiterInnen im Ruhrgebiet. Von insgesamt 950 in der Bundesrepublik ansässigen Verleihfirmen befanden sich mehrere Hundert in Wuppertal (vgl. Hunn 2005, 264).

34 Die Wohnverhältnisse der MigrantInnen waren immer wieder Bestandteil der skandalisierenden Berichterstattung. Die MigrantInnen wurden nicht nur von den VerleiherInnen, sondern auch von den VermieterInnen ausgebeutet und mussten extrem hohe Summen für geringen Wohnraum bezahlen. Skandalöse Wohnverhältnisse waren auch im Kontext der legalen Gastarbeit immer wieder Gegenstand politischer Auseinandersetzung und von Protesten der MigrantInnen (vgl. Karakayalı 2000).

40).[35] Ähnlich argumentierte auch Jürgen Micksch, als Pfarrer ebenfalls ein kirchlicher Akteur, der für Maßnahmen auf europäischer Ebene plädierte. Er schlug vor, die Kosten für illegale Beschäftigung zu erhöhen, damit sie nicht mehr rentabel sei, etwa durch die Verpflichtung, illegal Beschäftigte nachzuversichern und Steuern nachträglich zu zahlen (vgl. Micksch 1973, 52). Daneben forderte er die Einführung von Freiheitsstrafen für die ArbeitgeberInnen und die Einrichtung effizienterer Kontrollinstanzen, die offenbar nicht die BAA sein könne, da sie „selbst mit Arbeitgebern zusammenarbeiten muß“ (ebd., 53). Die einheimische Bevölkerung müsse, so Micksch, *gegen* die Ausbeuter und *für* diese Menschen sensibilisiert werden, die erst nach einer gerichtlichen Aufklärung abzuschieben seien. Auf nationaler Ebene müssten Beratungsstellen für illegal Beschäftigte eingerichtet sowie entwicklungspolitische Angebote formuliert werden, die eine Rückkehr der MigrantInnen ermöglichten.

Die hier skizzierten Positionen sind prototypisch für einen humanistischen Diskurs, in dem Fragen der sozialen Ordnung und des Arbeitsmarkts sich mit polizeilichen Kontrollinteressen verbinden. Was die kirchliche Position dabei kennzeichnet, ist das Plädoyer für einen Verbleib der MigrantInnen, eine Art der Legalisierung. Da es ein ethisches Problem darstelle, wenn „Christen so einfach für Abschiebungen plädieren“ (ebd., 53), müsse man den Widerspruch im Rahmen einer langfristigen Strategie lösen: Erst müsse die Bekämpfung der Arbeitgeber respektive Menschenhändler betrieben werden. Wenn hier kein Erfolg erzielt werde, dann bleibe nur noch der Weg, für das Verbleiben der MigrantInnen einzutreten (ebd., 54).

Es waren mithin die Kirchen, Gewerkschaften und Teile der Sozialdemokratie (wie zum Beispiel die Arbeitsgemeinschaft sozialdemokratischer Juristen, vgl. FR, 27.10.1971), die die illegale Beschäftigung angriffen und den staatlichen Stellen die argumentativen Vorlagen lieferten.[36] Im November 1970 beschloss die Bundesanstalt für Arbeit, das Bußgeld für illegale Beschäftigung auf mindestens 1.000 DM und höchstens 3.000 DM zu erhöhen. Der Präsident der Bundesanstalt Stingl betonte hier den Fokus auf die Unternehmen: Zwar solle auch

35 Indirekt erhob die Gruppe den Vorwurf, der Staat habe ein Interesse an der Duldung illegaler Arbeit. Am Schluss des Textes wird darauf hingewiesen, dass auch auf den Baustellen der Olympiaanlagen in München zahlreiche Sans Papiers gearbeitet hätten. Es falle auf, „daß das Arbeitnehmerüberlassungsgesetz vom 7. August 1972 erst nach dem Abschluss der Olympischen Spiele in Kraft getreten ist“ (Stammberger 1973, 41).

36 So kam es ab 1972 zu einer Reihe von UN-Entschließungen zur illegalen Beschäftigung, unter anderen die Entschließung des Wirtschafts- und Sozialrates vom 28.7.1972 zu „Ausbeutung von Arbeitskräften durch illegalen und heimlichen Menschenhandel“ (1706, LIII), der Generalversammlung vom 15.11.1972 zu „Ausbeutung durch illegalen und heimlichen Handel mit Arbeitskräften“ (2920, XVII) und der gleichnamigen Entschließung der Kommission für Menschenrechte vom 13.3.1973 (3, XXIX).

„weiterhin gegen illegale ausländische Arbeitnehmer vorgegangen [werden; SK]. Viel wesentlicher aber scheint uns zu sein, Unternehmer, die solche Leute beschäftigen, härter anzufassen. Einfach, weil deren Handlungsweise weitaus verwerflicher ist. Schließlich nützen sie ja die Ausländer aus, die als Touristen zu uns hierher kommen und sich bei uns eine Arbeit suchen" (Stingl zit. nach FR, 26.2.1970).

Strafen über 3.000 DM aber seien in der Praxis nicht einfach zu verhängen: „Da es auch im Arbeitsamt an Personal fehlt, ist an Stichproben bei Unternehmen nicht zu denken." (Ebd.) Auch die Ausländerpolizei habe diese Probleme: „Diesen Ausländern kommt die Behörde letztlich nur auf die Spur, wenn sie gegen weitere Gesetze verstoßen und dadurch mit der Polizei in Konflikt geraten oder auch an einem Unfall beteiligt sind." (Ebd.) Angeregt wurde die verschärfte Politik von Arbeitsminister Arendt: „Mit den Maßnahmen soll verhindert werden, daß illegal eingereiste Arbeitnehmer in zu starke Abhängigkeit der Wohnungsvermieter und der Arbeitgeber gelangen." (FR, 13.11.1970)[37] Da die VerleiherInnen, wie es immer häufiger hieß, die Bußgelder aus „der linken Westentasche" zahlten, wurde ab 1973 vom BMA geprüft, ob „illegale Beschäftigung ausländischer Arbeitnehmer künftig als Straftat und nicht als Ordnungswidrigkeit einzustufen" sei (FR, 26.9.1973). Abgesehen vom Strafrahmen beklagten die Behörden einen Personalmangel. In Frankfurt am Main hatte es 1972 zwar insgesamt 40 Kontrollen gegeben, um aber

„wirkungsvoll gegen den Arbeiterhandel vorgehen zu können, hat die Frankfurter Kripo zuwenig Beamte. Nur zwei von ihnen sichten den Stapel von anonymen Hinweisen und in gebrochenem Deutsch geschriebenen Briefen. Gezielte Aktionen sind kaum möglich" (FR, 8.10.1973).[38]

Die Entscheidung, die Bekämpfung illegaler Beschäftigung zu forcieren, wurde lokal getroffen. 1971 wurde in Wuppertal eine Sonderkommission zur Bekämpfung der illegalen Verleihfirmen aufgebaut, innerhalb von zwei Jahren wurden dort 350 Subunternehmen geschlossen und Haftbefehl gegen 15 Vermittler erlassen (ebd.). Ähnlich wie die kirchlichen Akteure, erhoben auch MigrantInnenvertreterInnen den Vorwurf, die Behörden würden illegale Arbeit dulden, tolerieren oder ihre Kontrollpraxis im Einvernehmen mit den unternehmerischen Interessen

37 Gerade Minister Arendt aber war, noch in seiner Position als Vorsitzender der Gewerkschaft IG Bergbau und Energie, für seine der Ausländerbeschäftigung gegenüber negative Haltung (vgl. Anagnostidis 1972, 117) bekannt. In einem Interview mit der Zeitschrift „Der Arbeitgeber" erklärte er, dass die Zahl der unter Tage arbeitenden Migranten zu reduzieren sei, denn ihr effektiver Nutzen sei gering und die Kosten stünden in keinem Verhältnis zur Leistung. Die in Ausländerbeschäftigung investierten Summen sollten künftig für die Besserstellung deutscher Arbeiter verwendet werden (vgl. Der Arbeitgeber, 19/ 1964).

38 Vom Arbeitsamt Frankfurt wurden 1972 71 Bußgeldbescheide erlassen, die zwischen 300 und 600 DM lagen (FR, 9.10.73).

organisieren. So erklärte ein Sozialarbeiter vom Centro Italiano 1973, die Behörden würden praktisch die Interessen der ArbeitgeberInnen umsetzen: „Der Türke hat im Sommer seine Schuldigkeit auch als Illegaler getan, im Winter kann er gehen." (FR, 19.12.73) Die Kritik der SozialarbeiterInnen lautete, dass die Firmen nicht belangt und die verhängten Bußgelder aus „der Westentasche" bezahlt würden.

Der vierte Weg wurde von den gesellschaftlichen und politischen AkteurInnen auf unterschiedliche Weise diskursiv bearbeitet: In kirchlichen Positionen, aber auch bei VertreterInnen der Ordnungsbehörden sowie bei Gewerkschaften wurde der vierte Weg zum Vehikel für die Artikulation von Kritik an der Wirtschaftsordnung. Sowohl Micksch als auch Stammberger (beide 1973) hinterfragten die Werteordnung, die mit dem Migrationsregime verknüpft war. Schiller machte eine „nicht hinterfragte wirtschaftliche Wachstumsideologie" (1973, 23) für die mit der Migration verbundenen Probleme verantwortlich. Vertreter der Innenministerien wiederum erklärten, dass die Bekämpfung der illegalen Migration zum Schutz gesetzlicher Regelungen notwendig sei, während die ausländerrechtlichen Bestimmungen wiederum „u.a. dem Schutz des Wertes der Arbeitskraft" (Vertreter des Landes Rheinland-Pfalz auf einer Ausländerreferentenbesprechung in Berlin am 15./16.10.1970, HHStA. 503/ 5741a) dienten. Einzelne, wie der Jurist Fritz Franz (1973), kritisierten die staatliche Praxis, indem sie die Schließung des dritten Wegs als Ursache für die Kriminalisierung der Migration und die Etablierung des vierten Wegs nannten. Für die Unternehmen schien dagegen die illegale und irreguläre Einreise kein Problem darzustellen. Der Gewerkschafter Max Diamant (1973) berichtete, dass die ArbeitgeberInnen auf das gewerkschaftliche Anliegen einer restriktiven Linie bei der Bekämpfung der illegalen Beschäftigung mit dem Vorwurf reagierten, dass damit ein „Polizeistaat" errichtet würde. ArbeitgeberInnenvertreterInnen, die an einer Dienstbesprechung der Bundesanstalt für Arbeit und den Direktoren der deutschen Anwerbekommissionen in Istanbul teilnahmen, erklärten:

> „Die deutsche Industrie sei in der derzeitigen Situation für jeden Arbeiter dankbar, gleich ob er illegal oder legal in Deutschland arbeite. Solange die Bundesanstalt für Arbeit nicht in der Lage sei, ausreichende Arbeitskräfte zu vermitteln, sei jeder illegale Arbeiter willkommen. [Aus der Sicht der ArbeitgeberInnen seien Maßnahmen; SK] zur Einschränkung der illegalen Beschäftigung nicht angebracht." (Generalkonsulat der BRD an Auswärtiges Amt, 14.5.1971, 3; in: BA Ko B119/4037)

Linke Autoren wie Siegmar Geiselberger (1973) wiederum verwiesen auf einen Verschiebungseffekt, der mit der Debatte um Illegale verknüpft sei. Über die Ausbeutungsverhältnisse bei den regulären MigrantInnen würde geschwiegen. Zwar wurde auch über die Lebens- und Arbeitsbedingungen der regulären GastarbeiterInnen in den Printmedien ausführlich berichtet, der Term „Ausbeutung" jedoch war für einen Großteil der Medien ausschließlich für die Arbeits- und Lebensbedingungen des vierten Wegs reserviert. Das ist insofern erstaunlich, als in der Berichterstattung der Printmedien Analogien in der Art und Weise wie über die Illegalen und die regulären MigrantInnen gesprochen wird, festzustellen sind. Auch letztere wohnten demnach oft in Baracken, Lagern und Abbruchhäusern. In Hessen, insbesondere in Frankfurt am Main, entspann sich zwischen Ende der1960er und Anfang der 1970er Jahre eine umfassende Debatte um Mietwucher und skandalöse Wohnbedingungen der MigrantInnen. Letztere führten dann 1970 zur Mietstreikbewegung, bei der es zu einer partiellen Kooperation zwischen linken Studierenden und MigrantInnen kam (vgl. auch Karakayalı 2000; Borris 1973; Häuserkampf 1974).

3.6.1 Vergabe von Aufenthaltserlaubnissen: Eine gängige Praxis der „Ausnahme“

Die Vergabe von Arbeitserlaubnissen durch untergeordnete Behörden am Beispiel einzelner Landkreise zeigt, wie die Behandlung illegaler Migration zum „Trigger“ für bestimmte Tendenzen der Autonomisierung der Exekutive wurde. Die Auseinandersetzung um die Legalisierung der türkischen MigrantInnen Ende der 1960er Jahre macht deutlich, dass eine explizit politische Lösung des „Illegalen-Problems“ zugleich die Frage der Normalarbeit behandelt.

Wie weiter oben bereits ausgeführt, sollte es nach den Beschlüssen der Innenministerkonferenz von 1965 offiziell keine nachträglichen Legalisierungen von mit einem Touristenvisum eingereisten MigrantInnen mehr geben. Viele untergeordnete Behörden hielten sich jedoch nicht an dieses Verbot und vergaben weiterhin Aufenthalts- und Arbeitsdokumente. Dieses Vorgehen war „pseudolegal“ – die MigrantInnen waren nur dem Schein nach legalisiert, da sich die Behörden mit dem Vorgehen gegen Bundes- und Landesgesetze stellten. Zwischen 1965 und 1970 kam es zu einer Reihe solcher Fälle in verschiedenen Bundesländern.[39]

Diese Genehmigungen wurden oftmals mit einer Ausnahmesituation legitimiert. So erteilte der Landrat von Dillenburg in Hessen Ende der 1960er Jahre etwa 1.000 türkischen MigrantInnen nachträglich eine auf das Kreisgebiet beschränkte Aufenthaltserlaubnis (AV Hess. Innenminister, 19.2.1970, HHStA. 503/5740c). Der Landrat des Dillkreises schrieb dazu: „Die Aufenthaltserlaubnis für den türkischen Staatsangehörigen B. Seyfi, habe ich ausnahmsweise aufgrund des überhöhten dringenden Arbeitskräftebedarfs erteilt.“ (HHStA. 503/5740a) In einem Aktenvermerk des Hessischen Innenministers vom 13.9.1968 wurde no-

39 Dokumentiert sind vor allem solche in Hessen (in den Landkreisen Biedenkopf, Büdingen, Wetzlar, Dillkreis und Marburg/Stadtallendorf) und Nordrhein-Westfalen (vgl. Hunn 2005, 266). Bereits 1960 migrierten auch spanische „Illegale“ nach Breitscheid, Wetzlar und Offenbach sowie nach Duisburg und Düsseldorf – also in die Industriezentren, die bundesweit am meisten migrantische Arbeitskräfte benötigten (Sanz Diaz 2004, 71ff).

tiert, dass die Ausländerbehörde des Landkreises Marburg Aufenthaltserlaubnisse zur Arbeitsaufnahme vergeben habe: „In allen Fällen sei jedoch das Arbeitsamt an die Ausländerbehörde herangetreten und habe erklärt, daß der dringenden Nachfrage nach Arbeitskraft – der hier kein Angebot gegenüberstehe – durch Erteilung von Aufenthaltserlaubnissen an ausländische Touristen abgeholfen werden solle." (Ebd.) Im Zusammenhang mit einem Konflikt zwischen dem Arbeitsamt Frankfurt am Main, das eine Arbeitserlaubnis nicht erteilen wollte, und dem Landratsamt Groß-Gerau, heißt es in einem Aktenvermerk des Regierungspräsidenten Darmstadt, der zuständige Landrat „fühle sich durchaus in der Lage und halte sich daher auch für berechtigt, seine Entscheidungen nicht nur nach aufenthaltsrechtlichen, sondern auch nach arbeitsmarktrechtlichen Gesichtspunkten zu treffen" (AV des Landesarbeitsamts Hessen vom 3.9.1969, HHStA. 503/5740a). Diese Vorgänge sind keine Einzelfälle, sondern veranlassten auf Grund ihrer systematischen Dimension die übergeordneten Behörden zum Einschreiten.[40] In einem Entwurf des Regierungspräsidiums Darmstadt wurden untergeordnete Abteilungen gerügt. Es sei

„darauf hinzuweisen, daß ausländerbehördliche Entscheidungen nach dem eindeutigen ausländerrechtlichen Vorschriften zu treffen sind und es nicht im Ermessen der Ausländerbehörden steht, abweichend hiervon arbeitsmarktliche Interessen auf lokaler Ebene zum Gegenstand ihrer Entscheidungen zu machen" (HHStA. 503/5740c).

In einem Schreiben des Landrats des Landkreises Biedenkopf an den RP Darmstadt erklärte der Landrat Sorge, aus welchen Gründen er Arbeitserlaubnisse an als Touristen eingereiste Gastarbeiter ausgegeben hatte, obwohl nach dem Ausländerrecht eine solche Erteilung nicht möglich war. Maßgebliche Argumente in seiner Rechtfertigung sind die Wirtschaftskrise und der flexible und schnelle Zugriff auf die migrantische Arbeitskraft:

„Zur schnelleren und reibungsloseren Überwindung der Wirtschaftskrise, von der vor allem die hiesigen Eisengießereien und die Ofenindustrie stark betroffen wurden, erwies sich diese Maßnahme als notwendig. Infolge des zunehmenden Bedarfs an ausländischen Arbeitskräften traten bei der Deutschen Anwerbekommission in der Türkei zudem Wartezeiten von 10 – 12 Wochen ein. Demgegenüber kam es für unsere heimische Industrie entscheidend darauf an, kurzfristig mit den erforderlichen Arbeitskräften befriedigt zu werden, wenn sie denn Anschluß an die allgemeine konjunkturelle Aufwärtsentwicklung gewinnen wollte." (Schreiben vom 19.2.1970, HHStA. 503/5740c)

40 Dies geschah unter anderem aufgrund von Beschwerden von Behörden anderer Bundesländer: „Die geschilderten Fälle zeigen deutlich, daß einige Ausländerbehörden im Land Hessen weiterhin bewußt gegen die Vorschriften des Aufenthaltsrechts verstoßen." (Stadt Duisburg, Ausländeraufsicht an Regierungspräsident Düsseldorf, Schreiben vom 24.12.1969, HHStA. 503/5740b)

Der Landrat berief sich auf eine gängige Praxis der „Ausnahme". In Fällen, wo die Existenz von Betrieben gefährdet gewesen sei, hätten sich hohe Beamte des Innenministeriums „z.T. sogar sehr massiv für die Erteilung von Ausnahmen eingesetzt" (ebd.). Der Landrat betonte, dass es „also nicht um ein prinzipielles Außerachtlassen von Verwaltungsvorschriften [geht; SK], sondern vielmehr um ein zeitlich begrenztes praktisches Handeln zur Sicherung lebensnotwendiger Interessen einzelner durch die Wirtschaftskrise stark gefährdeter Firmen" (ebd.). Im September 1969 schrieb das Arbeitsamt Marburg/Dienststelle Stadtallendorf an das Landratsamt, dass in Einzelfällen Arbeitserlaubnisse an als Touristen eingereiste MigrantInnen erteilt worden waren. Der Autor versicherte darüber hinaus, dass vor der Erteilung einer Erlaubnis „mit Ihrer Behörde in Verbindung getreten, d.h. eine gegenseitige Abstimmung herbeigeführt wurde". Im Dezember 1969 wurde im Innenministerium des Landes Hessen notiert, dass die nachträgliche Vergabe von Aufenthaltstiteln mit einzelnen Vertretern der Regierung abgesprochen worden war. In einem Aktenvermerk heißt es:

> „Dabei hat sich herausgestellt, daß ORR Gilfert […] auf Wunsch von Herrn Staatsminister a.D. Schneider die Ausländerbehörde in Biedenkopf tatsächlich ermächtigt hat, den Aufenthalt von illegal eingereisten Türken, die bei der Fa. Aurorahütte beschäftigt waren, nachträglich zu legalisieren." (AV Innenministerium 5.12.1969, HHStA. 503/5740b)

Die Kodierung des administrativen Handelns als Ausnahme ermöglichte eine quasi außerlegale Praxis. Der Verweis auf die Ausnahme verhinderte die Schaffung von Präzedenzfällen, auf die MigrantInnen oder UnternehmerInnen hätten rekurrieren können. Die Ausnahme hatte somit die gleiche Funktion wie die administrativen „Ermessensspielräume": Sie ermöglichten eine vom kodifizierten Recht abweichende, flexible Handhabung von Situationen, ohne rechtliche Verbindlichkeiten zu erzeugen. Staatssekretär Krellmann: „Diese Kenntnis [der Arbeitsmarktlage; S.K.] hat mich in der Vergangenheit dazu bewogen, unter Zurückstellung von Bedenken in besonders gelagerten Einzelfällen der Erteilung von Aufenthaltserlaubnissen zur Arbeitsaufnahme zuzustimmen." (8.12.1969, HHStA. 503/5740b) Aus einer staatstheoretischen Perspektive handelt es sich um eine Verschiebung der Regelungsmacht auf die Exekutive. Aufgrund der ökonomischen Intervention des Staates kommt es zu einer Infragestellung des juristischen Systems: Die Aufrechterhaltung der „allgemeinen Bedingungen der Produktion" nimmt die Form spezieller Regelungen an, die konjunkturell beziehungsweise situativ bestimmt werden.[41] Diesen Prozess hatte Poulantzas Ende der 1970er Jahre als „Autoritären Etatismus" charakterisiert. Dabei handelte es sich allerdings um eine Veränderung der juridischen Formen selbst, also nicht

41 Die Flexibilität wird dadurch erreicht, dass die Gesetze sich nicht mehr in die formale Logik des juristischen Systems einschreiben, „sondern in ein anderes Register, das der konkreten und kurzfristigen Wirtschaftspolitik, die im Verwaltungsapparat verkörpert ist" (Poulantzas 1978, 200f.).

um eine genuin „illegale“ Praxis. Im Falle der „korrupten“ exekutiven Staatlichkeit könnte man eher von einer Vorwegnahme des Autoritären Etatismus auf der Ebene dessen, was Poulantzas den „parallelen Staat“ genannt hat, sprechen – in Gestalt von Netzwerken und Kooperationen des Verwaltungs- und Exekutivpersonals (ebd. 221f.).

Wie sich zeigt, führte aber auch die Ausnahmestrategie zu einer Verstetigungserwartung. Einerseits schrieben zahlreiche Unternehmen an die Innenminister, um ebenfalls eine nachträgliche Erteilung von Arbeits- und Aufenthaltstiteln zu erbitten. Dieses antwortete mit abschlägigen Bescheiden. Andererseits etablierten sich Migrationsnetzwerke eben entlang dieser Praxis der Ausnahme. Wie das Wissen der Migration innerhalb der Herkunftsgesellschaften weitergegeben wird, zeigt folgender Akteneintrag: Im Zusammenhang mit staatsanwaltschaftlichen Ermittlungen gab der Mitarbeiter einer Ausländerbehörde zu Protokoll,

> „daß der Ortsname Wetzlar bis in den letzten Ort der Türkei zwischenzeitlich bekannt geworden war, da hier für Touristen außerhalb der Legalität die Möglichkeit bestand, Arbeit und damit Aufenthaltsbewilligungen zu erhalten“ (Vermerk, Hess. LKA I/4, Wiesbaden 19.10.1973, Seite 2, HHStA. 502/7391).

Das Problem des „Ausnahmezustands“ in der Regulierung illegaler Arbeitskräfte, die dem politischen Regulierungsinteresse auf Bundesebene entgegenstand, wurde im Falle Hessens offenbar durch eine Klandestinisierung der staatlichen Praxis gelöst: Im Rahmen der bereits erwähnten Ermittlungen des Hessischen Landeskriminalamts wurde deutlich, dass es Absprachen zwischen der untergeordneten, das heißt ausführenden Behörde und der Aufsichtsbehörde, dem Regierungspräsidium gegeben hatte:

> „Als Dr. Best hier noch Landrat war, hatte er ein gutes Verhältnis zu den Unternehmern. Die Pässe (gemeint waren die von mehreren ausländischen Gastarbeitern) hat er damals bei sich gehortet. […] Er verlangte die Erteilung einer Aufenthaltserlaubnis für diejenigen Gastarbeiter, deren Pässe er bei sich aufbewahrt hatte. Nach einigem Hin und Her – ich wollte diese nämlich nicht so ausstellen – führte Dr. Best an, daß das Innenministerium und der Regierungspräsident damit einverstanden wären.“ (Vermerk, Hess. LKA I/4, Wiesbaden 19.10.1973, Seite 2, HHStA. 502/7391)

Bestandteil dieser klandestinen staatlichen Praxis war ihr buchstäblich „undokumentierter“ Charakter. Die Beteiligten stellten damit nicht nur gegenüber Ermittlungsbehörden sicher, dass keine schriftlichen Beweisstücke produziert wurden, sondern entzogen sich insgesamt dem Rechtfertigungsmechanismus, der mit dem Ausländergesetz und den IMK-Beschlüssen für die Ausnahme-Praxis bestanden hat. Als sich ein Mitarbeiter der Behörde aufgrund der illegalen Praxis bei der zuständigen Aufsichtsbehörde hatte rückversichern wollen, wurde ihm erklärt,

„daß eine schriftliche Zusage jedoch nicht erteilt werden könne, sondern dies als stillschweigende Duldung anzusehen sei" (ebd.). Als sich die Beschwerden aus Behörden anderer Bundesländer mehrten, „wurden mit Zustimmung des Herrn Regierungspräsidenten schriftliche Stellungnahmen abgestellt und durch telefonische Auskünfte ersetzt" (ebd, 4).[42]

Das lokale Bündnis zwischen Teilen des Staatsapparats und den Unternehmen zeitigte mehrere Effekte. Auf der einen Seite verstärkte es offenbar die regionale Immobilisierung der MigrantInnen, der Landrat nahm ihnen die Pässe ab. Schließlich wurden sie für die lokale Industrie rekrutiert und sollten nicht weiterwandern – was einige dennoch taten und dadurch die Aufmerksamkeit anderer Behörden erweckten. Durch die klandestine Anwerbung waren die Unternehmen aber auf die Mechanismen der Kettenmigration angewiesen, wodurch sich ein Moment der Autonomie auf Seiten der MigrantInnen verstärkte, wie jener Mitarbeiter mit Bedauern feststellte, als er auf den Verbreitungsgrad der Information über diese Einreisemöglichkeit hinwies. Die IMK-Beschlüsse und das Ausländergesetz konnten offenbar die klandestine Migration nicht vollständig unter Kontrolle bringen. Ende der 1960er Jahre führten die Effekte des dritten und vierten Wegs zu einem erneuten, diesmal öffentlichen Prozess der Lösung des Migrationsproblems.

3.6.2 Der politische Prozess um die Legalisierung zwischen 1968 und 1973[43]

Die politische Diskussion um die Legalisierung der MigrantInnen, die mit einem Touristenvisum eingereist waren, begann in der zweiten Hälfte der 1960er Jahre und intensivierte sich maßgeblich ab 1970. Der Übergang von einer administrativ-ökonomischen Behandlung zu einer öffentlichen politischen Diskussion hing dabei auch mit den allgemeinen politischen Veränderungen der Zeit zusammen,

42 Ähnliches ist auch in anderen Bundesländern dokumentiert. Das zeigt, dass es sich hierbei nicht um einen Einzelfall handelte (vgl. Hunn 2005, 264). In der gesamten Migrationsgeschichte Deutschlands kam es immer wieder zu solchen Fällen von „Korruption" der Ausländerbehörden. Diese können jeweils nur auf der Grundlage polizeilicher Ermittlungsakten nachgewiesen werden. Ein systematischer Charakter kann darum nur vermutet werden, da nur gemeldete und verfolgte Fälle Eingang in diese Akten finden. Für die jüngere Geschichte sind diese Dokumente zudem noch nicht zugänglich.

43 Wenn im Folgenden die erste bundesweite politische Debatte über die „Legalisierung" papierloser MigrantInnen in Deutschland rekonstruiert wird, ist hier auf die Tatsache zu verweisen, dass die MigrantInnen nicht gleichmäßig über das Bundesgebiet verteilt waren, sondern sich ihre Anwesenheit auf bestimmte Ballungszentren in den Ländern Nordrhein-Westfalen, Bayern, Hessen und Baden-Württemberg konzentrierte. Von diesen war Hessen das einzige, das tatsächlich eine Politik der Legalisierung in Erwägung zog und das mit der Duldungs-Praxis einen nicht ausschließlich restriktiven Umgang mit dem Phänomen suchte.

unter anderem dem Regierungsantritt der sozialliberalen Koalition und den Folgen der außerparlamentarischen Opposition.

1970 forderte der DGB die Legalisierung der auf zwischen 30.000 und 60.000 geschätzten illegal eingereisten GastarbeiterInnen. Die Forderung wurde zwar vom damaligen Bundeskanzler Willy Brandt und einigen Ministerien (zum Beispiel dem Bundesminister für Arbeit) unterstützt. Durchsetzen konnten sich aber das Bundesinnenministerium und die Innenminister der Länder, die einen Kompromiss aushandelten. Dieser bestand vor allem darin, das bestehende System nicht außer Kraft zu setzen und dennoch die Bedürfnisse der ArbeitgeberInnen, die sich insgesamt für eine „flexible Handhabung“[44] einsetzten, zu berücksichtigen. Es waren insbesondere die Bundesländer Nordrhein-Westfalen und Bayern, die auf einer einheitlichen Regelung und auf der Einhaltung rechtsstaatlicher Prinzipien insistierten, während die Vertreter der Bundesministerien, die Gewerkschaft und ArbeitgeberInnenvertreterInnen für eine weniger restriktive Lösung plädierten. Die Initiative ging von den Gewerkschaften aus: Im August 1970 fuhr eine Delegation des DGB in die Türkei um sich dort mit dem Türkischen Gewerkschaftsbund Türk-İş zu treffen. Gemeinsam starteten sie eine politische Kampagne, um eine Lösung herbeizuführen, welche die Ausweisung der MigrantInnen verhindern sollte:

> „Das geschäftsführende Mitglied des DGB, Franz Woschech, teilte mit, daß sich der DGB um Aufenthalts- und Arbeitsgenehmigungen für die Illegalen bemühte. Ein entsprechender Antrag ist bereits gestellt. Innerhalb einer Dreimonatsfrist […] sollen die betroffenen Türken bei den zuständigen Arbeitsämtern die entsprechenden Genehmigungen holen können. Die Aktion soll einmalig sein und nicht wiederholt werden.“ (DGB-Nachrichtendienst, zit. nach Treichler 1998, 165)

Der DGB wollte überdies, „daß wir die Kanäle erfahren, durch welche die Arbeiter in die Bundesrepublik eingeschleust werden“ (Brief des DGB-Bundesvorstandes an den Innenminister Hessens vom 17.9.1970). Auch das BMA argumentierte, dass eine Legalisierungsaktion Aufklärung über „Schmuggler-Routen“ bewirken und damit ihre Zerschlagung erleichtern könne. Begleitet werden sollte die „einmalige Aktion“ von einer „breiten Informationswelle“, welche die künftigen MigrantInnen über die Folgen einer eventuellen illegalen Arbeitsaufnahme aufklären sollte. Schließlich forderte der DGB eine Strafverschärfung für ArbeitgeberInnen, die illegal eingereiste AusländerInnen beschäftigen. Sowohl die Gewerkschaften, als auch andere LegalisierungsbefürworterInnen beschrieben die MigrantInnen als arglose Menschen, die von „kriminellen Elementen“ und „Schleppern“ getäuscht worden seien. Viele dieser MigrantInnen hätten „ihr ein-

44 So die Formulierung aus einem Schreiben des Bundesjustizministeriums, das, ähnlich wie viele andere Behörden, Ministerien und politischen Einrichtungen, Briefe aus dem Arbeitgeberlager erhielt.

ziges Hab und Gut verkauft, um ‚Schlepper' und Reise bezahlen zu können" (ebd, 1).

Die Figur des Schleppers oder illegalen Vermittlers erfüllte eine wichtige Funktion in der politischen Behandlung irregulärer und unerwünschter Formen der Migration: Sie ermöglichte den Kompromiss. Eingeführt wurde sie hier von jenen politischen Kräften, die sich für eine „flexible" und „humanitäre" Lösung des Problems einsetzen und später von den Vertretern anderer Strömungen aufgegriffen.[45] Die Figur des Schleppers und damit die Behauptung, die MigrantInnen würden gegen ihre Willen migrieren, ermöglichte es, die Legalisierung als Bekämpfung des vierten Weges als einer besonders ausbeuterischen Variante von Arbeit und gleichzeitig als Bekämpfung der unkontrollierten Migration zu darzustellen. Dies war auch symptomatisch für den Übergang vom ökonomischen zum politischen Regieren der Migration. Allerdings kam es an diesem Kreuzungspunkt der verschiedenen Regierungsweisen zu einer Überdetermination: Die Zurückweisung des ökonomischen Regierens der Migration, die auch der Argumentationsweise der Innenminister entsprach, musste auf andere Weise erfolgen, da sie sich gegen die wirtschaftlichen Interessen der Unternehmen richtete. Genau dies ermöglichte das Pendant zur Figur des Schleppers, der „Sklave": So konnte man für die MigrantInnen Partei ergreifen und dennoch die illegale Migration ablehnen. Mit der „einmaligen" Legalisierung – auch die Gewerkschaften betonten, keine weiteren Anreize für Einwanderung schaffen zu wollen – sollte die Migration beendet werden.

In der Entgegnung der BefürworterInnen einer „harten Linie" wurden diese Vorstellungen zunächst zurückgewiesen. Sowohl mit der hohen Zahl der Illegalen, als auch mit dem daran gekoppelten Szenario von Massenabschiebungen „solle die Öffentlichkeit schockiert werden. In Wirklichkeit würden bei der derzeitigen Praxis Illegale nur in kleineren Gruppen festgestellt und abgeschoben." (Vertreter des Landes NRW auf einer Ausländerreferentenbesprechung in Berlin vom 15.-16.10.1970, HHStA. 503/ 5741a) Ebenso könne kaum angenommen werden, dass die MigrantInnen getäuscht worden seien, behaupteten diese doch selbst nicht, „die Sichtvermerkspflicht nicht gekannt zu haben, sondern sich dahin einließen, sie hätten gehofft, der Schlepper werde ihnen eine Aufenthaltserlaubnis beschaffen" (ebd., 9f). Der dann ausgehandelte Kompromiss ermöglichte den Ländern, einer Empfehlung des Bundes zu folgen, nämlich Duldungen für die illegalisierten MigrantInnen zu vergeben. Dies geschah jedoch nur in

45 So wurde auch im Deutschen Bundestag anlässlich einer Kleinen Anfrage von Mitgliedern der CDU-Fraktion argumentiert: „[…] da sich unter den nicht legal in der Bundesrepublik befindlichen türkischen Gastarbeitern viele befinden, die von unverantwortlichen Vermittlern hierhergeschleppt worden sind. Es wäre die Aufgabe in diesem Fall eben diejenigen zur Rechenschaft zu ziehen, falls das möglich ist, die sich solcher Praktiken schuldig machen, aber nicht die Opfer dafür zu bestrafen." (Moersch, Parlamentarischer Staatsekretär beim Bundesminister des Auswärtigen Amts, Deutscher Bundestag , 6. Wahlperiode, 108. Sitzung , Bonn, 12.3.1971, 6299)

Hessen und Rheinland-Pfalz, die diese Duldungen bis Ende 1972 verlängerten. Im Sommer 1972, als die letzte Duldungsphase für die temporär Legalisierten ausgelaufen war, begann abermals eine Auseinandersetzung um die Illegalisierten. Am 1.7.1972 fand in Frankfurt am Main eine Demonstration der betroffenen MigrantInnen statt, an der sich circa 5000 Menschen beteiligten (vgl. FR, 3.7.1972). In einem gemeinsamen Flugblatt der Arbeiterwohlfahrt, des Caritasverbandes, des Diakonischen Werks, der Humanistischen Union, den Jungdemokraten, Jungsozialisten und dem Türkischen Volkshaus hieß es:

„Die türkischen Arbeiter wurden befristet ‚geduldet'. Im März 1972 lief die Duldung ab. Die Bauindustrie protestierte. Man brauchte die billigen Arbeitskräfte. Deshalb wurde die Duldung verlängert. Bis Ende November. Doch die Bedingungen der Duldung machen die Arbeiter zu Sklaven der Firmen: Nur der darf bleiben, der seinen alten Arbeitsplatz nicht verliert. Kündigt ein Arbeitgeber, obwohl den türkischen Arbeiter kein Verschulden trifft, würde der Arbeiter sofort ausgewiesen. [...] Deshalb fordern wir: 1. Legalisierung der geduldeten Arbeiter. Sie leben in Angst, ihren Arbeitsplatz zu verlieren und die Familien nicht ernähren zu können, 2. Strenge Bestrafung der Menschenhändler und Unternehmer, die sich durch billige Arbeitskräfte bereichern, 3. Maßnahmen seitens der türkischen Regierung gegen die Förderung und Unterstützung der illegalen Arbeitssituation." (HHStA. 503/ 5741a)

Die Aktionen der unterstützenden Organisationen und die der Unternehmen[46] lösten eine gewisse Betriebsamkeit der Behörden aus. Der Präsident des Landesarbeitsamts Hessen warnte in einem Schreiben vom 10.7.1972 den Ministerpräsidenten Hessens vor einer „Sogwirkung", falls, wie er aus Presseberichten entnehme, der Ministerpräsident tatsächlich „erwäge, endgültig zu legalisieren" (HHStA. 503/5740c). Ein solcher Beschluss käme nicht nur „gerade den Schwarzvermittlern zugute", sondern: „Hessen droht zu einem Mekka der Illegalen zu werden." (Ebd.)

Im Innenministerium war man erstaunt über die „irreführende Formulierung" der Legalisierung: „Aufgrund der in fast allen Zeitungen veröffentlichten entsprechenden Meldungen sei weithin der unrichtige Eindruck entstanden, als ob die türkischen Arbeitnehmer über den gesetzten Stichtag hinaus in Deutschland bleiben dürften." (Vermerk des HMdI, HHStA. 503/5740c) Aufgrund der politischen Situation, in der eine weitere Eskalation befürchtet wurde, stimmte das Innenministerium dann dem Vorschlag des Auswärtigen Amtes zu, das „Problem" per namentlicher Anforderung zu lösen, denn es sei nicht

46 Schon die Verlängerung der Duldung vom 28.3.1972 auf Ende November ging auf die Bauunternehmer zurück, der Termin „paßte besonders der Bauwirtschaft überhaupt nicht. Falls alle Arbeitnehmer im Frühjahr in ihre Heimatländer abgeschoben würden, drohten Terminschwierigkeiten" (FR, 8.6.1972).

„zu verkennen, daß wohl nur die namentliche Anforderung zu einer gewissen Beruhigung unter den Arbeitgebern beiträgt und die Wahrscheinlichkeit erhöht, daß die geduldeten türkischen Arbeitnehmer spätestens bis zum 30.11.1972 freiwillig in ihre Heimat zurückkehren. Dem letztgenannten Gesichtspunkt messe ich entscheidende Bedeutung bei." (Schreiben des HMdI an den Bevollmächtigten des Landes Hessen beim Bund, 24.7.1972, HHStA. 503/5740c).[47]

Nach einem Bericht des Initiativausschusses „Ausländische Mitbürger in Hessen", der maßgeblich an dem Kampf um die Legalisierungen beteiligt war, gelang es tatsächlich, „daß alle diejenigen Arbeiter, die von ihrer Firma eine Anforderung bekamen, unmittelbar nach ihrer Rückkehr in die Türkei [...] sofort zur Aufnahme der Arbeit wieder in die Bundesrepublik einreisen konnten" (Lüderwald 1986, 196).[48]

3.6.3 Die Viertellegalen

Im Zuge der Politisierung des Problems als eines Kontrollverlusts durch die deutschen Behörden wurde deutlich, dass die ArbeitgeberInnen selbst kein besonderes Interesse am rechtlichen Status der MigrantInnen hatten. Für sie war die Verfügbarkeit von Arbeitskräften entscheidend, nicht die Frage, ob diese über einen legalen oder eben keinen Aufenthaltsstatus verfügten. Dies zeigen die Bemühungen zahlreicher Unternehmen, „ihre" Beschäftigten zu legalisieren. „Illegal" ist hier demnach weniger Index für eine besondere Form der Unterschichtung, sondern bezeichnet vor allem den Modus der Regulation und die Verfügung über die Mobilität. Die Unternehmen und die sie unterstützenden politischen Funktionäre verwiesen auf ihren hohen Bedarf an Arbeitskräften, der vom nationalen Arbeitsmarkt nicht befriedigt werden konnte. Dennoch handelte sich um ein Unterlaufen des im Anwerbeabkommen artikulierten Kompromisses. Es wurde seitens der LegalisierungsgegnerInnen dann auch der Vorwurf gegenüber den

47 Die Aktivitäten der mit den MigrantInnen solidarischen Gruppen dauerten derweil an, so zum Beispiel der Arbeitskreis für Ausländerintegration (AEF) in Seligenstadt, der „alle demokratischen Kräfte" aufrief, sich an dem Protest gegen die Ausweisung zu beteiligen. Es sei, so deren Vorsitzender Jörg Böhmer, nicht haltbar, dass ausländische Arbeitskräfte einige Zeit des Profits wegen geduldet würden, um dann abgeschoben zu werden (FR, 28.8.1972). Ähnlich äußerten sich die Jungsozialisten, die vorschlugen, das „Übel an der Wurzel zu packen", das sie im internationalen Menschenschmuggel sahen. Der Ablauf der Duldungen am 30.11.1972 sei überdies kein Zufall, da damit die Auszahlung von Schlechtwettergeld verhindert werden solle. Die meisten der Illegalen wären im Baugewerbe beschäftigt (FR, 28.8.1972). Auch einzelne Abgeordnete und Landräte beteiligten sich. So etwa Landrat Willi Blodt (Groß-Gerau) und der rheinland-pfälzische Landtagsabgeordnete Hans Schweitzer, die sich mit Schreiben an die jeweiligen Landesregierungen wandten (FR, 4.8.1972).

48 Dies wird von Samy Charchira (2005) bestätigt, der im Rahmen seiner Forschungsarbeit Interviews mit marokkanischen GastarbeiterInnen führte. Siehe auch den anonymen „Bericht eines Illegalen" (1973).

ArbeitgeberInnen erhoben, diese seien nur an der Einsparung der Gebühren für die legale Vermittlung interessiert und versuchten sich der im Abkommen geregelten Bereitstellung von Wohnraum zu entziehen. Diese seien aber Teil des Instrumentariums, mit denen der Kompromiss organisiert worden sei und die helfen sollten, den Inländerprimat auf dem Arbeitsmarkt sicher zu stellen. Die Bekämpfung der illegalen Migration diente daher der Aufrechterhaltung des Kontrollanspruchs über die Mobilität der Arbeiter „an sich". Auch die Legalisierungsforderung wurde in diesen Kontext eingeschrieben beziehungsweise geschah zwangsläufig aufgrund der „national-sozialen" Matrix der politischen Konflikte.

Der Gewerkschaftsbund wiederum zielte mit seiner Forderung nach einer Legalisierung „nicht auf eine Ausweitung der legalen Beschäftigungsmöglichkeiten von ausländischen Arbeitnehmern in der BRD, sondern auf die Verhinderung eines Unterlaufens tarif-, arbeits- und sozialrechtlicher Standards" (Treichler 1998, 167). Mit dem Scheitern der Legalisierungsforderung unternahm der DGB keinen weiteren solchen Versuch und konzentrierte sich stattdessen auf die Strafverfolgung der ArbeitgeberInnen, die Illegale beschäftigten sowie auf die Ausweisung letzterer. In der Debatte um Legalisierung kam die widersprüchliche Position der Gewerkschaften zur Migration zum Ausdruck. Trotz internationalistischer Proklamationen blieb die Auffassung bestehen, dass die MigrantInnen letztlich „AusländerInnen" waren, also ArbeiterInnen, die nicht

> „zu dem Land gehören, in dem [sie; SK] arbeiten. Dies macht die Gewerkschaften ohnmächtig gegenüber den widersprüchlichen Fakten, auf die diese Unterstellung sich stützt. Man muß von einer Unterstellung sprechen (wenngleich sie von einheimischen wie ausländischen Arbeitern akzeptiert wird), weil das Wort angehören in diesem Kontext eine Fiktion ist" (Berger/Mohr 1976, 145).[49]

Die gewerkschaftliche Positionierung gegen illegale Beschäftigung war Teil einer grundsätzlichen Vertretungspolitik, zu der auch die Unterschichtung durch die migrantische Arbeit gehörte. Denn die Gewerkschaften vertraten nicht die inländische Arbeitskraft in ihrer Gesamtheit, sondern die in „Normalarbeitsverhältnissen" Beschäftigten.[50] Die historische Alternative zur Migration hätte in der

49 Dies spiegelte sich in der skeptischen Haltung vieler MigrantInnen gegenüber der gewerkschaftlichen Vertretung wieder: „Die Emigranten haben das Recht, den bestehenden Gewerkschaften beizutreten. In Frankreich und in der Schweiz können sie keine offizielle Gewerkschaftsfunktion ausüben. In allen Ländern ist ihnen die politische Betätigung versperrt. [...] In Ihrer Mehrzahl sind die Emigranten, ob sie einer Gewerkschaft angehören oder nicht, skeptisch hinsichtlich der Bereitschaft oder Fähigkeit der Gewerkschaften, für ihre Interessen zu kämpfen." (Berger/Mohr 1976, 144f.; vgl. auch Treichler 1998; Anagnostidis 1972)

50 Das Normalarbeitsverhältnis als Leitbild im deutschen Arbeits- und Sozialrecht „hat ein solches Arbeitsverhältnis zum Bezugspunkt, das dauerhaft und kontinuierlich, im möglichst großbetrieblichen Zusammenhang auf Vollzeitbasis erfolgt und Qualifikation voraussetzt" (Mückenberger 1986, 34). Das Leitbild war nie deckungsgleich mit der Realität der Arbeitsverhältnisse, immer „hat es gesellschaftliche

Mobilisierung einer inländischen Reserve bestanden. Ein Ersatz der MigrantInnen wäre möglich gewesen „durch die Versetzung eines großen Teils der inaktiven (Frauen, Halbstarke, Kinder), im tertiären Sektor beschäftigten oder der parasitären Bevölkerung in die Produktion" (Gorz 1970).

Der Kampf gegen die Illegalität ist nur aus der Perspektive des gewerkschaftlichen Einsatzes für die Aufrechterhaltung des Normalarbeitsverhältnisses zu verstehen. Das zeigt beispielhaft die Arbeit des Gewerkschaftsfunktionärs Diamant, der in verschiedenen Beiträgen einen Zusammenhang zwischen der Erwerbstätigkeit von Frauen und MigrantInnen herstellte (vgl. etwa Diamant 1970). In einem Beitrag zur illegalen Beschäftigung migrantischer ArbeiterInnen dechiffrierte Diamant die Formen der Illegalität als Formen der Prekarisierung des Arbeitsverhältnisses. Neben „Halblegalen", mit denen er diejenigen MigrantInnen meint, die auf dem zweiten und dritten Weg, also außerhalb des Anwerbeabkommens eingereist sind, finden sich bei ihm „absolut Illegale". Diese werden dann in einem Gesamtkontext situiert, den er als „frühkapitalistisch" bezeichnet (Diamant 1973b, 14ff). Als Teil dieser Erscheinungsformen wird auch Frauenarbeit genannt: „Da ist die Frauenbeschäftigung in einem exorbitanten Maße; und Frauenbeschäftigung, das heißt Beschäftigung von Billiglohnarbeitern." (Ebd., 16) Zwar konstruiert Diamant diesen Beziehungszusammenhang, besteht aber auf einem grundlegenden Unterschied zwischen legalen und illegalen Arbeitern, weshalb es auch nicht angemessen sei, von den legalen Arbeitern als den „Negern" der Bundesrepublik zu sprechen.[51] Die legalen MigrantInnen sind darin den Frauen ähnlich, sie sind unterprivilegiert, aber die „tagtägliche gewerkschaftliche und gesellschaftspolitische Aufgabe ist es, ihnen dabei zu helfen und sie zu befähigen, daß sie für ihre Rechte eintreten" (ebd., 19). Der Widerspruch wird aufgelöst durch seine Temporalisierung: Nur durch langwierige Auseinandersetzungen, gekoppelt an eine Einschränkung des politischen und sozialen Kampfes auf den legalen Rahmen des Modells der Sozialpartnerschaft, kann in der gewerkschaftlichen Sicht geschlechtliche und migrantische Unterschichtung aufgehoben werden.

‚Arbeit' gegeben, die ungeachtet ihrer gesellschaftlichen Erforderlichkeit nicht als Lohnarbeit organisiert war" (ebd., 34) oder die den im Normalarbeitsverhältnis zugrunde gelegten Kriterien nicht entsprach. Vielmehr „diskriminiert" das Normalarbeitsverhältnis die Beschäftigten anhand bestimmter Grundkriterien wie Dauer und Kontinuität der Beschäftigung und schafft verschieden stark regulierte beziehungsweise geschützte Typen von Beschäftigungsverhältnissen und sozialer Sicherung. Dabei spielt das Leistungsprinzip in der Sozialversicherung eine zentrale Rolle, es reproduziert die „Dominanz und Selektivität des Normalarbeitsverhältnisses" (ebd., 35), indem es die sozialen Leistungen in Nicht-Erwerbsphasen (Alter, Arbeitslosigkeit) an das Arbeitsverhältnis koppelt – bei der Rente etwa durch Dauer und Höhe der Beiträge (vgl. Auth 1998, 293).

51 Es handelt sich dabei um eine Anspielung auf ein populäres Buch von Ernst Klee mit dem Titel „Die Nigger Europas" von 1971, das von den GastarbeiterInnen handelt.

3.7 Zwischenresümee

Das Problem der Gewerkschaften war es gewissermaßen, ihre internationalistischen Proklamationen realpolitisch zu operationalisieren. Dass die Aufrechterhaltung sozialrechtlicher Standards und Tarifgefüge mit ordnungspolitischen Interessen verbindbar ist, ist keineswegs arbiträr. Diese Verbindung ist vielmehr als Normalisierung die Grundlage biopolitischer Regulierung. Diese Regulierung verbindet sich im Staat mit der nationalen Form und den dazugehörenden imaginären Gemeinschaften. Die Normalisierung der nationalen Bevölkerung verhindert über die Homogenisierung die Entwicklung fundamentaler Diskontinuitäten zu Brüchen oder Antagonismen. So kann ein auf der Produktivität der Bevölkerung beruhendes normales Gleichgewicht der Kräfte geschaffen werden. Insofern ermöglichen normalisierende Sicherheitstechnologien es dem Staat, im Sinne einer „Verdichtung von Kräfteverhältnissen" zu funktionieren. Auf dieser Grundlage funktionierte das von den Gewerkschaften verteidigte Normalarbeitsverhältnis nicht nur im Sinne eines Arbeitsmarkt-Protektionismus. So ist auch das Problem der Konkurrenz zu interpretieren, mit dem die ArbeiterInnenbewegung grundsätzlich konfrontiert ist. Die Bearbeitung der Konkurrenz wird über das Normalitätsdispositiv geregelt, das sich mit anderen Elementen des Normalismus (vgl. Link 1997) verbindet und so dazu führt, dass die MigrantInnen nicht nur als ökonomische Konkurrenz auf dem Arbeitsmarkt angesehen werden, sondern als Schmutzkonkurrenz. Herkömmlich wird dies mit exogenen Faktoren erklärt, als Einfluss rassistischer oder fremdenfeindlicher Einstellungen, oder aufgrund ökonomischer Erwägungen. Meines Erachtens ist diese Form der Exklusion, die zuweilen rassistische Züge annimmt, aber zurückzuführen auf das asymmetrische Kompromissfeld aus dem die national-staatliche Form als Lösung des Marktproblems erscheint. Dabei ist zu berücksichtigen, dass die Gewerkschaft nicht ausschließlich als Interessensverband agiert. Sie vertritt immer auch ein gesamtgesellschaftliches Projekt. Das Ende der Gastarbeiteranwerbung ist keineswegs Folge der Aktivitäten der Gewerkschaften als pressure group, sondern das Produkt der spezifischen Form der Ausarbeitung der allgemeinen gesellschaftspolitischen Ziele.

Das Übersetzen der sozio-ökonomischen in rechtliche Kategorien der Migrationspolitik markiert demnach nicht nur die Kodifizierungsebene gewerkschaftlicher Politik, auf der die Durchsetzung von Arbeiterinteressen staatlich organisiert und sanktioniert wird. Die Sprache der Illegalität fungiert vielmehr als Verbindungs- und Anschlusselement an den durch die Innenminister und -behörden repräsentierten Kontrollanspruch. Staatliche Autonomie in Fragen der migrantischen Mobilität ist damit Effekt eines Verdichtungsprozesses, in dem sich soziale Widersprüche artikulieren. Staatliche Praktiken der Erleichterung oder Verhinderung von Mobilität lassen sich also nicht unmittelbar auf die Interessen bestimmter gesellschaftlicher Gruppen zurückführen: Vielmehr ermöglicht die Etablierung dieses Dispositivs einen eigenen Aushandlungsraum, der den korporatistischen Aspekt im Klassenkompromiss und damit auch den „national-sozialen" Charakter von Staat und Bürgerschaft stabilisiert. Maßgeblich für diese Stabilisierung ist die Unterbrechung des Migrationsprozesses, denn in letzter Instanz sind legale wie illegale MigrantInnen Teil eines identischen Kontinuums der Deterritorialisierung des Fordismus als einer nationalstaatlich territorialisierten Lösung der Widersprüche der kapitalistischen Produktionsweise. Das Problem der „Schmutzkonkurrenz", als das die ArbeiterInnenbewegungen die Fragen der Beschäftigung von MigrantInnen diffamiert haben, kann daher aus einer solchen Perspektive nur durch deren Verwandlung in „sesshafte" ArbeiterbürgerInnen, das heißt durch ihre Integration, gelöst werden. Eine derartige Gleichstellung ist jedoch nur unter den Bedingungen (des Phantasmas) einer Stillstellung der Migration möglich. Die vom Gewerkschaftsfunktionär angepeilte allmähliche Angleichung setzt voraus, dass der Prekarisierung „von unten" durch den beständigen Nachschub an migrantischer Arbeitskraft, ein Riegel vorgeschoben wird. Daher sah der Legalisierungskompromiss, den der DGB zeitweilig anstrebte, eben diese Kompromisslinie vor[52] und endete schließlich in einem allgemeinen Anwerbestopp.

Bis dahin bestand der Migrationskompromiss im Kern aus einer niemals rechtlich kodifizierten Rotation, wodurch sich das Terrain der Auseinandersetzung von der „ökonomischen" auf die soziale und politische Ebene der Gastarbeit verschob. Weil man eben auch ohne eine offizielle Rotationsregelung vom Modell „Reservearmee" ausging, wurden Fragen des Aufenthaltes und des Rechts der Arbeiter, über diesen selbst zu bestimmen, im Ausländergesetz in der Formel „der Belange der Bundesrepublik" flexibel beantwortet. Die Unterschichtung der MigrantInnen, die damit erreicht wurde, war nichts anderes als die Auslagerung bestimmter Aspekte oder Eigenschaften der arbeitenden – vormals „gefährlichen" – Klassen auf deren migratorische Segmente.[53]

Diese Abspaltung und die damit einhergehende Desartikulation von Widersprüchen und Konflikten entlang der „Klassen"-Rhetorik konnte jedoch nur aufrechterhalten werden, wenn es gelang, alle Momente der Abspaltung permanent zu reproduzieren. Dies konnte aber historisch nur bedingt gelingen, da die selbstorganisierte Mobilität der MigrantInnen – der dritte und vierte Weg der Migra-

52 Auch der Kampf der undocumented migrants in den USA Anfang des Jahres 2006 resultierte schließlich zwar in einer Legalisierung von über einer Million illegalen MigrantInnen. Die Legalisierung ist aber auch an den Bau einer gigantischen Mauer zwischen den USA und Mexiko gekoppelt.

53 Durch diesen Zusammenhang ethnisiert beziehungsweise kulturalisiert sich der historische Klassenrassismus, der sich zunächst gegen die „gefährlichen Klassen", den Mob, die Menge gerichtet hatte. Die Verknüpfung von sozioökonomischer Ungleichheit mit ethnischen oder rassistischen Kategorien ist insgesamt kennzeichnend für die Artikulation von Herrschaftsverhältnissen im vor-nationalstaatlichen Europa. Arme, Vagabunden und andere wurden als endogame Bevölkerungsgruppen verstanden (vgl. Gabbert 2007).

tion in die Bundesrepublik – die Bedingungen für diese Operation beständig verschoben.

Der Versuch des DGB, eine Legalisierung zu befürworten, hat für einen kleinen historischen Augenblick die Karten aufgedeckt, die in diesem Spiel zum Einsatz kamen: Um den auf nationaler Ebene erreichbaren sozialen Kompromiss im Kontext des Fordismus abzusichern, musste „Bevölkerung", insbesondere Arbeitsbevölkerung, eine steuerbare Größe sein.[54] Im keynesianischen Wohlfahrtsstaat sind die Operatoren der Kohäsion ökonomisch; die Aussage Max Frischs – „Wir riefen Arbeitskräfte, es kamen Menschen" – verweist jedoch, abgesehen von den Intentionen des Schriftstellers und all jener, die seit Jahrzehnten das Zitat bemühen, auf die Grenzen dieses Verfahrens.[55] Migration ist nicht kontrollierbar, weil die Ware Arbeitskraft einen spezifischen Unterschied zu allen anderen Waren aufweist. Die Träger der Ware, hier die MigrantInnen, lassen sich nicht auf genau diese Funktion reduzieren, oder anders gesagt: Der Migrant ist kein homo oeconomicus.

Die Debatten um Legalisierung zeigen, mit welchen Mitteln die ideologischen Widersprüche eines solchen Vorgehens bearbeitet wurden und welche Subjektzuschreibungen daraus hervorgingen, die auch in der gegenwärtigen Debatte noch wirksam sind: Durch eine Entsubjektivierung der Bewegung der Migration werden die MigrantInnen zu Opfern gemacht. Damit, dass die MigrantInnen als gegen ihren Willen Mobil-Seiende dargestellt werden, kann der „linke", gewerkschaftliche und humanitäre Konsens entstehen, der trotz der Forderungen nach Schließung der Grenzen und der Bekämpfung der Migration die MigrantInnen nicht offen zu GegnerInnen macht. In ihm bleiben die materiellen Grundlagen der Abspaltung unsichtbar. Diesen „subjektivierenden" Effekt des Migrationsregimes nenne ich das Viktimisierungsdispositiv, auf das ich in Kapitel sieben näher eingehen werde. Dieser Mechanismus verwaltet gleichsam den subjektiven Überschuss, der in der Differenz zwischen den ArbeiterInnen und ihrer Arbeitskraft besteht, das heißt in der Tatsache, dass „die menschliche Arbeitskraft nicht auf den Zustand einer Ware zu reduzieren ist und dass sie gegen den Zustand dieser Reduzierung einen immer stärkeren, organisierten Widerstand leistet" (Balibar 1990b, 203).

54 Selbstbestimmte Mobilität steht ebenso gegensätzlich zu Bevölkerungspolitiken wie die selbstbestimmte Reproduktion. Für die Demografen sind Migration und Geburtenrate gleichwertige Einheiten. Die feministischen Kämpfe für das Recht auf Abtreibung vor allem in den 1970er Jahren und die Kämpfe um Mobilität sind daher auf demselben Terrain angesiedelt.

55 Das Zitat von Max Frisch wurde auch im Kontext der Infrastrukturdebatte verwendet, als in der ersten Wirtschaftskrise der 1960er Jahre die „Kosten" der Migration kalkuliert wurden und dies, so Nikolinakos, darauf hinauslief zu kalkulieren, „wie man Gastarbeiter möglichst ohne Kosten importieren könnte" (1973, 114).

4. Vom Ende der Gastarbeit zum Asylregime

Die Jahre vor dem Anwerbestopp waren gekennzeichnet durch unterschiedliche, sich zum Teil widersprechende Tendenzen in der Migrationspolitik. Im Jahr 1973 kulminierten diese Widersprüche mit der Verfügung des Anwerbestopps durch die Bundesregierung im November. Im selben Jahr hatte die Anzahl der in die Bundesrepublik Deutschland eingereisten MigrantInnen einen Höhepunkt erreicht (vgl. Castles/Kosack 1974, 179). Der soziale Kompromiss, auf dem das Gastarbeitsregime beruhte, bestand zwar noch. Er wurde aber durch verschiedene Entwicklungen in Frage gestellt. Bereits in der ersten Infrastrukturdebatte während der Rezession 1968 hatte sich ein Wandel in der Zusammensetzung der migrantischen Bevölkerung abgezeichnet. An Stelle einzelner Arbeiterinnen und Arbeiter, die vielfach in Wohnheimen untergebracht waren, wohnten immer mehr MigrantInnen mit ihren Familien in der Bundesrepublik.[1] Anders als auf dem Arbeitsmarkt und im Produktionsprozess traten sie dadurch in ein direktes Verhältnis mit einheimischen NachfragerInnenn nach Gütern wie Wohnungen, Kindergartenplätzen und sozialstaatlichen Leistungen. Die Kennzeichnung der verlängerten Aufenthaltsdauer der MigrantInnen als Problem war somit gekoppelt an die damit erwarteten Verteilungskämpfe. Tatsächlich war der Anwerbestopp der Versuch, die Widersprüche des Gastarbeitsregimes stillzustellen. Jahre-

1 1973 betrug die Gesamtzahl der MigrantInnen 3,966 Millionen, davon waren 2,595 Millionen sozialversicherungspflichtig beschäftigt. Bis 1980 stieg die Zahl der migrantischen Wohnbevölkerung auf 4,453 Millionen und bis 1990 auf 5,342. Der Anteil der sozialversicherungspflichtig Beschäftigten sank aber bis 1980 auf 1,925 Millionen, und bis 1990 auf 1,793 Millionen Interessant sind die Jahre der Stagnation zwischen 1973 und 1978. Der migrantische Anteil an der Wohnbevölkerung stieg nur um 0,2 Prozentpunkte von 6,4 auf 6,6 Prozent der Gesamtbevölkerung. Ein signifikanter Anstieg ist erst ab Ende der 1970er Jahre festzustellen, und zwar um 0,2 bis 0,5 Prozentpunkte jährlich. Das Anwachsen zwischen 1973 und 1980 ging zu einem überwiegenden Teil auf nachgeholte oder in Deutschland geborene Kinder zurück, deren Anzahl in diesem Zeitraum um 480.000 anstieg. Die Zahl der AsylbewerberInnen stieg von 16.410 im Jahr 1977 auf 107.818 im Jahr 1980, erreichte dann dieses Niveau aber erst wieder 1988 (vgl. Bade/Oltmer 2004, 52-96).

lang oszillierte die Migrationspolitik zwischen „Integration und Rotation", zwischen Unternehmen, die Arbeitskräfte halten und beschäftigen wollten und Migrationspolitikern, die die „Infrastrukturkosten" für ganze migrantische Familien nicht tragen wollten, zwischen dem Bedarf an einer hochmobilen Arbeitskraft, die in Wohnheimen untergebracht werden sollten, und dem Widerstand der Männer und Frauen, die sich den rigiden Vorschriften, die in den „Gastarbeiterlagern" herrschten, nicht unterwerfen wollten. Bezeichnend für die Kontroverse der 1970er Jahre ist die Überschrift eines Artikels in der Wochenzeitung DIE ZEIT: „Wohin mit dem vierten Stand?".

Es zeichnete sich also ab, dass der Übergang vom Gastarbeitsregime zu einem neuen Migrationsregime bevorstand. Veranlasst nicht durch die Initiative bundes- oder landespolitischer Akteure, sondern als Effekt der Praxis der MigrantInnen selbst. Bundesinnenminister Genscher war einer der wenigen bedeutenden bundespolitischen Akteure, die diesen Wandel zu akzeptieren bereit waren, als er 1972 davon sprach, dass Deutschland „in Wahrheit ein Einwanderungsland" sei (zit. nach Schönwälder 2001, 548).

Mehrere Entwicklungen verdichteten sich Anfang der 1970er Jahre zu einer Passage des Migrationsregimes: Wilde Streiks kündigten ab Ende der 1960er Jahre die Grenzen einer Strategie der ethnisierten Segmentierung der Arbeiterklasse an. Die Vorstellung, man könne mit Rotation und sozialräumlicher Separierung (in Gastarbeiter-Wohnheimen) ein fügsames Subproletariat erschaffen, wurde spätestens durch den berühmten Streik bei Ford im Sommer 1973 begraben. Mit dem Anwerbestopp begann ein Prozess der Verlagerung und Verschiebung des Terrains der Kämpfe der Migration. Illegale Migration im Kontext der Gastarbeit war eingebettet in die Kompromissstrukturen des Regimes der Anwerbung und entlang des sozialpolitischen Koordinatensystems, das diesem entsprach, klassifizierbar. Daher die Charakterisierung als „vierter Weg". Mit der Aufkündigung des gesamten Gastarbeitsregimes verlor diese Logik in der Bearbeitung illegaler Migration ihre Konsistenz. Illegale Migration konnte nun nicht mehr als eine Sonderform der Gastarbeit verhandelt werden, sondern bezog ihren „Sinn" aus den vielfältigen Praktiken der Migration, die als Reaktion auf den Anwerbestopp hervorgingen: Bis in die jüngste Gegenwart stellen Familienzusammenführung und Asylmigration die Hauptformen der Einwanderung nach Deutschland dar. Die Bekämpfung von Heiratsmigration (etwa durch die Einführung eines Gesetzes gegen „Scheinehen"), die Restriktionen der Familienzusammenführung und die zahllosen „Verschärfungen" des Asylverfahrensgesetzes sind die staatlichen Reaktionen hierauf. Bekämpft wird Migration nunmehr nicht als das Unterlaufen sozialrechtlicher Standards, sondern als autonomes Handeln der MigrantInnen, als Sesshaftwerdung beziehungsweise „Einwanderung" und im Rahmen des Aslyrechts schließlich als „Einwanderung in die Sozialsysteme". Elemente einer Verschiebung des staatlichen Handelns in die Exekutive zeichneten sich bereits im Kontext der Gastarbeit ab, waren dort aber vor allem durch eine „ökonomische" Rationalität determiniert. Dort aber, wo sich die Migration auf die Ebene bürgerlicher Grundrechte verschiebt, verschärfen sich die Tendenzen zum autoritären Etatismus: Sowohl Asyl als auch Familie genießen den Schutz des Grundgesetzes. Dadurch sind alle Restriktionen in diesen Bereichen auf die Ebene der Verwaltung verwiesen, im Fall des Asylrechts auf das Asylverfahren, im Fall der Familienzusammenführung etwa auf die Regulierung von Migration durch durch den Entzug des Kindergeldanspruchs. Auch im Kontext der Bekämpfung von Scheinehen und -vaterschaften verlässt die Kontrollpraxis die gesetzliche Ebene und geht über in die Überprüfung von „Verdachtsfällen".

4.1 Die wilden Streiks

Es ist wohl kein Zufall, dass die Anwerbestopps[2] zu einem Zeitpunkt verfügt wurden, als überall in Europa die Zahl wilder Streiks zunahm, die von den Gewerkschaften nicht mehr kontrolliert werden konnten. In Frankreich etwa spielten die ArbeitsmigrantInnen „eine führende Rolle in den Streiks vom Mai 1968. Arbeitgeber in ganz Europa begannen, ihrer Angst Ausdruck zu verleihen, daß sie neue Formen militanter Klassenkämpfe mit der Anwerbung von Arbeitsmigranten importiert hätten" (Castles 1987, 33). Bereits 1969 gab es in Westdeutschland eine Welle spontaner Streiks, an denen sich binnen 18 Tagen 140.000 ArbeiterInnen aus 69 Betrieben beteiligten. An der Streikbewegung 1973 beteiligten sich über 375.000 ArbeiterInnen aus mindestens 355 Betrieben (vgl. Müller-Jentsch 1974). Beinahe überall in Europa standen MigrantInnen an der Spitze der Streikbewegung (ebd., 48; vgl. auch Silver 2005), die sich vor allem durch qualitative Forderungen auszeichnete, wie etwa die nach einer Reduzierung der Bandgeschwindigkeit, nach besseren Springerregelungen für Schichtarbeit oder für einen längeren zusammenhängenden Urlaub. Gerade solche Forderungen waren charakteristisch für die migrantischen Interessen in den Fabriken. MigrantInnen standen an den Fließbändern und sie waren es, die einen langen Urlaub verlangten, um in ihre Heimatländer fahren zu können. Daher waren sie oft die „maßgeblichen oder gar alleinigen Träger der Streikbewegung" (Castles/Kosack 1974, 176; vgl. Bojadžijev 2005).[3]

2 Um 1973 verabschieden mehrere europäische Länder Anwerbestopps, darunter die Bundesrepublik Deutschland, Frankreich, die Niederlande und Belgien.

3 Der nordrheinwestfälische Verfassungsschutz nahm 1970 die gezielte Beobachtung sicherheitsgefährdender Bestrebungen von AusländerInnen auf und schuf dafür eine eigene Arbeitseinheit. Als Mangel erwies sich, dass nur solche Bestrebungen beobachtet werden konnten, die sich gegen die Bundesrepublik richteten. Erst 1972 wurde durch die Änderung des Grundgesetzes und des Bundesverfassungsschutzgesetzes eine Rechtsgrundlage geschaffen, die dem Verfassungsschutz auch die Aufgabe zuwies, Bestrebungen zu beobachten, die durch Anwendung von Gewalt oder darauf gerichtete Vorbereitungshandlungen auswärtige Belange Deutschlands gefährden.

Der Ford-Streik in Köln im August 1973 zählt zu den prominentesten dieser spontanen Streiks und repräsentiert zugleich den Höhepunkt und Abschluss der Streikwelle. Mehr als 5000 türkische Arbeiter streikten mehrere Tage lang für die Reduzierung der Bandgeschwindigkeit und gegen die Entlassung von türkischen Kollegen, die zu spät aus dem Urlaub zurückgekehrt waren. (Vgl. auch Huwer 2007) Der Streik beziehungsweise die von den Migranten selbst gewählte unabhängige Streikleitung wurde von der IG Metall und dem Betriebsrat nicht anerkannt, der Streik von der Polizei und einem überwiegend deutschen Teil der Belegschaft, die mehrheitlich in vorgesetzten Positionen und als Angestellte bei Ford arbeiteten, niedergeschlagen (vgl. Karakayalı 2001; Gruppe Arbeiterkampf 1973; Delp et al. 1974). Der Ford-Streik war in der Auffassung der zeitgenössischen Öffentlichkeit kein „normaler wilder Streik", sondern „eine Sache mit der sich höchste Stellen bereits intensiv befassen" (Kölner Stadtanzeiger 30.8.1973). Tatsächlich führte der Streik zu einer gesteigerten Aufmerksamkeit von Regierungsstellen. Bundespräsident, Kanzler und der nordrhein-westfälische Innenminister ließen sich „in Abständen über die konkrete Entwicklung des Fordstreiks informieren […]. [Innenminister; SK] Weyer selbst kreiste mit einem Hubschrauber über Ford, um sich ein Bild von der Lage zu machen" (Gruppe Arbeiterkampf 1973, 104). Der Kölner Stadt-Anzeiger berichtete am 27.8.1973 über die „Bemühungen des Bundeskanzlers, die Forderungen der Metallarbeiter in geregelte Bahnen zu lenken." In einer Fernsehansprache am 28.8. appellierte Bundeskanzler Willy Brandt an die Streikenden, in den Schoß der Gewerkschaften zurückzukehren. Offenbar war man besorgt über die möglichen Konsequenzen, die die Boulevardpresse zugespitzt zum Ausdruck brachte: „Übernehmen die Gastarbeiter die Macht?" (Kölner Express, 29.8.1973)

4.2 Vom Arbeiter zum Paria

Für das Verständnis des Wandels illegaler Migration sind die wilden Streiks insofern relevant, als sie dazu beitrugen, das Migrationsregime der Gastarbeit zu beenden. Die Furcht vor einer auch gewerkschaftlich nicht einzubindenden „Gastarbeitermacht" war nicht nur ein dezidiert betriebliches Problem, sondern wurde auch im Kontext allgemeiner sozialpolitischer Entwicklungen diskutiert. Unter dem Schlagwort der „Nigger Europas" (vgl. Klee 1971) wurde Migration analog zur rassistischen Segregation in den USA verhandelt. Vor allem aus dem sozialdemokratischen Lager (auch von Vertretern des ArbeitnehmerInnenflügels der CDU) war die Rede von den „Niggern unserer Gesellschaft" (Norbert Blüm zit. nach Schönwälder 2003, 599) Teil einer Integrationsrhetorik, die darauf abzielte, den Einschluss der MigrantInnen durch das Heraufbeschwören einer ordnungspolitischen Gefahr zu fordern. Ob die militanten Aufstände afroamerikanischer Bürger in den 1960er Jahren – etwa die so genannten Watts-Riots oder die Wut-und-Trauer-Unruhen, die durch die Ermordung von Martin Luther King im Sommer 1968 ausgelöst wurden – hier als negative Folie dienten, kann nur spekuliert werden. Einen Hinweis darauf liefert Karen Schönwälder, die einen Illustrierten-Artikel zitiert, in dem jene Parallele gezogen wird: „Gastarbeiter-Probleme können zu Gastarbeiter-Aufständen führen wie in Amerika Neger-Probleme zu gewaltsamen Neger-Aufständen geführt haben." (Quick zit. nach Schönwälder 2003, 590) Die Figur eines Subproletariats und von im „Ghetto lebenden Parias der Gesellschaft" jedenfalls fungierte sowohl aus einer repressiven, als auch sozialpolitisch motivierten Strategie heraus als argumentative Grundlage. Konservative Stimmen versuchten auch, eine Verbindungslinie zwischen illegaler Migration und innerer Sicherheit zu ziehen, mit der die sozialliberale Koalition angegriffen wurde. Die Tolerierung der illegalen Zuwanderung – man verwies auf die Unterstützung der Legalisierungsforderung durch Brandt im Zuge des Umgangs mit den zumeist türkischen Illegalen zwischen 1970 und 1972 (vgl. Kapitel 2) – sei ein maßgeblicher Beitrag zur Unterminierung der Inneren Sicherheit in Deutschland, kommentierte etwa die FAZ im Oktober 1972 (12.10.1972).

Es waren Prozesse der Sesshaftwerdung, die die migrationspolitischen Akteure fürchten ließ, dass „die Bildung von ‚Ausländerghettos' zu sozialen Spannungen und Auseinandersetzungen zwischen Deutschen und Ausländern führen würde" (Herbert 2001, 235). Sesshaftwerdung und Ghettoisierung waren Effekte der Neuzusammensetzung der migrantischen Population. Sie war Resultat der widersprüchlichen Politik zwischen Integration und Rotation, auf die die MigrantInnen unter anderem mit dem Nachholen von Familienangehörigen reagierten. Sie betraf eine Reihe von migrationspolitischen Tendenzen und Entwicklungen: Erstens reduzierte sie die Mobilität der migrantischen Arbeit, zweitens führte sie in die Infrastrukturdebatte, die die „Kosten" der Gastarbeiter, nämlich Wohnungen, Kindergartenplätze und Schulen in die öffentliche Diskussion und zur Disposition stellte. Daran schloss sich drittens die Ghetto-Diskussion an, in deren Folge in vielen Bundesländern Zuzugssperren für bestimmte, als „überlastet" ausgezeichnete Stadtteile erlassen wurden. Die Kombination dieser drei Momente bewirkte eine veränderte Kontur der illegalen Migration.

War die Bekämpfung illegaler Migration in der Phase der Gastarbeit Ausdruck der Kräftekonstellation, die sich im Migrationsregime verdichtete und deren Widersprüche zum Anwerbestopp führten, veränderte sich eben diese Konstellation nun. Zur Bekämpfung der selbst-, in jedem Fall nicht von der Bundesanstalt für Arbeit, organisierten Arbeitsmigration trat nun ein Kampf um die Mobilität der migrantischen Bevölkerung insgesamt hinzu. Im Folgenden werde ich diesen Zusammenhang am Beispiel zweier Felder untersuchen, die bisher weder in der öffentlichen noch fachlichen Diskussion als illegale Migration apostrophiert worden sind: der Familienmigration und der Binnenmobilität der MigrantInnen.

4.2.1 Im Ghetto

Im Jahre 1974 wiesen einzelne Quartiere etwa in Erlangen, Nürnberg, Berlin, Frankfurt, Mannheim und Köln einen MigrantInnenanteil von zwischen 19 und 40 Prozent auf (vgl. Eichele nach Heckmann 1981, 206). MigrantInnen wohnten in Sanierungsgebieten, in denen die HausbesitzerInnen keine Investitionen vornahmen, mit dem Effekt, dass deutsche MieterInnen auszogen und migrantische deren Platz einnahmen. In der Folge gingen die HausbesitzerInnen dazu über, möglichst viele MigrantInnen zu überhöhten Mietpreisen unterzubringen, um bei zu erwartenden Verkaufsverhandlungen oder in Enteignungsverfahren eine höhere Entschädigung erzielen zu können (vgl. Schönherr nach Heckmann 1981, 207). In Innenstädten und Altstadtbezirken hatten MigrantInnen eine so genannte Interimsfunktion: Es gab in diesen Gebieten eine starke Nachfrage nach Baugrund, der rechtliche Schranken im Weg standen. Um die gewerbliche Nutzung rechtlich zu ermöglichen, wurden die Häuser bewusst „kaputtgewohnt". SpekulantInnen und HausbesitzerInnen „vermieten vorzugsweise an ausländische Familien in der Hoffnung, daß diese den Verfallsprozeß der meist noch relativ gut erhaltenen Gebäude beschleunigen, und sich somit eine Genehmigung zum Abbruch erzwingen läßt" (Eichele nach Heckmann 1981, 207). Die Zuzugssperren richteten sich insbesondere auf diese Stadtgebiete, manchmal aber auch ganze Städte. Sie wurden als integrationsfördernde Maßnahmen präsentiert, die überdies verhinderten, dass sich Ghettos bildeten, die eine soziale und ordnungspolitische Bedrohung darstellen könnten. Mit den Zuzugssperren war eine indirekte Illegalisierung von MigrantInnen verbunden, wie eine Äußerung des Berliner Innensenators nahe legt, der 1973 solche Maßnahmen noch ablehnte:

> „[…] kommt man doch bei näherem Hinsehen sehr schnell an die Grenzen der praktischen Wirklichkeit eines solchen Verfahrens. […] Zweitens kämen wir doch in die Situation, daß jemand, der in einer ihm zugewiesenen Gegend angemeldet ist, tatsächlich doch bei seinen Verwandten oder Freunden wohnt, ohne daß die einschlägigen Behörden wirklich dagegen vorgehen könnten. Deshalb ist diese Forderung unpraktikabel und führt zu einer neuen, wenn Sie so wollen, dritten Form der Illegalität, nämlich der Scheinanmeldung bei einer bestimmten Stelle und trotzdem Wohnen in jenen Bereichen, die wir als solche Ballungsgebiete bezeichnen. Der Senat lehnt den Vorschlag einer Zuzugssperre ab." (Zit. nach Ausländerkomitee 1978, 4)

Bald nach der Verfügung des Anwerbestopps jedoch erließ der Berliner Senat eine „kleine Zuzugssperre" für einzelne Stadtteile. Wer gegen sie verstieß, musste mit dem Verlust der Aufenthaltserlaubnis rechnen. Sie galt – mit Ausnahme „weißer" Ausländer, also Österreicher, Schweizer und US-Bürger, sowie mit Deutschen verheirateter MigrantInnen – für alle MigrantInnen die nicht BürgerInnen der Europäischen Gemeinschaft waren. Die Zuzugssperre verhinderte in erster Linie Prozesse der Familienzusammenführung, denn Kinder über 16 Jahren und Eheleute, die aus dem Herkunftsland zureisten, durften nicht in die Sperrbezirke ziehen. Zwar entschieden gegen Ende der 1970er Jahre eine Reihe hoher Gerichte gegen die Zuzugssperre, die Verwaltung schien aber diese Beschlüsse noch lange zu ignorieren (vgl. ebd., 10). Die Sperre führte dazu, das zeigt eine Dokumentation des Ausländerkomitees Berlin aus dem Jahr 1978, dass „die Anwesenheit vieler Ausländer in den betroffenen Bezirken illegalisiert" wurde. „Die Unangemeldeten leben in den Bezirken mit der ständigen Drohung, ausgewiesen zu werden." (Ebd., 11)

Die „Unangemeldeten" waren demnach eine Untergattung der Sans Papiers in der Zeit nach dem Gastarbeitsregime. Auch sie waren kategorisch gefangen zwischen einer Kriminalisierung, wie sie von den jeweiligen Stadtverwaltungen betrieben wurde und einer Viktimisierung, mit der ihnen auf der Seite der linken SympathisantInnen begegnet wurde. Das bereits erwähnte Ausländerkomitee argumentierte etwa, dass die MigrantInnen in den Ghettos lebten, ganz wie „die Juden nicht aus eigenem Entschluß, sondern weil sie woanders nicht wohnen durften. Sie waren nicht rechtlos, weil sie in den Ghettos lebten, sondern sie lebten dort, weil sie rechtlos waren" (ebd., 16).

Ghettos sind allerdings weder als von den MigrantInnen ausgehende Abschottung gegenüber der Mehrheitsgesellschaft zu verstehen, noch sind sie einfach Ausdruck eines sozialen Ausschlusses, der umgekehrt von der Mehrheitsgesellschaft ausgeht. Die beiden Argumentationen reflektieren vielmehr die epistemologische Blockade zwischen Kriminalisierung und Viktimisierung, die für den Diskurs um illegale Migration typisch ist (vgl. besonders Kapitel 7 dieser Arbeit). Beide sind dem migrantischen Alltag und seiner autonomen Praxis gegenüber blind. Friedrich Heckmann betont vor diesem Hintergrund, dass Ghettos als ein Durchgangsstadium im Einwanderungsprozess verstanden werden können. Die Einwandererkolonie hat demnach einen eigenen Status gegenüber der Mehrheits- aber auch der Herkunftsgesellschaft, verfügt über eigene Formen der Solidarität und hat spezifische sozialstrukturelle Merkmale. Die im Ghetto beziehungsweise der Kolonie gewonnene Stabilität ist demzufolge Voraussetzung für das, was Heckmann eine Annäherung an die Mehrheitsgesellschaft nennt (vgl. Heckmann 1981). Die Segregation sei geradezu eine „Vorbedingung gegenseitiger Toleranz zwischen EinwandererInnen und einheimischer Bevölkerung und erlaube den Zuwanderern – im Gegensatz zu dem altrömischen Diktum ‚Wenn du in Rom bist, verhalte dich wie ein Römer' – ihre Eigenständigkeit zu bewahren" (ebd., 208). Die Organisation eines eigenständigen sozialen Systems, so Heckmann, dient der ökonomisch-sozialen Sicherung der MigrantInnen, schafft Assoziationen innerhalb der Einwanderergruppe,

> „institutionalisiert Aktivitäten und Riten zur Stabilisierung der Persönlichkeit des Einwanderers und zur kulturspezifischen Sozialisation der nachfolgenden Einwanderergeneration. Dem neu ankommenden Einwanderer erleichtert sie die Eingewöhnung in und Anpassung an seine neuen Arbeits- und Lebensbedingungen" (ebd., 215).

Die Diskurse über migrantische Ghettos sind die Vorläufer der heutigen Rede von „Parallelgesellschaften". Die in beiden grundsätzlich wirkenden Argumentationsmuster sind sich ähnlich beziehungsweise überschneiden sich: Zum einen werden Fragen der sozialen Ungleichheit thematisiert, zum anderen geht es um die Problematik gemeinsam geteilter Werte und Normen. Beide Semantiken sind über den selben Referenzpunkt verknüpft, dass nämlich die räumliche Ausgrenzung oder die vermeintliche Absonderung einer sozialen Gruppe den Zusammenhalt in der Gesellschaft zerstöre. Auf Dauer dürfe nicht ein bestimmter Teil der Bevölkerung außerhalb der staatlichen Gemeinschaft stehen, da sonst der „soziale Friede" bedroht sei. Zentral ist dabei die Figur des explosiven Raums, in dem sich ein „Sprengstoff" ansammele, der sich irgendwann entlade. Einerseits dienen die Ghetto-Beschwörungen dazu, sozialräumliche Spaltungen in den Metropolen zu skandalisieren. Diese Form der Sozialkritik, deren mediale Popularisierung vor allem von SozialwissenschaftlerInnen wie Hartmut Häußermann (1995) oder Wilhelm Heitmeyer (2000) betrieben wird, beschränkt sich jedoch darauf, an die integrative Verantwortung von Staat und Gesellschaft zu appellieren. Die Ambivalenz der Integration, insbesondere was die Dimension der Normalisierung und Disziplinierung anbetrifft, ist aus diesem Konsensmodell weitgehend getilgt. Das Einklagen ausgleichender Maßnahmen erfolgt aus der Perspektive einer präventiven Pazifizierung, die auf das Bedrohungspotential von so genannten Risikopopulationen verweist. Andererseits bildet die Etikettierung von Quartieren als „gefährliche Räume" regelmäßig die Grundlage für eine restriktive Lokalpolitik. Die Forderung von KommunalpolitikerInnen, der Entstehung von Ghettos entgegenzuwirken, sei es durch Zuzugssperren oder andere Maßnahmen, ist daher von dem kritischen Bezug auf Ghettos nicht zu trennen. Die Referenzfolie beider ist ein Praxis gewordener „methodologischer Nationalismus" (siehe Kapitel 1).[4]

4.2.2 Familienzusammenführung und Heiratsmigration

In der Migrationsforschung gilt der Zeitraum zwischen dem Anwerbestopp und der Zeit Mitte der 1980er Jahre, als die Zahl der AsylbewerberInnen bis dahin nicht gekannte[5] Ausmaße annahm, als Phase der Familienzusammenführung. Es

4 Der Ghettodiskurs lässt sich als eine Ideologie des Raums analysieren, in der sich die Herrschaftsbedingungen des methodischen Nationalismus reproduzieren. Er ist Teil einer hierarchisierenden und zugleich normalisierenden Repräsentation des sozialen Raums, da er bestimmte urbane Phänomene als abweichend definiert und damit das Normale, Homogene fixiert. Die Konstruktion eines homogenen Raums und dessen Kontrolle ist also nur darüber zu erhalten, dass die einzelnen im Zergliederungsprozess entstandenen Teile wieder homogenisiert und zusammengefügt werden. So bleibt der „Zerfall des Städtischen" eine immer zu bekämpfende Drohung und gleichzeitig die Bedingung, den Zerfall zu problematisieren.

5 Die Referenzgröße dieser Formulierung ist die Wahrnehmung der politischen Akteure. Tatsächlich kannte die bundesdeutsche Gesellschaft in der unmittelbaren

gibt hierfür keine direkten Daten, aber mehrere Indikatoren. Zum einen kam es zu einer Verbreiterung der Alterspyramide. Der Anteil der unter 15-jährigen an der migrantischen Population stieg von 16 auf 23,7 Prozent binnen fünf Jahren (1973-1978). Ein weiterer Indikator ist die sinkende Erwerbsquote unter MigrantInnen, die 1960 noch 77 Prozent betrug und um 1970 auf 70 Prozent und 1978 auf 54,3 Prozent sank. Damit „normalisierte" sich die migrantische Bevölkerung von einer mehrheitlich männlichen, mobilen, in Lohnarbeit stehenden Gruppe an inländisch-deutsche Verhältnisse: Deren Erwerbsquote lag 1970 bei 47 Prozent (vgl. Heckmann 1981, 190). Den Statistiken sind nur die absoluten Aufenthaltszahlen zu entnehmen, unklar bleibt daher, wie hoch etwa der Anteil der über die Familienzusammenführung migrierten Ehe-GattInnen war. So sind zwischen 1974 und 1979 225.300 Türkinnen und Türken nach Deutschland gezogen, die nicht als Erwerbspersonen eingereist sind (vgl. Wolbert 1984, 5).

Das Nachholen von Familienangehörigen durch MigrantInnen war nicht ausschließlich durch eine Sesshaftwerdung begründet, sondern oftmals der Ausdruck der ursprünglichen temporären Strategie der MigrantInnen. Die Angehörigen kamen nach Deutschland, um die Reproduktion eines Haushalts im untersten Segment des Arbeitsmarktes in Deutschland überhaupt ökonomisch zu ermöglichen (vgl. Parnreiter 1994, 173). Diese Migration organisierten die Communities, indem sie das „Schlupfloch" der Familienzusammenführung nutzten. Migration fand nunmehr relativ autonom von staatlichen Kontroll- und Steuerungspolitiken statt. Die Kettenmigration war unter anderem möglich, weil Vereinbarungen der Europäischen Gemeinschaft solche Restriktionen für EG-BürgerInnen nicht mehr erlaubten und mittlerweile auch der Aufenthalt der Nicht-EG-AusländerInnen auf eine Rechtsgrundlage gestellt worden war. Erworbene Rechte und Aufenthaltsverfestigungen, die zum Beispiel durch das 1963 abgeschlossene Assoziationsabkommen der Türkei mit der EG festgeschrieben worden waren, waren nicht rückgängig zu machen (vgl. Herbert 2001, 243). Dennoch versuchten deutsche Behörden, dieser Migration einen Riegel vorzuschieben. Bereits 1965 hatte die Innenministerkonferenz (IMK) den Familiennachzug eingeschränkt. Der in Deutschland lebende Ehepartner musste mindestens ein Jahr bereits dort leben, in einem Arbeitsverhältnis stehen und über ausreichend Wohnraum verfügen. Ab 1972 wurden darüber hinaus Gesetze verabschiedet, die Strafen für illegale Migration – in der Form der Vermittlung, Verleihung und Überlassung von Arbeitskräften – verschärften.[6] Ihnen folgten weitere Verschärfungen im Rahmen des Arbeitsförderungsgesetzes (1975) und des Ausländergesetzes (1978). Seit dem Oktober 1980 bestand Visumspflicht für nachreisende Familienangehörige und seit Dezember 1981 mussten männliche Ehegatten über 18 Jahre alt sein, mindestens acht Jahre in Deutschland leben und die Eheleute seit drei Jahren verheiratet

Nachkriegszeit durchaus Flüchtlingsbewegungen in die Bundesrepublik von sehr viel größerem Ausmaß.

6 Siehe das Arbeitnehmerüberlassungsgesetz vom 7.8.1972, BGBl. 1972/I, S.1393ff.

sein, damit die Gattinnen einreisen durften (vgl. Wolbert 1984). Aus diesen Einschränkungen lässt sich gleichsam negativ ablesen, dass die deutschen Behörden offensichtlich das *gate of entry* namens Heiratsmigration schließen wollten. Darauf deuten auch jene Erlasse hin, nach denen Ehefrauen, die nach dem 13.11.1974 in die Bundesrepublik einreisten, keine Arbeit aufnehmen durften, auf die der „Wartezeiterlass" vom 1.4.1979 (abgelöst vom gleichnamigen Gesetz am 4.6.1981) folgte, der die Arbeitsaufnahme der EhegattInnen um vier Jahre verzögerte.[7] Mit der Reform des Ausländerrechts von 1990 wurden die von Verwaltung und Gerichten entwickelten Grundsätze im wesentlichen übernommen: Darüber hinaus garantierte das Gesetz (§§ 23 Abs. 1 Nr. 1, 17 Abs. 1 AuslG) einen Rechtsanspruch auf die Erteilung einer Aufenthaltserlaubnis zur Herstellung und Wahrung der familiären Lebensgemeinschaft. Eine häusliche Lebensgemeinschaft wurde dabei nicht zur Bedingung gemacht, sondern der abgeschwächte Begriff einer „familiären Lebensgemeinschaft".[8]

In seiner Untersuchung weist Ali Uçar (1983) auf jene Illegalisierungsprozesse hin, die durch eine restriktive Praxis der Familienzusammenführung entstanden waren, denn vielen MigrantInnen wurde eine solche verwehrt, wodurch ihnen nur die Möglichkeit blieb, als TouristInnen einzureisen:

> „Bis zu drei Monaten blieben sie bei ihren Partnern. Danach mußten sie die BRD wieder verlassen. Zum Zwecke der Familienzusammenführung sind sie jedoch untergetaucht und illegal hier geblieben. Ihre Ehepartner haben sie bei der örtlichen Meldestelle abgemeldet, während sie sich aus Angst vor Entdeckung entweder in der Wohnung oder in einem für diesen Zweck ausgebauten Versteck im Keller oder auf dem Dachboden verbargen." (Uçar 1983, 33f.)

7 Mit dem Kabinettsbeschluss vom 2.12.1981 (InfAuslR 1981, 306f), reagierte die Bundesregierung auf den neuen Strom von MigrantInnen und forderte die Länder „zur sozialverantwortlichen Steuerung" des Familiennachzugs zu Ausländern aus Nicht-EG-Staaten auf. Hier ist die Verlängerung der Wartefrist auf drei Jahre nach Eheschließung zu nennen (BVerwG, 18.9.1984, vgl. DÖV 1984, 975). Das tatsächliche Bestehen einer Haus- und Lebensgemeinschaft der Ehegatten wurde als notwendige Bedingung angesehen. Nur so könne dem Grundsatz der Familieneinheit aufenthaltsrechtliche Bedeutung zukommen. 1987 fällte das Bundesverfassungsgericht eine Grundsatzentscheidung und befand, dass diese Wartefrist einen unverhältnismäßigen Eingriff in das grundgesetzlich geschützte Institut der Ehe darstelle. Gleichwohl nicht beanstandet wurden Regelungen wie die, dass ein Ausländer sich acht Jahre rechtmäßig in Deutschland aufhalten muss, sowie nicht von Sozialhilfe leben darf.

8 Darauf hatte der Bundesrat insistiert, der ins Feld führte, auch eine nicht in permanenter räumlicher Einheit geführte Lebensgemeinschaft unterstehe dem Schutz des Grundgesetzes (vgl. Deister 2001, 112). Eine eheliche Lebensgemeinschaft muss also nicht unbedingt räumlich, jedoch durch einen gemeinsamen Lebensmittelpunkt ausgezeichnet sein, sie liegt nicht vor, wenn es keine Hinweise auf eine solche Lebensgemeinschaft gibt. Den Nachweis darüber müssen die Eheleute selbst führen: „Dieses Gebot resultiert aus der in § 70 AuslG statuierten Mitwirkungspflicht." (Deister 2001, 131)

Die Verweigerung der Aufenthaltserlaubnis begründeten Gerichte häufig mit dem Verweis, Deutschland sei kein Einwanderungsland und daher bestehe kein öffentliches Interesse an der Zusammenführung (ebd., 33). Der grundgesetzliche Schutz der Familie verschob die Ausführungsebene der Restriktionen hin zu indirekten Maßnahmen. Mitte der 1970er hatten restriktive Gesetze über Wohnraum es den MigrantInnen verunmöglicht, ihre Kinder in Deutschland wohnen zu lassen. 1974 sollte der Kindergeldanspruch auf diese nicht in Deutschland lebenden Kinder aufgehoben beziehungsweise gekürzt werden. Die neue Kindergeldregelung, so Manuela Bojadžijev, „kann als Angriff auf die transnationalen Haushaltsstrukturen interpretiert werden. Die durch sie bewirkte faktische Senkung des Reallohns sollte dazu beitragen, im Zusammenhang mit der erschwerten Familienzusammenführung eine Remigration auszulösen" (Bojadžijev 2005, 331). Der Anwerbestopp und die Aufhebung legaler Einwanderungsmöglichkeiten führten also dazu, dass die Migration mit den Mitteln und auf dem Terrain der Familienzusammenführung organisiert wurde. Vor allem die Existenz bestimmter migrantischer Communities ist die Bedingung, den Eintritt und den Zugang zu Aufenthaltstiteln über Familienzusammenhänge überhaupt zu ermöglichen. Für MigrantInnen, die über solche Kontaktbrücken nicht verfügten, blieb die legale Einreise über Touristenvisa, als AsylbewerberIn (vgl. 4.3) und die Praxis der so genannten Scheinehe.

4.2.3 „Scheinehe"

In diesem Zusammenhang ist das Aufkommen so genannter Scheinehen zu sehen. Damit sind ausschließlich Eheschließungen zwischen Deutschen (oder ausländischen StaatsbürgerInnen, die einen sicheren Aufenthaltsstatus besitzen) und AusländerInnen gemeint, die eine Ehe als Mittel zur Erlangung einer Aufenthaltserlaubnis abschließen. Ab Mitte der 1970er Jahren etablierte sich die Heiratsmigration als Weg zur Erlangung einer Aufenthaltserlaubnis.[9] Diese Praktiken, mit denen MigrantInnen sich einen Zugang zum bundesdeutschen Territorium organisierten, führten erst ab den 1980er Jahren zu einer staatlichen Reaktion in Form von Gesetzesverschärfungen und öffentlicher Aufmerksamkeit.

Der Markt für die Heiratsmigration findet in Zeitungsannoncen, durch Mund-zu-Mund-Propaganda oder an Treffpunkten der MigrantInnen statt. Die Preise für diese Dienstleistung variieren, zum Teil bieten auch Menschen mit gültigen Papieren eine Eheschließung unentgeldlich, aus Solidarität an (vgl. zum Beispiel Interview auf www.schutzehe.de). Seit den 1990er Jahren schließlich wird die aufenthaltsorientierte Heiratsvermittlung im Internet beworben und vermittelt. Insbesondere nach der Änderung des Asylrechtsparagraphen 1993 scheint diese

9 Bis 1969 ermöglichte das Reichs- und Staatsangehörigkeitsgesetz von 1913 Frauen die unmittelbare oder mittelbare Erlangung der deutschen Staatsbürgerschaft bei einer Eheschließung mit einem Deutschen (vgl. Conring 2002, 33).

Form der Heiratsmigration zuzunehmen. In zahlreichen Medienberichten wird über „Scheineheringe" und illegale Scheinehen-Vermittler berichtet, die Summen zwischen 10.000 und 20.000 DM für die Vermittlung einer Heirat verlangen (vgl. Coning 2002, 24). Die juristische Fachliteratur zu diesem Thema datiert den Beginn dieser Entwicklung allgemein auf Anfang der 1980er Jahre (vgl. zum Beispiel Deister 2001, 108). Eine auf Umfragen bei deutschen Standesämtern gestützte Schätzung aus dem Jahre 1983 beziffert die Quote der Scheinehen unter allen Eheschließungen auf ein Prozent (vgl. Finger 1984). In Berlin wurden 1981 circa 1000 Überprüfungen von Ehen durch Kontaktbereichsbeamte durchgeführt, in Niedersachsen wurden zwischen 1982 und 1985 160 Fälle registriert (vgl. Wysk 1994, 120).

Die staatliche Bekämpfung der „Scheinehe" fand ihren Höhepunkt in der Eherechtsreform von 1998 (§ 1314 Abs. 2 Nr. 5 BGB), in der sie erstmals als ein allgemeines Ehehindernis angeführt wurde. Zwar hatten zahlreiche gerichtliche Urteile schon in den 1980er Jahren Scheinehen zum Gegenstand. Diese Praxis wurde aber immer wieder kritisiert, da die Rechtssprechung sich dadurch „quasilegislatorische Macht" angeeignet habe. Die Ehe genieße schließlich den Schutz des Grundgesetzes (vgl. Eisbeck 2005). Mit der Eherechtsreform wurde nun der migrationspolitische Zweck, das Stopfen eines Lochs im Migrationsregime, rechtlich abgesichert. Nach Wysk ist vor allem die Emergenz neuer Migrationswege von Osteuropa nach dem Ende des Warschauer Paktes eine der entscheidenden Faktoren gewesen, die zu einer Gesetzesverschärfung geführt haben (vgl. Wsyk 1994, 123). Vorläufer war eine Entschließung des Rates der Europäischen Gemeinschaften vom 4.12.1997, der die Bekämpfung von Scheinehen zum Inhalt hatte (Abl. EG 97/ C 382/1). Diese Entschließung richtete sich insbesondere auf die durch eine Ehe erlangten aufenthaltsrechtlichen Vorteile und gab Kriterien an, die das Vorliegen einer Scheinehe wahrscheinlich machten. Darunter fielen die fehlende Aufrechterhaltung der Lebensgemeinschaft oder der Umstand, dass sich die Verlobten vor der Eheschließung nicht begegnet waren, widersprüchliche Angaben bezüglich der jeweiligen Personalien und das Überreichen von Geldbeträgen für den Abschluss einer Ehe. Neben diesen Faktoren nennt die bundesdeutsche Rechtsliteratur auch das Fehlen eines gesicherten aufenthaltsrechtlichen Status des/der Verlobten oder bereits eingeleitete aufenthaltsbeendende Maßnahmen gegen ihn oder sie. Ein besonders hoher Altersunterschied, Drogenabhängigkeit, die Tatsache, dass einer der Eheleute bereits mehrfach für kurze Zeit verheiratet gewesen ist oder ein häufiger Aufenthaltswechsel des ausländischen Partners werden als weitere Indizien genannt (vgl. Deister 2001, 140f).[10]

---

10 Seit 2001 beschäftigen sich bundesdeutsche Behörden auch mit so genannten Scheinvaterschaften, mit denen ausreisepflichtige Ausländer einen Aufenthaltstitel erlangen. Im gleichen Jahr, in dem das Scheinehe-Gesetz in Kraft trat, verabschiedete der Bundestag eine Reform des Vaterschaftsrechts, die die Anerkennung auch nicht leiblicher Kinder ermöglichte. Nach den vom Bremer Innensenator Röwe-

Diese neuen Formen der Illegalisierung unterschieden sich deutlich vom Schema der vier Wege, bei denen vor allem Einreise und Arbeitsverhältnisse im Zentrum standen. Im Rahmen des Gastarbeitsregimes waren auch die illegalen MigrantInnen, die Scheintouristen letztlich GastarbeiterInnen. Nach dem Anwerbestopp entfiel dieser ökonomische Gesamtzusammenhang, der eben auch die illegale Einreise als ökonomisch rational, da förderlich für das Wirtschaftswachstum, erscheinen lassen konnte. Der Anwerbestopp veränderte nicht nur die Einreisewege, sondern produzierte auch neue Aushandlungsfelder und -themen der illegalen Migration. Darin wurden nicht mehr die Unterschichtung und das Unterlaufen des fordistischen Klassenkompromisses behandelt, sondern, etwa am Gegenstand des „Ghettos“ Fragen der sozialen Exklusion und der damit verbundenen Gefahr für die soziale Kohäsion der Gesellschaft insgesamt.[11] Deutlich wurde auch, dass die Restriktionen im Ausländerrecht beziehungsweise gegenüber MigrantInnen im Zuge der veränderten Strategien der Migration, sich „deterritorialisieren“, das heißt auf immer weitere rechtliche Aspekte ausdehnen, wofür die Zuzugssperren und die Einschränkungen der Heiratsmigration stehen.

4.3 Das schleichende Ende der illegalen Gastarbeit

Im Laufe der 1970er Jahre verschwanden diejenigen undokumentierten MigrantInnen, die mit dem Label „illegale Gastarbeiter“ etikettiert waren. Dass Ausländerbehörden nachträglich die notwendigen Papiere ausstellten, kam kaum noch

---

kamp gesammelten Daten erlangten im Lauf eines Jahres 1.665 ausreisepflichtige Mütter eine Aufenthaltsgenehmigung, weil sie einen Deutschen oder aufenthaltsberechtigten Ausländer als Vater vorwiesen. Gleichzeitig wurde 1.396 ausreisepflichtigen Männern eine Duldung aufgrund anerkannter Vaterschaft erteilt (vgl. FAZ, 28.2.2005).

11 Die normative Dimension des Exklusionsbegriffes verweist auf die epistemologisch-politische Dispositiv. Das Skandalisieren des Ausschlusses und das daran gekoppelte Versprechen der Partizipation ist den Sozialwissenschaften keineswegs äußerlich. (Bourdieu/Wacquant 1996; Kronauer 2002; Demirovic 2001; Castel 2000.) Dies hängt sicherlich damit zusammen, dass Soziologie als Wissenschaft von einem Objekt namens Gesellschaft in Abgrenzung zu liberalistischen und absolutistischen Wissensregimen gleichermaßen als eine Wissensform entstand, die die Existenz gesellschaftlicher Beziehungen und Verkehrsformen unabhängig von juridischen, kontraktualistischen und ökonomischen Vorstellungen behauptete. Die Individuen sind, jedenfalls tendenziell, in der Soziologie vor allem Mitglieder einer Gesellschaft und werden in erster Linie in der Dimension ihrer Eingebettetheit in den gesellschaftlichen Verkehr konzeptualisiert. Der latente Normativismus der Soziologie, ihre Problematisierung also der „Desintegration“, rührt von dieser Sensibilität her, dem Wissen, dass Menschen keine Robinsonaden sind, wie dies Marx ausdrückte. In dem Maße, in dem soziale Gruppen aus dem gesellschaftlichen Interdependenzzusammenhang heraus zu fallen drohen, steht auch das Soziale selbst in Gefahr (Ewald 1993; vgl. auch Stichweh 1997, der auf Parsons und die französische Sozialtheorie verweist, die beide Gesellschaft letztlich mit Solidarität gleichsetzen).

vor. Die Einreise mit einem Touristenvisum blieb aber möglich und wurde auch weiterhin genutzt. Der Terminus „Gastarbeiter" blieb noch für einige Jahre erhalten, fand dann aber gegen Anfang der 1980er Jahre kaum noch Verwendung. Für den gesamten Zeitraum der Jahre 1973 bis 1980 sind Fälle dokumentiert, in denen MigrantInnen auf dem vierten Weg in die Bundesrepublik Deutschland einreisten und Arbeitsverhältnisse, vor allem im Bausektor, eingingen, wie zahlreiche Presseberichte zeigen. Als Arbeitsstätten wurden in den Medienberichten, die häufig in Folge von polizeilichen Ermittlungen zustande kamen, auch eine Reihe anderer Gewerbe genannt, wie etwa der Obst- und Gemüseanbau (FR 22.8.1977), Kürschnereien (FR 9.12.1977), Bäckereien (FR 20.12.1977) und Großmetzgereien (FR 12.8.1977). Die illegalen MigrantInnen kamen, wie schon in der Anwerbephase, als Touristen oder über die grüne Grenze.[12]

Die Polizeiliche Kriminalstatistik gibt für den hier zur Debatte stehenden Zeitraum keine signifikante Veränderung der Illegalen unter den nicht-deutschen Tatverdächtigen zu erkennen.[13] Ihr Anteil blieb in diesem Zeitraum konstant beziehungsweise sank geringfügig. Eine Verschärfung des Vorgehens wurde allerdings auch nicht mit einer Zunahme begründet, sondern stand im selben Kontext wie der Anwerbestopp. Es war die Arbeitsmarktkrise und die erstmalige Überschreitung der Eine-Million-Grenze in der Arbeitslosenstatistik, die den Rahmen für das veränderte Vorgehen bildete. Ebenso wie bei der verschärften Auslegung des Inländerprimats standen hier der Topos der Arbeitsmarktkonkurrenz und eine Disziplinierung der inländischen Arbeitskraft im Mittelpunkt. Konservative Kommentatoren hoben etwa hervor, dass nicht Gesetzesverschärfungen, sondern eine Mentalitätsveränderung auf Seiten der Deutschen notwendig seien, um illegale Beschäftigung einzudämmen. Gezielt wurde mit derartigen Argumenten darauf, den Migrationskompromiss, der die deutschen ArbeiterInnen buchstäb-

12 In der Presse wurde 1974 berichtet, dass zwischen 10.000 und 50.000 türkische ArbeitsmigrantInnen über die DDR nach Westdeutschland eingereist seien oder sich noch in der DDR aufhielten (vgl. Krüger-Potratz 1991, 51).

13 Laut einer Zahlenreihe des BKA waren für den Zeitraum zwischen 1971 bis 1975 etwa 13,4 bis 15,8 Prozent der nicht-deutschen Tatverdächtigen Illegale. Die Zählung beruhte nicht auf Razzien gegen ebendiese, sondern stellte eine „Beifang"-Zählung dar. Die Statistik erfasste Täter mehrfach, so dass die Quote niedriger ausfallen dürfte. Andererseits sind in der Zählung auch zwischen sechs bis acht Prozent jener nicht-deutschen Bevölkerung enthalten, die Angehörige der Stationierungskräfte waren, womit der Anteil der Illegalen an der gesamten Migrationspopulation wiederum höher ausfällt. In absoluten Zahlen handelt es sich um zwischen 15.000 und 20.000 MigrantInnen, die auf diese Weise als Illegale in die Statistik eingehen. In der politischen Debatte um Illegale kursierte zu dieser Zeit eine Schätzung, nach der in der Bundesrepublik zwischen 100.000 und 300.000 MigrantInnen ohne Papiere lebten. Überdies fiel der Anteil der Arbeitnehmer bei Straftaten gegen das Ausländerrecht von 55 Prozent auf 35 Prozent, während der Anteil der „Sonstigen" zunahm. Gleichzeitig stieg die Zahl der SchülerInnen, die als Illegale erfasst wurden. Mit der Veränderung der Migrationsbewegungen insgesamt veränderte sich die Gestalt des Illegalen.

lich „befördert“ hatte, aufzuweichen und „Schmutz“-Arbeit auch für die Mehrheit der deutschen Arbeiterinnen und Arbeiter zu etablieren. Bereits im Jahr nach dem Anwerbestopp, Anfang 1974, begann eine Debatte um die Intensivierung der Verfolgung und Bestrafung illegaler MigrantInnen. Dem Thema wurde keine signifikante Medienaufmerksamkeit zuteil, nur wenige Artikel in den überregionalen Tageszeitungen beschäftigten sich damit. Einzelne Politiker, wie der hessische Wirtschaftsminister Karry (FDP) oder ein Kommentator in der FAZ (1.11.1974) meldeten sich zu Wort, um „angesichts der Arbeitsmarktsituation“ (FR 28.11.1974) ein schärferes Vorgehen gegen „illegale Gastarbeiter“ (FAZ) zu fordern.

Im Herbst 1974 entschieden die Innenminister der Länder auf Anregung des Bundesinnenministers Maihofer ein Maßnahmenpaket zur effektiveren Verfolgung Illegaler. Eines der Instrumente bestand in der Verschärfung des Arbeitsförderungsgesetzes, das im folgenden Jahr in Kraft trat und eine Erhöhung der Haftstrafen von einem auf drei Jahre, sowie eine Erhöhung der Geldbußen von 10.000 auf 50.000 DM beinhaltete. In Fällen gewerbsmäßiger illegaler Vermittlung von Arbeitskräften konnten nun Haftstrafen zwischen sechs Monaten und fünf Jahren verhängt werden (§ 15a, BGBl. Jg. 1975, S. 1542).

Die Innenminister beschlossen außerdem, dass künftig keine Aufenthaltserlaubnis mehr an ohne Sichtvermerk eingereiste Ausländer erteilt und selbige sofort beziehungsweise spätestens binnen sechs Monaten abgeschoben werden sollten. Das Verbot der nachträglichen Erteilung von Arbeitserlaubnissen war freilich schon seit über einem Jahrzehnt formal Beschlusslage der Innenminister gewesen. Der neuerliche Beschluss hatte daher offenbar symbolische Bedeutung und sollte den untergeordneten Behörden und der Öffentlichkeit signalisieren, dass die Innenminister keine Ausnahmen duldeten.

Eine Reihe von Ländern beschloss in diesem Zusammenhang, Landesgesetze zu verändern und verstärkt Kontrollen in Ballungsgebieten beziehungsweise in Großstädten durchzuführen. In Hessen wurde vor der Gesetzesverschärfung das Personal der innerhalb der Polizei zuständigen Abteilung aufgestockt (FR, 4.12.1974). Das Land Baden-Württemberg bereitete im Laufe des Jahres 1975 eine Änderung des Polizeigesetzes vor, die eine Befugniserweiterung der Polizei bei Personenkontrollen beinhaltete. Demnach konnten im derart veränderten Polizeigesetz Personenkontrollen beziehungsweise eine „Personenfeststellung“ verdachtsunabhängig durchgeführt werden, wenn die Person „sich an einem Ort aufhält, an dem erfahrungsgemäß Straftäter sich verbergen, Personen Straftaten verabreden, vorbereiten oder verüben, sich ohne erforderliche Aufenthaltserlaubnis treffen“ (Polizeigesetz des Landes BW, § 20, Abs. 1, 3, Drucksache des Landtags BW, 6. Wahlperiode 6 /7840).

Vor Inkrafttreten dieses Gesetzes arbeitete das Innenministerium des Landes an einem Erlass, der ebenfalls die Durchführung von Razzien, allerdings ohne jene noch zu verändernde gesetzliche Grundlage ermöglichen sollte. Die verschiedenen Entwürfe zu diesem Erlass dokumentieren exemplarisch, in welcher Weise die Innenminister illegale Migration bekämpfen wollten, aber auch die verschiedenen Einwände und Widersprüche, die sich innerhalb des Ministeriums gegen einzelne Vorschläge regten. Zu dem Maßnahmenkatalog gehörte unter anderem der Vorschlag, die Arbeitserlaubnis als Ausweispapier zu gestalten, die der Arbeitnehmer stets bei sich zu tragen habe (vgl. Kommentar zum Entwurf Erlass Nr. 660/547, StArch. BW EA2/303, Bü 151). Dadurch, dass die Maßnahmen in den Kontext der Bekämpfung von Arbeitslosigkeit gestellt wurden, waren sie als von besonderem öffentlichen Interesse ausweisbar. Die konkrete Ausgestaltung des Gebots der Verhältnismäßigkeit wurde in dem Entwurf so erörtert:

„Bei der Beurteilung der Verhältnismäßigkeit ist zu berücksichtigen, daß die Bekämpfung der Illegalität dem öffentlichen Interesse an der Verringerung der Arbeitslosigkeit dient, der die Öffentlichkeit besonderes Gewicht beimißt. Demgegenüber fallen die mit diesen Maßnahmen verbundenen Belästigungen nicht ins Gewicht." (Ebd., 165/6)

Im Visier des Innenministeriums standen „insbesondere das Hotel- und Gaststättengewerbe, Baubetriebe mit häufig wechselnden Baustellen, kleinere und mittlere Handwerksbetriebe sowie Leiharbeitnehmer" (ebd., 165/7). Diese Maßnahmen wurden nahezu außerhalb einer öffentlichen Debatte durchgeführt, ins Zentrum der Aufmerksamkeit rückten dagegen einesteils die Familienmigration und andernteils die Migration über das Asylrecht, die beide in den 1970er Jahren stark zunahmen. Das Terrain, auf dem sie angesiedelt waren und die neuen Formen der Migrationspolitik, die sie implizierten, veränderten das Gesicht des Migrationsregimes nachhaltig von einem „ökonomischen Regieren", das nicht zuletzt in der Vorstellung vom Abstellen des Migrationszuflusses durch den Anwerbestopp seinen Niederschlag fand, hin zu einer komplexen „Governance" auf dem Feld der Sozialpolitik und der Verwaltungspraxis. In der Auseinandersetzung traten die ökonomischen Argumente in den Hintergrund gegenüber einer menschenrechtlichen Argumentationsmatrix, deren institutionelle Basis das Asylrecht war. Zwar hatte sich mit der Viktimisierung schon gegen Ende des Gastarbeitsregimes das Humanitäre als Kompromissfeld par excellence abgezeichnet. Erst aber mit der Verschiebung des gesamten institutionellen Gefüges hin zur Flucht als Migration wurde die menschenrechtlich-humanitäre Struktur des Aushandlungsraumes verfestigt. Die im Folgenden untersuchte Entstehung des Migrationsregimes „Asyl" verweist daher nicht nur auf die Praxis der MigrantInnen, die ein neues *gate of entry* suchten und damit nahe legten, dass die Trennung in Flucht beziehungsweise Asyl und Arbeitsmigration empirisch fragwürdig ist, sondern auch auf die epistemischen Dispositive, die die Handlungsfelder der Politiken der Migration strukturierten.

4.3.1 … und seine Wiedergeburt im Asylregime

Bis 1973 lag die Zahl der jährlichen Asylanträge in der Bundesrepublik Deutschland mit der Ausnahme des Jahres 1969 stets zwischen 3.000 und 5.000. Im Unterschied zu anderen westeuropäischen Ländern verfügte die Bundesrepublik aber über zwei parallele Asylverfahren, das Asyl nach § 16 des Grundgesetzes und das Asylverfahren nach der Genfer Flüchtlingskonvention. Noch Anfang der 1960er Jahre war die Zahl derjenigen, die sich auf das grundgesetzliche Asyl beriefen, verschwindend gering. Überdies existierte kein einheitliches Verfahren für das Asyl nach § 16, das im Zuständigkeitsbereich der Ausländerbehörden lag. Deren Ausrichtung am „öffentlichen Interesse" führte zu oftmals entgegengesetzten Beschlüssen: „Was bei der einen Ausländerbehörde als Asylgrund galt, schützte oft genug in einer anderen Stadt oder in einem anderen Bundesland nicht einmal vor der Abschiebung in ein potentielles Verfolgerland." (Münch 1992, 52) Bei den Anträgen nach der Genfer Flüchtlingskonvention (GFK) war die Anerkennungsquote niedrig. Im Jahre 1962 wurden etwa in Frankreich 5.427 und in Italien 2.738 Asylsuchende als Flüchtlinge anerkannt, während dies in Westdeutschland nur 528 waren. Bis 1965 hatte Frankreich insgesamt 180.000, Deutschland nur 9.315 Konventionsflüchtlinge anerkannt.

Asyl war kein politisches Thema, bis Ende der 1960er Jahre die Zahl der AntragstellerInnen aus Jugoslawien zunahm. Die jugoslawischen MigrantInnen wurden – freilich zunächst nur in Fachkreisen – als „Wirtschaftsflüchtlinge" betrachtet, hatten noch niedrigere Anerkennungsquoten als die anderen und wurden des „Missbrauchs" am Asylrecht beschuldigt (vgl. Münch 1992). Ihre Zahl stieg schon ab Mitte der 1950er Jahre ständig und machte bald über die Hälfte aller AntragstellerInnen aus. So waren 1958 42 Prozent und 1963 und 1967 circa zwei Drittel der AntragstellerInnen JugoslawInnen (vgl. Heine 1978, 418). Tatsächlich existierte für jugoslawische MigrantInnen erst ab 1968 eine bilaterale Anwerbevereinbarung, sodass Arbeitsmigration nur illegal beziehungsweise im Rahmen des Asylverfahrens möglich war.

Von 8.000 Anträgen im Jahre 1974 stieg die Zahl der Anträge jährlich um nahezu das Doppelte, bis zu circa 92.000 im Jahr 1980 (vgl. Höfling-Semnar 1995, 115). Kamen die AntragstellerInnen bis zu diesem Zeitpunkt überwiegend aus Osteuropa, stieg nun die Zahl der Flüchtlinge aus Asien, zugleich erhöhte sich die Zahl der Herkunftsländer insgesamt von 39 Ländern im Jahre 1966 auf 68 Länder im Jahre 1970 und 101 Länder im Jahr des vorläufigen Höhepunkts, 1980. Die absolute Zahl der Anerkennungen sank aber von 4.000 im Jahre 1973 auf insgesamt 2.000 im Jahre 1977, trotz einer Verdreifachung der Flüchtlingszahlen (vgl. ai 1978).

Die Jahre zwischen 1973 und 1977, also der Zeitraum unmittelbar nach dem Anwerbestopp, war eine Phase der Thematisierung des „Asylmissbrauchs“[14], die von zwei asylpolitisch relevanten Entscheidungen begleitet wurde. Erstens beschloss die Innenministerkonferenz (IMK) 1974, Asylsuchende noch während des laufenden Verfahrens auf die Bundesländer zu verteilen und sie dort in Sammellagern unterbringen zu lassen. Damit wurde auf die Überfüllung des zentralen Aufnahmelagers in Zirndorf sowie die Verlängerung der Asylverfahren reagiert. Zweitens wurden die Flüchtlinge ein Jahr später auf dem Arbeitsmarkt zugelassen. Dies waren die Bedingungen, unter denen das Asyl zum Vehikel einer prekären Einwanderungsstrategie werden konnte, denn gerade mit der Zulassung zum Arbeitsmarkt eröffnete sich für die MigrantInnen die Möglichkeit, sich einen Lebensunterhalt zu verdienen.

Zu den „Nützlichkeitserwägungen“, die das Bundesarbeitsministerium und die Länder dazu veranlassten, FlüchtlingsmigrantInnen auf den Arbeitsmarkt zuzulassen, zählt Höfling-Semnar auch den durch den Anwerbestopp gebremsten Zustrom migrantischer Arbeitskräfte. Dies war sicherlich ein Motiv; zum Zeitpunkt der Entscheidung im März 1974 lagen den Behörden aus dem Jahr 1973 ungefähr 8.000 Anträge vor. Verteilt auf das Bundesgebiet konnten die Verantwortlichen kaum die Befriedigung einer Nachfrage annehmen, die noch vor dem Stopp bei hunderttausenden[15] Arbeitskräften gelegen hatte.

Aus einer funktionalen Perspektive erscheint das Asylverfahren wie ein idealer Ersatz für das gescheiterte Rotationsmodell: Die lange Verfahrensdauer führte zu einem Aufenthalt ohne ausländerrechtliche Ansprüche. Auch nach mehreren Jahren, in denen die Flüchtlinge eine Arbeitserlaubnis hatten, hätte die Möglichkeit bestanden die AntragstellerInnen bei Ablehnung auszuweisen. Diese Form der Rotation bestand allerdings nur theoretisch. De facto hatte sich im Asylregime der Nachkriegszeit eine andere Verwaltungspraxis etabliert. Die meisten Flüchtlinge kamen bis Anfang der 1970er Jahre aus osteuropäischen Staaten und wurden auch bei abgelehnten Asylbescheiden nicht abgeschoben. So wurde bereits in einem Rundschreiben des Bundesinnenministeriums Mitte der 1950er Jahre eine „dauerhafte Eingliederung in den Arbeitsprozeß“ damit begründet, dass „die ausländerbehördliche Abschiebung […] ohnehin aus rechtlichen, allgemein politischen, menschlichen oder sonstigen Gründen schwierig oder nicht durchführbar [ist; SK], wenn das Anerkennungsverfahren nach vielen Monaten oder einigen Jahren endlich rechtskräftig beendet ist“ (zit. nach Münch 1992, 55f.). Es hatte sich also eine Verwaltungspraxis etabliert, die die Möglichkeiten eines in das Asylrecht verlagerten Rotationsverfahrens gerade nicht ausnutzte.

---

14 Die Missbrauchsdebatte nimmt auf Länderebene, namentlich in Bayern, ihren Anfang, wo 1973 konstatiert wurde, dass das lange Verfahren „geradezu zum Mißbrauch“ einlade (vgl. Münch 1992, 150).

15 Noch 1972 waren insgesamt knapp 400.000 MigrantInnen angeworben worden. Im darauf folgenden Jahr betrug die Zahl bis zum Anwerbestopp (ohne EG-Länder, das heißt ohne Italien) ungefähr 274.000 (vgl. BAA 1972 und 1973).

Von einer strategischen Ersetzung des Anwerbeverfahrens durch das Asylrecht kann daher zunächst nicht gesprochen werden. Eher standen verschiedene Interessen im Widerstreit, wie beispielsweise die Beschwerden der Länder und Kommunen über die von ihnen zu tragenden Sozialhilfekosten zeigen. So erklärte der Parlamentarische Staatssekretär im Bundesministerium des Inneren (BMI) im Rückblick, die Entscheidung zur Arbeitsmarktzulassung sei „aus fiskalischen Gründen" (zit. nach Münch 1992, 67) geschehen. Verschiedene Anfragen von Bundestagsabgeordneten nach einer Lockerung des Anwerbestopps nach 1974 liefern wiederum Hinweise darauf, dass die Entscheidung auch im Licht eines fortbestehenden Arbeitskräftebedarfs getroffen wurde. Entscheidend für die Entwicklung des Asylverfahrens hin zu einem irregulären Weg der Arbeitsmigration war die durch das Bundesarbeitsministerium 1975 angewiesene Aussetzung des Inländerprimats für AsylbewerberInnen. Sie sollten auch dann eine Arbeitserlaubnis erhalten, „wenn gegen die Beschäftigungsaufnahme aus Arbeitsmarktgründen Bedenken bestehen" (zit. nach Heine/Marx 1978, 238). Jedoch wurde die Entscheidung weder ausschließlich aus haushalts- noch aus arbeitsmarktpolitischen Gründen gefällt. Diese Art der ex post Begründungen verfehlt, dass es, um zu einer strategischen, also planvollen Migrationssteuerung zu kommen, eines einigermaßen kohärenten staatlichen Projekts Bedarf. Von einem solchen Projekt kann, zwei Jahre nach dem offiziellen Ende des Kompromisses der Gastarbeiterära keine Rede sein. Dass die Asylmigration dennoch partiell für die Arbeitsmigration genutzt wurde, ist vielmehr Resultat der oben angeführten Interessenslagen, zu denen auch die Interessen der MigrantInnen gehören.

Schon der Fall der jugoslawischen Arbeitsmigration bis zum Anwerbevertrag von 1968 zeigt, dass das Asylverfahren die Möglichkeit bot, als irreguläres Instrument einer Arbeitsmigration zu fungieren. Die Entscheidung zur bedingungslosen Arbeitsmarktzulassung verstärkte diese Funktion und leitete eine Transformation des Asylrechts ein. Dieser Funktionswandel wurde durch das Aufkommen des nun in der Öffentlichkeit diskutierten Vorwurfs des Missbrauchs gleichsam flankiert. Die Einschätzung, dass mit der Arbeitsmarktzulassung das Asylrecht in eine Krise gerate, war unter JuristInnen und politisch Verantwortlichen Gegenstand der Debatte. Der als Kritiker der anti-liberalen Tendenzen des Ausländergesetzes bekannte Jurist Fritz Franz sprach etwa davon, dass das Asylrecht „zum Einfallstor für Wanderarbeiter verfremdet" wurde (1981, 798). Denn der Asylweg war – aus der Sicht der ArbeitsmigrantInnen – unter Umständen von Vorteil: Wer einen Asylantrag stellen wollte, war „zum Grenzübertritt zugelassen, ohne sich dem für sonstige Einwanderer vorgeschriebenen schwierigen, zeitraubenden und meist aussichtslosen Verfahren auf Erteilung eines Visums unterziehen zu müssen" (Franz 1984, 134). Die „Umnutzung" des Asylrechts zur Arbeitsmigration war ein beständiges Thema der Behörden. Auf der 5. Hessischen Arbeitsmarktkonferenz 1978 erklärte der hessische Sozialminister Armin Cluss: „Seit dem Anwerbestopp ist die Zahl der Asylbewerber sprunghaft angestiegen und wir vermuten, daß er dadurch umgangen werden soll." (FR, 28.11.1978)

Der Missbrauchsvorwurf, der zunehmend öffentlicher diskutiert wurde, diente seit dem Ende der Anwerbemigration der Verschlechterung der Bedingungen des Asylverfahrens. Er rechtfertigte im Rahmen von Verfahrens-Novellierungen zahlreiche Restriktionen gegenüber FlüchtlingsmigrantInnen, die entweder in einer Beschleunigung des Verfahrens, der Verkürzung und Reduzierung der Rechtswege und/oder einer Verschlechterung der sozialen Leistungen für Flüchtlinge bestanden. So wurde ab Mitte der 1970er Jahre in Baden-Württemberg der „Tatbestand" des „offensichtlich in rechtsmissbräuchlicher Absicht" gestellten Antrags auf ganze Gruppen angewendet. Kriterium dafür war die niedrige Anerkennungsquote von bestimmten MigrantInnen-Gruppen zum Beispiel aus Pakistan und Jordanien (vgl. Höfling-Semnar 1995, 69f.). Zu den Instrumenten der Abwehr der Asylmigration gehörten unter anderem die Einführung des Sichtvermerkszwangs für immer mehr Nationalitäten, die Verschärfung von Visabestimmungen und die Möglichkeit, „offensichtlich unbegründete Antragsteller" schon an der Grenze zurückzuweisen. Der Sichtvermerkszwang für pakistanische Staatsbürger wurde bereits 1976 eingeführt, als die Zahl pakistanischer MigrantInnen zu steigen begann und wurde im Rahmen eines Sofortprogramms 1980 auf „die wichtigsten Herkunftsländer der ausländischen Flüchtlinge" ausgedehnt (Scholl 1981, 153).[16] Im Rahmen des Sofortprogramms wurden Sozialhilfeleistungen für AsylbewerberInnen gekürzt beziehungsweise wurde es nun möglich, sie in Form von Sachleistungen auszuzahlen. Ebenso wurde die so genannte Residenzpflicht eingeführt, die die Bewegungsfreiheit von AsylmigrantInnen auf den Landkreis beschränkt. Auf kommunaler Ebene hatte sich die als Abschreckung motivierte Praxis allerdings schon etabliert. Der Landkreiseverband Bayern erklärte 1978, dass eine Integration von AsylbewerberInnen durch „bewußt karge lagermäßige Unterbringung zu verhindern [ist; SK]. Sie muß als psychologische Schranke gegen den Zustrom Asylwilliger aufgebaut werden" (zit. nach Marx 1984, 42). Zu Maßnahmen der Zugangsverhinderung zählten auch Vereinbarungen mit der DDR, die ab 1986 die Einreise via Ost-Berlin unterbanden, sowie Strafen für Beförderungsunternehmen, die „Ausländer" ohne eine Aufent-

16 Als Folge der Unterzeichnung des Schengener Abkommens von 1985, das den schrittweisen Abbau der innereuropäischen Grenzen und deren Verlagerung an die Außengrenzen zum Ziel hatte, erweiterte sich die Zahl der sichtvermerkspflichtigen Länder. Sie umfasst ab 1987 beinahe alle Staaten Afrikas, Asiens und Südamerikas. 1988 und 1989 kamen noch weitere, bisher nicht erfasste Länder, hinzu, unter anderem Südafrika, Barbados, Dominikanische Republik, Indonesien, Kamerun, Philippinen, Ruanda, Südwest-Afrika, Namibia, Thailand, Trinidad, Tobago und Uganda. Zugleich wurde das so genannte Zwischenlandungsprivileg für einige Staatsangehörige, unter anderem türkische, abgeschafft. Mit dem Zwischenlandungsprivileg sind Flugpassagiere von der Pflicht befreit, ein Flughafentransitvisum zu beantragen, wenn sie das Visum des Zielstaates haben, ein durchgehendes Flugticket besitzen und den internationalen Transitbereich des Flughafens nicht verlassen werden.

haltserlaubnis in die Bundesrepublik beförderten (vgl. Höfling-Semnar 1995, 123f). Gleichzeitig wurde das Arbeitsverbot für AsylbewerberInnen auf 5 Jahre ausgeweitet.[17]

Mitte der 1980er Jahre hatte sich die Zusammensetzung der Asylmigration wieder verschoben. Der Anteil europäischer Flüchtlinge betrug nun über 50 Prozent und machte schließlich 1992 zwei Drittel aller AntragstellerInnen aus. Ab 1987 dann wurden die Arbeitsverbote auch auf osteuropäische AsylmigrantInnen ausgedehnt, die einen großen Teil der AntragstellerInnen ausmachten: 1988 war nahezu jedeR dritte BewerberIn polnischeR StaatsbürgerIn. Schließlich versuchten sowohl sozialliberale, als auch konservativ-liberale Regierungen bis Ende der neunziger Jahre durch zahlreiche Novellen eine Beschleunigung und massive Verkürzung des Asylverfahrens zu bewirken. All diese Maßnahmen führten immer wieder punktuell zu einem Rückgang der Asylanträge, so etwa infolge des Sofortprogramms von 1980, als sich die Zahl von über 100.000 BewerberInnen auf unter 50.000 halbierte, oder nach 1986, als die Route über Ost-Berlin geschlossen wurde, worauf die inzwischen wieder auf annähernd 100.000 gestiegene Zahl erneut auf unter 60.000 zurückging (vgl. Herbert 2001, 263). Das Arbeitsverbot wurde 1990 schließlich als untauglich zur Verhinderung der Asylmigration aufgehoben (vgl. Münch 1992, 122).

4.3.2 Das Ende des Asylregimes

Die föderative Struktur der Bundesrepublik begünstigte das Entstehen einer Abschreckungsspirale, wodurch Länder wie Bayern, die eine strikte Abschreckungspolitik verfolgten, den anderen ihre Linie aufzwingen konnten. So hatte der Stadtstaat Hamburg unter einer sozialdemokratischen Regierung Mitte der 1980er Jahre den Versuch gestartet, ein „menschenwürdiges Verfahren" zu ermöglichen und zu diesem Zweck 18 Millionen DM zusätzlich zur Verfügung gestellt. Die Folge war, dass trotz bundesweit rückläufiger Zahlen die Anzahl der BewerberInnen in Hamburg sich binnen einen Monats verdoppelte.

Unter diesen Bedingungen war eine einheitliche „ökonomische" Behandlung der Asylmigration kaum möglich. Vielmehr führte die Dezentralisierung der Asylverfahren weg vom zentralen Aufnahmelager in Zirndorf hin zu den Ländern dazu, dass diese das Asylrecht wie das Ausländergesetz, also flexibel, handhabten und die „Verfahrensregeln in einer ihnen kurzfristig vorteilhaft erscheinenden Art und Weise zurechtbogen" (Münch 1992, 71). Trotz aller Maßnahmen zur Verkürzung der Asylverfahren wurden abgelehnte BewerberInnen oft nicht abgeschoben, sondern erhielten einen Duldungsstatus. Eine „Rotation" fand also auch hier nicht statt. Ein bestimmter Anteil der von Ablehnungen betroffenen

17 1984 wurde das Arbeitsverbot für jene Flüchtlinge aufgehoben, die auch bei Ablehnung des Asylantrags nicht abgeschoben werden können und bei denen dies schon bei der Einreise feststand. Dies betraf faktisch alle AntragstellerInnen aus Osteuropa, für die seit 1966 ein Abschiebeverbot galt.

AsylbewerberInnen ging in die Illegalität: 7.500 von 40.000 Asylsuchenden tauchten 1988 unter. Im Jahr darauf waren es von 48.000 BewerberInnen 10.000 (vgl. Höfling-Semnar 1995, 128).

Jenseits dieser juridischen Illegalität können aber auch die legalen AsylmigrantInnen als die Illegalen der Post-Gastarbeitsmigration betrachtet werden. Hinsichtlich ihres Rechtsstatus, weil sie nach zahlreichen Verschärfungen der Verfahren und der Lebensbedingungen tatsächlich zahlreicher Rechte „beraubt" waren. Vor allem jedoch, weil aufgrund der grundgesetzlichen Verankerung dieses Migrationswegs Asyl die unerwünschte Migration nur vermittels des Missbrauchsvorwurfs und der mit ihm verkoppelten Abschreckungskampagnen bekämpft werden konnte. Unterhalb einer Verfassungsänderung, die bis Anfang der 1990er in weiter Ferne lag, waren dies die notwendigen Erscheinungsformen einer Auseinandersetzung um eine „eigentlich" illegale, das heißt illegitime und unerwünschte Migration.

Die wenigen Stimmen, die zu Beginn der Debatte um den Missbrauch des Asylrechts von der Notwendigkeit sprachen, den MigrantInnen eine andere rechtliche Möglichkeit der Einwanderung zu bieten, blieben in der Öffentlichkeit ungehört. Die Hauptlinien der Auseinandersetzung wurden bestimmt von der Missbrauchskritik auf der einen Seite, die aus den „wirtschaftlichen" Motiven der Flüchtlinge folgerte, dass man das Asylrecht einschränken müsse, um es damit für die „wirklich" politisch Verfolgten zu präservieren. Auf der anderen Seite verteidigten NGOs wie etwa amnesty international und später Pro Asyl das Asylrecht gegen die staatlichen Angriffe. Die vorgegebene Konfliktlinie war durch den Missbrauchsvorwurf vorgezeichnet: Wirtschaftliche Motive waren illegitim, alle Anstrengungen zur Abwehr der Verschärfung des Asylrechts konzentrierten sich daher auf den Nachweis, dass die niedrigen Ankerkennungsquoten politisch motiviert und die meisten Asylsuchenden durchaus politisch verfolgt seien, etc.[18] Das Diskursfeld war somit auf spezifische Weise restringiert: Wer den MigrantInnen zugestand, dass sie möglicherweise als ArbeitsmigrantInnen in die Bundesrepublik kamen, machte sich ungewollt zum Advokaten der großen Koalition der AsylgegnerInnen. Migration aber war nur als Flucht vor Folter und Verfolgung zu rechtfertigen. Die starke Fokussierung auf das Asylrecht hing jedoch auch mit der Erfahrung des Nationalsozialismus zusammen, die als Referenzfolie nicht nur des Asylrechts selbst diente, sondern auch eine besondere Bedeutung für die bundesdeutsche Nachkriegslinke besaß und besitzt. Der Verweis auf die Verfolgten des Naziregimes, denen überall im europäischen Ausland mit ähnlichen Begründungen wie in der Asyldebatte Nachkriegsdeutschlands der Schutz verweigert wurde, war ein wichtiges Bindeglied zwischen dem linken Migra-

18 Die Positionen dieser beiden großen Organisationen waren führend und zugleich stellvertretend für den gesamten „kritischen" Diskurs des Asylrechts. Insbesondere Pro Asyl hat seit Ende der 1980er Jahre die Meinungsführerschaft in der Asylfrage übernommen (vgl. ai 1977 oder die Presseerklärungen von Pro Asyl seit 1986, http://www.proasyl.info/archiv, Link vom 9.9.2006).

tionsspektrum und dem offiziellen bundesdeutschen antifaschistischen Konsens. Die diskursiven Kämpfe um Migration fanden somit auf einer humanitären Matrix statt, in der – anders als noch zur Anwerbemigration – ökonomische Argumente nur in der Form einer kostenmäßigen Belastung auftauchten. Sowohl die Abwehr als auch die Befürwortung der Migration wurde entlang des Verfolgungsparadigmas strukturiert. Selbst der Asylkompromiss, der in einer faktischen Abschaffung des Asylrechts resultierte, anerkennt noch dieses Paradigma, indem er die „sicheren Drittstaaten" konstruiert. Diese spezifische Form der Dethematisierung der Arbeitsmigration im Asylregime kennzeichnete noch bis Ende der 1990er Jahre die Migrationsdebatte. Eine Verschiebung zeichnete sich seit Mitte der 1990er Jahre beispielsweise in Bezug auf die „Schwarzarbeit" durch osteuropäische PendelmigrantInnen und die Saisonarbeitsabkommen, sowie die Debatten um die illegalen Arbeitskräfte im Baugewerbe ab (siehe Kapitel 6). Mit dem Vorstoß der rot-grünen Bundesregierung in den Jahren 1999 bis 2000 wurde der neuen Anwerbemigration ein konzeptiver Anstrich gegeben, vor allem durch die so genannte Green-Card Initiative von Bundeskanzler Schröder.

4.3.3 Der Asylkompromiss – Matrix des Post-Gastarbeitsregimes

Ende der 1980er Jahre war der verwaltungsrechtliche Spielraum der Abschreckungspolitik ausgeschöpft. Hinzu kam, dass 1990 mit dem Ende der Systemkonfrontation auch der „eiserne Vorhang", der einen großen Teil der osteuropäischen Migration unterbunden hatte, wegfiel. Dadurch stiegen abermals die AsylbewerberInnenzahlen. Das Feld war jahrelang in einer Weise präpariert worden, dass der einzige (Aus)Weg, das heißt eine Fortführung und Steigerung der Abschreckung und Migrationsverhinderung in einer Verfassungsänderung bestand. Während in Bezug auf die Gastarbeiter-MigrantInnen 1990 ein vergleichsweise liberales Ausländergesetz verabschiedet wurde, das Abschied nahm von der restriktiven Politik unter Innenminister Zimmermann und den meisten MigrantInnen Rechtssicherheit bot, eskalierte Anfang der 1990er Jahre die politische Situation hinsichtlich des Asylregimes. Zwar enthielt das Ausländergesetz einige von Flüchtlingsorganisationen, unter anderem dem UNHCR, lange geforderten Verbesserungen wie die Einführung des Familienasyls, reorganisierte die föderative Struktur des Verfahrens zugunsten des Bundes und führte auch einige neuerliche Beschleunigungen ein (vgl. ausführlich dazu Höfling-Semnar 1995, 130ff.). Da aber kein politischer Wille existierte, die gewachsene Zahl von AntragstellerInnen aufzunehmen, und die Opposition (SPD und Grüne) eine Verfassungsänderung weiterhin ablehnte, verlagerte sich die Diskussion in zwei Richtungen. Die von Bundeskanzler Kohl als „Staatsnotstand" apostrophierte vermeintliche Handlungsunfähigkeit der Exekutive führte zu einer massenmedialen Skandalisierung der Asylmigration. Die Opposition, insbesondere die SPD, deren Stimmen für eine Grundgesetzänderung notwendig waren, sollte unter Druck gesetzt werden. In einem Rundbrief an alle CDU-Fraktionsvorsitzenden in Landtagen,

Kreistagen, Stadt- und Gemeinderäten sowie Bürgerschaften vom 12. September 1991 forderte der Generalsekretär der CDU, Volker Rühe, dazu auf,

> „die Asylpolitik zum Thema zu machen und die SPD dort herauszufordern, gegenüber den Bürgern zu begründen, warum sie sich gegen eine Änderung des Grundgesetzes sperrt – oder aber öffentlich die Bereitschaft zu bekunden, innerhalb der eigenen Partei für eine Änderung der bisherigen Politik einzutreten" (zit. nach Pelzer 2003).

In Kombination mit dem durch die Wiedervereinigung entfachten Nationalismus führte die massenmediale Kampagne gegen die „Asylantenflut" zu einer Serie von Brand- und Mordanschlägen auf AsylbewerberInnen und ihre Wohnheime. Vor allem nach den Anschlägen von Rostock-Lichtenhagen wurden die Forderungen nach der Grundgesetzänderung noch intensiver vorgetragen. Die Übergriffe wurden als Folge der zu hohen AsylbewerberInnenzahlen dargestellt. Kanzleramtsminister Friedrich Bohl wies darauf hin, dass die Bundesregierung nach vier Nächten ausländerfeindlicher Krawalle in Rostock ihre vordringlichste Aufgabe in der Einschränkung des Asylrechts im Grundgesetz sehe. Man müsse die Überforderung der Menschen beenden. Dies könne nur dadurch geschehen, dass dem Missbrauch des Asylrechts begegnet werde.

Pro Asyl kritisierte Bundesregierung und Opposition und sprach von einer „Komplizenschaft zwischen den rechtsextremen Krawallmachern" und den Politikern, deren Ziel die Abschreckung weiterer Flüchtlinge sei (vgl. Pelzer 2003). Im September 1992 stellte der Parteivorstand der SPD fest: „Die erforderlichen Ergänzungen oder Änderungen der Verfassung werden wir mit auf den Weg bringen." Auf einem Sonderparteitag im November 1992 wurde die Grundgesetzänderung von der Mehrheit der Parteibasis gebilligt. Es folgten die Verhandlungen über die Ausgestaltung der Asylrechtsänderungen. Am 6. Dezember schlossen CDU/CSU, FDP und SPD den so genannten Asylkompromiss. Seine Bestandteile waren das Konzept der sicheren Herkunftsländer, die Drittstaatenregelung, das Flughafenverfahren, eine eigenständige Regelung für Flüchtlinge aus Kriegs- und Bürgerkriegsgebieten außerhalb des Asylverfahrens, ein eigenes Sondergesetz (das die sozialen Leistungen für AsylbewerberInnen regelt und die Leistungen für Flüchtlinge in Form von Sachleistungen auf einem niedrigeren Niveau als für Deutsche festschreiben sollte), sowie eine Altfallregelung (um die damals über 700.000 im Bundesamt und den Verwaltungsgerichten anhängigen Asylverfahren zügig zu bearbeiten). Am 26. Mai 1993 wurde der Asylkompromiss beschlossen. Anstelle der Feststellung „Politisch Verfolgte genießen Asyl" (Art.16, Abs.2, S.2, alte Fassung) wurde ein neuer Artikel 16a GG geschaffen. Zur faktischen Aufhebung der Schutzgarantien führten vor allem die neue Drittstaatenregelung, das Konzept der sicheren Herkunftsländer und die Verkürzung des Rechtsschutzes, verbunden mit dem Flughafenverfahren.

Was die Grundgesetzänderung aber als Kompromiss auszeichnete, war die Vereinbarung, eine konzeptionelle Gesamtlösung für die Zuwanderung zu suchen, auf die die SPD gedrungen hatte. Bis zum Regierungsantritt der rot-grünen Koalition wurde dieses Thema aber nicht weiter behandelt. An die Stelle eines Einwanderungsgesetzes trat ein Mosaik aus Regelungen, Abkommen und Gesetzen, die bereits bestehende Migrationswege legalisierten und zu regulieren versuchten.

5. Illegale Migration und Europäisierung

„Aber so verlockend es auch sein mag, daß die ,nationale Arbeit' durch Fernhaltung bzw. Einschränkung dieser Konkurrenz ,geschützt' werden müsste, wir können uns prinzipiell nicht damit einverstanden erklären, dass man durch staatliche Gesetze gerade den Ärmsten der Proletarier die Möglichkeit nehmen will, dem Elend und der Bedrückung zu entfliehen und die Segnungen der Freiheit und der Zivilisation kennen zu lernen. Die Ärmsten folgen wie jeder Proletarier, dem naturgemäßen Drange nach Verbesserung ihrer Lage." (Der Grundstein, offizielles Wochenblatt für die deutschen Maurer und Berufsgenossen, Nr. 40, 8 Jg., 5.10.1895)

5.1 Illegale Migration als Hauptmigrationsform

Die Grundgesetzänderung von 1992 bis 1993 war der Anfang vom Ende der Asylmigration. Bezeichnend ist, dass zwar unmittelbar nach der Änderung die Asylbewerberzahlen drastisch sanken, ihren Tiefstand aber erst nach einigen Jahren erreicht haben. Während die Drittstaatenregelung alle über den Landweg einreisenden AsylmigrantInnen unmittelbar abwehrt oder in die Illegalität lenkt, dürfte es die abschreckende Wirkung das Flughafenverfahrens[1] sein, die die Zahl

1 Das Flughafenverfahren wurde mit dem von der SPD unterstützen Asylkompromiss 1993 beschlossen. Ihm sind Asylbewerber aus so genannten sicheren Herkunftsländern sowie Flüchtlinge mit fehlenden oder falschen Papieren unterworfen. Während der Dauer des Verfahrens müssen sie sich im Transitbereich des Flughafens aufhalten, der nicht als deutsches Hoheitsgebiet gilt. Erst danach kommen sie ins normale Asylverfahren oder werden zurückgeschickt. Das Oberlandesgericht Frankfurt hat 1996 entschieden, dass die Räume des Transitbereichs „als Hafträume im Sinne des Gesetzes anzusehen sind" und der Aufenthalt dort nicht länger als die gesetzlich vorgeschriebenen 19 Tage dauern darf. Daraufhin ließ der dem Innenministerium

der MigrantInnen über die Jahre vermindert hat (vgl. Sieveking 1999, 106). So, wie mit dem Ende der Anwerbemigration die Zahl der AsylmigrantInnen jährlich zunahm, so stieg nun die Zahl der illegalen MigrantInnen.[2] Trotz der komplizierten Datenlage sprechen viele SozialwissenschaftlerInnen davon, dass illegale Migration „seit Beginn der 1990er Jahre in der Bundesrepublik Deutschland angewachsen ist“ (Lederer 1999, 70). Zwar kommen Schönwälder et al. (2004, 30f.) zu der Annahme, dass ab Ende der 1990er Jahre – aufgrund sinkender Aufgriffszahlen trotz steigender Kontrollintensität – möglicherweise die Zahlen sinken oder stagnieren. Es sei aber nicht auszuschließen, dass weniger ein Rückgang „als ein Formwandel der illegalen Einreise und der Basis für einen illegalen Aufenthalt in Deutschland stattgefunden hat“ (ebd., 30).[3]

---

unterstellte Bundesgrenzschutz Flüchtlinge „Freiwilligkeitserklärungen“ unterschreiben, weil ihnen ansonsten Abschiebehaft droht.

2 Verfahren wegen illegaler Ausländerbeschäftigung nach § 229 stiegen kontinuierlich an von 23.780 Fällen 1988 auf 78.581 im Jahre 1995. Dies könnte sowohl Ausdruck verstärkter Kontrolltätigkeit seitens der Behörden, aber auch Index eines Anstiegs illegaler Beschäftigung sein. Seit 1992 hat die Bundesanstalt für Arbeit ihre Kontrollen verstärkt (vgl. Treichler 1998, 48). Die Zahl der Aufgriffe an den Grenzen stieg von circa 7.000 1990 auf zwischenzeitlich knapp 55.000 im Jahr 1993 an, sank danach aber auf etwa 30.000 – mit Abweichungen nach oben und unten in den darauf folgenden Jahren (vgl. Lederer 1999, 66). Ebenso nahm die Zahl der Delikte wegen Urkundenfälschung zu, zwischen 1990 und 1997 um 282 Prozent – aber auch hier spielen veränderte Straftatbestände eine Rolle: 1994 wurden mit dem § 276a StGB der Straftatbestand der Ausweisfälschung auf aufenthaltsrechtliche Papiere ausgedehnt. Zu den Schwierigkeiten einer statistischen Erhebung und selbst der Validität der ohnehin problematischen behördlichen Daten vgl. Alt 1999 und Kapitel 1 dieser Arbeit.

3 Sie erwähnen in diesem Zusammenhang den so genannten Vollmer-Erlass, mit dem das Außenministerium die Konsulate und Botschaften der Bundesrepublik Deutschland im Frühjahr 2000 anwies, bei der Visa-Vergabe weniger restriktiv vorzugehen, und „im Zweifelsfall für die Reisefreiheit“ zu entscheiden. Die damalige Opposition warf der Regierung vor, die dadurch gestiegenen Visa-Vergaben seien Ausdruck von massenhaftem Missbrauch, die Visa erschlichen und die Vergaberichtlinie komme einer Förderung des Menschenhandels gleich (vgl. Große Anfrage der CDU/CSU und Antwort der Bundesregierung: http://dip.bundestag.de/btd/15/036/1503670.pdf, Link vom 15.8.2006). Der CSU-Politiker Michael Glos bezeichnete den Außenminister als „Zuhälter“, da die „illegalen“ MigrantInnen sämtlich Schwarzarbeit, Prostitution und Menschenhandel betrieben. Hans-Peter Uhl (CSU) nannte den zuständigen Staatssekretär im Außenministerium Ludger Vollmer im Bundestag einen „einwanderungspolitischen Triebtäter“. Die Komplexität der Visa-Affäre, die medial die Gestalt einer kleinen Regierungskrise annahm, verdeutlicht auch, wie die These, „der Staat“ toleriere die illegale Migration, kaum haltbar ist: Die Visa-Vergabe sollte – das steht am Anfang der „Affäre“ – durch das Ausstellen von Garantieerklärungen und Reiseversicherungen vereinfacht, sowie Korruption in diesem Bereich unterbunden werden. Die mit diesen Dokumenten erstellten „Bonitätserklärungen“ können aber praktisch und theoretisch vom Botschaftspersonal nicht geprüft werden. Die Bonitätserklärung ist durch eine Reiseversicherung abgedeckt, mit der die Kosten einer evtl. Abschiebung gezahlt werden. Gemäß der Rechtsauffassung des Kölner Oberlandesgerichts wird sie damit durch den Versi-

Bedeutsam ist auch der Anstieg der Publikationen, Tagungen und Medienberichte über illegale Migration, der ab den 1990er Jahren einsetzt.[4] Jenseits der Frage einer rein quantitativen Zunahme – die nicht nur schwer zu validieren ist, sondern auch dazu verleitet, illegale Migration als in qualitativer Hinsicht invariabel zu betrachten – verweist der Blick auf die Ebene der Diskurse aber vor allem auf den Aspekt der Konstruktion von illegaler Migration nicht als empirischem Faktum, sondern als spezifischem Vehikel der Regierung der Migration, in dem die Motive, Wege und Machtverhältnisse innerhalb der Migrationsbewegung bearbeitet, das heißt repräsentiert und reguliert werden.

Auch auf europäischer Ebene wurde illegale Migration erst spät als eigenständige Migrationsform gesehen: „Not surprisingly, from the early 1970s to the mid 1980s the issue of irregular migration is seldom evoked and rarely presented as a priority." (Sciortino 2004, 28) War illegale Migration bis zum europaweiten Anwerbestopp aufgrund der beinahe überall in Europa existierenden Möglichkeiten einer nachträglichen Regularisierung eine vorübergehende Phase in den Migrationsbiografien (vgl. ebd., 27; Marie 1988), so hat sie sich zu einem Leitbegriff der Migrationspolitik auf europäischer Ebene entwickelt. Nicht nur, weil durch das Fehlen legaler Einreisemöglichkeiten alle Migrationsformen illegalisiert wurden, sondern auch weil sich die Bekämpfung unregulierter Einwanderung unter dem Namen der illegalen Migration zu einem neuen Feld verdichtet hat. Von einem Epi-Phänomen hat sich illegale Migration zur Hauptmigrationsform gewandelt und steht zugleich im Zentrum der Neu-Formierung des europäischen Migrationsregimes.

Damit erweist sich die Figur des Illegalen nicht nur als empirisch-deskriptive Kategorie. Sie ist vielmehr ein spezifischer Modus der Regierung: So wie die Kategorie des Flüchtlings die entsprechenden Diskurse und Apparate und damit eine spezifische Art und Weise, Migration zu regieren impliziert, verweist illegale Migration nicht nur auf eine Illegalisierung der Migration. Dies ist keineswegs ausschließlich das Resultat der Abschottungsbemühungen, die die europäische Migrationspolitik unter dem Namen einer „Festung Europa" zu dominieren

cherer nicht nur abgegeben, sondern dieser sei als „Kostenübernehmer" auch „Einlader" und mache sich im Falle eines Visa-Missbrauchs strafbar. Da diese Dokumente aber vom Außen- und Innenministerium genehmigt wurden, kam es schließlich zu der Obskurität der Vorermittlungen eines Kölner Generalstaatsanwalts, der prüfte, ob Verantwortliche der beiden Ministerien sich der Beihilfe zu einem Verbrechen der gewerbsmäßigen, bandenmäßigen Schleusung schuldig gemacht hatten.

4 Monografien und Aufsätze zu illegaler Migration im bundesdeutschen Kontext beginnen nahezu ausschließlich Mitte der 1990er Jahre (Ausnahmen sind Uçar 1983, Marschall 1983). Bei den Presseberichten ist ein Vergleich aufgrund der unterschiedlichen Archivierungstechniken nur begrenzt möglich. Im Fall der taz aber ist die Differenz signifikant: Allein im ersten Halbjahr 1996 erscheinen um ein zigfaches mehr Berichte über illegale Migration als in der gesamten zweiten Hälfte der 1980er Jahre. Dort ist das Thema einerseits durch die Europäische Gemeinschaft vermittelt, andererseits über sporadische Berichte (3 insgesamt) über illegale Grenzübertritte türkischer MigrantInnen.

scheinen. In der kritischen Rhetorik gegen die „Festung Europa“ wird häufig übersehen, dass sich innerhalb der EU in den letzten 15 bis 20 Jahren ein ebenso starker Diskursstrang entwickelt hat, der in Richtung einer harmonisierten europäischen „Einwanderungspolitik“ arbeitet. Denn dass es einen Bedarf an Migrationen gibt beziehungsweise dass es, wie die Ratstagung in Den Haag 2004 feststellte, „internationale Wanderungsbewegungen [...] weiterhin geben wird“ (zit. nach Rigo 2006), wird kaum noch bezweifelt. Zwar existiert eine harmonisierte Einwanderungspolitik noch lange nicht, der Konsens über einen Bedarf an Migration wird aber auf nationaler Ebene, mit regionalen oder bilateralen Migrationsregimes zur Praxis gebracht (vgl. auch Samers 2003, 574). Illegale Migration und ihre Regierung konstituieren deshalb eine Art intermediäres Feld, in dem die Widersprüche, die im Grunde jegliche Migrationspolitik ausmachen, gleichsam parastaatlich beziehungsweise rein exekutiv europäisiert werden. Auch in diesem Zusammenhang kann man mit Balibar sagen, dass es „keinen Staat in Europa“ gibt: Weil die Ebene der Aushandlung der sozialen Kompromisse, des Sozialstaats überhaupt bislang innerhalb des EU-Projekts untergeordnet bis inexistent ist.

Die europäische Dimension in der Dominanz der illegalen Migration hängt auch mit der Rolle der neuen Immigrationsländer an der südlichen Peripherie in Kombination mit der durch Schengen vermittelten politischen und ideologischen Konzentration auf die neuen Außengrenzen Europas zusammen. In Ländern wie Spanien, Griechenland und Italien, in denen keine Anwerbeprogramme für migrantische Arbeit existierten außer denen, mit denen griechische, italienische und spanische ArbeiterInnen und andere nach Deutschland migrierten, war die neue Migration – vor allem aus Afrika und Asien – per se illegal. Die spezifisch historische Differenz zwischen illegaler Migration während der Rekrutierungsprogramme und der 1990er Jahre ist darüber hinaus in den institutionalisierten Effekten der Migration auszumachen, das heißt die im Prozess der Migration (und seiner Regulierung) gemachten Erfahrungen, die sich in Routinen, Wissen und sozialen Beziehungen materialisieren. Dies vollzieht sich sowohl auf der Seite der regulierenden Instanzen beziehungsweise der „Einwanderungsgesellschaften“, als auch auf Seiten der sozialen Zusammenhänge, die vielfach vereinfachend die migrantischen „Communities“ genannt werden. Aufgrund der unterschiedlichen Migrationsgeschichten, sowie der spezifischen Migrationsregime, die sich auf nationaler und regionaler Ebene herausgebildet haben, fungiert der Term der illegalen Migration auch als vereinheitlichender Begriff zur Harmonisierung der europäischen Migrationspolitik, ist aber genau deshalb beständig umkämpft. Die Vielzahl der Initiativen zur Etablierung europäischer Gremien der Migrationsbekämpfung dokumentiert einerseits die Bemühungen bestimmter europäischer Staaten, eine europäische Lösung für die Frage der Migration zu finden. Sie zeigt aber auch, dass regional höchst unterschiedliche Interessen am Werk sind, die einer Implementierung im Wege stehen. Dennoch existiert ein Prozess der Europäisierung der Migrationspolitik – allerdings weder in Gestalt einer linearen Harmonisierung, noch als reiner „Festungsbau", also Ausbau der Außengrenzen. Die illegale Migration deterritorialisiert und segmentiert vielmehr die Prozesse der Europäisierung, wie ich im Abschnitt 5.1.2 zeigen werde.

Wie William Walters zurecht anmerkt, bezieht sich der Term Migrant oder illegaler Migrant keineswegs auf alle, die Grenzen überqueren. Der Begriff des Migranten ist in Europa vielmehr ein klassenspezifischer und rassistischer Code und damit mehr als eine administrative Kategorie:

> „It does not really evoke the Australian working without authorization in London, the Canadian actors who work without papers in New York, or the American student in Paris who overstays her visa. Anti-illegal immigration policy is not targeted at all illegal immigrants." (Walters 2005, 5)

Insbesondere im Kontext der Formierung einer europäischen Identität erhält diese Abgrenzung gegenüber einem Kollektiv der Nicht-Europäer ihren politischen Gehalt. Die spätestens seit dem 11. September überall in Europa entflammte Diskussion über vermeintlich europäische und abendländische Werte und deren Gegensatz zu einer „islamischen Kultur", die auf dem Feld der Migrationspolitik ausgetragen wurde und in einigen Ländern zu einer Verschärfung der Einwanderungspolitik geführt hat, zeigt, dass die Regulierung von Migration nicht nur auf dem Terrain von Bevölkerungspolitik und Arbeitsmarkt platziert ist: Die Konstitution eines europäischen „Volkes" geht einher mit einer kulturalistisch-rassistischen Feindbildbestimmung, wie sie insbesondere von Konservativen beziehungsweise der Rechten betrieben wird. Die „Anderen", vor allem muslimischen MigrantInnen, dienen als negative Folie, mit der kulturelle und schließlich (etwa gegenüber der Türkei) auch geografische Grenzen des europäischen Staatsprojekts ermittelt werden sollen.

5.1.1 Von der Regionalisierung …

Illegale Migration und ihre Bekämpfung haben zudem eine zunehmende Bedeutung auch in anderen Politikfeldern erhalten. Schon seit Mitte der 1970er Jahre hatte sich in der Asyldebatte ein Topos zu etablieren begonnen, nachdem Flucht*ursachen* zu bekämpfen seien, um Flüchtlingsbewegungen zu vermeiden. Vor allem von konservativer Seite wurde das Konzept einer solchen „Regionalisierung" der Flüchtlingspolitik in die Diskussion gebracht. Anlass waren die steigenden Asylbewerberzahlen aufgrund höchstrichterlicher Entscheidungen, die die Anerkennung kollektiver Verfolgung erzwangen und die Anerkennungsquote binnen eines Jahres verdoppelten (vgl. Höfling-Semnar 1995, 150). Die Länder Bayern und Baden-Württemberg plädierten aufgrund „drohender" hoher Flüchtlingszahlen Anfang der 1980er Jahre für eine Regionalisierung, die schließlich zur tragenden Säule der Flüchtlingspolitik der christlich-liberalen Koalition im Bund wurde. Sie stellte einen Begründungsrahmen für die Beschränkung der

Aufnahme von Flüchtlingen aus der „Dritten Welt“ dar, unabhängig von deren rechtlicher Unterteilung in Konventionsflüchtlinge, „Wirtschaftsflüchtlinge“ und AsylbewerberInnen. Mit dem Konzept der Regionalisierung wurde zunächst der Anspruch neutralisiert, die Beschränkungen des deutschen Asylrechts aufzuheben und für neue und differierende Fluchtursachen entsprechende Kategorien zu schaffen. Zugleich führte die Konzeption zu einem „Flucht-Mainstreaming“, wodurch die Aktivitäten der Bundesregierung auf allen flüchtlingsrelevanten Politikfeldern auf die Wirkungen hinsichtlich der Flüchtlingsbewegung überprüft wurden. Seit 1990 existiert eine ressortübergreifende Flüchtlingspolitik im Zeichen der Fluchtursachenbekämpfung, in der auch zunehmend die Bundeswehr und ihr Umbau zur Interventionsarmee eine wichtige Rolle spielen. Die Einrichtung von „Schutzzonen“ etwa in Kroatien während des Bürgerkriegs in Jugoslawien, mit denen Migrationsbewegungen „vor Ort“ abgefangen werden sollten, waren erste Projekte, mit denen im Rahmen der Europäischen Union eine Regionalisierung von Flucht betrieben wurde (vgl. Materialien 1993, 105ff.).

Die Regionalisierung stellt einen qualitativen Wandel in der Migrationspolitik dar, insofern der Rahmen der konventionellen Asylpolitik verlassen wird, innerhalb dessen Flüchtlinge erst dann zum Gegenstand politischer Regulation wurden, wenn sie im Aufnahmeland erscheinen und als Rechtssubjekte Schutz einfordern. Die herrschende Flüchtlingspolitik bestand im Wesentlichen darin, durch Kontrollmaßnahmen das Aufnahmeland für Flüchtlinge möglichst unattraktiv zu machen. In Deutschland wurden mit der Änderung des Artikel 16 GG diese Möglichkeiten über die Grenzen des bis dahin verfassungsrechtlich Machbaren ausgeschöpft.

Während der Tagung der europäischen Staats- und Regierungschefs 1992 in Edinburgh setzte sich vor allem die deutsche Regierung stark für das Prinzip der Regionalisierung der Flüchtlingsaufnahme ein, demzufolge Flüchtlinge vorrangig in den Ländern derjenigen Weltregion Aufnahme finden sollten, aus der sie stammen. Mit präventiven Maßnahmen sollten Flüchtlingsbewegungen dort, wo sie entstehen, verhindert und schon Geflohene in der Region gehalten werden. Humanitäre Sofortmaßnahmen, langfristige Entwicklungshilfe, diplomatischer Druck und die militärische Einrichtung von Schutzzonen sollten als „Querschnittsaufgabe von Außen-, Wirtschafts-, Asyl- und vor allem Entwicklungspolitik“ (Schieffer 1998, 32) ineinandergreifen. Die europäische Flüchtlingspolitik war damit zu einem der ersten Bestandteile einer kohärenten europäischen Außenpolitik geworden.

Die früh einsetzende Regionalisierung war durch Aspekte gekennzeichnet, die insgesamt charakteristisch für das Migrationsregime der Ära nach dem Ende des Kalten Krieges sind: Die Regionalisierung steht für eine Entgrenzung des Policy-Feldes der Migration. Diese Entgrenzung geht zurück auf die Einbeziehung der „Ursachen“ der Migration. Dieses Verfahren ist schon aus der Gastarbeitsmigration bekannt, in der die Rückführung der ArbeitsmigrantInnen in den 1980er Jahren auch bei den vermeintlichen „Ursachen“ der Migration ansetzte: Deshalb wurden der ersten Generation vor allem türkischer MigrantInnen Rückkehrprämien geboten, die ihnen ermöglichen sollten, in den Herkunftsländern eine selbständige Existenz aufzubauen. Während also dem Gastarbeitsregime der ökonomische Anreiz entspricht, der die MigrantInnen als ökonomische Robinsonaden konzipiert, werden die MigrantInnen des Asylregimes als Fluchtsubjekte konzipiert, die durch eine Bekämpfung der Fluchtursachen vom Migrationsvorhaben abgebracht werden können. In beiden Fällen gibt das jeweilige Migrationsregime die Vektoren vor, entlang derer eine „Vertiefung" (also das Ansetzen bei den „Ursachen") der Migrationsregulierung betrieben werden muss. In diesem Kontext sind auch neuerliche Vorschläge innerhalb der Europäischen Union zu verstehen, die Einkommen der MigrantInnen an entwicklungspolitische Programme zu koppeln.[5] Bemerkenswert ist jedoch die historische Verzögerung, mit der diese Politiken wirken: Die Regionalisierung wurde zur Hochzeit des Asylregimes begonnen und dauert bis in die Gegenwart. Die Ausweitung der Grenz- und Migrationspolitik der Europäischen Union bis in die Sahel-Zone wird nunmehr mit entwicklungspolitisch zu begegnenden „Fluchtursachen" ebenso verkoppelt wie mit dem Bürgerkrieg im Kongo.[6]

Der zweite wichtige Aspekt, der mit der Regionalisierung einhergeht, ist eine migrationsinduzierte Deterritorialisierung des europäischen Raumes. Das sich ausdifferenzierende Gefüge eines europäischen Migrationsregimes verfügt über keine institutionelle Teleologie, welche ihren Abschluss in einer „Festung Europa" finden würde. Die Ausdifferenzierung der europäischen Apparate der Migrationspolitik ist vielmehr höchst widersprüchlich und resultiert in einem europäischen Mehrfachgrenzraum (vgl. Hess/ Tsianos 2007).

5 Vgl. das neue Einwanderungsgesetz Frankreichs, in dem vorgesehen ist, dass ein Teil des von ArbeitsmigrantInnen erzielten Einkommens an Entwicklungsprojekte abgeführt wird.

6 Der Verteidigungsminister der großen Koalition begründete den Einsatz von Bundeswehrsoldaten in der Demokratischen Republik Kongo mit dem Sicherheitsinteresse der Bundesrepublik Deutschland: „Es geht auch um zentrale Sicherheitsinteressen unseres Landes! Wenn wir nicht dazu beitragen, den Unruheherd Kongo zu befrieden, werden wir mit einem großen Flüchtlingsproblem in ganz Europa zu tun bekommen." (Verteidigungsminister Jung im Interview mit der Bild-Zeitung, vgl. http://www.bundesregierung.de/nn_774/Content/DE/Interview/2006/03/2006-03-7-fuer-demokratie-und-stabilitaet.html, Link vom 5.9.2006) Diese Konzeption findet sich auch in einem Papier, dass der SPD-Verteidigungsminister Struck 2003 vorstellte. In den militärstrategischen Überlegungen wird folgende Risikoanalyse vorgenommen: „Ungelöste politische, ethnische, religiöse, wirtschaftliche und gesellschaftliche Konflikte wirken sich im Verbund mit dem internationalen Terrorismus, mit der international operierenden Organisierten Kriminalität und den zunehmenden Migrationsbewegungen unmittelbar auf die deutsche und europäische Sicherheit aus. Ihnen kann nur durch ein umfassendes Sicherheitskonzept und mit einem System globaler kollektiver Sicherheit begegnet werden." (Zit. nach Hantke/Pflüger 2005)

5.1.2 … zur Europäisierung

Vor allem ab den 1990er Jahren wurden das Migrationsgefüge und seine Aushandlungsräume durch die europäische Ebene verändert. Die Europäisierung wird im Kontext der Migrationspolitik oft als eine Verlagerung von Kompetenzen auf eine suprastaatliche Ebene, oder im Sinne der „realistischen" Ansätze in den internationalen Beziehungen als Terrain der Machtpolitik einzelner Nationalstaaten verstanden. Das Interpretationsraster der Migrationsforschung zur europäischen Migrationspolitik ist dabei geprägt von den Konjunkturen der Integrationsforschung: Letztere oszilliert zwischen einerseits nationalstaatszentrierten Ansätzen mit der „realistischen" Tendenz, den einzelnen Staaten bestimmte Interessen zuzuschreiben, die sie dann auf der EU-Ebene zur Geltung bringen und Mehrebenen-Ansätzen andererseits , die – wie etwa das Konzept der Global Governance – die suprastaatlichen Instanzen in den Vordergrund stellen und das Netzwerk als die Matrix einer neuen Form des Regierens konzeptualisieren. Seit den Verträgen von Amsterdam und Maastricht wurden die so genannten realistischen Ansätze in der EU-Forschung zugunsten von Theorien zurückgedrängt, die in der Europäischen Union ein neuartiges Gebilde erkennen, das weder einen „Supra"-Staat, noch ein bloßes intergouvernementales Abkommen darstellt (vgl. Jachtenfuchs/Kohler-Koch 1996).

Auf theoriepolitischer Ebene wird seit den 1990er Jahren versucht, die Kluft zwischen supranationalen und realistischen Theorien zu schließen – unter anderem mit Anleihen bei der Regimetheorie (vgl. Bieling/Steinhilber 2000). Im Kontext einer „kritischen Integrationstheorie" wird darüber hinaus versucht, die institutionalistischen Beschränkungen der herkömmlichen Theorien, das heißt ihre Vernachlässigung gesellschaftlicher Kräfteverhältnisse, zu überwinden. Gerade im Kontext der Migrationsforschung wird jedoch oftmals noch die Vergemeinschaftlichung oder die Europäisierung der Migrationspolitik als eine stetige Kumulation restriktiver Maßnahmen interpretiert mit der Konsequenz einer analytischen Verengung auf die propagandistische Ebene, auf der allein eine Evidenz der Abschottung wieder erkannt werden kann. Die Metapher von der „Festung Europa" und die Etablierung immer neuer Instrumente der Migrationskontrolle auf europäischer Ebene nähren entweder die Vorstellung, es gebe ein einheitliche Politik der EU in diesem Zusammenhang, oder es werden bestimmte Einzelstaaten – hier vor allen die Bundesrepublik Deutschland – als Triebkräfte einer repressiven Migrationspolitik ausgemacht.

Zum Verständnis des europäischen Regimes der Migration kann hier auf einen Begriff von Ulrich Beck und Edgar Grande rekurriert werden. Der Begriff des „Nebenfolgen- bzw. Transformationsregimes" wurde im Kontext ihrer Theorie der reflexiven Modernisierung Europas für ein Verständnis der Prozesse der europäischen Integration entwickelt. Unter dem Transformationsregime verstehen die beiden Autoren, dass

„zwar der Prozess der Europäisierung – die ‚Verwirklichung einer immer engeren Union der Völker Europas' wie es im EU-Vertrag heißt – intendiert war, dass aber seine institutionellen und materiellen Folgen nicht-intendiert waren. Wichtig ist vor allem, dass die einzelnen Integrationsschritte keinem Masterplan folgten, d.h. dass das Ziel bewusst offen gelassen wurde. Europäisierung ‚findet statt', ‚handelt' geradezu in institutionalisierter Improvisation." (Beck/Grande 2004, 62.)

Die Ebene der expansiven Ausdifferenzierung der Policy-Felder ist nicht im Bezugsrahmen der realistischen oder föderalen Ansätze zu fassen, die den Europäisierungsprozess als ein Nullsummenspiel konzipieren, in dem die europäische Politik gewinnt, was die Mitgliedsstaaten verlieren. „Nebenfolge" fungiert vielmehr wie eine prekäre politische Konstruktion des Positivspiels der Europäisierung – als transnationale Souveränitätserweiterung durch die Entkopplung von Entscheidung und öffentlicher Kontroverse (ebd., 64.). Beck und Grande verweisen damit auf den vielfach kritisierten „undemokratischen" Charakter der Europäisierung, der im Wesentlichen darauf zurückzuführen sei, dass die Europäisierung sich als eine Kooperation der Exekutiven vollzieht. Die Entstehung des europäischen Migrationsregimes ist aus diesem Grund im Kern ein „Grenzregime": Alle Abkommen und Institutionen, die im Laufe zweier Dekaden entstanden sind, dienen der Grenzsicherung beziehungsweise der Kontrolle der Migrationswege zur Verhinderung illegaler Migration – der minimale Konsens einer europäischen Staatlichkeit in Sachen Migration besteht also in der Sicherung des Souveränitätsanspruchs über die Zirkulation der migrantischen Arbeitskraft (vgl. auch Samers 2003, 574). Da die Ökonomien Europas weiterhin auf migrantische Arbeitskräfte nicht verzichten wollen oder können, existieren nationale Einwanderungspolitiken als regionale oder bilaterale Migrationsregimes weiter. Diese Aufteilung führt letztlich dazu, dass die europäisierten Apparate der Migrationsregulierung gesellschaftlich „unvermittelt" versuchen, die soziale Bewegung der Migration einzudämmen und gleichsam den europäischen Raum der Migrationskontrolle in einem direkten Verhältnis zu den Routen, Praktiken und Organisierungsformen (der „Schlepperkriminalität") der Migration nachzubilden. Die Migrationsbewegungen sind dadurch die materiale Substanz des europäischen Raums, wie es Enrica Rigo treffend beschreibt: „Die Räume, die Europa kontrolliert, sind keine anderen als jene, die die Migrantinnen und Migranten auf jenen Wegen beschrieben haben." (2006, 14) Die vielfachen Überlappungen, Diskontinuitäten und Ungleichzeitigkeiten werden dabei unterfüttert und verstärkt durch die nationalen und regionalen, zum Teil historischen Migrationsregime, die heute noch die Basis für Einwanderungspolitiken und Rekrutierungsprogramme abgeben. Die EU-Ebene ist, das wird in Bezug auf die Migrationspolitik deutlich, keine übergeordnete staatliche Instanz, sondern „ein weiteres Asset im komplexen staatlichen Kräftefeld" (Demirović 2000, 63).

5.2 Das europäische Grenzregime und dieNGOisierung der Migrationspolitik

Die Externalisierung und Verschiebung der Migrationssteuerung auf die europäische Exekutivebene führt zum Aufbau einer suprastaatlichen Exekutivstruktur, konkret eines europäischen Grenzregimes (5.2.1). Die Abkopplung der europäisierten Migrations*steuerung* von den gesellschaftlichen Konjunkturen der Nationalstaaten führt dazu, dass die Migrationen gleichsam der „erste Beweger" im Grenzregime werden. Dies ist der Einsatz der Debatte und Praxis der „Governance of Migration", die im Gegensatz zu einer rein repressiven Behandlung illegaler Migration auf eine netzwerkgestützte Form des Regierens aufbaut (5.2.2). Die Bekämpfung illegaler Migration hat darüber hinaus Rückwirkungen auf die Konstitution eines „Volks-als-Nation" auf europäischer Ebene, weil beide Tendenzen – Grenzregime und Governance – zusammengenommen in der Strategie einer Bekämpfung der Netzwerke der Migration resultieren (5.2.3).

5.2.1 First we make Schengen …

Die lange Entstehungsgeschichte des europäischen Migrationsregimes, welches in und außerhalb von EU-Gremien während der letzten 20 Jahre betrieben wurde, kann hier nicht im Einzelnen dargestellt werden. Es wäre eine Aneinanderreihung von Treffen des EU-Ministerrats, der Europäischen Kommission, von Ministerkonferenzen oder interministeriellen Tagungen mit Polizeichefs, die sich mindestens jährlich versammelten (vgl. Leuthardt 1999; Düvell 2002). Stattdessen werde ich Entwicklungslinien skizzieren, die die Konstruktion des europäischen Grenzregimes wesentlich kennzeichnen und es von seinen Vorläufern unterscheiden (vgl. Hess/Tsianos 2006; Jordan/Strath/Triandafylidou 2003, 205 ff.).

Die Europäisierung der Migrationspolitik setzte schon mit dem Schengener Abkommen ein, mit dem die Mehrheit der Staaten der Europäischen Gemeinschaft seit 1985 den Abbau innerer zugunsten einer Verstärkung der äußeren Grenzen Europas betrieben haben. Seit dem Vertrag von Schengen sind eine unübersichtliche Zahl von Gremien, Institutionen und Apparaten auf europäischer Ebene entstanden, in und mit denen die Europäische Union eine gemeinsame Politik der Migration erarbeitet, die voller Widersprüche und Konflikte ist. Das Schengener Abkommen, dem zunächst nur Zielländer der Migration beitraten, und die daraus entstandene Schengen-Gruppe waren treibende Elemente in diesem Europäisierungsprozess. Ziel war im Wesentlichen eine Harmonisierung der europäischen Bestimmungen zu Asyl, Visa und Abschiebungen, etwa um Italiens relativ freizügige Migrationspolitik einzuschränken, aber auch die Durchsetzung eines europäischen Binnenraums. Die Mobilitätspolitik richtete sich also sowohl gegen die unerwünschte beziehungsweise illegale Migration (vgl. Düvell 2002, 76; Walters 2004), als auch auf die Konstitution eines europäischen Raumes und einer entsprechend mobilen Bevölkerung. Der Abbau innerer Grenzen, der in

Schengen vereinbart wurde, sollte freilich nicht nur durch eine Intensivierung und Vereinheitlichung der Kontrollen an den nun gemeinsamen Außengrenzen kompensiert werden, sondern brachte auch eine Ausweitung von Grenzzonen im Innern mit sich: Immer mehr Räume innerhalb der Schengenzone, etwa Bahnhöfe oder Bundesstraßen, wurden zu Grenzräumen definiert.

Das Schengener Abkommen wurde zwar in den Amsterdamer Vertrag von 1999 aufgenommen, jedoch behielten sich die Mitgliedsstaaten bis 2004 ein Vetorecht vor. Nicht alle Teile des Schengener Abkommens gehören zur „ersten Säule" des EU-Vertragswerks, die den höchsten Integrationsgrad aufweist und Gemeinschaftsrecht darstellt, das heißt unmittelbar vor nationalem Recht gilt. Gleichzeitig ist das Schengener Vertragswerk Teil des *acquis communitaire*, den Beitrittskandidaten zur Europäischen Union zu erfüllen haben. Die Beitrittsfähigkeit eines Landes wird damit von einer funktionierenden Migrationsabwehr abhängig gemacht. Jenseits der gemeinschaftlichen EU-Strukturen erfolgt die Anpassung der Anrainerstaaten an die EU-Maßnahmen über bilaterale Abkommen. Maßnahmen beinhalten, neben der Beratung, die technische und administrative Ausbildungshilfe zum Ausbau der Grenzsicherung, den Informationsaustausch und die Entsendung von Verbindungsbeamten, die vor Ort auch operativ tätig werden können (vgl. Holzberger 2003). „Schengenland" und das entsprechende „Schengenvisum" stellen heute noch einen eigenen Rechtsraum dar, dem die EU-Staaten Großbritannien und Irland nicht angehören, jedoch die Nicht-EU-Länder Norwegen, Island und Schweiz.

Mit dem Inkrafttreten des Amsterdamer Vertrags 1999 wurde das Schengener Vertragswerk Teil der EU-Migrationspolitik. Schrittweise wurde die Flüchtlingsbekämpfung der Einzelstaaten zusammengefasst; aus bislang nicht bindenden Texten der EU sollte Gemeinschaftsrecht werden. Die gemeinsame Regulierung der Außengrenzen, wie sie der Schengener Vertrag vorsah, wurde durch eine Konzentration politischer Entscheidungskompetenz in zentralen EU-Gremien ergänzt. Im Zentrum dieser Konzentrationsbemühungen steht die High Level Working Group on Asylum and Migration. Dieses Expertengremium setzt sich aus hochrangigen Beamten der Innen- und Außenministerien der Mitgliedsstaaten zusammen. Es erarbeitet zentral und ressortübergreifend alle asylpolitischen Vorhaben, die dann vom Rat beschlossen werden. Auf europäischer Ebene wird die Flüchtlingspolitik damit einerseits den Einspruchs- und Entscheidungskompetenzen der nationalen Innenministerien, sowie der einzelstaatlichen Rechtsprechung enthoben, andererseits gegenüber jeder parlamentarischen Kontrolle abgeschirmt. Diese organisatorische Verlagerung reflektiert die veränderte Ausrichtung der praktischen Flüchtlingspolitik, in der Asyl und Migration nicht mehr als rechtliche und innenpolitische Probleme gesehen werden. Flüchtlinge und Migranten sind darin vielmehr steuerbare Größen innerhalb eines Systems europäischer Politik gegenüber dem nichteuropäischen Ausland.

Diese Transformation komprimiert schließlich alle Migrationsbewegungen in die Opposition zwischen interner – erwünschter – europäischer Mobilität und tendenziell illegaler Migration über die Schengengrenzen hinweg. Denn das auf Nationalstaaten zugeschnittene Konzept der Genfer Flüchtlingskonvention war noch auf das Individuum zugeschnitten und regulierte das Verhältnis zwischen Staaten und Individuen: dass Menschen als Flüchtlinge in einem Staat Schutz und Rechtssicherheit suchen, dessen Staatsbürgerschaft sie nicht besitzen. Die europäische Flüchtlingspolitik orientiert sich demgegenüber an der politischen Regulierung von Fluchtbewegungen als soziologische Größen. An die Stelle einzelner Rechtssubjekte treten ethnische Abstammungsgemeinschaften. Der Amsterdamer Vertrag organisiert so den Übergang von ausschließlich rechtsstaatsorientierten zu auch politisch orientierten Schutzkonzepten. Ähnlich wie die Bundesrepublik mit der „Sichere Drittstaaten"-Regel im Kontext der Reform des Asylrechts versucht die EU, sich von der Bindung an den von der Genfer Flüchtlingskonvention (GFK) vorgegebenen rechtsstaatlichen Rahmen in der Behandlung von Flüchtlingen zu lösen und Perspektiven für eine offensive politische Regulierung zu öffnen. Den führenden Intellektuellen des Migrationsregimes geht es schließlich darum, die Hoheit über das Migrationsgeschehen zu gewinnen. Individuell einklagbare Rechte stehen einem solchen Regulierungsbedürfnis jedoch entgegen:

> „Letztendlich ist in einem künftigen umfassenden Rechtsakt auch die Frage zu klären, ob sich das in Europa in ganz anderen verwaltungsrechtlichen Zusammenhängen entwickelte Rechtsstaatskonzept und das Modell rechtsförmig durchsetzbarer subjektiver Rechte tatsächlich noch für den Flüchtlingsbereich als einziges Instrument eignet. An die Stelle von individuellen Bescheidverfahren könnte ein ausgeweitetes Kontingentaufnahmeverfahren treten, das sich im übrigen auch noch relativ leicht mit neu zu entwickelnden Lastenteilungsmechanismen kombinieren ließe." (Matzka nach Uwer 2000, 5)

Vor allem auf den EU-Konferenzen nach dem Amsterdamer Vertrag verdichteten sich die bis dahin unterschiedlichen Pfade einer Vergemeinschaftungspolitik[7], wie der „Budapester Prozess"[8], der schon Anfang der 1990er Jahre die osteuropäischen Staaten in die Migrationspolitik und die Bekämpfung illegaler Migration einbezog, lange bevor diese sukzessive zu Mitgliedern der Union wurden. Neben Budapester und Schengener Prozess wurden seitdem europäische Institutionen und Apparate einer gemeinsamen Grenzarchitektur aufgebaut. Zu ihnen zählen das 1991 gegründete Centre for Information, Discussion and Exchange on Asylum (CIREA) und das ein Jahr darauf gegründete Centre for Information, Discussion and Exchange on the Crossing of Borders and Immigration (CIREFI). Beide unterstehen der Lenkungsgruppe 1, einer von drei gleichnamigen Gremien, aus denen der so genannte Koordinierungsausschuss 4 besteht, einem Gremium

7 Für eine Übersicht vgl. www.transitmigration.org/migmap/home_map3.html, Link vom 11.8.2006.

8 Die erste Budapester Konferenz fand im Oktober 1991 statt.

hoher Beamter aus Polizei, Zoll und Einwanderungsbehörden. CIREFI und CIREA dienen dem Sammeln von Informationen über „rechtmäßige und unrechtmäßige Immigrationsströme, unrechtmäßige Immigrationsmethoden, echte und falsche Reisedokumente, abgelehnte Asylsuchende und illegale Immigranten, die das Asylsystem missbrauchen" (Ad Hoc Group Immigration zit. nach Düvell 2002, 77). Überdies sollen sie durch Benchmark-Verfahren die jeweilige *best practice,* also die wirksamsten Instrumente für das Erreichen der angestrebten Ziele, ermitteln. Beinahe jährlich kommt es seit Ende der 1990er Jahre zu neuen Konferenzen und der Einrichtung immer neuer Gremien, die die Migrationspolitik auf den verschiedenen Ebenen, wie etwa Asyl, Grenzkontrollen oder Visabestimmungen, koordinieren sollen. Zum einen werden dabei anlassbezogene Aktionspläne entwickelt, etwa der Plan zur Regionalisierung der Flüchtlingsbewegungen aus dem Irak, bei dem die Unterbringung von MigrantInnen in der Türkei organisiert wurde. Auch die uneinheitliche Visa-Politik gilt als Einfallstor für illegale Migrationen, da Visa nunmehr für den gesamten Schengenraum gelten. Seit 1996 existiert eine EU-Visaliste: auf die „schwarze Liste" kommen Staaten, die als Herkunftsländer illegaler Migrationen gelten und mit deren Außen- oder Sicherheitspolitik die EU im Konflikt steht. Zwischen 1996 und 2001 ist diese Liste von 102 auf 132 Staaten gewachsen, sie „liest sich wie eine Liste der armen und ‚schwarzen' Staaten in Asien, Afrika und Zentral/Osteuropa" (Düvell 2002, 80).

Zum anderen wurden Institutionen wie EUROPOL zu europäischen Anti-Migrationspolizeien aufgebaut und eine zentrale Datenbank zur Erfassung aller (vor allem der abgelehnten) Asylanträge eingerichtet: das Schengen Information System (SIS) sowie ein automatisiertes Fingerabdrucksystem namens EURODAC. Die institutionellen Strukturen, die auf europäischer Ebene aufgebaut wurden, wirken dabei zurück auf den nationalen Behördenapparat, dem sie eine spezifische Zentralisierung aufzwingen: Um einen zentralen Ansprechpartner für die EU-Gremien in Sachen illegale Migration zu haben (und als Folge der Visa-Affäre) wurde im Sommer 2006 ein „Gemeinsames Analyse- und Strategiezentrum illegale Migration" eingerichtet. An ihm sind sämtliche Bundesbehörden beteiligt, die mit illegaler Migration zu tun haben: Das Bundeskriminalamt, die Bundespolizei, das Bundesamt für Migration, die Finanzkontrolle Schwarzarbeit, der Bundesnachrichtendienst, der Verfassungsschutz und das Auswärtige Amt. Als „Vorbild" wurde bezeichnenderweise das „Gemeinsame Terrorabwehrzentrum" genannt (FAZ, 17.7.2006).

Darüber hinaus hat die Migrations- und Grenzkontrollpolitik zwar einen Informatisierungs- und Vernetzungsschub der Administrationen bewirkt, dennoch ist die EU-Migrationspolitik noch kein informationstechnologisch aufgerüsteter Repressionsapparat (vgl. Koslowsky 2002). Informationsaustausch und operative Kooperation funktionieren offenbar trotz der vielen Informationssysteme und Zentren immer noch nicht. Auch darauf verweisen die immer wiederkehrenden Appelle in Kommissionstexten, diese zu intensivieren. So kommt eine Studie der

Kommission über illegale Migration aus dem Jahre 2004 zu dem Ergebnis, dass ein Mangel an zuverlässigen und vergleichbaren Daten vorliegt, welcher eine gemeinsame Politikstrategie eigentlich unmöglich mache.[9] Auf einer Ratstagung mussten die europäischen Regierungschefs 2004 konzedieren, eine Vergemeinschaftung nicht erreicht zu haben, also beispielsweise die Migrationspolitik aus dem Zuständigkeitsbereich der Mitgliedsstaaten in die volle Hoheit der Kommission zu überführen – wieder einmal wurde eine Frist ausgegeben, das Jahr 2010 (vgl. FR, 6.11.2004). Der Konsens erstreckt sich nur auf die „Bekämpfung illegaler Migration"; es fehlt offensichtlich ein hegemoniales Projekt der Migration auf europäischer Ebene, das den auseinanderstrebenden Elementen des Migrationsregimes eine kohärente Fassung zu geben vermag. Der europäischen Migrationsforschung erscheint dieses Setting als „Scheitern": „Notwithstanding strict external and internal controls applied at high administrative and moral cost, new economic migrants pour in, reflecting primarily the existing labour-market needs." (Fakiolas 2003; vgl. auch OECD 2000)

Die Externalisierung der Migrationssteuerung in Marokko, Mauretanien oder Libyen schreibt sich in einen nicht-homogenen und hierarchisierten Zirkulationsraum abgestufter Souveränitätszonen ein. Das heißt in „Räume der Steuerung, der Zulassung, der Sicherstellung und Regierung der Zirkulation" (Foucault, 2004, 52ff.), die nicht nach dem nationalstaatlichen Prinzip der Territorialität regiert werden. Europa besteht also nicht aus einem einheitlichen Raum, sondern aus einer Vielzahl von politischen und juridischen Räumen, zu denen auch der nationale gehört. Dieser Mehrfachgrenzraum ist gekennzeichnet durch eine Zunahme differenzierter Rechtsstatusse, in denen sich die verschiedenen Formen widerspiegeln, die die Regierung des Raumes annimmt. Das Moment der Einheitlichkeit lässt sich daher nicht in einer formalen Kontinuität finden, es ist vielmehr in der Materialität jener begründet, die den Raum durchqueren. Es sind aber gerade die illegalen Migrationen, die mit ihren unvorhergesehenen Praxen und dem beständigen Überqueren der formalen beziehungsweise juridischen sowie materialen Grenzen die zu kontrollierende Raumordnung wieder in Frage stellen. So sind die Illegalen als die per definitionem von der europäischen Rechtsordnung Ausgeschlossenen strukturell in ihrer hybriden Architektur anwesend. Auch wenn das Haager Programm die Permanenz der Migration – gewissermaßen ihre Autonomie – anzuerkennen scheint, ist damit nicht der Anspruch aufgehoben, sie zu regulieren. Daraus ergibt sich die „Unlösbarkeit" der Illegalisierung: Sie ist die permanente „Nebenfolge" des Versuchs, die Zirkulation der Arbeitskraft auf einen vermeintlichen Binnenraum zu beschränken, wie es mit den Beschlüssen zur Bewegungsfreiheit der Drittstaatsangehörigen angestrebt wird. Der vergebliche Versuch, die Migrationen und die durch sie geschaffenen

9 Studie über die Zusammenhänge zwischen legaler und illegaler Migration, Brüssel 4.6.2004, vgl. http://ec.europa.eu/justice_home/doc_centre/immigration/studies/docs/com_2004_412_de.pdf, Link vom 20.05.2006.

transnationalen Räume zu unterbrechen und umzulenken generiert dabei nicht nur die illegalen Populationen und immer neuen Migrationswege, sondern auch neue Regierungsformen.

5.2.2 Vom Government zu Governance der Migration[10]

Mitte der 1990er Jahre sprachen führende Think-Tanks der Migration, wie das Internationale Zentrum für Migrationspolitische Studien (ICMPD) von einer Überdehnung des Asylrechts und plädierten für einen Paradigmenwechsel in der Migrationspolitik. Sie forderten, Asyl auf die seltenen „echten" Fälle zu beschränken, Fluchtbewegungen schon in den Herkunftsregion aufzufangen und Möglichkeiten für eine legale Arbeitsmigration zu schaffen. Sadako Ogata, Chefin des UNHCR in den 1990er Jahren, strebte dann auch eine Transformation der UN-Organisation an:

> „Es ist unmissverständlich klar geworden, dass der UNHCR mehr sein muss als eine Anwaltschaft für Asylsuchende. Von dem Amt wird erwartet, als globaler Krisenmanager, Think Tank und in vielen Fällen Katalysator für politisches Handeln aufzutreten." (Ogata 1997, 239)

Diese Bezeichnungen entstammen der Politikkultur des „New" oder „Global Governance", mit der seit den 1980er Jahren PolitikerInnen und PolitikwissenschaftlerInnen Antworten auf die Herausforderungen der Globalisierung entwerfen (vgl. Messner/Nuschler 2003; Brand 2000): Im Gegensatz zu „Government" sei Politik im Rahmen der Governance „dezentralisiert", auf „multiplen Ebenen", in „Netzwerken", unter „strategischer Partizipation der Zivilgesellschaft" und der starken Einbeziehung von „Experten-Wissen" zu gestalten. So ist es im Weißbuch „Europäisches Regieren" der EU-Kommission von 2001 nachzulesen.[11]

Man könnte auch sagen, dass mit dem Leitspruch „Governance statt Government" die Lehren aus der Regimetheorie zur praktischen Anwendung gebracht wurden.[12] Die Governance-Perspektive nimmt ein breites Feld politischer Praktiken und Diskurse in den Blick, die außerhalb des klassischen parlamentarisch-politischen Bereichs angesiedelt sind. Darüber hinaus lenkt der Governan-

---

10 Dieser Abschnitt geht auf eine gemeinsame Forschungsarbeit zurück, die ich mit Sabine Hess im Rahmen der empirischen Untersuchung des Migrationsregimes in Südosteuropa durchgeführt habe, vgl. auch Hess/Karakayalı 2007.

11 Siehe http://europa.eu.int/comm/governance/governance_eu/index_en.htm, Link vom 15.3.2004.

12 Zwar war transnationale Migration lange vor der Governance-Debatte Gegenstand intergouvernementaler und transnationaler Institutionen, erlangt aber in den Institutionen erst seit den 1990er Jahren den Status eines genuin globalen Phänomens. Kennzeichnend dafür ist unter anderem die Debatte um ein „General Agreement on Movements of People" (GAMP), die von Mitarbeitern der IOM angeführt wird (vgl. die Beiträge in Gosh 2000).

ce-Begriff die Perspektive auch auf die gesteigerte Bedeutung von immaterieller und symbolischer Arbeit und Ressourcen in der politischen Praxis. Damit rücken auch Akteure als staatstragend ins Blickfeld, die sich – als Nichtregierungsorganisationen – als durchaus staatskritisch betrachten würden. Dies bringt internationale, nicht-staatliche Organisationen wie den UNHCR aber auch kleine lokale NGOs ins Spiel – nach Gallya Lahav und Virginie Guiraudon grundsätzliches Merkmal der gegenwärtigen weltweiten Entwicklung der Migrationspolitik (vgl. Lahav/Guiraudon 2000). Dabei kommt Akteuren wie dem UNHCR die Rolle zu, das diskursive und politische Terrain für die Übernahme der EU-Migrationspolitik vorzubereiten und gleichsam die Akteure und Subjektpositionen dieser Politik zu organisieren. Wichtiges Medium ist hierbei die dialogische Praxis von Seminaren und Konferenzen. So veranstaltete der UNHCR schon seit 1997 mit EU-Geldern Aufklärungsseminare, in denen mittleren und leitenden türkischen Beamten asylrechtliche Fragen näher gebracht wurden. Ferner initiierte er Roundtable-Gespräche und Seminare zur Beratung und Vernetzung zivilgesellschaftlicher Gruppen beziehungsweise produzierte sie mit Hilfe von EU-Geldern erst. Bei dieser spezifischen Ausrichtung von Initiativen ist der UNHCR nicht allein, vielmehr unterstützt auch die in den 1990er Jahren stark gewordene europäische Menschenrechtsszene den asylrechtlichen Diskurs von und innerhalb der NGOs – und bekommt dafür ebenfalls Mittel aus EU-Töpfen.

Im Bereich der irregulären Migration kommt eine weitere internationale Organisation zum Zug, die federführend ihre Konstruktion und anschließende Regulation betreibt: die Internationale Organisation für Migration (IOM). Sie wurde 1951 im Zeichen des Kalten Krieges auf Initiative der USA als Organisation westlicher Staaten gegründet und hieß damals noch Intergouvernemental Committee for European Migration (ICEM). Es ging darum, Vertriebenenbewegungen in Folge des Zweiten Weltkriegs – die berühmten „Unwanted" (Marrus 1999) der Nachkriegsära – zu verwalten und Ostblockflüchtlinge willkommen zu heißen. Nach dem Ende des Kalten Krieges wuchs sie nicht nur auf über 75 Mitgliedsstaaten und 43 Länder mit Beobachterstatus an, sondern globalisierte auch ihren Handlungsanspruch und nannte sich in Internationale Organisation für Migration um (vgl. Düvell 2002, 101ff.). Sie ist der Prototyp einer Politik des Migrationsmanagements, die Asyl längst als Residualkategorie behandelt. Zudem ist sie der maßgeschneiderte Akteur für die EU-Politik einer „Governance of Migration", welche sie selbst über internationale Kongresse, Foren und konkrete Politikberatung federführend mitentwickelt. Im Gegensatz zur Abschottungsrhetorik mancher westeuropäischer Innenminister folgt sie dem Credo der „geordneten Migration zum Wohle von allen", wobei sie die Regulation der Migrations- und Mobilitätsströme im Sinne einer „effizienteren Allokation von Arbeitskraft" als zentrales Instrument einer globalisierten kapitalistischen Wirtschaftspolitik versteht (vgl. Gosh 1997, 264ff). Aus dieser Perspektive plädiert sie für ein „international harmonisiertes Migrationsregime", welches sowohl auf internationalen Vertragssystemen wie beispielsweise der WTO beruhen sollte als auch auf international tätigen Organisationen wie sie selbst, da die Nationalstaaten damit alleine überfordert seien. Dabei ist nach Aussagen ihres ehemaligen Leiters vor allem die IOM, auch wenn sie keinen formalen völkerrechtlichen Auftrag hat, „mit ihrem weiten und flexiblen Mandat den geänderten (weltweiten) Umständen“ (Gosh 1997, 268) besonders gut angepasst: „Beobachtern zu Folge könnte diese Institution zumindest einen Teil des Vakuums des institutionellen Gefüges füllen.“ (Ebd.) Ihren Mitgliedsstaaten bietet sie in ganz unterschiedlichen Bereichen ihre Dienste an. Etwa bei der so genannten freiwilligen Rückkehr illegalisierter MigrantInnen, zum Beispiel von Roma-Flüchtlingen aus Deutschland nach Serbien oder bei Aufbau und Vermittlung von Know-how in Sachen *border management* beispielsweise in der Ukraine, der Türkei oder dem ehemaligen Serbien und Montenegro, aber auch bei Kriseninterventionen in Konfliktzonen sowie dem Management kontrollierter Arbeitsmigration wie im Falle von Spanien und Ecuador (vgl. Düvell 2002). Sie ist im Rahmen des EU-Projekts „Establishment of EU compatible legal, regulatory and institutional framework in the field of asylum, migration and visa matters“ im Bereich Rückführung und Abschiebungen tätig (IOM 2004). Vor allem führt sie auch hier ihre „Assisted Voluntary Return Programms“ durch, in deren Rahmen sie zwischen 1979 und 2002 bereits 487.000 „freiwillige Rückführungen“ in über 100 Ländern betrieb. Auf diese Weise agiert die IOM im Auftrag der EU und staatlicher Institutionen in einem Feld, das bislang unter den Bereich nationalstaatlicher Souveränität fiel. Darüber hinaus vermag sie als nicht-staatliche und humanitäre Organisation aufzutreten und in Ländern wie Libyen zu operieren, die sie weit vor der Aufnahme offizieller Beziehungen zur EU an die EU-Politik anbindet.

Auch in ihrem zentralen „Aufgabenbereich“, der Steuerung der irregulären Migration, wendet sie ähnliche Popularisierungs- und Rationalisierungsstrategien an wie der UNHCR im Feld von Asyl. Hierzu nutzt sie vor allem die ambivalenten Effekte des Anti-Trafficking-Diskurses. Die IOM hat diesen zu einer staatstragenden Kampagne gemacht, die auch die EU-Gesetzgebung anleitet. Dabei ist es die Logik und Rationalität des Anti-Trafficking-Diskurses, die dem Flüchtlingsschutz-Diskurs ähnelt, die ihn diskursiv so ausbeutbar macht: Beide operieren – wie in Kapitel 7 ausgeführt wird – mit einer humanitaristischen Argumentation und mit Versatzstücken des Menschenrechtsdiskurses. Beide machen MigrantInnen zu Objekten ihrer „Schutzbehauptungen“ und trennen das soziale Feld in individualisierte Opfer und bösartige Schlepperbanden und legitimieren mit Hilfe dieser „Schutzbehauptung“ ein verschärftes Vorgehen gegen illegale Migration als menschenrechtlich gebotene Maßnahme.

Ohne Akteure wie die IOM läuft die Implementierungspolitik der EU ins Leere. Sie ist angewiesen auf solche Akteure, die auf andere Ressourcen zurückgreifen und andere Diskursstrategien verfolgen können als sie selbst. Diese politische Kultur und Praxis der EU lässt sich als „NGOisierung der Politik“ bezeichnen. Zum einen im Sinne des Outsourcings und Subcontractings ehemals staatlicher Aufgaben an nicht-staatliche Akteure, zum anderen im Sinne eines

Formwandels der klassischen politischen Akteure und ihrer Praxen selbst, die immer stärker wie NGOs agieren. Diese beruht auf der Einsicht in die geringe Tiefenwirkung formaler Macht. Damit Gesetze Praxis würden, sei man nicht nur auf ein neues Staatspersonal angewiesen, sondern vor allem auf gesellschaftlichen Druck. Hierbei kommt den internationalen Organisationen und großen NGOs eine wichtige Bedeutung als Scharnier zu, das zivilgesellschaftliche Feld mit dem des erweiterten Staates zu verknüpfen, und in diesem Sinne Diskurse und Subjektpositionen zu organisieren. Der Asyl- und der Anti-Trafficking-Diskurs scheinen hierfür besonders geeignet zu sein, da sie im Stande sind, den sozialen Kosmos humanistischer Subjektpositionen zu organisieren.

Darüber hinaus haben die so genannten nicht-staatlichen Akteure in vielfacher Hinsicht eine wichtige Funktion als Wissensproduzenten, was die grundlegende Bedeutung von Expertensystemen und Wissen für die neuen Formen des Regierens deutlich macht. Sie müssen nicht nur Daten generieren, als Politikberatungsinstitution gegenüber den nationalen Staatsapparaten fungieren und als Frühwarnsystem vis-à-vis der EU, sondern auch als Supervisor für die junge NGO-Szene und Auftraggeber für wissenschaftliche Arbeiten. Diese Entwicklung des Politischen im Kontext der Europäisierung ist weniger als defensiver Rückzug des Staates zu verstehen, eher handelt es sich um eine Ausdehnung des Staates und eine Aktivierung immer breiterer Gruppen der Gesellschaft. Damit werden umgekehrt die scheinbar externen Akteure selbst zum Staat, denn dieser ist kein Subjekt, kein Set von Apparaten, sondern ein spezifisches strukturiertes soziales Kräfteverhältnis, aus dem Institutionen und Staatsapparate erst entstehen (vgl. Poulantzas 2002; Demirović 1987). Die These vom „erweiterten Staat" (Gramsci) meint dabei keineswegs die vollendete Ausdehnung der Kontrollpraxis eines sich selbst gleich bleibenden Staates. Aber auch die spiegelverkehrte Vorstellung, der Staat zöge sich mit der Delegation an formal private Akteure aus dem Geschehen zurück, greift so ins Leere. Vielmehr führt diese Erweiterung zu einer Transformation von Staatlichkeit und nicht zur Auflösung gesellschaftlicher Widersprüche.

5.2.3 Migration und die krisenhafte Formierung einer europäischen Identität

Aus hegemonietheoretischer Perspektive ist das „Staatsprojekt", das den einzelnen Apparaten einer europäischen Staatlichkeit eine gewisse Kohärenz verleiht ohne das Element einer „imaginären Gemeinschaft", welches das Staatsprojekt jenseits ökonomischer Kompromissbildungen trägt, nicht zu realisieren (Jessop 1990). Eine derartige Betrachtungsweise lässt sich auf den ersten Blick auf die Europäisierung der Migrationspolitik nur indirekt übertragen, denn diese richtet sich gerade zunächst nicht auf die Bürger der Staaten Europas. Reguliert und kontrolliert werden sollen ja gerade Migrationsbewegungen an den Grenzen Europas. Allerdings ist der Topos der illegalen Migration und seiner Bekämpfung nicht als rein technische Angelegenheit der physischen Verhinderung von Mobilität zu begreifen. Um zu verstehen, weshalb und inwiefern die Europäisierung der Migrationspolitik als Teil des europäischen Hegemonialprojekts zu analysieren ist, muss Schengen in den Gesamtzusammenhang der Geschichte der Europäisierung gestellt werden.

Bis Ende der 1970er Jahre war die Europäische Gemeinschaft im Wesentlichen ein Projekt zur Stabilisierung und Absicherung nationalstaatlicher Entwicklungspfade (vgl. Ziltener 2000, 87). Europäische Instanzen komplementierten und unterstützten nationalstaatlich-keynesianische Politiken. Bekanntlich waren sozialstaatliche Strukturen funktionale Bestandteile des keynesianisch-fordistischen Entwicklungsmodells, indem sie Massenkonsumtion ermöglichten und absicherten. Zugleich ermöglichte dieser Entwicklungspfad eine Formierung der Mehrheit der Menschen zu sozialen Staatsbürgern.

Im Schengener Prozesses kristallisieren sich sowohl die Formierung einer neuen europäischen Identität als auch deren krisenhafte Bedingungen heraus. Denn ab Anfang der 1980er Jahre zeichnet sich die Transformation des europäischen Integrationsprojekts in eine wettbewerbsstaatliche Integration und die Absage an eine euro-keynesianische Perspektive ab. Die Liberalisierung des Kapitalverkehrs, eine monetaristische Währungspolitik, sowie die später dazu kommenden Kovergenzkriterien kennzeichnen das Binnenmarktprojekt als umfassendes Liberalisierungs- und Deregulierungsprojekt. Der Schengener Binnenraum stellt sich ausdrücklich in den Kontext dieses Projekts und stellt gewissermaßen ein Pendant zum neoliberalen Binnenmarktprojekt dar: Es adressiert den Aspekt der imaginären Gemeinschaft, indem es als Teil eines „Europas der Bürger“ einen neuen sozialen Raum eröffnet. Der schrittweise Wegfall der innereuropäischen Grenzen stellt vor allem eine symbolische Entnationalisierung der Staatsbürgerschaft dar. Die Liberalisierung der Arbeitsmärkte dagegen wird mit dem Schengener Prozess nicht behandelt. Auf diesem Terrain hat der „disciplinary neo-liberalism“ (Gill 1998) in Europa – vermittelt über das währungs- und finanzpolitische Austeritätskorsett – tief in die nicht vergemeinschafteten Politikbereiche der Steuer- und Sozialpolitik hineingewirkt und dort zur Erosion der Grundlagen der sozialen Staatsbürgerschaft beigetragen. Die Krise des Fordismus ist eine Krise des Nationalstaats ist eine Krise der europäischen Identität. Denn der Etablierung gemeinsamer Außengrenzen korrespondiert kein sozialer Staat, im Gegenteil scheint Staatlichkeit in Europa vielmehr die „staatliche Institution eines Marktes“ (Balibar 1993, 153) zu sein. Die Abkopplung des europäischen Projekts von einer sozialen Dimension begreift Balibar als die Bedingung für die Produktion „eines kollektiven Gefühls der Identitätspanik“ (ebd., 154). Das Problem einer europäischen Identität ist damit doppelt verbunden mit der Bewegung der Migration und der Krise des national-sozialen Staates.

Die Bekämpfung der illegalen Migration richtet sich dabei nicht nur auf die außerhalb der Grenzen lokalisierten Migrationsströme. Die Apparate der europäischen Migrationskontrolle rekurrieren auf Erkenntnisse der jüngeren Migrationsforschung, insbesondere der *new economics of migration* und der Netzwerktheorien. Zunehmend seit Ende der 1990er Jahre wird im EU-internen Diskurs über illegale Migration von „Netzwerken illegaler Migration" gesprochen. Die Bekämpfung illegaler Migration adressiert damit solche Netzwerke „unter Einbeziehung jeglicher passenden Maßnahme, vom Herkunftsland zum Zielland" (Europarat zit. nach Düvell 2002, 88; vgl. auch EU-Kommission 2004). Die Maßnahmen zielen demnach, so Frank Düvell, auf die „MigrantInnencommunities in den Fluchtländern sowie die transnationalen Communities der über viele Länder verstreut lebenden Diasporas" ab (ebd.). Seit Mitte der 1970er Jahre hatten die verschiedenen Bundesregierungen zum Teil erfolgreich versucht, die entstehenden Migrationsformen und -wege zu restringieren oder zu verschließen. Illegale Migration ist nicht nur hinsichtlich ihrer juridischen Definition ein Epi-Phänomen der legalen, sondern es besteht ein materieller und sozialer Zusammenhang zwischen illegaler Migration und den legal in Europa ansässigen MigrantInnen und Menschen mit Migrationshintergrund (vgl. auch Alt 2003).[13] Der Term „Netzwerke" deutet daher an, dass die Bekämpfung illegaler Migration tendenziell nicht mehr nur auf die Kontrolle der Seewege und medialen Hot Spots der Migration begrenzt ist, wie vor dem EU-Beitritt Polens die Oder-Neiße-Grenze oder heute die spanischen Enklaven Ceuta und Melilla auf dem nordafrikanischen Kontinent.

Die Hot Spots sind jedoch zugleich der Schauplatz dieser Entgrenzung illegaler Migration, denn mit ihrer Politik einer Exterritorialisierung der Migrationsbekämpfung wird der Terminus „illegaler Migrant" nicht mehr auf den juristischen Tatbestand einer Überquerung territorialer Grenzen ohne entsprechende Erlaubnis bezeichnet, sondern die Migrationsbewegung als ganze zum Gegenstand der Kontrolle. Dies zeigt sich daran, dass die Patrouillenboote, die EU-Staaten auf Anfrage Spaniens im Sommer 2006 in das Gebiet zwischen Afrika und den kanarischen Inseln entsendet haben, um Schiffe und Boote mit MigrantInnen aufzuhalten, dafür keine rechtliche Handhabe haben. Ihre Tätigkeit beschränkt sich de jure darauf die Insassen zur Umkehr zu „überreden"[14]. Die Entgrenzung, die schon Bestandteil des Regionalisierungskonzepts war und längst Argumentationsmaterial zur Legitimation und Begründung militärischer Einsätze geworden ist, wird im Kontext der aktuellen Migrationsbewegungen aus Afrika

13 Im Kontext der jüngsten Debatte um Zwangsheiraten hat etwa Mark Terkessidis darauf hingewiesen, dass die von der CDU im Jahre 2004 eingebrachte „Schätzung" von 30.000 Zwangsheiraten jährlich, wie zufällig der Zahl aller jährlichen Eheschließungen von TürkInnen entspricht. (FR, 17.2.2006) Die legislativen Konsequenzen der Debatte laufen auf eine Erhöhung des Mindestalters für Eheleute aus der Türkei hinaus.

14 Am 24. Juli beschlossen die EU-Innenminister Maßnahmen, die zuvor von der Europäischen Kommission zur Bekämpfung der illegalen Migration vorgeschlagen worden waren. Diese beinhalten Küstenkontrollen im Mittelmeer. Der Direktor der Frontex Agentur, Ikka Laitienen, erklärte, dass die Patrouillen bis zu sieben Jahre zwischen den Kanarischen Inseln, Senegal und Mauretanien stationiert sein würden.

zu einer spezifischen „police à distance“ (Guild/Bigo 2003), mit der die EU direkt in die Bevölkerungspolitik der afrikanischen Staaten interveniert. In Zeitungsberichten firmieren die angeblich 100.000 SenegalesInnen, die auf ihre Überfahrt zu den Kanarischen Inseln warteten, als illegale MigrantInnen. Mit so genannten Pilotkooperationsprojekten zwischen der EU und den afrikanischen Ländern sollen die Migrationsströme einer Regulierung zugeführt werden.[15] Im Rahmen eines so genannten „Rapid Reactions“-Mechanismus wurde bereits auf die Migrationsbewegungen in Richtung der Kanarischen Inseln reagiert. Das Programm beinhaltet Kapazitätsaufbau für Grenzkontrollen, Ressourcen für das Auffangen der MigrantInnen und deren Rückführung in ihre Herkunftsländer sowie das „Entmutigen“ potenzieller MigrantInnen, indem man auf die Gefährlichkeit der Seereise aufmerksam macht, sowie in der Unterstützung für Mauretaniens neu geschaffene Immigrationsbehörde.[16]

Dic EU versucht darüber hinaus mit dem Konzept der „virtuellen Grenze“ die legalen Beschränkungen einer umfassenden Kontrolle der maritimen Migrationsrouten zu umgehen. Das Konzept „interpretiert“ das Seerechtsabkommen der UN[17], welches eigentlich verbietet, Schiffe auf internationalem Gewässer mit der Absicht, Migrationskontrollen durchzuführen, anzuhalten und zu inspizieren. Diese Einschränkung beruhte auf dem allgemeinen Prinzip nach dem der maritime Raum „frei“ war und von jedermann genutzt werden konnte. Mit dem Konzept der „virtuellen Grenze“ wird dagegen jedes Schiff dann zum Grenzraum, wenn seine „Nationalität“ unbekannt oder zweifelhaft ist.[18]

15 Vgl. http://www.ecre.org, Link vom 20.08.2006.

16 Vgl. http://europa.eu, Link vom 20.08.2006.

17 United Nations Convention on the Law of the Sea, vgl. http://www.un.org/Depts/los/convention_agreements/convention_agreements.htm, Link vom 12.9.2006.

18 Siehe auch http://www.statewatch.org/news/2003/nov/10euborders.htm, Link vom 12.9.2006.

6. Auf dem Weg zum Post-Gastarbeitsregime

Anstatt eines europäischen Einwanderungsgesetzes haben sich überall in Europa regionale, zum Teil auf nachträglicher Regularisierung beruhende Migrationsregimes herausgebildet. Vor allem für Branchen wie die Landwirtschaft und die personenbezogenen Dienstleistungen scheinen illegale Migrationen ein Arbeitskräftereservoir darzustellen. In Deutschland haben sich nach 1990 spezifische Modelle einer Regulierung der Arbeitsmigration herausgebildet. Sie sind darauf ausgerichtet, die „Fehler" des Gastarbeitsregimes zu verhindern, indem sie die Elemente von Rotation und Befristung neu gestalten. Sie realisieren dies, indem sie an die Logiken und Ressourcenoptimierungsstrategien der transnationalen Migration anschließen. Ich werde diese These an den Beispielen der Saisonarbeit in der Landwirtschaft (6.1.1) sowie der Haushaltsarbeit (6.1.2) prüfen. Diese Praxis kann als Regierung der Zirkulation beschrieben werden (6.2), die sich schließlich in einer Mischform artikuliert, bei der die „Erbschaften" der vorhergegangenen Migrationsregimes weiterhin zum Tragen kommen (6.3). Die Politik einer Legalisierung dagegen bewegt sich auf dem Terrain einer im Rahmen des Asylregimes entwickelten Menschenrechtsproblematik (6.3.1), die die sozioökonomischen Fragen der Migration ausblendet (6.3.2).

6.1 Illegale Migration im Postfordismus

Die Bau- und Landwirtschaft sowie die personenbezogenen Dienstleistungen stehen im Zentrum des aktuellen Migrationsregimes. Dies hängt zusammen mit der Transformation und Internationalisierung der kapitalistischen Produktionsweise. In der Fordismus- und Regulationstheorie, auf die ich mich hier beziehe, wurde die nach der Krise des Fordismus sich abzeichnende neue Phase als Postfordismus bezeichnet (vgl. zum Beispiel Lipietz 1997). Der Postfordismus ist unter anderem gekennzeichnet durch die Deregulierung der Finanzmärkte, den Einsatz neuer Methoden in Produktions- und Arbeitsorganisation sowie der Rolle der Mikroelektronik und Computerisierung, die allesamt die der kapitalistischen Produktionsweise inhärente Tendenz zur Rationalisierung forcieren. Das Binnenmarktprojekt der EU und andere neoliberale Projekte des globalen Nordens markieren auch eine veränderte, nicht mehr keynesianisch-nationalstaatlich[1] orientierte Wirtschaftspolitik. Im Mittelpunkt steht die institutionelle Absicherung kompetetiver Marktstrukturen (vgl. zum Beispiel Altvater/Mahnkopf 1996). Das neoliberale Projekt war eine Reaktion auf gesunkene Wachstumsraten in den 1970er Jahren (vgl. Jessop 1986, 14) und versucht seither in der Flexibilisierung von Arbeitsbeziehungen und Betriebsstrukturen, die zugleich oftmals einen Angriff auf soziale Rechte der Subalternen darstellt, einen Ausweg aus dieser Krise. Die Verbetriebswirtschaftlichung der Produktion, das heißt die Anwendung von Marktmechanismen auf alle Aspekte der Produktion, trug zur Auslagerung und Internationalisierung der Produktion bei, die bald unter dem Label „Globalisierung“ die wirtschaftspolitische Debatte bestimmte. Insbesondere die Auslagerung arbeitsintensiver Zweige der Produktion führte zu einem Abbau unqualifizierter Jobs in der deutschen Industrie. So ist beispielsweise nahezu die gesamte Textilproduktion seit den 1970er Jahren in Länder outgesourced worden, in denen die Lohnkosten erheblich niedriger sind – wobei diese Kapitalflucht sowohl eine Reaktion auf Arbeitskämpfe in den Metropolen darstellt, wie jüngere Untersuchungen zeigen konnten (vgl. etwa Silver 2005), zum Teil aber auch die veränderten Absatzstrategien der Unternehmen reflektieren, besonders in den weniger arbeitsintensiven Industrien. Betriebsinterne Flexibilisierungen haben zudem zu einem veränderten Arbeitszeitregime geführt, das die betrieblichen Dispositionsspielräume erhöht hat. Die externe Flexibilisierungsstrategie wiederum hat eine Vielzahl von prekarisierten Arbeitsverhältnissen hervorgebracht – von befristeten Arbeitsverträgen über Leiharbeit bis zu Werkverträgen und Scheinselbständigkeit. Diese Prozesse haben unter anderem zu einer verstärkten Spaltung der Beschäftigten in Stammbelegschaften Prekäre geführt. Die Verwissenschaftlichung der Produktion hat ein neues Segment Hochqualifizierter hervorgebracht, deren Einkommen ausreichend hoch ist, um damit personenbezogene Dienstleistungen zu erwerben. Der Fordismus war eine „Selbstbetätigungsgesellschaft“ (Polster 1991, 273) in der zunehmend Dienstleistungen durch Warenkonsum ersetzt wurden, etwa öffentliche Verkehrsmittel durch das Auto. Mit dem Ende des „demokratischen Massenkonsums“ scheint sich wieder eine Dienstleistungsgesellschaft mit einer entsprechenden Einkommenshierarchie zu etablieren, denn

1 Der Keynesianismus steht unter anderem für die Überlegung, dass in einer Geldwirtschaft anders als in einer Agrargesellschaft das vorherige Sparen keine Bedingung für Investitionen darstellt. Durch Vergabe von Krediten kann zusätzliches Einkommen geschaffen werden, das wiederum zu vermehrter Investition und damit zu vermehrter Beschäftigung führt. Der Ökonom Keynes, auf den dieser Begriff zurückgeht, und mit ihm zahlreiche Finanzpolitiker plädierten dafür, dass der Staat in Rezessionsphasen genau die Aufgabe übernehmen solle, das Überangebot an Waren, das durch die kreditbasierte Produktion entstehen muss, aufzufangen (vgl. Berger 1996).

„Dienstleistungsgesellschaften sind sozial hierarchisierte Gesellschaften, die sich in einem weit auseinander gespannten Einkommenssystem ausdrücken. [...] Je billiger Arbeitskräfte aus den Massen am gesellschaftlichen Sockel sind, desto mehr Mitgliedern der Mittelschichten wird es möglich, häusliches Dienstpersonal zu beschäftigen“ (Polster 1991, 274).

Der postfordistische Kontext macht deutlich, weshalb Arbeitsmigration vor allem in Branchen stattfindet, in denen eine territoriale Verlagerung der Produktionsstätten nicht möglich ist. Der globalen Kapitalmobilität, der Auslagerung und Internationalisierung der Produktion, der Entstehung einer globalen Arbeitsteilung zwischen den Ländern des Nordens und des Südens, entspricht eine Mobilität der Arbeitskräfte in Sektoren, die entweder aufgrund der internen Transformation der Arbeitsorganisation prekarisierte Arbeitsverhältnisse hervorgebracht haben oder dem Trend der Mobilisierung des konstanten Kapitals strukturell nicht folgen konnten, wie die Baustelle, die Privatwohnung oder das Spargelfeld.

6.1.1 Saisonarbeitsregime in der Landwirtschaft

In der Landwirtschaft ist die wachsende Bedeutung klandestiner Migration auch Ausdruck der europäischen Strategie einer Industrialisierung dieses Sektors. Unter anderem resultierend aus den Erfahrungen des zweiten Weltkriegs heraus wurde früh eine gemeinsame Agrarpolitik innerhalb der Europäischen Gemeinschaft angestrebt, die eine Versorgung der Bevölkerungen Europas sicherstellen sollte. Die Agrarpolitik und die Subventionen für die europäische Agrarindustrie stellen noch heute den wichtigsten Haushaltsposten der EU dar, obgleich der Anteil von circa 70 Prozent des Haushalts Anfang der 1970er Jahre auf circa 50 Prozent zu Beginn des neuen Jahrtausends gesunken ist. Die Strategie beruhte dabei im Wesentlichen auf Produktivitätssteigerung durch Kapitalintensivierung. Der Einsatz von Maschinen zur Erhöhung der Produktivität hat zu einem massiven Abbau der in der Landwirtschaft tätigen Arbeitsbevölkerung geführt. Forciert wurde dies auch durch Beschlüsse der WTO zur Liberalisierung der Agrarwirtschaft. Diese Transformation war auch möglich, weil das industrielle Wachstum in den Ländern Mittel- und Westeuropas die freigesetzte Arbeitskraft zu absorbieren vermochte.

Die intensive[2] Produktion ist trotz der Industrialisierung weiterhin auf ein Reservoir an Arbeitskräften angewiesen, die nun aber nicht mehr an den Hof gebunden sind. Die Rekrutierung von migrantischen Arbeitskräften für die Landwirtschaft in Gestalt von Saisonarbeitsverträgen hat in Europa eine in die Gastarbeiterära zurückreichende Geschichte, die sowohl in Frankreich, als auch in

2 Bei intensiver Landwirtschaft wird der Bodenertrag durch den Einsatz von Dünge- und Schädlingsbekämpfungsmitteln, Bewässerungstechniken, technischen Geräten bei Ernte und Saat oder die Züchtung neuer Pflanzen mit kürzeren Vegetationsperioden optimiert.

Österreich, der Schweiz oder den Niederlanden und Deutschland bereits in den 1960er Jahren begann (vgl. EBF/CEDRI 2004) und im Fall Deutschlands noch auf das 19. Jahrhundert zurückgeht. Die Politik der Förderung einer intensiven Landwirtschaft führte zur Spezialisierung der Betriebe und der Konzentration der Landwirtschaft in so genannten Gunstregionen. Große Teile der Überschüsse wurden mit Hilfe von Exportsubventionen auf den Weltmarkt gebracht, was in einem Preisverfall in besonders armen Ländern resultierte.[3] Die zunehmende Konzentration der Betriebe sowie der gestiegene Druck auf die Preise durch die Macht der Handelsketten verschärften die Situation im Agrarbusiness[4] und begünstigten die Beschäftigung migrantischer Saisonniers ohne Arbeitsvertrag. Dieser Preisdruck schlug sich auch auf die Löhne der Illegalen nieder, die etwa in den Niederlanden innerhalb der 1990er Jahre um 50 Prozent gesunken sind (vgl. Bijl 2004, 41). Die zunehmende Spezialisierung steigert dabei das strukturelle Problem des Arbeitskräftebedarfs in der intensiven Landwirtschaft.[5] Vor allem der Obst- und Gemüseanbau ist arbeitsintensiv, aber auf eine spezifische Weise: Die materielle Seite des Produktionsprozesses, der mit der Verderblichkeit der Ware und wetterbedingten Unkalkulierbarkeiten zusammenhängt, wird über die Arbeitskraft kompensiert. Da Umfang und Zeitpunkt der Ernte und damit der benötigten Arbeitskraft erst kurzfristig feststehen, muss ein flexibles und einsatzfähiges Reservoir an Arbeitskräften zur Verfügung stehen, um den jeweiligen Bedarf zu decken. Für den Landwirt kommt das Einbringen der Ernte der Validierung des gesamten eingesetzten Kapitals gleich, wodurch die sozialen Beziehungen erheblich angespannt sind:

> „Jeder Versuch der Landarbeiter, sich zu organisieren, kann den Ruin des Bauern bedeuten. [...] In Kalifornien und sogar in Frankreich haben Unternehmer erklärt, dass sie mit dem Streikrecht für Landarbeiter einverstanden sind – aber nur für die Wintermonate.“ (Berlan 2004, 23)

3 Diese Form der Agrarwirtschaft wird seit langem insbesondere von der ökologischen Bewegung kritisiert. Neben Motiven aus dem Tierschutz (etwa Käfighaltung), des Naturschutzes (Brachflächen, Übersäuerung der Böden etc.) spielen auch entwicklungspolitische Argumente eine Rolle (Export der subventionierten Agrarprodukte in den globalen Süden). Erst seit kurzem ist die Situation der migrantischen ArbeiterInnen als Kritik der Agrarindustrie aufgetreten (vgl. EBF/CEDRI 2004), wird aber von den großen Naturschutzverbänden bisher nicht aufgenommen. Organisationen wie das Europäische BürgerInnenforum verbinden hingegen ökologische Kritik an der intensiven Landwirtschaft mit einer sozialen Kritik an den Arbeitsbedingungen der MigrantInnen.

4 Die 30 größten Handelsketten kontrollierten 1991 noch 49 Prozent, knapp zehn Jahre später aber bereits 68 Prozent des gesamten Obst- und Gemüsehandels in Europa (Bijl 2004, 36f.).

5 Dort, wo dieser Prozess früher eingesetzt hat, spielte auch früher schon ein hoher Anteil illegaler MigrantInnen eine strukturelle Rolle. Etwa in den Niederlanden, wo der Anteil Illegaler in der landwirtschaftlichen Industrie seit den 1970er Jahren bei circa 20 Prozent liegt (Bijl 2004, 40).

Nun existieren in verschiedenen europäischen Ländern, etwa in Frankreich, den Niederlanden, Deutschland oder Österreich seit langem Saisonarbeitsregimes, die die Pendelmigration organisieren und regulieren. In Deutschland wurde bereits 1990 die „Anwerbestoppausnahmeverordnung" verabschiedet, die es deutschen Arbeitsgebern ermöglicht, kurzfristig und sozialversicherungsfrei Saisonarbeiter-Innen zu rekrutieren, die weniger als drei Monate beschäftigt werden (vgl. Faist 1995). In seiner Untersuchung zu Formen illegaler Arbeitsmigration zeigt Treichler (1998), dass die vertraglich regulierte Arbeitsmigration häufig nicht die illegale verhindert oder verdrängt, sondern sie begleitet. Die Saisonarbeitsverträge kanalisieren einerseits die ohnehin bestehenden Migrationsrouten und ermöglichen andererseits einen Rahmen für klandestine Migration. Diese Begleiterscheinung entspricht der Arbeitsteilung in der intensiven Landwirtschaft. Während in normalen Erntejahren Menge an Arbeitskraft benötigt wird, die über alljährlich ausgehandelte und staatliche regulierte Kontingente migriert, werden die mit den Schwankungen notwendig werdenden Spitzen aus dem Migrationsnetzwerk, das sich auf und aus dem Regime bildet, mobilisiert werden. Es handelt sich dabei entweder um MigrantInnen, die ihre Saisonverträge überschreiten und länger arbeiten, oder deren Bekannte und Verwandte, die aufgrund der relativen räumlichen Nähe mobilisiert werden können. Auf das Vorhandensein solcher Strukturen deutet etwa hin, dass 90 Prozent der im Jahre 1992 über die Zentrale Arbeitsvermittlung[6] rekrutierten 200.000 Arbeitnehmer aus mittel- und osteuropäischen Ländern *namentlich* nach Deutschland angefordert wurden (Kienast/Marburger 1994, 28ff).[7] Das Rekrutierungssystem basiert entweder auf Vermittlern wie den in Holland Mitte der 1990er Jahre entstandenen Temporäragenturen, so genannten *labor bosses* oder *coyotes,* auf Mundpropaganda (ebd., 34) oder auf den durch die offiziellen Rekrutierungstechniken entstehenden Möglichkeiten der Weitervermittlung (vgl. auch Miera 1996, 37). Empirische Forschungen zu den Migrationswegen polnischer SaisonarbeiterInnen zeigen, dass zwischen 70 und 75 Prozent der ArbeiterInnen durch Netzwerke beziehungsweise private Kontakte vermittelt werden (vgl. Korczynska 1997). Legale Anwerbemöglichkeiten verstärken und sichern die Beziehungen zwischen Migran-

---

6 Die Zentrale Arbeitsvermittlung (ZAV) ist eine Einrichtung der Bundesanstalt für Arbeit und zuständig für Saisonkräfte aus Mittel- und Osteuropa. Sie organisiert Arbeits- und Aufenthaltsgenehmigungen bis zu drei Monaten in der Land- und Forstwirtschaft, der Obst- und Gemüseverarbeitung, im Hotel- und Gaststättengewerbe. Im Jahre 2001 wurden rund 287.000 osteuropäische SaisonarbeiterInnen insgesamt vermittelt. Der größte Arbeitsbereich der ZAV ist die landwirtschaftliche Saisonarbeit mit circa 240.000 Vermittlungen jährlich.

7 Im Fall der Bundesrepublik Deutschland „beerbt" das Pendelmigrationsregime die durch die Aussiedlermigration etablieren polnisch-deutschen Beziehungen, die bereits in den 1980er Jahren, verursacht unter anderem durch die politisch angespannte Lage in Polen, zugenommen hatte: In den Jahren 1988 bis 1990 erreichte die offizielle Gesamtzuwanderung aus Polen nach West-Deutschland mit rund 300.000 (1988 und 1990) bis 455.000 Personen (1990) ihren Höchststand (vgl Miera 1996, 6).

tInnen und Unternehmen, die sich dann verselbständigen: „Damit ergibt sich für MigrantInnen die Möglichkeit, auf der Basis ihrer Erfahrungen als regulär Beschäftigte in der Folgezeit eine irreguläre Beschäftigung zu suchen.“ (Stobbe 2004, 113)

Der Agrarökonom Jean-Philippe Berlan argumentiert, dass es nicht ausreicht, nur die produktionsseitige Verursachung der Arbeitsstrukturen zu reflektieren. Vielmehr müsse die Verfügbarkeit der Arbeitskräfte selbst als Bedingung dieser Produktionsweise betrachtet werden: „Dieser Typ spekulativer, industrialisierter Landwirtschaft ist nur möglich, wenn andererseits die Verfügbarkeit der Arbeitskräfte politisch gewollt ist.“ (Berlan 2004, 25) Die Existenz des Saisonarbeitsvertrags bestätigt die Existenz eines solchen politischen Willens. Die Zahl der Saisonarbeitsverträge ist seit 1998 (175.000) kontinuierlich gestiegen und betrug 2002 knapp 300.000 (vgl. Bundesagentur für Arbeit). Die Saisonarbeitsverhältnisse sind überdies politisch unumstritten, über den Einsatz polnischer oder ukrainischer SpargelstecherInnen auf deutschen Landwirtschaftsbetrieben herrscht Konsens. Die illegale Migration, die in den dadurch etablierten Migrationsräumen zirkuliert, kann aber nicht ebenso auf eine Verfügbarkeit durch politischen Willen zurückgeführt werden. Sie entsteht gleichsam als Überschuss und ist weder Ausdruck einer reinen Überausbeutungsstrategie, in der Illegalität das untere Ende der Lohnhierarchie repräsentiert, noch ist sie abzutrennen von den legalen Rahmenbedingungen, die den ökonomischen Raum strukturieren, innerhalb derer sie stattfindet. Dass die illegalen Saisonniers die flexible Reservearmee der intensiven und industriellen Landwirtschaft darstellen, erscheint wie ein funktionalistischer Zaubertrick, bei dem das, was gebraucht wird, auch „irgendwie“ zustande kommt. Staatlicherseits wurden in den 1990ern aber Werkverträge und Saisonarbeit als Instrumente einer Regularisierung illegaler Migration eingesetzt (vgl. Bundesbeauftragte für Migration 2003, 52ff.). Das heißt, dass illegale Migration genau nicht „bereitgestellt“ wird, sondern die irreguläre Arbeit der irregulären MigrantInnen ist Ausdruck eines Arrangements, das nicht in der Rationalität einer nationalstaatlich verfassten sozialen Kohäsion aufgeht. Das Arrangement lässt sich aufschlüsseln nach den Interessen der Unternehmen einerseits und denen der transnationalen migrantischen ArbeiterInnen andererseits. Es auf den Aspekt der industriellen Reservearmee zu reduzieren, hieße es ausschließlich ökonomistisch zu lesen. Die illegalen Arbeitsverhältnisse und Migrationen beziehen sich offensichtlich auf den national-sozialen Raum und dessen sozioökonomische Matrix, aber sie bilden zugleich einen eigenen sozialen Raum, einen deterritorialisierten transnationalen Sozialraum.

6.1.2 Domestic Workers of Germany

Neben der Landwirtschaft (und dem Bausektor[8]) wurde vor allem im Bereich der Haushaltsarbeit eine staatliche Regulierung bestehender Arbeits-Migrationsbeziehungen angestrebt. Schon seit längerem hatte sich ein Sub-Migrationsregime herausgebildet, in dem MigrantInnen vor allem aus Polen mit Touristenvisa nach Deutschland reisten, um dort in Haushalten mit Pflegebedürftigen zu arbeiten (vgl. Schmidt 2006). Die Rolle von Haushalten als Arbeitsplätzen für transnationale Migrantinnen wurde in der jüngeren Forschung herausgearbeitet (vgl. Hess 2005; Morokvasic 2003; Anderson 2006). Der Haushalt entwickelt sich auf globalem Niveau zu einem der wichtigen Arbeitsplätze im Kontext transnationaler Migration. Im deutschen Migrationsregime ist dies vor allem seit 1990 der Fall, als sich durch die Entwicklungen in Osteuropa ein neues Arbeitskräftereservoir herausbildete. Empirische Forschungen zu migrantischer Haushaltsarbeit haben gezeigt, dass hier im Wesentlichen Pendelmigrationsregime am Werk sind, in dem die Migrantinnen selbst ein „Rotationsverfahren" organisiert haben, bei dem sie sich alle drei Monate – der Dauer eines Touristenvisums – mit befreundeten oder verwandten Frauen abgewechselt haben (vgl. Irek 1998).

Im Herbst 2001 kam es zu einer gesellschaftlichen Debatte um die Legalisierung dieser Pendlerinnen aus Osteuropa, die durch eine Razzia deutscher Behörden im Sommer ausgelöst wurde, bei der circa 300 Haushalte auf eine illegale Beschäftigung von Pflege- oder Haushaltshilfen untersucht wurden. Die Anzeige hatte ein Pflegeverein gestellt, der die illegalen Migrantinnen als unlautere Konkurrenz betrachtete. Die aufgespürten irregulär Beschäftigten wurden erkennungsdienstlich behandelt, abgeschoben und erhielten ein befristetes Wiedereinreiseverbot. Gegen die deutschen ArbeitgeberInnen wurde wegen des Verdachts auf Menschenhandel ermittelt. Zudem sollten sie die ausstehenden Sozialversicherungsbeiträge an die Bundesanstalt für Angestellte nachzahlen. Das Thema stieß auf große Resonanz. In Zeitungsartikeln, Fernsehreportagen, Hörfunksendungen, Leserbriefen und Internetforen wurde sowohl der große Bedarf an Unterstützung bei der häuslichen Pflege von alten und kranken Angehörigen deutlich, als auch die Tatsache, dass sich die irreguläre Beschäftigung von Migran-

8 Auf die Bauwirtschaft gehe ich hier nicht gesondert ein. Auch Landwirtschaft und Haushaltsarbeit decken nicht das gesamte Spektrum der Arbeitsverhältnisse im Migrationsregime ab. Sie dienen der Veranschaulichung allgemeiner Tendenzen, die – gewiss in anderer Komposition – auch auf den Bausektor zutreffen. Seit den 1990er Jahren kamen auch hier zahlreiche Instrumente der Migrationssteuerung zum Einsatz, von der Kontingentierung über die Werkvertragsarbeit bis zum Entsendegesetz, mit dem schließlich eine Art Mindestlohn auf deutschen Baustellen etabliert wurde. Die Formen der Illegalität wandelten sich entsprechend den Regelungen von „Kontingentüberschreitungen" zu „illegalen Arbeitnehmerüberlassungen" und „Werklieferverträgen". (Reim 1992) Das Migrationsgeschehen im Kontext des Bausektors genoss überdies eine hohe mediale, politische und wissenschaftliche Aufmerksamkeit.

tInnen bereits weitestgehend als Praxis durchgesetzt hatte (vgl. auch Karakayalı 2008). Sowohl die Staatsanwaltschaft, wie die zuständigen Ministerien, als auch alle politischen Parteien bekundeten ihr Verständnis und die Verfahren gegen die deutschen ArbeitgeberInnen wurden allesamt eingestellt.[9] Die Geldstrafe gegen die Vermittlerin, eine Frau aus Polen, die selbst als Haushaltshilfe in Deutschland gearbeitet hatte, wurde auf Bewährung ausgesetzt (FR, 25.7.2001 und 18.8.2001). Unmittelbar nach der Razzia forderten PolitikerInnen von der CDU bis zu den Grünen legale Arbeitsmöglichkeiten für Pflegearbeiterinnen aus Osteuropa. Die CDU in Gestalt einer „Greencard" und Bündnis 90/Die Grünen in der Form eines „Au-Pair-Vertrags". Die Debatte verhandelte zwei Themen: Von den Befürwortern einer Legalisierung, zu denen auch die FDP zählte, wurden die hohen Kosten ins Feld geführt, die auf Familien zukämen, die eine sozialversicherte Haushaltshilfe beschäftigen würden. Daher dürfe man die mehr als 270.000 Familien, die eine solche Pflegehilfe benötigen, nicht kriminalisieren, so die hessische CDU (FR, 26.10.2001). Das Arbeitsministerium argumentierte, dass ein Bedarf existiere, der auf dem deutschen Arbeitsmarkt nicht befriedigt werden könne. Die Tätigkeiten der Migrantinnen stünden nicht in Konkurrenz zu Leistungen aus der gesetzlichen Pflegeversicherung (FAZ, 22.11.2001). Die Gewerkschaften und Pflegeverbände protestierten jedoch gegen den „Versuch, illegale Arbeitsverhältnisse zu legalisieren" („Arbeitgeber- und BerufsVerband Privater Pflege e.V." zit. nach FAZ, 4.12.2001). Es gebe knapp 40.000 arbeitslose Pflegekräfte, eine Green-Card-Regelung sei daher überflüssig. Die Pflegeverbände argumentierten dabei in erster Linie mit dem Qualitätsargument[10]: Während die Pflegedienste die Qualität ihrer Arbeit nachweisen müssten, arbeiteten die migrantischen Pflegekräfte „im qualitätsfreien Raum" (ebd.). DGB und ver.di legten eine Stellungnahme vor, die den bereits vorgelegten Gesetzentwurf für eine an die Greencard angelehnte Legalisierung zwar begrüßte, aber auf weitere Maßnahmen drängte. Die Gewerkschaft betonte den Aspekt des Unterlaufens der Sozialversicherung und der damit möglichen „schlechten" Bezahlung und forderte unter anderem eine intensive Anwendung des Inländerprimats und die Verhin-

9 Nach Stobbe wurde die Reform der Arbeitsmarktkontrollen in den 1990er Jahren unter anderem mit dem Ziel einer stärkeren Verfolgung von Beschäftigungsverhältnissen in privaten Haushalten durchgeführt, was aber alsbald auf politischen Druck zurückgenommen wurde. Das Gesetz, das in einer Art neuen Superbehörde aus Finanzämtern, Zoll und Agentur für Arbeit resultiert, sieht nunmehr vor, „dass der private Bereich für die 7.000 Schwarzarbeitsfahnder des Zolls tabu bleibt'" (SZ zit. nach Stobbe 2004, 117). Kontrollen in privaten Haushalten gelten aber bei den zuständigen Behörden ohnehin als ineffektiv, da Beschäftigungsverhältnisse schwer nachweisbar sind – selbst wenn der Schutz der Privatsphäre gesetzlich aufgelockert würde.

10 Auch die IG Bau argumentierte bereits unmittelbar nach Bekanntwerden der Pläne der Bundesregierung über eine „Anwerbestoppausnahmeverordnung" mit der mangelnden Qualität der ausländischen ArbeiterInnen. Der „Pfusch am Bau", so der Bundesvorsitzende der Bau, Steine, Erden, Bruno Köbele, werde „dem Image des Baugewerbes auf Dauer schaden." (Zit. nach Treichler 1998, 211)

derung von Lohndumping durch Allgemeinverbindlicherklärungen von Tarifverträgen. Einem Mangel an Arbeitskräften müsse mit einer Ausbildungsoffensive begegnet werden, um Arbeitsmigration überflüssig zu machen (Stellungnahme DGB/ver.di, 6.12.2001).[11]

Schon im Dezember 2001 verabschiedete das Bundeskabinett eine „Greencard", die in Wirklichkeit „Anwerbestoppausnahmeverordnung" hieß und sich damit direkt auf das alte Gastarbeitsregime bezog. Die Anwerbestoppausnahmeverordnung für die Vermittlung von Haushaltshilfen in Haushalten mit Pflegebedürftigen trat am 30.1.2002 (ASAV §4 Abs. 9a) in Kraft und endete am 31.12.2002. Sie ermöglichte es, Frauen und Männern aus den damaligen EU-Beitrittskandidatenländern Polen, Slowenien, Slowakei, Tschechien und Ungarn, für maximal drei Jahre als Haushaltshilfen in Haushalten mit Pflegebedürftigen der Pflegestufe I bis III zu arbeiten. Potentielle ArbeitnehmerInnen bewarben sich bei der jeweiligen Arbeitsverwaltung des Herkunftslandes, die das Gesuch an die „Zentrale Arbeitsvermittlung" (ZAV) in Deutschland weitergab. Haushalte mit Pflegebedürftigen der Pflegestufe I-III meldeten ihren Bedarf bei ihrem lokalen Arbeitsamt an, das diesen ebenfalls an die ZAV weiterleitete. Die ZAV brachte dann Gesuch und Angebot zusammen: Dem zukünftigen Arbeitgeber wurden die Daten der Bewerberin zugeleitet, damit Arbeitgeber und Arbeitnehmerin in einem ersten Gespräch die Möglichkeit einer Zusammenarbeit prüfen konnten. Neben der anonymen Vermittlung konnten ArbeitgeberInnen – wenn diese Ihnen bereits bekannt waren – ArbeitnehmerInnen auch namentlich anfordern. Da die Haushaltshilfen als arbeitsgenehmigungspflichtig galten, musste für sie jeweils eine Arbeitsmarktprüfung durchgeführt werden, mit der festgestellt werden musste, dass keine bevorrechtigten ArbeitnehmerInnen für diese Arbeit zur Verfügung standen. Die Arbeitsämter waren gehalten, diese Prüfung innerhalb einer Woche abzuschließen. Mit dem Arbeitsvertrag und der Arbeitserlaubnis mussten die ArbeitnehmerInnen bei den zuständigen Behörden ein Visum beantragen. Im Rahmen dieser Verordnung wurden insgesamt 1.120 Personen vermittelt. Eine relativ geringe Anzahl, angesichts der Ausmaße der Debatte. (Vgl. Karakayali 2007a und 2007b) Im Jahre 2005 trat schließlich das Zuwanderungsgesetz in Kraft, das nunmehr MigrantInnen aus Bulgarien, Tschechien, Ungarn, Polen, der Slowakei, Slowenien und Rumänien ermöglicht, regulär als Haushaltshilfen zu arbeiten. Juliane Karakayalis Arbeit zeigt auch den Stellenwert der transnationalen Netzwerke für die illegale Migration. (Vgl. auch Münst 2007)

11 Im Umfeld der Pflegebranche wird deutlich, wie der Mafia-Begriff im Kontext der Konflikte um Migration Verwendung findet. Auf den Portalen der Pflegebranche finden sich zahlreiche „News"-Beiträge, die Arbeitsmigration und osteuropäische MigrantInnen als Mitglieder einer Mafia denunzieren (zum Beispiel: „Osteuropäische Pflege-Mafia immer brutaler: Schleuser schrecken auch vor Gewalt nicht zurück", 25.8.2005, http://www.carelounge.de/altenarbeit/news, Link vom 12.7.2006) oder den Einsatz dieser Haushaltshilfen als lebensgefährlich darstellen (zum Beispiel „Illegale Pflege mit Todesfolge", 19.9.2005, ebd.).

Für die Migrantinnen, die häufig vormals illegal als Haushaltshilfen gearbeitet hatten, ändern sich durch die Legalität die Arbeitsbedingungen nicht. Allerdings ist der Nettolohn für die Migrantinnen im Falle der illegalen Beschäftigung unter Umständen höher. Aufgrund ihrer transnationalen Lebensweise sehen sie ohnehin keinen Vorteil im Bezahlen der Sozialversicherungsbeiträge – da sie zumeist über eine Reisekrankenversicherung verfügen – sondern kritisieren vielmehr, dass sie Beiträge etwa in die Arbeitslosenversicherung zahlen müssen, ohne ein Anrecht auf Leistungen zu haben. Die Migrantinnen betonen die Bedeutung der informellen Netzwerke, die ihnen eine Vielfalt an Möglichkeiten bieten, den Arbeitsplatz im Falle von Konflikten mit dem Arbeitgeber zu verlassen beziehungsweise zu wechseln, da auch der Bedarf nach ihnen groß ist. Im Gegensatz dazu ist die Nachfrage nach regulär beschäftigten migrantischen Haushaltshilfen gering, sodass ein Wechsel vermittelt über die ZAV, sich oft schwierig gestaltet.

Das Migrationsregime der Haushaltsarbeiterinnen zeigt vor allem, dass die Versuche, auch diese Arbeitsmarktbereiche durch Verordnungen oder Gesetze zu regulieren, nur bedingt funktionieren. Trotz Zuwanderungsgesetz ist das Migrationsregime eher heterogen denn einheitlich oder kohärent – nicht einmal auf nationaler Ebene. Für jedes Segment werden spezifische Regulierungspraktiken entwickelt, die sich jeweils entlang der Migrationspraxen bewegen. Im Fall der Pflegearbeiterinnen auf andere Weise als bei den SaisonarbeiterInnen oder in der Bauwirtschaft. Die staatlichen Regulierungen zielen eher auf eine sektorale Begrenzung der Migrationsbeziehungen ab. Was in der historischen Gastarbeit gescheitert war, die Etablierung eines Regimes der Rotation, erscheint nun aufgrund der geografischen Nähe und der flexiblen Regelungspraxis als durchführbar. Auf der „deutschen" Seite profitieren insbesondere besserverdienende Haushalte von diesem Arrangement. Die Praxis der ZAV erscheint de facto als ein schwaches Zugeständnis an den „sozialistischen Block", der sich einer Verteidigung der Normalarbeitsverhältnisse verpflichtet sieht.

6.2 Post-Gastarbeit

Während also auf europäischer Ebene eine Vereinheitlichung der Migrationspolitik über den Term der illegalen Migration organisiert wird, wird das Versprechen einer Einwanderungspolitik beziehungsweise einer legalen Arbeitsmigration, das die Bekämpfungsrhetorik begleitet, je landesspezifisch eingelöst. Die Apparatur der Migrationsabwehr hat einheitliche Züge, aber eine einheitliche europäische Einwanderungspolitik mit Möglichkeiten der legalen Arbeitsmigration existiert bisher nur als eine Summe von Deklarationen. Noch mehr als die Schwierigkeiten und Ungleichzeitigkeiten bei der Implementation eines harmonisierten Migrationsabwehrregimes verweisen die nationalen Alleingänge bei der Politik des Arbeitsmarktzugangs für MigrantInnen auf die regionalen Differenzen und die Heterogenität der Migrationsregime in Europa. So existierten etwa in Frankreich,

Portugal und Großbritannien postkoloniale Gastarbeitsregime, während etwa zwischen Griechenland und Albanien eine Art bilaterales Migrationsregime besteht.

Nach dem Ende der offiziellen Gastarbeiterprogramme in Europa, in deren Rahmen illegale Migration einen von vielen Migrationswegen repräsentierte, hat sich das Feld eher weiter ausdifferenziert als durch Vergemeinschaftungsprozesse der EU vereinheitlicht. Anwerbemigration war – wie gezeigt wurde – überall, wo sie existierte, eingebettet in ein nationales, fordistisches Entwicklungsmodell und dadurch auch Bestandteil des gesellschaftlichen und sozialen Kompromisses, der den Fordismus kennzeichnete.

Mit dem Ende des fordistischen Akkumulationsregimes sind auch die Arbeitsverhältnisse, in die die MigrantInnen rekrutiert worden waren, langfristig erodiert, so wie insgesamt industrielle Arbeitsplätze zugunsten von Stellen in den Dienstleistungsbranchen abgebaut wurden. Die Verlagerung industrieller Produktionsstätten etwa nach Südostasien trug ebenfalls zur Transformation der Produktion in Westeuropa bei. Zwanzig Jahre nach dem Anwerbestopp fanden (illegale) MigrantInnen vor allem Arbeit in Dienstleistungsbranchen, sowie in der Landwirtschaft und dem Bausektor. An die Stelle eines auf nationaler Ebene koordinierten Anwerbesystems für große Teile der Industrie treten in den 1990er Jahren Verfahren der Regularisierung illegaler Migrationswege, die in der Bundesrepublik bereits in Ansätzen während der Gastarbeiterära erprobt wurden. Während in den Mittelmeerländern die Amnestierung klandestiner MigrantInnen die übliche Verwaltungspraxis ist, hat sich in Deutschland eine andere Form der „Legalisierung" etabliert.[12]

Schon die Anwerbeabkommen, so habe ich argumentiert, stellten eine Form der nachträglichen Regularisierung bereits existierender Migrationswege dar. Bei der Legalisierung der türkischen MigrantInnen zu Beginn der 1970er Jahre hatten die Innenminister Wert darauf gelegt, dass aus ihr erstens keine rechtlichen Ansprüche der MigrantInnen und zweitens keine „Anreize" zu weiterer illegaler

12 Das Regulationsinstrument der südeuropäischen „neuen" Migrationsländer besteht vorwiegend in einer nachträglichen „Amnestie". Die Legalisierung wird dabei fast in allen Fällen an die Bedingung eines Arbeitsvertrags beziehungsweise eines vom Arbeitgeber bestätigten Arbeitsverhältnisses gekoppelt. So während der vier Legalisierungen in Italien in den 1990er Jahren: Von den jeweils zwischen 120.000 und 250.000 MigrantInnen wurden über 90 Prozent der Antragstellenden auf diese Weise legalisiert. In Spanien wurden seit Mitte der 1980er Jahre Legalisierungen vorgenommen, wobei zusätzlich das Kontingentverfahren als eine beständige De-facto-Regularisierung funktionierte. Im Sommer 2000 beantragten über 200.000 MigrantInnen eine Legalisierung. Griechenlands erste Regularisierung fand 1998 statt, bei der 375.000 MigrantInnen einen Antrag auf Aufenthaltserlaubnis stellten (vgl. Reyneri 2001, 4ff.). Die Legalisierungspraxis stellt dabei einen Grenzbereich zwischen Einwanderungspolitik und Bekämpfung klandestiner Migration dar: Aus arbeitsmarktpolitischer Sicht handelt es sich um ein Instrument der Integration eines Teils der informellen Ökonomie, aus Sicht des abstrakten Souveränitätsanspruchs um ein Unterlaufen der Kontrollpolitik.

Migration entstehen. Letzteres stellt eines der Hauptargumente gegen Legalisierungen in Gestalt von Amnestien dar: MigrantInnen sollen nicht auf künftige Legalisierungen spekulieren und damit zur illegalen Einreise ermutigt werden. Im bundesdeutschen Migrationsregime wurden und werden demnach nicht illegale MigrantInnen legalisiert beziehungsweise amnestiert, sondern bestehende Routen und Migrationspraxen als solche verwaltet.[13] Eine bedeutende Ausnahme stellen die so genannten Altfall- und Bleiberechtsregelungen dar, mit der seit Anfang der 1990er Jahre abgelehnte, aber geduldete Aussiedler- und Asylbewerber, so wie ehemalige DDR-Vertragsarbeitnehmer eine Aufenthaltsbefugnis erhalten haben (vgl. Stellungnahme des BMI vom 14.2.2001). Auf diese Weise wurden 1996 etwa 8.000 und drei Jahre später etwa 18.000 Aufenthaltsbefugnisse erteilt. Diese Maßnahmen wurden jedoch innerhalb der Logik des Asylregimes getroffen. Diese wurde zwar zunehmend von außenpolitischen Faktoren bestimmt[14], blieb aber weiterhin von einem ökonomischen Diskurs um Arbeitsverhältnisse unberührt. Legalisiert wurden auf diese Weise MigrantInnen, bei denen Abschiebehindernisse bestanden. Vor allem kirchliche und Menschenrechtsorganisationen drängten auf eine Regularisierung, sodass der Diskurs um die Altfälle zu einer Mischung aus Verwaltungshandeln und Humanität einem staatlichen Gnadenakt gleichkam. Die Aufteilung des Feldes in humanitäre Altfallregelungen und die sektoralisierte Arbeitsmigration kennzeichnet die komplexe Übergangsphase zwischen dem Asylkompromiss von 1992/93, aus dem ein Einwanderungsgesetz hervorgehen sollte bis zur ersten Greencard-Debatte um 1999 und dem dann von der rot-grünen Koalition beschlossenen Zuwanderungsgesetz. In den 1990er Jahren wurden daher die Erbschaften von Anwerbemigration und Asylregime gemeinsam verwaltet.

In Bezug auf die Arbeitsmigration bedeutete die Verhinderung von Anreizen und Rechten gewissermaßen eine Rückkehr zur Politik der „Deutschen Feldarbeiterzentrale“ aus der Zeit des Deutschen Reiches (vgl. Kapitel 2). Dies funktionierte insbesondere aufgrund der transnationalen Migrationsrouten nach Osteuropa, die sich nach dem Mauerfall reorganisierten. Bestanden diese bis zum

13 Überall wo es in Europa in den letzten Jahren zu Legalisierungen gekommen ist, gingen den scheinbar auf Regierungsrationalität beruhenden Entscheidungen teils langjährige Kämpfe der MigrantInnen voraus. Sei es in Italien, Griechenland oder Spanien: Der Mainstream der Migrationsforschung hat diese Kämpfe und deren Rolle für die Entstehung von Legalisierungen bisher kaum berücksichtigt. Für Italien vgl. etwa Gottschalk 2001; für Spanien vgl. Kirsche 2000 und für Griechenland vgl. Fakiolas 2003.

14 Unter diese Regelungen fielen gemäß der neuen Praxis der Innenministerien Gruppenverfolgungen zum Teil als Fluchtgründe zu akzeptieren, etwa Angehörige religiöser Minderheiten. Hier wurde die Verknüpfung dieser nicht mehr an individuelle Verfolgungsbiografien gebundenen Konstruktion mit außen- und sicherheitspolitischen Erwägungen deutlich, etwa als beim Bleiberechtsbeschluss der IMK vom 19.11.1999 Bürger der Bundesrepublik Jugoslawien ausdrücklich von der Regelung ausgenommen wurden. Die gleiche Ausnahme galt schon beim IMK-Beschluss vom 29.3.1996.

Mauerfall in der Form von Einwanderung von AussiedlerInnen[15], wurde es nun möglich, wieder ein Regime der Saison- und Pendelmigration zu etablieren. Diese neue Option, die sich aufgrund des geografisch unmittelbar an der deutsch-polnischen Grenze lokalisierten starken Wohlstandsgefälles eröffnete, ermöglichte es MigrantInnen nach Deutschland zu pendeln und insbesondere den Arbeitgebern in der Landwirtschaft und in der Pflegearbeit, auf vergleichsweise billige Arbeitskräfte zurückzugreifen.

Das Gastarbeitsregime beruhte einerseits auf einer territorialen Integration in den national-sozialen Staat. Die ArbeitsmigrantInnen wurden zwar politisch-staatsbürgerlich, nicht aber hinsichtlich ihrer formaljuristischen Integration in die ökonomisch-sozialstaatlichen Apparate ausgeschlossen. Andererseits organisierte die politische Desintegration zumindest zum Teil eine Rotation der Arbeitskräfte. Im Post-Gastarbeitsregime hingegen ermöglichen der europäische Binnenmarkt und neue nationale Regelungen eine Exterritorialisierung dieser Segmente des Arbeitsmarkts. Saisonarbeit oder Arbeit in der Bauwirtschaft sind so strukturiert, dass sie die explizite „Exklusion der ArbeitsmigrantInnen von sozialer und teilweise auch tarifrechtlicher Absicherung" vorsehen (Dreher 2003, 17).

Weil im historischen Gastarbeitsregime keine unmittelbaren rechtlichen Instrumente für ein Rotationsverfahren existierten, wie ich in Kapitel 3 gezeigt habe, verschob sich die Auseinandersetzung um die Temporalisierung auf das Ausländergesetz. In der Gegenwart nimmt staatliche Praxis der Regulierung dieser Migrationswege die Form von Ausnahmeregeln an, die eine Aufenthaltsverfestigung verhindern. Im Unterschied zum Nachkriegsregime wird die Befristung zum einen durch die saisonale Struktur der Beschäftigung und zum anderen durch die migrantische Praxis des Pendelns abgestützt, die auf einem Reproduktionskostendifferenzial basiert.

Diese Form der Legalisierung kennzeichnet den Umgang der bundesdeutschen Migrationspolitik mit klandestiner Migration im Kontext von Arbeitsmigration vor allem in den 1990er Jahren. Die durch die illegale Migration entstandenen oder durch sie befriedigte Nachfrage nach Arbeitskräften wurden in der Landwirtschaft, im Bausektor und der häuslichen Pflege reguliert. Klandestine Migration und Arbeit haben deswegen jedoch in diesen Branchen nicht aufgehört

15 Dass unter dem Label „Aussiedler" nicht nur „Deutsche" migrierten, zeigt ein Aspekt der restriktiven Wende, die die Aussiedlerpolitik nach 1990 nahm. Die Hürden für den Nachweis des Deutschtums für Aussiedler waren bis in die 1990er hinein relativ niedrig, sodass angesichts der historisch großen Verbreitung deutscher Bevölkerungen in Polen oder Russland und deren Vermischung mit den Mehrheitsbevölkerungen das Aussiedeln „als Deutsche" eine relativ verbreitete Migrationsform darstellte. Mit der Reform der Aussiedlerpolitik müssen die Einwanderer die Pflege von „deutschem Brauchtum" und Sprachkenntnisse nachweisen (vgl. Miera 1996; Herbert 2001). Ein weiterer Aspekt, der es rechtfertigt, Aussiedler in diesem Kontext zu berücksichtigten, ist, dass Aussiedlerfamilien in den 1990er Jahren ebenfalls in die Organisierung des illegalen Familiennachzugs involviert waren (vgl. Alt/Cyrus 2002, 144).

zu existieren. Die Regulierung stellt vielmehr den Versuch dar, in allen drei Branchen zum einen die territoriale Kohäsion des Sozialen zu organisieren: Die MigrantInnen werden in unterschiedlichen Graden in das bestehende Sozialsystem einbezogen, was einer staatlichen Reaktion auf den „Schmutzkonkurrenz“-Diskurs gleichkommt. Zum anderen sind diese Regime darauf ausgelegt, die Arbeitsmigration als Rotation zu organisieren. Sie beruhen allesamt auf befristeten Aufenthalts- und Arbeitsdokumenten.

Das Instrument der Befristung weckt Assoziationen an das Gastarbeitsregime, unterscheidet sich von diesem aber in mehreren Hinsichten: Erstens hat sich mit dem Mauerfall ein neuer migratorischer Sozialraum zwischen Deutschland und seinen östlichen Nachbarn entwickelt, der sich als Terrain einer Pendelmigration eignet und damit auf einem Reproduktionskostendifferential aufbaut – die Arbeitslöhne werden in einer Gesellschaft verausgabt, die relativ niedrigere Lebensführungskosten aufweist. Dies ist die Grundlage für die Annahme, dass sich die Pendelmigration tendenziell nicht in Einwanderung transformiert. Diese Regierungsform interpretiert Boutang im Anschluss an Foucault für die Migrationstheorie als „eine biopolitische Form der Machtausübung“, die keine eigene Konsistenz hat, sondern ihren Gehalt aus der Bevölkerung und deren inneren – nicht aus der politischen Souveränität ableitbaren – Bewegungsgesetzen bezieht. Zweitens wird das Regime nur bezogen auf einzelne Sektoren reguliert, die sich einerseits durch ihre territoriale Immobilität auszeichnen – also nicht „outgesourced“ werden können – und in die andererseits keine Arbeitskräfte rekrutierbar sind, die auf dem bundesdeutschen Reproduktionskostenniveau leben und in das Sozialsystem eingebunden sind.[16]

Das Post-Gastarbeitsregime ist eine „Regierung der Zirkulation“ par excellence, die mit Foucault darin besteht „die Zirkulation zu organisieren, das, was daran gefährlich war, zu eliminieren, eine Aufteilung zwischen guter und schlechter Zirkulation vorzunehmen“ (Foucault 2004, 37). Dieser Zirkulationsraum migrantischer Arbeitskräfte wurde erst mit dem EU-Beitritt der osteuropäischen Staaten – hier vor allem von Polen im Jahre 2004 – zur EU-Binnenmobilität möglich und war bis zu diesem Zeitpunkt selbst Bestandteil jener bilateralen bis regionalen Einwanderungs- und Migrationsregimes, die quer zum europäischen Grenzregime lagen. Diese zur vermeintlichen Festung Europa entgegengesetzten Tendenzen kommen somit auch „von innen“. Sie konstituieren jene Ströme, deren illegale Überschreitung ihrer regulativen Grenzen der Gegenstand des europäischen Grenzregimes ist. Aus der sich hieraus ergebenden Dynamik speisen sich die Widersprüche des gesamten Migrationsregimes.

16 Die Klagen etwa der Obst- und Gemüsebauern über „arbeitsunwillige“ und „leistungsschwache“ deutsche Arbeitskräfte, die den Bauern im Rahmen von Workfare-Programmen durch die Arbeitsämter beziehungsweise -agenturen zugewiesen werden, sind jede Saison aufs Neue ein Medienthema. Auch im Fall der häuslichen Pflege betonen ArbeitgeberInnen – in der Regel Angehörige – nicht nur die Kosten einer „deutschen“ Arbeitskraft, sondern auch den Mangel an verfügbarem Personal.

6.3 Neoliberale Migration?

In den Diskursen um illegale Migration in der Bundesrepublik Deutschland der 1990er Jahre dominieren, wie bereits gezeigt, zwei Stränge der Bearbeitung der neuen Rolle illegaler Arbeits- und Migrationsverhältnisse. Der erste Strang knüpft an den im Asyldiskurs entwickelten humanitären Argumentationsfiguren an, in der MigrantInnen in erster Linie als Flüchtlinge konzipiert werden. Das Bezugssystem sind die Menschenrechte. Die Kämpfe um Migration sind damit zugleich in einem Spannungsfeld der Deterritorialisierung von Rechten angesiedelt.[17] Die Akteure sind hier vor allem Organisationen aus dem flüchtlingspolitischen und menschrechtsaktivistischen Spektrum von Pro Asyl über kirchliche und Wohlfahrtsverbände bis hin zu linksradikalen Gruppen.

Den zweiten Strang kann man als sozialpolitisch bezeichnen, da hier illegale Migration vor allem als Prekarisierung der Arbeitsverhältnisse durch Verdrängung von Normalarbeitsverhältnissen konzeptualisiert wird und sie damit in einen Zusammenhang mit dem neoliberalen Deregulierungsprojekt stellt. Diese Position ist nicht neu, sondern wurde schon zur Zeit des Gastarbeitsregimes gegen illegale MigrantInnen, aber auch gegen Arbeitsmigration insgesamt vertreten. Sie wird aber reaktualisiert indem sie im Kampf gegen den Neoliberalismus als politisches und ökonomisches Gesellschaftsprojekt in Stellung gebracht wird. Der neoliberale Angriff auf die fordistischen Formen der Regulation von Produktion, Arbeit und sozialer Sicherheit nimmt somit auch die Gestalt der Mobilisierung der Arbeitskraft an. Ermöglichte im Fordismus die migrantische Arbeitskraft den sozialen Fahrstuhleffekt, durch den deutsche ArbeiterInnen tendenziell in qualifiziertere Positionen aufrücken konnten, ist ein solcher Effekt nur noch bedingt sichtbar.

Die Haushalthilfen ermöglichen es zum Beispiel Frauen aus der Mittelschicht einer Erwerbsarbeit nachzugehen, ohne die geschlechtliche Arbeitsteilung in Frage zu stellen. Von feministischen Haushaltsforscherinnen wurde dieser Zusammenhang als intrageschlechtliche Arbeitsteilung kritisiert (Anderson 2000, Rerrich 2006). Auch im Kontext der Landwirtschaft könnte man argumentieren,

17 Saskia Sassen (1996) hat in ihren Arbeiten von „Menschenrechtsregimen" gesprochen, um die Funktion der Menschenrechte bei der Etablierung eines transnationalen Apparates der geopolitischen Ordnung zu analysieren. Die Migration in und nach Europa findet gegenwärtig, so Sassen, auf dem Terrain zweier gegenläufig scheinender rechts-normativer Dynamiken statt: zwischen einer nationalen Rechtssouveränität als Kontrolle der Einwanderung und den Einschränkungen, die den EU-Staaten gerade bei der Vollstreckung ihrer Migrationspolitik im Kontext eines de facto „transnationalisierten Menschenrechtsregimes" auferlegt sind. Unter dem Begriff des Menschenrechtsregimes ist ein normativer Verschiebungsprozess innerhalb des Geltungsrahmens des Prinzips der nationalen Souveränität zu Gunsten des Individualrechts gemeint, das ein Ergebnis der akkumulativen Rechtssprechung des internationalen Menschenrechts ist. Lydia Morris benutzt die Figur des „managing contradiction" um auf die faktische Prekarität des Menschenrechtsregimes zu verweisen (Morris, 2003).

dass der Einsatz migrantischer Arbeitskräfte es zumindest aus der Perspektive der ArbeitgeberInnen unattraktiv werden lässt, deutsche Erwerbslose als Arbeitskräfte einzustellen. Da diese ausschließlich von der Agentur für Arbeit in diese Beschäftigungsverhältnisse vermittelt werden und die Erwerbslosen dies zurecht als Zwangsmaßnahmen wahrnehmen, kann auch dieses Verhältnis in der Logik des Fahrstuhleffekts interpretiert werden.

In Bezug auf die „einheimischen" Lohnabhängigen wird Mobilität im Kontext der Arbeitsvermittlung, besonders durch die Hartz-Reformen gegenüber so genannten Langzeitarbeitslosen durch die Lockerung der Zumutbarkeitskriterien durchgesetzt, sodass Erwerbslose zu einem Ortswechsel „aktiviert" beziehungsweise gezwungen werden. Mobilität wird entsprechend als erzwungene Mobilität konzipiert und Migration daher als das menschliche Pendant zur neoliberalen Globalisierung gesehen. An die Stelle von Kapitalmobilität trete Arbeitskraftmobilität und untergrabe damit die noch bestehenden sicheren Arbeitsplätze: „Die Mehrheit der neuen Arbeitsmigranten und -migrantinnen ist also in prekären Beschäftigungsverhältnissen angesiedelt, die dazu führen, dass Normalarbeitsverhältnisse verdrängt werden." (Dreher 2003, 21)[18] Diese Figur spielte in der Auseinandersetzung um den Einsatz von Arbeitskräften im Baugewerbe ebenso eine Rolle wie in der Debatte um Pflegekräfte aus Osteuropa. Die Einsätze im Diskurs um neue Migration oszillieren zwischen demagogischen Beiträgen wie die des ehemaligen SPD-Vorsitzenden Oskar Lafontaine, nunmehr Spitzenkandidat der Linkspartei, zu den „Fremdarbeitern", die Arbeitsplätze zerstörten[19], bis zur poli-

18 Sabine Dreher argumentiert damit, dass die neuen MigrantInnen und ihre besonders prekären Arbeitsbedingungen ja auch den „Gastarbeitern", also der älteren Generation der MigrantInnen schadeten. Diese Figur findet sich häufig in sozialdemokratischen und gewerkschaftlichen Beiträgen zur Problematik der prekären Arbeitsmigration der Gegenwart. Die Lösung besteht dabei immer in der Verbindung von (sozialer und ökonomischer) Integration einerseits und der Abschottung gegenüber neueren Migrationsströmen andererseits. Es geht darum, die Migrationsströme zu unterbrechen, damit aber nicht die MigrantInnen zu bestrafen. Angesichts der transnationalen Reproduktionsbezüge der Migration erscheint genau dies aber als unmögliches Unterfangen. Allerdings sind hier durchaus Differenzen innerhalb des Feldes zu verzeichnen. So vertrat der DGB als Dachverband Anfang der 1990er Jahre eher migrationsfreundliche Positionen, was etwa zum Konflikt mit der Baugewerkschaft führte, die einen branchenspezifischen Protektionismus durchsetzen wollte.

19 „Der Staat ist verpflichtet zu verhindern, dass Familienväter und Frauen arbeitslos werden, weil Fremdarbeiter ihnen zu Billiglöhnen die Arbeitsplätze wegnehmen." (Oskar Lafontaine auf einer Kundgebung in Chemnitz am 14. Juni 2005) In der medialen Öffentlichkeit der Bundesrepublik werden Äußerungen von politischen Akteuren häufig dann erst sanktioniert, wenn sie als sprachliche „Entgleisung" identifizierbar sind, etwa in der Form der Verwendung von Ausdrücken, die im Nationalsozialismus gebräuchlich waren. So wurde Lafontaine und mit ihm die WASG, die sich von der Äußerung distanzierte, auch von konservativen Kräften kritisiert, die an anderer Stelle durchaus selbst mit Anti-Einwanderungs-Rhetoriken arbeiten. Ähnlich liegt das Beispiel der IG Bau Mitte der 1990er Jahre. Die Verfolgung von Schwarzarbeit ist Konsens in der Gewerkschaft. Viele Funktionäre argumentieren

tisch korrekten Sprache, die ohne Anleihen bei der Sprache des Nationalsozialismus auskommt, aber auf den gleichen Inhalt hinausläuft. Diese Positionen beerben unmittelbar die im Kontext der Gastarbeitsmigration entwickelten nationalsozialen Argumentationsmuster.

An ihnen hat sich insofern nichts geändert, als sie weiterhin Migration im Integrationsparadigma verstehen und jede Form des Zustroms von Arbeitskraft in den „geschlossenen Container“ nur als – in diesem Kontext arbeitsmarktpolitische – Störung wahrnehmen. Verändert aber haben sich die Bedingungen und damit die Voraussetzungen für die Wirkungsweise einer solchen Haltung. Denn die unterstellte Normalität des Normalarbeitsverhältnisses ist immer weniger gegeben, prekäre Arbeitsverhältnisse breiten sich vielmehr in vielen Sektoren aus und betreffen einen großen Teil der legalen Arbeitskräfte (vgl. Bosch et al. 2001).[20] Gerade in diesem Zusammenhang wird es fragwürdig, die Sicherung der nationalstaatlichen Grenzen gegenüber illegaler Migration – vor allem in den Arbeitsmarkt – als Maßnahme zu begreifen oder ergreifen, die den fordistischen Kompromiss in seinen nationalen Grenzen verteidigt, wie dies noch im Rahmen des Gastarbeitsregimes plausibilisiert werden konnte. Forschungsarbeiten beispielsweise zur Beschäftigung illegaler MigrantInnen in Frankreich deuten eher darauf hin, dass mit der allgemeinen Prekarisierung der Arbeitsverhältnisse der spezifische Wettbewerbsvorteil der Sans Papiers entfällt und Arbeitgeber zunehmend auf legale MigrantInnen und „einheimische“ Arbeitskräfte zurückgreifen (vgl. Samers 2003, 571).

Wenn dennoch Razzien und Kontrollen stattfinden und das Grenzregime sich verschärft, bleibt erklärungsbedürftig, wie dieses staatliche Vorgehen gegen die als neoliberal apostrophierte illegale Migration mit der These vom Wettbewerbsstaat vereinbar ist, der als Vollstrecker neoliberaler Doktrinen kritisiert wird. Denn viele Indikatoren deuten auf eine massive Zunahme staatlicher Aktivitäten in diesem Bereich hin: Nicht nur wird die Diskussion von Vorschlägen zur Verschärfung der Einreisekontrollen dominiert, auch der finanzielle und personelle Aufwand hat sich seit dem Ende der 1980er Jahre erhöht. Das zeigen die steigenden Etats und Personalsätze der Kontrollbehörden. Binnen zehn Jahren stieg der

mit einer Drohkulisse, in der die zunehmende Beschäftigung von MigrantInnen bei den deutschen ArbeiterInnen zum Rassismus führe. Zu öffentlichen Protesten aber kommt es, als ein Funktionär in einem öffentlichen Brief von „Parasiten“ und „Krebsgeschwür“ spricht (vgl. Treichler 1998, 224ff). Der Funktionäre wurde aufgrund der Beschlusslage der deutschen Gewerkschaften zum Rassismus entlassen. Diese sehen aber offensichtlich keinen strukturellen Zusammenhang zwischen Arbeitsverhältnissen und Rassismus, sondern behandeln letzteren als eine Art „ideologischen“ Überbau.

20 Von diesen legalen Arbeitskräften ist aber der „ausländische“ Anteil stärker von Prekarisierung betroffen. Während die Zahl der deutschen sozialversicherungspflichtigen Beschäftigten zwischen 1999 und 2003 von 26 Millionen um circa 400.000 sank, war der Rückgang bei den insgesamt nur zwei Millionen sozialversicherungspflichtigen ausländischen ArbeiterInnen um circa 160.000 relativ gesehen, signifikant höher.

Etat des Bundesgrenzschutzes von 0,7 Milliarden auf 3,2 Milliarden Euro an, das Personal wuchs von 25.187 auf 38.928. Ähnliches gilt für die Arbeitsmarktkontrollen (vgl. Alt/Cyrus 2002, 155). AutorInnen aus dem neoliberalismuskritischen Lager interpretieren daher – oftmals in Anlehnung an ältere Überlegungen etwa von Stephen Castles (1987) – migrations- und migrantInnenfeindliche Politiken, insbesondere im Kontext der illegalen Migration als eine Art Ersatzhandlung, mit dem der Staat den Souveränitätsverlust im ökonomischen Bereich kompensieren möchte. Mittels restriktiver Migrationspolitik werde versucht, „die Handlungsfähigkeit des Staates in einem Bereich (Migration) unter Beweis zu stellen, der der Wirtschaft nicht wirklich schadet“ (Dreher 2003, 27) und „je weniger Souveränität den Nationalstaaten bleibt, umso mehr werden MigrantInnen und Migrationspolitik (Zulassung, Integration, Arbeit) zum Sündenbock der nunmehr nachgeordneten nationalistischen Ressentiments“ (Boutang 2006; vgl. auch Bieling 1995).

Ganz anders erklärt etwa Tobias Pieper diesen Zusammenhang, nämlich als eine Art neoliberalen Protagonismus der Migration, in dem die Sans Papiers „die Prototypen der neoliberal konstituierten ArbeiterInnen“ darstellten und der „Gewöhnung an die ‚Normalidentitäten‘ neoliberaler ArbeiterInnen im allgemeinen“ dienten (Pieper 2004, 449). Für diese These spricht, bezogen auf die neue Gastarbeit insgesamt, dass insbesondere der Kampf um das Entsendegesetz bis 1996 von den Arbeitgeberverbänden als eine Art Schleusenöffner für die Liberalisierung des Arbeitsmarkts betrachtet wurde: Während damals die Vertreter der Bauarbeitgeber für eine stärkere Regulierung eintraten, wollte der Gesamtverband mit Unterstützung der FDP die Liberalisierung dieses Bereichs zu einem Musterfall für eine neoliberale Offensive machen. Das Baugewerbe konnte sich – allerdings mit einer im europäischen Vergleich starken Verzögerung und erst mit der Drohung, aus dem Gesamtverband auszutreten – durchsetzen, sodass auch, wie in den meisten anderen Ländern Europas, ein Entsendegesetz verabschiedet wurde (vgl. Hunger 2003; Worthmann/Zühlke-Robinet 2003). Dieser Konflikt zeigt aber auch, dass von einer einfachen Funktion der MigrantInnen keine Rede sein kann. Vielmehr konstituiert die Arbeitsmigration ein Terrain der sozialen Kämpfe. Die Widersprüche und Spannungen zwischen ökonomischem und politischem Feld in der Migration (vgl. zum Beispiel auch Alt/Cyrus 2002) können offenbar mit einem instrumentalistischen Staatsbegriff nicht gefasst werden, da sie eine innere Kohärenz jeder staatlich vermittelten Politik annehmen müssen. Wenn man aber staatliches Handeln im Gegensatz zu solchen Auffassungen – wie in Kapitel 1 ausgeführt – als verdichtetes Kräftefeld begreift, können die Widersprüche in ihrer Bewegung und Verschiebung analysiert werden.

Denn die Duldung, das Tolerieren der illegalen Migration ist keineswegs ein Trick, wie Terray (2002) und andere Autoren nahe legen, sondern eine spezifische Form der Bearbeitung von durch die Migration und ihre Illegalisierung hervorgerufenen Problemen und Widersprüchen. Hier kommt der erste, humanitaristische Diskursstrang ins Spiel, der in Kombination mit dem zweiten, sozialpolitischen, zu einer spezifischen Verdichtung des Feldes führt. So, wie die massenhafte Duldung[21] der MigrantInnen im Rahmen des Asylregimes auch auf die Kämpfe der Flüchtlingsgruppen und asylpolitischen NGOs zurückgeht – sei es auf dem Rechtsweg, durch Kampagnen oder Lobbying – so kann auch die partielle Nichtverfolgung illegaler Migration als Resultat solcher Auseinandersetzungen dechiffriert werden. Humanitäre und menschenrechtliche Positionen überlagern und verbünden sich dabei mit sozialpolitischen. Eine Analyse der Positionen von Parteien, Verbänden, Gewerkschaften und NGOs zeigt, dass sie schließlich im Verbund mit den Bekämpfungsstrategien in einem spezifischen Tolerierungsmodell resultiert.

6.3.1 Legalisierung „von unten"

Als die rot-grüne Bundesregierung ein Zuwanderungsgesetz plante und hierzu 2001 einen Entwurf vorlegte, verbanden zahlreiche Initiativen aus der Flüchtlings- und MigrantInnenarbeit damit die Hoffnung und Möglichkeit, eine Klärung oder Amnestierung für die von ihnen auf zwischen 500.000 und 1,5 Millionen geschätzten „Sans Papiers" erreichen zu können. Die Stellungnahmen der verschiedenen Gruppen und Verbände dokumentieren jedoch, dass das Zuwanderungsgesetz diese Erwartungen nicht erfüllte. Die Bandbreite der Kritik repräsentiert die jeweiligen Schwerpunkte der Organisationen, den Kirchen, Gewerkschaften, Wohlfahrtsverbänden und anderen menschenrechtlich engagierten Organisationen[22]. Dennoch weisen sie eine bestimmte Kohärenz auf: Fast alle Resolutionen und Stellungnahmen fordern eine Art sublegaler Integration der Sans Papiers, die sie als Katalog menschenrechtlicher Mindeststandards adressieren. So sollen MigrantInnen ohne Papiere die Möglichkeit einer Gesundheitsversorgung erhalten, ihre Kinder sollen eine Schule besuchen können und die Möglichkeit erhalten, ihren Lohn – unabhängig von ihrem Aufenthaltsstatus einzuklagen. Diesen Forderungen korrespondiert die Kritik am Zuwanderungsgesetz und am Referentenentwurf, dass eine „Übermittlungspflicht" für Behörden, ÄrztInnen und LehrerInnen bestehe. Entsprechend fordern nahezu alle Organisationen, dass

---

21 In den Jahren 2002 und 2003 etwa lag die Zahl der Duldungen bei jeweils circa 226.000 (Ausländerzentralregister).

22 Vgl. Stellungnahmen von: Rat der Evangelischen Kirche in Deutschland, Kommissariat der deutschen Bischöfe bei der Bundesrepublik Deutschland und der EU, Katholisches Büro in Berlin; DGB-Bundesvorstand 9.1.2002; Bundesweiter Koordinationskreis gegen Frauenhandel und Gewalt an Frauen im Migrationsprozess e.V.; Paritätischer Wohlfahrtsverband vom 23.8.2001; PRO ASYL vom 29.8.2001; Bundesarbeitsgemeinschaft der Freien Wohlfahrtspflege e.V. (Arbeiterwohlfahrt, Deutscher Caritasverband, Deutsches Rotes Kreuz, Diakonisches Werk der EKD, Deutscher Paritätischer Wohlfahrtsverband, Zentrale Wohlfahrtsstelle der Juden) vom 31.8.2001; Gemeinsame Stellungnahme von amnesty international, Arbeiterwohlfahrt, Deutscher Caritasverband, Deutscher Paritätischer Wohlfahrtsverband, Neue Richtervereinigung, PRO ASYL, Bundesweite Arbeitsgemeinschaft für Flüchtlinge, Raphaelswerk vom 3.9.2001.

diese Übermittlungspflicht abgeschafft wird. Diese Forderungen werden auch von den „kleinen" Parteien vertreten: FDP, Bündnis 90/Die Grünen, sowie die PDS treten in den Jahren 2001 und 2002 für eine medizinische und schulische Versorgung von Sans Papiers ein (Bündnis 90 sogar für eine „Amnestierung") (vgl. Bündnis 90/ Die Grünen 2000; FDP 2001; PDS 2001).[23] CDU und SPD hingegen wollen Migrationsursachen, illegale Migration und „Schleuserbanden" bekämpfen und in Einzel- und Härtefällen eine Amnestierung ermöglichen. Auch die von der Regierung selbst einberufene Unabhängige Kommission für Zuwanderung spricht sich in ihrem Bericht für eine Abschaffung der Meldepflicht aus: „Die Kommission empfiehlt, in den Allgemeinen Verwaltungsvorschriften zum Ausländergesetz eindeutig klarzustellen, dass Schulen und Lehrer nicht verpflichtet sind, den Behörden ausländische Schüler zu melden, die sich illegal in Deutschland aufhalten." (Unabhängige Kommission „Zuwanderung" 2001, 197) Diese breite Forderung nach einer Tolerierung von „Sans Papiers" hat sich jedoch gesetzlich nicht durchsetzen können. Diese Positionen werden, mit einem Begriff von Jürgen Link (1997), „flexibel normalistisch" begründet: Die Abweichung, hier vom Gesetz, soll nicht rigide geahndet, sondern als Bestandteil der „Normalität" akzeptiert und integriert werden. So formuliert der Migrationssoziologe Klaus J. Bade vor der Zuwanderungskommission die Unausweichlichkeit der illegalen Migration: „Aufenthaltsrechtliche Illegalität als solche ist aber nicht abzuschaffen und tendiert vielmehr dahin, mit zunehmender Abschottung zu wachsen." (Bade 2002) Zwar betonen viele Organisationen und deren ExpertInnen die Rolle restriktiver Gesetze bei der Entstehung illegaler Populationen, verweisen zumeist aber in erster Linie auf die humanitären Aspekte einer repressiven Linie. Da die Migration nicht verhindert werden kann, müssen ihre Nebenfolgen verwaltet werden. Bezüglich der Arbeitsmarktpolitik dagegen haben Norbert Cyrus und der polnische Sozialrat den „unterstützenden Ansatz" entwickelt, den sie auch hinsichtlich seiner Effizienz bei der Verhinderung und Bekämpfung prekärer Beschäftigungsverhältnisse dem repressiven Ansatz entgegenstellen (vgl. Cyrus 1998). Im Kern beruht der Ansatz darin, Arbeitsrecht und Aufenthaltsrecht voneinander zu trennen und die im bundesdeutschen Sozial- und Arbeitsrecht bestehenden Möglichkeiten zu nutzen, Illegalisierte dabei zu unterstützen, Arbeitskonflikte auszutragen. Es geht also darum, das gewerkschaftliche Ziel der Einhaltung von Tarifen auf alle abhängig Beschäftigten auszuweiten, anstatt es durch die Ausgrenzung eines Teils der Arbeitskräfte zu erreichen. Im konkreten Fall bedeutet das, MigrantInnen dabei zu unterstützen, etwa ihren Lohn vor einem deutschen Gericht einzuklagen, auch wenn sie zum Zeitpunkt

23 Trotz dieser Parteiposition der Bündnisgrünen findet sich im Koalitionsvertrag von 2002 nur die vom damaligen Innenminister Schily vertretene Position wieder: „Zur besseren Sicherung der Außengrenze der Europäischen Union gegen organisierte Kriminalität und illegale Einwanderung wird sich die Bundesregierung für ein Zieldatum für eine europäische Grenzpolizei mit hoheitlichen Befugnissen einsetzen" (Koalitionsvertrag 2002, 79).

der Beschäftigung ohne Papiere waren. In der Beratungspraxis des polnischen Sozialrats sind solche arbeitsgerichtlichen Auseinandersetzungen mit Erfolg ausgefochten worden. Obgleich nach den Erfahrungen des Sozialrats beispielsweise die Berliner Gerichte keine Auskunft über den Aufenthaltsstatus verlangen, fordert der Sozialrat eine „Kronzeugenregelung" für illegale MigrantInnen und damit eine Absicherung dieser Praxis.

Ähnlich verhält es sich im Bereich Gesundheitsversorgung, wo Netzwerke zur medizinischen Versorgung von MigrantInnen ohne Aufenthaltspapiere existieren, wie etwa das „Büro für medizinische Flüchtlingshilfe". Es vermittelt Sans Papiers an hunderte von ÄrztInnen und KrankenpflegerInnen, die unentgeltlich oder zum Selbstkostenpreis arbeiten. Diese sublegale Praxis besteht seit Mitte der 1990er Jahre, der erste Verein wurde 1996 gegründet. Die bundesweit circa 15 Initiativen[24] sind zum Teil in Wohlfahrtsverbänden organisiert, arbeiten meist auf Spendenbasis und vermitteln MigrantInnen eine Grundversorgung. Der Umfang der Versorgung kann kaum geschätzt werden, nur von der Berliner Flüchtlingshilfe ist bekannt, dass sie zwischen 1996 und 2002 etwa 4.000 MigrantInnen betreut hat. Vor allem bei stationären Behandlungen komme es häufiger, so Jessica Groß, zur Verständigung der Polizei und anschließenden Festnahme der PatientInnen (Groß 2002). Da bei nicht krankenversicherten PatientInnen das Sozialamt die Kosten trägt, dieses aber meldepflichtig gegenüber den Ausländerbehörden ist, können MigrantInnen nur bedingt auf stationäre Leistungen zugreifen.[25] Viele Organisationen fordern aufgrund der begrenzten Möglichkeiten eines solchen Versorgungssystems die Integration in die Regelversorgung. Auch hier besteht die Strategie im Kern in einer Abtrennung des Aufenthaltsrechts vom Sozial-

---

24 Neben der „Medizinischen Flüchtlingshilfe" gibt es das „MediNetz", die „Malteser Migranten Medizin" oder die „Medizinische Beratungstelle für Flüchtlinge und MigrantInnen", die alle mehr oder weniger die gleiche Arbeit verrichten. Büros existieren vor allem in Großstädten wie Berlin, Hamburg, München, Bochum, Köln, Halle, etc.

25 Der Umfang der Meldepflicht ist freilich umstritten. KritikerInnen aus dem Umfeld von Migrations- und flüchtlingsunterstützenden Organisationen bemühen sich um eine Eingrenzung. Eine Meldepflicht besteht nach der Vorschrift des § 87 Abs. 2 des seit 1.1.2005 geltenden, das frühere Ausländergesetz ersetzenden Aufenthaltsgesetzes (AufenthG). Öffentliche Stellen sind verpflichtet, die zuständige Ausländerbehörde zu unterrichten, wenn sie Kenntnis vom illegalen Aufenthalt eines Ausländers erlangen. Standesämter, Arbeitsämter, Sozialämter und Schulbehörden sowie Jugendämter, Gerichte und Hochschulzulassungsstellen sind hierzu von Amts wegen verpflichtet (Groß 2002). Strittig aber ist, ob auch ÄrztInnen oder Krankenhausverwaltungen öffentliche Stellen und somit zur Weitergabe der Daten verpflichtet sind. Genau dies bestreiten Organisationen wie die medizinische Flüchtlingshilfe oder PRO ASYL und berufen sich auf die ärztliche Schweigepflicht, sowie darauf, dass als „bekannt geworden" nur Informationen gelten, deren Einholung zur Erfüllung der den jeweiligen Stellen eigenen Aufgaben notwendig ist. Wenn im Zuge der Aufgabenerfüllung nebenbei auch Erkenntnisse über den illegalen Aufenthalt gewonnen würden, dann seien dies keine „bekannt gewordenen Umstände".

recht. Im Zentrum der Sublegalisierungspraxis steht die Forderung nach der Abschaffung der Meldepflicht.

Auf kommunaler Ebene wurden ebenfalls Ansätze einer Tolerierung entwickelt, die sich auf die verschiedenen Aspekte des Lebens in der Illegalität beziehen. So hat die Stadt München – nach einer durch Philip Anderson (2003) durchgeführten Studie – einen Krankenversicherungsfonds eingerichtet, der den Sans Papiers den Zugang zu gesundheitlicher Grundversorgung sichern soll, ein erster Schritt in Richtung einer Integration in die Regelversorgung. Nach der Veröffentlichung der Studie, mit der das entsprechende Wissen veröffentlicht wurde und zirkulierte, begann, wie vom Münchener Sozialreferenten im Vorwort angekündigt, „ein stadtinterner Diskussionsprozess" (ebd.).[26] Im Frühjahr 2004 diskutierte der Sozialausschuss des Stadtrats über die Studie, woraufhin SPD, Bündnis 90/ Die Grünen/ Rosa Liste und FDP Beschlüsse zur Gesundheitsversorgung, dem erwähnten Fonds, zur Beschulung von Kindern (aber auch „Rückkehrhilfen") beschlossen. Die Verwaltung wird aufgefordert, dafür zu sorgen, dass Rechtssicherheit für medizinisches Personal im Konflikt zwischen Schweige- und Übermittlungspflicht besteht. Der Gesundheitsfonds wurde seit längerem in Flüchtlingsunterstützungskreisen diskutiert und fand schließlich auch Eingang in staatliche Apparate: Schon 2001 forderte eine Arbeitsgruppe des Bundesgesundheitsministeriums zum Thema „Migration und gesundheitliche Versorgung" von der Bundesregierung die Einrichtung eines solchen Fonds (BMG 2001).[27]

In Freiburg hat der Gemeinderat nach einem Hearing, an dem als Experten unter anderem Jörg Alt und Ralf Fodor gehört wurden, beschlossen, dass eine Meldepflicht für Schulen nicht besteht.[28] Die Stadt beschloss außerdem, über die

26 Dies macht die Rolle der Intellektuellen und des alternativen (ExpertInnen-) Wissens für die Herausbildung eines subalternen Blocks in der Migrationspolitik deutlich. In allen Resolutionen, Manifesten und Gesetzesanträgen der Tolerierungsstrategie werden die Gutachten einer Reihe von ExpertInnen herangeführt, die man als die organischen Intellektuellen der humanitären Migrationspolitik bezeichnen könnte. Die Konzepte und Argumente von Autoren wie Norbert Cyrus und Jörg Alt bilden oftmals die (Argumentations-)Vorlage für Gesetzesentwürfe und Resolutionen. Sie agieren zum Teil als FunktionärInnen von Organisationen: Cyrus für den polnischen Sozialrat und Alt als Geschäftsführer des Katholischen Forums.

27 Die Empfehlung der Arbeitsgruppe argumentiert hier auch mit der Gefahr der Verbreitung von Krankheiten, die durch eine Nicht-Behandlung Illegaler entstehen könne: „Über diese individuelle Betroffenheit des Kranken hinaus kann dies jedoch auch zu einer Gefährdung der Bevölkerung durch die Verbreitung ansteckender Erkrankungen führen." (BMG 2001, 16)

28 Aus dem Beschlusstext der Stadtratsversammlung: „Mit Schreiben vom 17.10.2003 teilte das Dezernat III dem Staatlichen Schulamt zur Frage des Schulbesuchs mit, dass sich die Stadt der Rechtsauffassung im Rechtsgutachten von Alt/Fodor anschließt, wonach in diesem Fall eine Erfassung des ausländerrechtlichen Status unerheblich ist. Werden von den Schulen danach keine diesbezüglichen Daten erhoben, besteht nach '76 AuslG auch keine Mitteilungspflicht der Schulleiter/-innen oder der Schulämter an die Ausländerbehörde. Das staatliche Schulamt teilt diese Rechtsauffassung und bezieht sich in dieser Einschätzung auch durch Artikel 11

kommunalen Verbände an den Gesetzgeber mit einer Resolution heranzutreten, um eine „Klarstellung", das heißt Rechtssicherheit in der Frage der Nicht-Meldung illegaler MigrantInnen zu erreichen. Auch von der Stadt Bonn ging eine solche Initiative aus, als die Stadtverwaltung sich nach staatsanwaltschaftlichen Ermittlungen gegen JugendamtsmitarbeiterInnen dazu veranlasst gesehen hatte, zum Schutz ihrer MitarbeiterInnen ihre Kindertagesstätten explizit zur Prüfung von Identitätsausweisen und Meldebescheinigungen zu verpflichten. In der Debatte über das weitere Vorgehen hat der Stadtrat einstimmig beschlossen, dass sich die Stadtspitze auf allen politischen Ebenen für rechtliche Klarstellungen in diesen Bereichen einsetzen soll. Die Bonner Oberbürgermeisterin hat 2006 das Manifest „Illegale Zuwanderung" unterzeichnet (s.u.). Im Hamburger Bezirk Altona haben die Fraktionen der CDU und der Bündnisgrünen im Frühjahr 2005 ebenfalls in einem Dringlichkeitsantrag den Bezirksamtsleiter aufgefordert „zu prüfen, in welchen rechtlich möglichen Fällen soziale Leistungen nicht vom Vorhandensein von Identitätspapieren abhängig gemacht werden müssen" (Gemeinsamer Antrag Bündnis 90/Die Grünen Bezirk Altona, Drucksache XVII/Nr.: 187).

Diese Form der Legalisierung oder Tolerierung, die sich auf bestimmte, untergeordnete Elemente der Migrationsgesetzgebung bezieht, sich vor allem auf grundrechtliche Aspekte wie das Recht auf medizinische Versorgung und Schulbildung stützt und dabei zugleich die mit der national-sozialen Struktur der Arbeitsbeziehungen und des Sozialen aufgestellten Fragen beantwortet, ist auch in der Lage, einen Kompromiss zu organisieren.

Anfang 2005 lancierte das Katholische Forum das „Manifest illegale Zuwanderung", das von mehr als 400 Personen des öffentlichen Lebens unterzeichnet wurde, darunter 42 Bundestags- und 36 Landtagsabgeordnete, sowie 13 Oberbürgermeister, zahlreiche Verbands- und Gewerkschaftsspitzen und Medienprominente. Das Manifest enthält keine direkten Forderungen, sondern vielmehr den Aufruf, sich mit der Tatsache abzufinden, dass „irreguläre Zuwanderung" auch in Zukunft stattfinden werde und es jenseits rechtsstaatlicher Instrumente notwendig sei, sich auch mit ergänzenden und alternativen Maßnahmen auseinander zu setzen:

> „Dabei sind etwa zu berücksichtigen: praktische Fragen im Zusammenhang mit humanitären Anforderungen wie etwa der medizinischen Grundversorgung, dem Schutz vor Ausbeutung und Schuldknechtschaft oder der Berücksichtigung mitbetroffener Kinder ebenso wie grundsätzlichere Überlegungen zu den Wechselwirkungen zwischen regulärer und irregulärer Zuwanderung und den damit verbundenen asyl- und ausländerrecht-

---

Abs. 1 der Landesverfassung von Baden-Württemberg (‚Jeder junge Mensch hat ohne Rücksicht auf Herkunft oder wirtschaftliche Lage das Recht auf eine seiner Begabung entsprechende Erziehung und Ausbildung.') bestätigt. Dieser Grundsatz komme grundsätzlich auch bei dieser Personengruppe zum Tragen." (Drucksache G 03267.1, Protokoll 18.5.2004)

lichen sowie zuwanderungspolitischen Gestaltungsoptionen.“ (Katholisches Forum 2005)

Im Sommer 2006 schließlich haben die beiden Oppositionsparteien Bündnis 90/Die Grünen und die Linkspartei einen Gesetzentwurf eingebracht, der die Abschaffung der Mitteilungspflicht zum Inhalt hat. Durch das neue Gesetz sollen MigrantInnen ohne Aufenthaltsgenehmigung nicht nur in den Genuss einer medizinischen Grundversorgung kommen, sondern auch ihren Arbeitslohn vor Gericht einklagen können. Die Pflicht, Illegale sofort den Aufenthaltsbehörden zu melden, soll fallen. Die Vertreter der Bundesländer haben sich gegen ein solches Gesetz ausgesprochen. Der Leiter des Ausländerreferats im hessischen Innenministerium begründet die Ablehnung wie folgt: „Durch die Streichung dieser Pflicht würde eine Steuerung der Migration unmöglich gemacht.“ (taz 27.6.2006)

Mit dem „unterstützenden Ansatz“, der die Vorlage für Manifest und Gesetzentwurf war, wird der Topos der „Schmutzkonkurrenz“ behandelt oder „gelöst“ und damit sozialdemokratische Positionen in den Kompromiss integriert. Gegenüber dem staatlichen Kontrollanspruch wird dagegen angeführt, dass die Tolerierung keineswegs in einem Migrationsanreiz resultiere: „Mehrere Untersuchungen haben gezeigt, dass erweiterte Schutzmaßnahmen nicht zu einem Mehr an illegaler Migration führen“, so Cyrus (1998, 32). Mehr noch, im Kontext der Kritik am Zuwanderungsgesetz wird der Vorwurf der Beförderung illegaler Migration an den repressiven Ansatz zurückadressiert. Jörg Alt schreibt etwa, dass im Kontext des Zuwanderungsgesetzes versäumt worden sei,

> „faktisch feststellbare Migrationsbewegungen innerhalb privater Netzwerke mit dem Bedarf nach Zuwanderung aus wirtschaftlichen und demografischen Gründen zu verzahnen. Statt dessen wird in Kauf genommen, dass durch die Anwerbung von Personen, die bislang keine sozialen Bindungen nach Deutschland haben, neue Migrationsbrückenköpfe für legale und illegale Zuwanderung entstehen“ (Alt 2004).

6.3.2 Hybridisierung des Migrationsregimes

Die widerstreitenden Tendenzen des gegenwärtigen europäischen und nationalen Migrationsregimes liegen auf der Hand. Sie bestehen darin, dass erstens der regionale und sektorale Bedarf nach Arbeitskräften eine strukturelle Basis für illegale Migrationen liefert, dass zweitens die historischen Netzwerke und transnationalen Beziehungen der MigrantInnen sich – ohne einen „Ausnahmezustand“ zu verhängen – nicht unterbrechen lassen und dass drittens die Regierungsweisen der Migration sich mehrfach überlagern. In der Bundesrepublik hat sich dabei ein hybrides Migrationsregime herausgebildet, bei dem Elemente einer neuen Gastarbeit, die sich mit illegalen Migrationsformen überlagern, diese ablösen oder zu lenken suchen und sich mit solchen ergänzen, die im Kontext der Asylmigration entwickelt wurden. Damit ist zum einen die Verschiebung des politischen Handelns bezüglich der Migration auf die Verwaltungsebene gemeint, die im Kontext der Asylmigration geradezu perfektioniert wurde. Zum anderen ist das gesamte politische Feld einer humanistischen Migrationspolitik angesprochen, das sich im Regime der Asylmigration herausgebildet hatte. Ich habe gezeigt, wie sich auf der Basis dieser Kopplung eine neue Politik der Legalisierung „von unten" entwickeln konnte. Diese doppelte Hybridisierung des Migrationsregimes wiederholt sich auf der europäischen Ebene. In Griechenland, Spanien oder Italien migrieren jährlich Hunderttausende in die unteren Segmente des Arbeitsmarktes, wo sie mehr oder weniger regelmäßig regularisiert werden. Die mediale und politische Behandlung der „Dramen" auf dem Mittelmeer – die Fahrt zum Arbeitsplatz gewissermaßen – ist hiervon jedoch abgekoppelt und findet auf dem Terrain des Humanitären statt, wovon etwa die vielbeachtete Aktion der „Cap Anamur" im Sommer des Jahres 2004 zeugt: Während die europäischen Innenminister und Regierungen die Verhinderung dieser klandestinen Migration auf die Agenda setzen, plädieren ihre Counterparts, die Menschenrechtsorganisationen dafür, die MigrantInnen als Hilfsbedürftige zu betrachten. Im deutschen Szenario ist die vom zivilgesellschaftlichen Block der Humanitären organisierte „Legalisierung von unten" ähnlich diskursiv abgeschnitten von den sozio-ökonomischen Fragen der Migration, die in den Verhandlungen um die Neo-Gastarbeit im Vordergrund stehen. Während bei den neuen Gastarbeitsarrangements der Inländerprimat erneut zur Maxime der Arbeitsmigration deklariert zu werden scheint, und die sozialpolitischen Akteure entlang des Unterschichtungsparadigmas darüber diskutieren, ob Arbeitsplätze für Deutsche bedroht sind oder nicht, verhandeln die humanitaristischen Akteure ausschließlich auf der Ebene des „Menschenrechtsregimes" (Sassen 2004), das sie von den mit dem Arbeitsmarkt verbundenen sozialen Fragen weitgehend abtrennen. Diese Abtrennung ist nun keineswegs die genuine Leistung dieser Akteure, sondern in der Konstitution der Menschenrechte angelegt, die als bürgerliche Freiheitsrechte gerade von den sozialen Bedingungen, unter denen die Menschen sie realisieren können, abgehoben sein sollen. Das Spezifikum dieses Vorgangs besteht vielmehr darin, dass die abgespaltenen Fragen um Unterschichtung unter der Hand wieder auftauchen. Seit dem 19. Jahrhundert war das Soziale zunehmend mit der nationalen Staatsbürgerschaft zur Deckung gebracht worden (siehe Kapitel 2). Der exklusorische Charakter der an die Staatsbürgerschaft gebundenen sozialstaatlichen Leistungen wird nun mit einer „Legalisierung von unten" tendenziell unterlaufen. Ein derartiges Menschenrechtsregime stellt möglicherweise ein institutionelles Gerüst für transnationale soziale Praktiken der Migration dar. Gleichwohl kann sich eine solche Politik aufgrund der epistemologischen und politischen Barrieren des methodologischen Nationalismus, in dem gesellschaftliche Verhältnisse nur innerhalb eines Container-Modells konzeptualisiert werden können, nicht artikulieren. Aufgrund dieses „strategischen" Engpasses kann es aber tendenziell das Viktimisierungsdispositiv nicht verlassen, innerhalb dessen die Handlungen der MigrantInnen nur verzerrt zur Geltung kommen können. Während die MigrantInnen also weiter an ihren Routen und Biografien basteln, die ihnen im Diskurs und der Rechtspraxis des Asylsystems eine Chance auf legitime Einreise verschaffen können, muss jede Form der humanitären Migrationspolitik die Konstruktion vom „Elend der Migration“ absichern.

7. Sklaverei, Trafficking und Mafia: Viktimisierung – oder die unmöglichen Subjekte der Migration

„There is increasing recognition among anti-trafficking activists that the consequences of anti-trafficking measures have not been, as hoped, to decrease human rights abuses and offer redress to the wronged, but that anti-trafficking has instead become a rallying cry for governments and activists who seeks to slam the door on migrants, reduce women's autonomy and promote abstinence, rather than sex worker empowerment, as HIV prevention. As trafficking is increasingly being used by governments and even by NGOs as an excuse for repressive policies, NGOs are left wondering 'where did we go wrong'?" (Doezema 2002)

7.1 Die Humanisierung der Migrationsproblematik

Schon im Laufe der ersten Dekade des Gastarbeitsära – von Mitte der 1950er bis Mitte der 1960er Jahre – begann sich ein Diskurs um Menschenhandel zu etablieren. Die Modalitäten des vierten Wegs bildeten den Anknüpfungspunkt für diesen Diskurs, in dem zum einen die Kämpfe um Migration eine hegemoniefähige Einschreibungsfläche fanden und zum anderen das Subjekt der Migration in einer diskursiven Verschiebung unsichtbar gemacht beziehungsweise zu einem Täter-Opfer-Schema verzerrt wurde. Unter dem Label Menschenhandel ließen sich Veränderungen des Migrationskompromisses reartikulieren und reorganisieren. Möglich wurde dies, als sich mit der Infrastrukturdebatte nach der ersten Krise der Gastarbeiterrekrutierung Ende der 1960er Jahre innerhalb der Logik der ökonomischen Regierung der Migration ein Argumentationsmuster herausgebildet hatte, mit dem die negativen Kosten der Migration thematisiert werden konnten. Dadurch konnte mit volkswirtschaftlichen Argumenten auch gegen Gastarbeiteranwerbung vorgegangen werden (vgl. Kapitel 3). Im Gastarbeitsregime war die subjektive Seite der Migration entweder ausgeblendet, das heißt man unterstellte, mit dem Rekrutierungsapparat die Bewegungen der Migration „im Griff“ zu haben, oder sie wurde als durch ökonomische Rationalität strukturiert gefasst, insofern die individuellen Pläne der MigrantInnen nach einem besseren Einkommen sich mit den Überlegungen zur Rotation decken sollten. Die illegale Migration bringt diese Ordnung von Steuerung und Subjektivität durcheinander: Wo das ökonomische Streben der MigrantInnen nicht in Einklang mit dem Migrationskompromiss zu stehen scheint, kann weder die Suprematie der Migrationskontrolle unterstellt, noch die ökonomische Rationalität der Subjekte der Migration als Beitrag zur heilsamen Arbeit der unsichtbaren Hand des Marktes erklärt werden.

Mit Menschenhandel als Leitmotiv in der Behandlung einer irregulären, unkontrollierten Migrationsform wurde eine Überführung des Migrationsdiskurses auf ein menschenrechtliches Terrain möglich. Mit der Viktimisierung entstand gleichsam ein neues Kompromissfeld, da hier die Akteure sich mit neuen Rationalitätsmustern einschreiben konnten. Der humanitäre Diskurs der Migration war in einer bestimmten Konstellation hegemoniefähig, in der die Migration „rein ökonomisch“ nicht mehr zu organisieren war. Sie erlaubte den MigrantInnen ebenso wie den Gegnern der Migration, sich in einem neuen Kräfteparallelogramm zu arrangieren. Der Begriff der Sklaverei bot dabei die Möglichkeit, die Grenzen des Diskurses zu sprengen beziehungsweise zu dehnen, wenn beispielsweise auch die regulären Arbeitsbedingungen der MigrantInnen als Sklaverei bezeichnet wurden. Mit dem Anwerbestopp von 1973, mit dem überall in Westeuropa die Rekrutierung migrantischer Arbeitskräfte beendet wurde, verschob sich der gesamte Diskurs um illegale Migration mit dem Gesamtrahmen, in den er eingebettet war. Arbeitsmigration – auch legal – sollte nicht mehr stattfinden. Bis zum europäischen Epochenwandel der Migration, der mit dem Fall der Berliner Mauer einherging und neue Migrationsmuster ins Spiel brachte, wird illegale Migration in der Bundesrepublik gleichsam vervielfacht – ihr Gesicht veränderte sich. Sie wurde zur scheinlegalen Heiratsmigration, zur illegalisierten Binnenmigration in die urbanen Zentren und ab den 1980ern entstand der lang andauernde Asyldiskurs, innerhalb dessen die epistemologische und politische Ordnung des Migrationsdiskurses neu gestaltet wurde (vgl. Kapitel 4).

7.1.1 Abolitionismus

Die Verwendung des Sklaverei-Begriffs fungierte historisch nicht nur als Rechtsbegriff im Sinne von *chattel slavery* sondern auch als Kampfbegriff in den Konflikten um Arbeitsrechte, Migration und Kapitalismus, wie ein kurzer Exkurs in die Migrationsgeschichte des 19. Jahrhunderts zeigen kann.

Im 19. Jahrhundert waren italienische und chinesische MigrantInnen (in dem Jahrhundert zwischen 1820 und 1930 bildeten sie ein Drittel der gesamten globalen Migration) etwa in den USA und Australien Gegenstand von Anti-Sklaverei Kampagnen, die von Arbeiterorganisationen angeführt wurden. Weil viele italienische und chinesische MigrantInnen unter den Bedingungen der Indentur migrierten, wurden sie als Bedrohung der „freien Arbeit“ angegriffen:

„Both rapidly found themselves castigated as nonwhite ‚Slaves‘. Fearing slavery, nascent labor movements in the developing world pioneered in developing racialized terminology as weapons for their own defense. One of those defenses was discriminatory immigration policy.“ (Gabbaccia 1997, 185f.)

Die Verteidigung freier Arbeit verwandelte sich oftmals in antimigrantische und rassistische Kampagnen.[1] Die Verurteilung als „Sklaverei” war gleichsam die Bedingung für die rassistische Diskriminierung (vgl. ebd., 186). Die Debatten um die „unfreie Arbeit“ in den Jahren 1850-1900 prägten die Vorstellungen der Intersektion von *race* und Klasse. Solange die „unfreie Arbeit“ auf Plantagen isoliert blieb, interessierten sich Arbeiterbewegungen nicht für die Situation der so genannten *coolies* (der Widerstand gegen *coolie*-Ausbeutung ging vor allem von christlichen Organisationen aus). Nach Jan Breman (1987) kam es vielmehr zu Fällen, in denen britische Arbeiterorganisationen Berichte über Ausbeutung der *coolies* im Empire verdeckten (vgl. ebd., 190). In allen Kolonialgesellschaften initiierten Arbeiterorganisationen legislatorische Koalitionen, um die chinesische Einwanderung zu verhindern. Die rassistischen Barrieren wurden jedoch erst aufgebaut, als die chinesischen Arbeiter drohten, in Konkurrenz zu „weißer“ freier Arbeit zu treten (vgl. Chan 1991). Vor allem die *American Federation of Labor* verwendete zunehmend *race* als politischen Begriff zur Unterscheidung zwischen freier und unfreier Arbeit beziehungsweise zur Verteidigung der ersteren (vgl. Mink 1986; Erickson 1984). In Kalifornien etwa entstand die Arbeiterbewegung selbst als eine anti-chinesische Bewegung (vgl. Roediger 1991). Die allermeisten chinesischen und italienischen MigrantInnen wanderten freiwillig aus, waren aber aus verschiedenen Gründen auf Vermittler und Agenten angewiesen. In Italien waren es die berühmten *padroni*, in China so genannte *pig traders* und *crimps*, die eine Verbindung zwischen den oft analphabetischen MigrantInnen und den Schifffahrtsgesellschaften, Arbeitsagenturen und damit der globalen kapitalistischen Ökonomie herstellten (vgl. Gabaccia 1997, 183). Diese Bindung der Migration an Agenturen machte sie zu „unfreier“ Arbeit, wie mit

1 Italienische MigrantInnen wurden etwa als „Chinese of Europe“ bezeichnet. Die ItalienerInnen wurden erst „weiß“, nachdem Gesetze verabschiedet wurden, die ihre Migration eindämmten, ChinesInnen hingegen „continued to occupy a shifting and ambiguos racial territory“ (Gabaccia 1997, 187). Siehe hierzu auch die Arbeiten von Theodore Allen (1998) und David Roediger (1991), die anhand der irischen Migration in den USA zeigen, auf welche Weise whiteness konstruiert wurde.

zeitgenössischen Ausdrücken wie *coolie slave* und *padroni slave* betont wurde. Subjektiv führte dies bei den MigrantInnen aber keineswegs zur Selbstwahrnehmung als ferngesteuerte Sklaven (vgl. de Haan 1997, 220). Indem die privilegierten, das heißt einheimischen beziehungsweise weißen ArbeiterInnen die Vielfalt der Arbeitsverhältnisse innerhalb der Indentur und *coolie*-Arbeit auf die Dichotomie frei/unfrei reduzierten, konnten sie diese in die rassisierte Kategorie der Sklaverei übersetzen. Die Funktion der „Mafia"[2] bei der Konstruktion eines migrationsfeindlichen Diskurses war hier bereits angelegt.

7.1.2 Die Genese eines Delikts

Die Anfänge für das Delikt „Schleusung", das heißt der kommerziellen Hilfe bei der illegalen Grenzüberschreitung finden sich in Deutschland beziehungsweise dem Deutschen Reich Ende des 19. Jahrhunderts. In den 1880er und 1890er Jahren begannen die Maßnahmen des deutschen Reiches zur Kriminalisierung bestimmter Aspekte der Migration aus Osteuropa (vgl. Just 1988). Auch während der Weimarer Republik vollzog sich illegale Migration mit Hilfe von Grenzschmuggel.[3] Der illegale Verbleib nach Ablauf der Aufenthaltsgenehmigung, heute bekannt als *visa–overstaying*, war aber mit erheblichen Einschränkungen verbunden, was Beschäftigung, Sozialleistungen und staatliche Repression betraf. Auch die „Scheinehe" spielte eine bedeutende Rolle bei der Organisierung der Migration. Der Staat reagierte darauf, indem er Anfang der 1880er Jahre ermöglichte, deutsche Frauen von jüdischen Migranten abzuschieben.

Sowohl die Dienstleistung Schmuggeln als auch die Kriminalisierung der Migration sind also keine neuen Phänomene. Auch der Terminus Menschenhandel trat bereits im frühen 20. Jahrhundert auf, wo er zunächst auf Frauenhandel beziehungsweise Prostitution beschränkt blieb. So wurde Anfang des 20. Jahrhunderts das erste internationale Abkommen über die Gewährung eines Schutzes gegen Mädchenhandel am 18.5.1904 in Paris abgeschlossen (vgl. Mentz 2001). Am 25.9.1926 wurde in Genf die *Slavery Convention* vom Völkerbund beschlossen, die auf Abschaffung der Sklaverei und des Sklavenhandels gerichtet war. Sklaverei wurde darin als Status oder Zustand einer Person definiert, über die

2 Die Geheimgesellschaften ersetzen die alten familialen Bindungen unter den Bedingungen der freigesetzten Arbeit und organisieren den Anschluss an die kapitalistischen Märkte. Dabei ist ihre Rolle gegenüber den MigrantInnen ambivalent: „It is true that secret societies and mafia cliques exploited poor, marginal and ignorant peasants. But it is also true that both offered group affiliation to marginal men in societies where unaffiliated individuals had few options for survival." (Gabaccia 1997, 184; vgl. auch Harney 1974)

3 Großes Aufsehen in Sachen Fluchthilfe erregte die Aufdeckung eines Schleppernetzwerkes in Beuthen (Oberschlesien) im Jahre 1923. Die Jüdische Arbeiterfürsorgestelle, der Beteiligung an dem Schmuggelgeschehen bezichtigt, verurteilte aber selbst den Menschenschmuggel und bezeichnete die Beteiligten als „Grenzhyänen" (vgl. Pfau 2004).

jegliche Macht des Eigentumsrechts ausgeübt wird. Schon vier Jahre später folgte die *Forced Labour Convention*[4] vom 28.6.1930 gegen Zwangsarbeit. Zwanzig Jahre später beschloss der Staatenbund die *Supplementary Convention on the Abolition of Slavery, the Slave Trade, and Institutions and Practices Similar to Slavery*, welche die Konvention unter anderem um die Schuldknechtschaft, die Leibeigenschaft, den Heiratshandel, den Handel mit Kindern und Jugendlichen durch ihre Eltern zum Zwecke der Ausbeutung oder der Arbeit erweiterte. Zudem verpflichteten sich die unterzeichnenden Staaten zur Kooperation beziehungsweise zum Informationsaustausch mit den anderen Staaten. Bereits 1972 empfahl die UN-Generalversammlung ihrer Kommission für Menschenrechte, die Fragen der Ausbeutung durch illegalen und heimlichen Handel mit ausländischen Arbeitskräften vorrangig zu erörtern. Konvention sowie Entschließungen der Vereinten Nationen, und Diskursstrategien der migrationspolitischen Akteure brauchten aber noch zwanzig Jahre, bis sie in den 1990er Jahren zu einem strategischen Diskurs wurden, der fest an staatliche Apparate gebunden war. So setzte sich die Europäische Union erst ab 1996 für die Entwicklung eines umfassenden Konzepts zur Prävention und Bekämpfung des Menschenhandels ein. Anfänglich konzentrierte sie sich auf die Entwicklung von Maßnahmen der Strafverfolgung und der justiziellen Zusammenarbeit auf dem Gebiet des Menschenhandels.

Das Delikt „Einschleusung“ war bereits im deutschen Ausländergesetz von 1990 kriminalisiert. Eine Verschärfung erfolgte dann 1994 mit der Novellierung dieses Gesetzes im Rahmen des so genannten Verbrechensbekämpfungsgesetzes, also unter Bezug auf die Bekämpfung organisierter Kriminalität. Diese Verknüpfung findet sich auch im Aufenthaltsgesetz von 2005. Seit 1994 sind für diese Delikte bis zu fünf beziehungsweise zehn Jahre Freiheitsstrafe vorgesehen. Nach dem Ausländergesetz (§§ 92 a und 92 b) wie auch nach dem neuen Aufenthaltsgesetz (§§ 96 und 97) ist es strafbar, einen Ausländer, der nicht die Staatsangehörigkeit eines Mitgliedsstaates der Europäischen Gemeinschaft oder eines anderen Vertragsstaates des Abkommens über den europäischen Wirtschaftsraum besitzt, dabei zu unterstützen, in den Schengener Raum einzureisen beziehungsweise sich dort aufzuhalten. Geschieht diese Hilfe in organisierter Form, also als so genannte organisierte Kriminalität, so gilt dies als strafverschärfend.

Die Kriminalisierung der „Dienstleistung Fluchthilfe“ ist nicht nur zeitgebunden, sondern hängt auch von gesellschaftlichen Konjunkturen ab. Am deutlichsten wird dies am Beispiel eines Gerichtsurteils, das KritikerInnen des gegenwärtigen Grenzregimes anführen, um die Opportunitätsbedingungen bei der Skandalisierung des Schmuggelwesens hervorzuheben: Zehn Jahre vor dem Fall der Berliner Mauer verhandelte der Bundesgerichtshof die Klage eines Fluchthelfers auf Erstattung eines Vorschusses durch einen DDR-Flüchtling, obwohl die Flucht misslungen war. Das Gericht urteilte „dass ein solcher Vertrag nicht allgemein gegen die guten Sitten verstößt. Es ist nicht in jedem Fall anstößig, eine

4 Vgl. http://www.unhcr.org

Hilfeleistung selbst für einen Menschen in einer Notlage, von einer Vergütung abhängig zu machen […] Fluchthilfevergütungen von 15.000 Mark oder 13.000 Mark je ‚geschleuster' Person" seien „im Hinblick auf hohe Unkosten des Fluchthelfers nicht als überhöht" zu bewerten (zit. nach FFM 1998, 111).

7.2 Gastarbeiter gleich Sklaven?

Wie bereits angeführt lassen sich die Spuren der Kriminalisierung bis in die Anfänge der Migrationspolitik im Deutschen Reich verfolgen. Es wundert daher nicht, wenn auch im Kontext der GastarbeiterInnenrekrutierung, die viele Elemente aus dem Saisonarbeitsregime der Jahrhundertwende und der Weimarer Republik übernommen hat, die Figur des Menschenhandels wieder auftaucht.

So wurde der vierte Weg häufig als „Menschenhandel" oder „moderner Sklavenhandel" apostrophiert (z.B. Micksch 1973, Diamant 1973b, Stammberger 1973, Uçar 1983), wie ein Überblick über die Presseberichterstattung aus diesem Zeitraum (1964-1974)[5] zeigt. Die „Illegalen" wurden in der Regel als Opfer skrupelloser „Menschenhändler" dargestellt, die die Migranten wie „moderne Sklaven" behandelten (vgl. zum Beispiel FAZ, 3.12.1971; FR, 20.4.1972; Handelsblatt, 29.5.1972; FR, 2.8.1972). Mal waren es „Sklaven" in Anführungsstrichen (Tagesanzeiger Zürich 19.11.1979), dann waren es „Sklaven, die im Taxi kommen" (SZ, 14.11.1979). Auch die Polizeibehörden sprachen zuweilen von den Subunternehmern als „Ausbeutern". Im vierten Weg richtete sich die Aufmerksamkeit nicht mehr auf die spontane und unorganisierte Einreise, sondern auf die organisierte und ökonomisch verwertete „Schleusung". An die Stelle der sich selbst als Touristen einschmuggelnden Arbeiter waren die Vermittler und Reisebüros getreten, die allem Anschein nach die gesamte Anwerbung abwickelten. Die relativ großen Geldbeträge, die in diesem Zusammenhang immer wieder Erwähnung fanden (zwischen 800 und 2.000 DM), sollten den Ausbeutungscharakter der illegalen Arbeit unterstreichen. Die illegalen Arbeitsvermittler, deren Tätigkeit eine Ordnungswidrigkeit darstellte, erbrachten jedoch aus der Perspektive der MigrantInnen genau diejenigen Leistungen, die auch die Anwerbestelle in Istanbul oder Belgrad erbrachte: Die Erstellung von Papieren[6], die Abwick-

5 Ausgewertet wurden verschiedene überregionale Tageszeitungen wie die Frankfurter Rundschau, Frankfurter Allgemeine Zeitung, Welt, Stuttgarter Zeitung, Christ und Welt sowie das Handelsblatt.

6 Die Fälschung von Arbeits- und Aufenthaltserlaubnissen löste im Laufe der 1960er Jahre einen umfangreichen innerbehördlichen Schriftverkehr aus. In allen Bundesländern sind Fälle von Fälschungen dokumentiert, bei denen es sich teils um so genannte Totalfälschungen, teils um gefälschte Stempel handelte. Fälschungen sind unter anderem bekannt geworden in Mainz, München, Offenbach, Burgdorf, Lauenburg, Heidelberg, Rheydt, Wunsiedel, Steinburg, Solingen, Aschaffenburg, Pforzheim, Pinneburg, Düsseldorf. Der Freistaat Bayern schlug aufgrund dieser Fälschungen in einem Schreiben vom 31.5.1974 (an die Innenminister der Länder,

lung der Reise und die gesamte Organisation bis zur Vermittlung einer Arbeitsstelle. Bis 1973 kostete diese Prozedur die deutschen Arbeitgeber im offiziellen Anwerbeverfahren 300 DM. Diese Summe wurde erst im Kontext des Anwerbestopps auf 1.000 DM erhöht. Beim vierten Weg mussten freilich die MigrantInnen selbst die Vermittlungsgebühr zahlen, was einen der vielen Kostenvorteile darstellte, die mit der Beschäftigung illegaler MigrantInnen einherging. Ob die Betroffenen, die im Mediendiskurs zur illegalen Beschäftigung als „Opfer" dargestellt werden, von den Vermittlern unter Vorspiegelung falscher Behauptungen getäuscht wurden, bleibt unklar. Denn es existieren nahezu keine verwertbaren Quellen, die eine adäquate Einschätzung erlauben. Die überlieferten Aussagen finden vielmehr alle in einem strafrechtlichen Kontext statt, in dem es ebenso plausibel ist, anzunehmen, dass die MigrantInnen den Opferdiskurs taktisch bedienten, um einer Bestrafung zu entgehen.[7] Die Tatsache, dass die MigrantInnen gegen die Schleuserorganisationen nicht aussagten, wurde in den Printmedien regelmäßig mit der „Angst vor Repressalien" (z.B. FR, 8.10.1973) begründet. In einem anderen Fall meinte ein Polizeibeamter: „Weil sie fürchten, ihre Stelle zu verlieren, werden die Ausbeuter manchmal geradezu als Wohltäter geschildert." (FR, 29.10.1971)

Die wenigen Berichte, die jenseits der behördlich gefilterten Aussagen vorliegen, lassen jedoch Zweifel daran aufkommen, dass es sich um einen „Menschenhandel" handelte, der die MigrantInnen zu recht- und willenlosen Sklaven machte. In dem „Bericht eines Illegalen" aus dem Jahre 1973 (vgl. Bericht eines Illegalen 1973) etwa heißt es:

„Ich hatte kein Geld um nach Deutschland zu kommen. Ich habe von einem Großgrundbesitzer 6000 Lira geliehen und ich hatte aber auch Schulden bei Nachbarn etwa über 6000 Lira. So ungefähr 12 000 Lira Schulden habe ich gemacht, das macht ungefähr 3-4000 DM. Von dem geliehenen Geld habe ich Paß bezahlt und mußte ich noch etwa 3000 Lira dafür bezahlen, daß ich 800 DM Devisen bekommen habe. Und einem Freund habe ich 3000 türkische Lira bezahlt, der mir helfen sollte mich in die Bundesrepublik zu bringen. Ich bin dann nach München gekommen und habe einige Zeit bei

---

HHStA 503/5740) vor, so genanntes Wertpapier (Wertpapier ist ein Sicherheitsreagenzpapier mit Wasserzeichen und guillotiniertem zweifarbigem Untergrund) für die Erstellung von Aufenthaltserlaubnissen zu verwenden. Die Stadtstaaten (sowie das Saarland) sprachen sich (vermutlich aus Kostengründen) gegen diesen Vorschlag aus. Auch weitere Verhandlungen führten zu keinem Ergebnis, man einigte sich schließlich darauf, einen fälschungssicheren Stempel in Auftrag zu geben (vgl. Protokoll der Referentenbesprechung vom 25.-26.91974 in Freiburg, HHStA 503/5740).

7 Neuere kritische Untersuchungen zum Trafficking von Frauen in Europa zeigen, dass Frauen, die sich bewusst in die Prostitution begeben, im strafrechtlichen Setting davon profitieren, sich als „getrafficked" auszugeben. Kampagnen gegen Frauenhandel, wie sie heute von der IOM betrieben werden, sehen für Frauen, die gegen ihre Schleuser und Mittelsmänner aussagen, Straffreiheit und andere Erleichterungen vor (vgl. z.B. Andrijasevic 2004; O'Connell Davidson 2006).

Bekannten gewohnt. Ich habe diese Bekannten gebeten, daß sie mir eine Arbeit vermitteln sollen. Sie hatten einen Bekannten und eines Tages sind sie zusammen mit dem zu mir gekommen und ich mußte diesem Mann 100 Mark bezahlen, dann hat er mich bei einem Gartenbaugeschäft untergebracht. Am Anfang habe ich ziemlich wenig Geld bekommen, später habe ich im Monat etwa 800 Mark verdient." (Ebd., 62)

Der behördliche und der Mediendiskurs nahmen dagegen die umgekehrte Perspektive ein. Die Migranten waren darin nur eine gesichtslose und nicht zur Handlung fähige „Ware". So beschrieb ein leitender Kriminaldirektor im Handelsblatt 1973 die MigrantInnen wie folgt: „Völlig rechtlos, in ständiger Angst vor den Behörden lebend, vegetieren heute etwa 300.000 illegal eingereiste Ausländer unter uns, die hier als moderne Sklaven meist im Hoch- und Tiefbau eingesetzt sind." (2.10.1973)

In den vielen Medienberichten wurden jedoch immer wieder Details genannt, die eine solche Konstruktion fragwürdig erscheinen lassen. So wurde die mangelnde Effizienz der Polizeikontrollen auf den Baustellen häufig mit dem Hinweis dokumentiert, ausgewiesene oder abgeschobene Arbeiter würden nach einigen Tagen wieder an ihrem Arbeitsplatz erscheinen (vgl. zum Beispiel FR, 18.4.1977). In einer Reportage zum vierten Weg etwa wird ausführlich beschrieben, wie die Vermittler MigrantInnen mit Equipment ausstatteten, das sie als Touristen glaubhaft machen sollte: „Die angeworbenen Ausländer werden beispielsweise mit Filmkameras und Fotoapparaten ausstaffiert, Attribute, die den Touristen glaubhaft machen sollen; ihnen wird Geld geliehen und die Formel eingeprägt ‚ich spazieren, ich nix arbeiten'." (Christ und Welt, 6.2.1970) Die MigrantInnen seien danach entweder am Münchner Hauptbahnhof ihrem „Schicksal überlassen" oder an „ominöse Arbeitgeber" übergeben worden. Paradoxerweise gilt der Autorin beides als „moderner Sklavenhandel". Wahrscheinlicher dürfte es sein, dass auch der Vorgang des Menschenschmuggels, der aus der Perspektive der Vermittler durchaus Warencharakter haben mag, ein widersprüchlicher und konflikthafter Prozess ist, in dem die MigrantInnen durchaus als Subjekte agieren, die ihre Interessen und dabei bestimmte Taktiken verfolgen. In einem anderen Bericht werden zwei Jugoslawen zitiert, die ihre Entscheidung, auch unter schlechten Bedingungen in Deutschland zu arbeiten, mit den relativ schlechteren Lebensverhältnissen in Jugoslawien begründeten. (Stuttgarter Zeitung, 12.5.1975)[8]

---

8 In einem für den kirchlichen Kontext (Vollversammlung des Ausschusses der Kirchen für Fragen ausländischer Arbeitnehmer am 7.6.1973 in Genf) verfassten Beitrag definiert Jürgen Micksch die moderne Sklaverei wie folgt: „Der Sklave hat grundsätzlich keinen Anspruch auf Eigentum oder Schutz. Diese Definition von Sklaverei trifft auch auf die illegale Beschäftigung zu: der illegal Beschäftigte hat keine Rechtsansprüche, während sein Arbeitgeber mit ihm wie mit seinem Eigentum verfahren kann. In der illegalen Beschäftigung haben wir es mit einer neuen Form der Sklaverei zu tun. Dabei ist der illegal Beschäftigte nicht nur Handelsobjekt, Mittel zum Gelderwerb. Er ist selbst (aus Existenznot) an dieser Sklaverei in-

Nicht nur die Illegalen wurden häufig als Sklaven bezeichnet. Was als menschenverachtende Praxis einiger Krimineller skandalisiert wurde, konnte unter Umständen auch gegen die allgemeinen Bedingungen von Arbeitsmigration gewendet werden. Dies taten eine Reihe von kritischen Intellektuellen seit den 1960er Jahren. Siegmar Geiselberger etwa befand, es existierten nur geringe Unterschiede zwischen Gastarbeiteranwerbung und moderner Sklaverei (1972, 13), Jose Moll Marqués sah die MigrantInnen zu „Heloten degradiert" (1972, 176), für Francisco Estéban waren sie „Sklaven" (1972) und Ernst Klees Rede von den „Niggern Europas" (1970)[9] ist schließlich zu einer geradezu berühmten Phrase geworden.

Aus der Perspektive der Kritik an der Anwerbung waren die Eigenschaften der Gruppe der MigrantInnen als „industrielle Reservearmee" (Geiselberger 1972, 23; vgl. auch Uçar 1983, 9) bei den Illegalen in gleicher, graduell verstärkter Weise anzutreffen. Geiselberger bemerkte in seiner Studie, die er Anfang der 1970er Jahre im Auftrag der Jungsozialisten anfertigte, dass das „Problem der ‚Illegalen' [...] eine Randerscheinung des kapitalistischen Systems" (1972, 46) sei. Es finde nur deshalb eine verstärkte mediale Aufmerksamkeit, weil damit die allgemein schlechten Lebens- und Arbeitsbedingungen der MigrantInnen „verschleiert" (ebd.) würden. Im Kern handele es sich um das gleiche Phänomen, mit dem Unterschied, dass „der Illegale" nach „Abbau der Arbeitsspitze ohne Formalitäten wieder weggeschickt werden" könne (1972, 46). Diese Form der Befristung des Aufenthalts aber stünde auch im Zentrum der migrationspolitischen Grundsätze: Die Spaltung in „Heloten" und Inländer werde von den Architekten der Rekrutierung als unvermeidlich angesehen (vgl. Anagnostidis 1972, 128).

Diese Politik der skandalisierenden Bezeichnungen wurde zum Teil auch von MigrantInnen betrieben, die in politischen Aktionen MigrantInnen ihre Lebens- und Arbeitsverhältnisse als Sklaverei kritisierten. So beispielsweise 1975 auf einer Demonstration in Kassel, bei der die Demonstrierenden auf Spruchbändern gegen ihre „Diskriminierung als Arbeitssklaven, die man nach Belieben holen und wieder heimschicken" (FR, 7.4.1975) könne, protestierten. Während die einen den Begriff der Sklaverei dazu benutzten, konkrete Arbeitsbedingungen anzugreifen, beschworen die anderen ein allgemeines Elend, das sie kausal mit der Migration in eins setzten.[10]

---

teressiert und zahlt dafür hohe Summen, da die Aussicht auf illegale Beschäftigung besser ist als die Arbeitslosigkeit und Abhängigkeit im Herkunftsland. Der Weg in die illegale Beschäftigung ist im Normalfall kein Akt der freien Entscheidung. Er erfolgt unter dem Zwang, Arbeit zu finden – für die meisten der illegal Beschäftigten gibt es dabei keine Alternativen." (1973, 44)

9 Die „Namen der Migranten", die oftmals mit kritischer Absicht verwendet werden, reichen von „Kuli" (Sommer 1973) über „Nigger" (Klee 1971) bis zu „Heinzelmännchen" (FR, 24.10.1972) und „Mohr" (FR, 3.7.1972).

10 „Die Regierung der Türkischen Republik hat uns an Europa wie das Vieh auf dem Viehmarkt verkauft. Wir wurden sehr detailliert untersucht, angefangen von unseren Zähnen in unseren Mündern bis zu Operationsstellen an unseren Körpern, von

Die widersprüchlichen Effekte der Sklaverei-Rhetorik traten vor allem im Kontext der nach dem Mauerfall zentral gewordenen Pendelmigration aus Osteuropa hervor. Die MigrantInnen z.B. aus Polen oder der Slowakei verfügten über Arbeits- und Reproduktionsräume in unterschiedlichen Staaten. Die „Wohlstandsgefälle" wurden für sie – auch wenn sie untertarifliche Beschäftigungsverhältnisse eingehen – zu einer Ressource. Exemplarisch kam dies in der Aussage eines polnischen Migranten zum Ausdruck, der die Adressierung „Sklavenarbeit" ironisch umdeutet:

> „Ihr sagt, Polen werden ausgebeutet und machen Sklavenarbeit in Deutschland. Sklaven wurden getrieben zu Arbeit ohne Nutzen für sie. Ich komme freiwillig und kriege viel gutes Geld. Viele Polen möchten gerne solche Sklaven sein – und nicht nur Polen. Mit einer Woche Arbeit in Deutschland können Frau und Kinder in Polen vier Wochen gut leben." (zit. nach Kienast/Marburger 1994, 50)

7.3 Dienstleistung Mafia

Im Kontext des bundesdeutschen Migrationsregimes, in dem heute die illegale Migration als Menschenhandel apostrophiert wird, hat der Einsatz der Mafia-Kategorie eine zur Sklaverei komplementäre Funktion. Während mit dem Einsatz des Sklavereibegriffs der Kampf um den sozialen Kompromiss der Migration auf den Nenner eines Neo-Abolitionismus gebracht wird, resultiert die Zurückführung der organisierten Migration auf die organisierte Kriminalität nicht nur im Einsatz der „These einer besonderen Neigung der Migranten zur Kriminalität" und damit zu einer Wiederholung „der alten Behauptung von der Gefährlichkeit der subalternen Klassen" (Boutang 2002, 1). Auf der Ebene der Regierung der Migration führt die Kriminalisierung auch zum Andocken an ein Sicherheitsdispositiv. Denn nun geht es nicht mehr nur um die juridische Unterscheidung in legal und illegal, die ökonomisch als Unterschichtung und Ausbeutung und politisch als Kontrollverlust im Kontext der staatlichen Reproduktion eines sozialen Kompromisses gedeutet wird, sondern um die Konstruktion der organisierten Kriminalität als eines öffentlichen Feindes (vgl. Kunz 2005). Gleichzeitig verschwinden die ökonomischen Aspekte nicht, sondern werden neu platziert. Die Migration wird schließlich „aufgespalten in übermächtige Agenten der sogenannten Organisierten Kriminalität einerseits und in absolute Opfer andererseits" (Dietrich 2001, 15). Die Bekämpfung der Migration wird koextensiv mit der Bekämpfung der Ausbeutung von MigrantInnen, die nun nicht mehr am Arbeitsplatz im Ankunftsland der Migration lokalisiert wird, sondern innerhalb des Mi-

A bis Z. Und sie nahmen 25 Personen in ein Zimmer und alle 25 mussten sich zusammen splitterfasernackt ausziehen: Zum ersten Mal habe ich daran gedacht, wie die schwarzen Sklaven in Afrika verkauft wurden, so sind wir auch durch einen Sklavenmarkt geschleust worden." (Vgl. DOMIT 2000, 9a)

grationsprozesses selbst. Nach Yann Moulier Boutang (2002; vgl. auch Gabaccia 1997; Harney 1974) verdeckt diese Translokation der Migration den ambivalenten Charakter von Mafia-Organisationen, deren Stärke darauf beruht, dass sie sich den Konturen sozialer Gruppen anzupassen vermögen und sich so der Kraft sozialer Prozesse bedienen. Sie haben daher „die Fähigkeit, ihre Kenntnisse der inneren Strukturen traditioneller ländlicher Gesellschaften und ihre Vertrautheit mit deren Vergangenheit, mit den Traditionen und den Bedürfnissen der Migration zu verbinden“ (Boutang 2002, 2). Als parastaatliche Organisationen regieren Mafiagruppen ganze Bevölkerungen und üben Terror aus, weil sie dem Staat das Gewaltmonopol streitig machen. Zugleich brächten sie, „eine wirksame Ordnung hervor, weil sie gewisse ‚soziale‘ Dienste leisten, etwa Zugang zu Arbeitsplätzen schaffen oder bestimmte Aufträge vermitteln, oder weil sie die Reise über ‚geschlossene‘ Grenzen ermöglichen.“ (Ebd.)

Diese Dienste verhalten sich, das legen einige Untersuchungen nahe (vgl. Elwert 2002; Alt 2003), additiv und komplementär zur netzwerkartig organisierten klandestinen Migration:

„So kann der Migrant beispielsweise sein Migrationsprojekt innerhalb beziehungsweise mit Unterstützung eines privaten Netzwerks beginnen, er vollendet es mit Hilfe der Unterstützung weltanschaulich-ethnischer Netzwerke [...] Allerdings: Zunehmend werden private und weltanschaulich-ethnische Netzwerke vor Probleme gestellt, die sie aus eigener Kraft nicht mehr lösen können: Sie müssen (gewissermaßen) zunehmend ‚Expertise zukaufen‘.“ (Alt 2003, 301)[11]

Empirische Untersuchungen zur Struktur klandestiner Migrationsdienstleistungen zeichnen ein überaus differenziertes Bild dieser „Branche“. Das Bild des skrupellosen Menschenhändlers[12], der die MigrantInnen ausbeutet, erscheint so

11 Faktoren für den „Grad“ von Professionalisierung und Kommodifizierung der klandestinen Migration sind etwa steigende Entfernung und sinkende Informationsvielfalt, die sich im Fall der europäischen Migration häufig mit der Visumspflicht zwischen Herkunfts- und Zielland überschneiden. Sie nimmt in der Regel mit der geografischen Entfernung zu (Ausnahmen stellen die postkolonialen Beziehungen zwischen bestimmten europäischen Ländern und ihren ehemaligen Kolonien dar, wie beispielsweise Falle Spaniens, wo eine signifikante Zahl der illegalen MigrantInnen aus Lateinamerika kommt). Der Ausbau der europäischen Grenzkontrollen seit dem Schengener Abkommen verstärkt die Rolle von Schleuserorganisationen zusätzlich. Zu diesem Schluss kommt auch das Bundesinnenministerium: „Die verstärkte Beschränkung der legalen Zuwanderung hat nicht nur einen Anstieg der illegalen Migration zur Folge gehabt. Verstärkte Grenzsicherungsmaßnahmen führten dazu, dass sich immer mehr Einreisewillige an Schleuserorganisationen wenden, um nach Deutschland zu gelangen.“ (BMI zit. nach Alt 2003, 310)

12 In den Medien wird oft die von den transnationalen Institutionen der Migrationspolitik getroffene Unterscheidung zwischen Schmuggeln und Trafficking nicht berücksichtigt. So unterscheidet etwa das UN-Protokoll zur organisierten Kriminalität zwischen Menschenhandel und dem Schmuggeln von MigrantInnen. Unter Menschenhandel beziehungsweise Trafficking wird dabei der Transport von Menschen unter Zwang oder Täuschung verstanden, mit der Absicht, sie auszubeuten. Schmuggeln hingegen erfasst „alle Arten der Verschaffung von Einreise entgegen

als eine interessegeleitete Zuspitzung.[13] Von Schleusern organisierte Reisen können demnach sowohl schneller als auch billiger sein, als die legalen beziehungsweise regulären Reisewege. In einer Studie von Jörg Alt (1999) etwa ist der Fall einer afghanischen Familie dokumentiert, die für ihre Schleuser-Reise insgesamt weniger aufbringen musste, als für die Flugtickets in einem regulären Reisebüro zu bezahlen gewesen wäre.[14]

Diesen Analysen steht ein in der Mainstreamliteratur unhinterfragter Diskurs über skrupellose Menschenhändler, die mit der Verschleppung von Menschen ein „Milliardengeschäft" machten, gegenüber. Typisch für diesen hegemonialen Diskurs ist die Verbindung von irregulärer Migration und Kriminalität. Diese Verbindung wird vor allem in den staatsnahen Wissensapparaten generiert (vgl. Willlenbücher 2005). So etwa die Parlamentarische Staatssekretärin beim Bundesminister des Inneren, Cornelie Sonntag-Wolgast in einem Vortrag auf einer Konferenz des Bundesnachrichtendienstes 1999, wo sie illegale Migration, Schlepperwesen und organisiertes Verbrechen, Rauschgiftschmuggel und Menschenhandel als intrinsisch miteinander verbundene Phänomene darstellte. Illegale Einreise beziehungsweise illegaler Aufenthalt wird darin primär als Folge der Existenz von „Schlepperbanden" behandelt, die „vielfach durch regelrechte Werbefeldzüge unbedarfte Menschen erst dazu bringen, ihr Hab und Gut zu verkaufen und sich und ihre Familien horrend zu verschulden, um die geforderten Schleuserlöhne zu bezahlen" (Bundesnachrichtendienst 2000, 24).

---

den Bestimmungen des Zielstaates, unabhängig vom Zweck des geplanten Aufenthalts." (UN-Zusatzprotokoll; vgl. auch Okolski 2000). Die Grenzen zwischen diesen beiden Kategorien sind freilich unscharf und verwischen in der Praxis (vgl. auch Salt 2000).

13 Hinzu kommt, dass das Wahrnehmungsraster der Behörden einschränkend wirkt, sodass jeder Hinweis auf Organisierung auf „Schlepperbanden" zurückgeführt wird. So berichtete mir der Vertreter einer NGO im Gespräch, dass von ihnen an MigrantInnen weitergeleitete Reiserouten und -legenden die Aufmerksamkeit des Landeskriminalamtes erregt hatten, die, weil sie bei verschiedenen MigrantInnen auf die gleiche oder ähnliche „Geschichte" gestoßen waren, dahinter die Tätigkeit eines „international agierenden Schlepperrings" vermuteten.

14 Auch für die finanzielle Abwicklung besteht ein eigenes Sicherheitssystem, in dem die Migranten die Kosten etappenweise – je nach erfolgreichem Weiterkommen – bezahlen (vgl. İçduygu /Toktaş 2002). Ein solches System hatten, wenn auch viel rudimentärer, portugiesische Migranten entwickelt, die in den 1960er Jahren klandestin nach Frankreich migrierten. Bevor sie aufbrachen, ließen sie sich fotografieren. Das Foto rissen sie in zwei Hälften, eine gaben sie ihrem „Schleuser", und die andere Hälfte behielten sie selbst. Wenn sie in Frankreich ankamen, schickten sie ihre Hälfte der Fotografie an ihre Familie in Portugal zurück, um zu zeigen, dass sie sicher über die Grenze geleitet worden waren. Der Schleuser kam mit seiner Hälfte zur Familie, um zu beweisen, dass er es war, der den Auswanderer begleitet hatte, erst dann bezahlte die Familie die Reisekosten (vgl. Berger/Mohr 1976, 45). Zur klandestinen Migration von Portugiesen nach Frankreich vgl. auch die DVD-Dokumentation „Gens du salto" von José Vieira, Frankreich, 2005.

Könnte man das Schleusertum zerschlagen, wären die Migrationsbewegungen eingedämmt. Das Migrationsgeschehen wird in superreiche Kriminelle und ohnmächtige Habenichtse aufgeteilt, die der einheimischen Bevölkerung zu Leibe rückten, wenn sie nicht an den Grenzen abgewehrt würden: „Die übermächtigen Banden schädigten die hiesige Volkswirtschaft dadurch, dass die von ihnen Eingeschleusten später in der Schwarzarbeit landeten oder staatlich alimentiert werden müssten." (Dietrich 2005, 61) Die Dämonisierung führt dazu, dass die sozialen Zusammenhänge innerhalb derer sich die MigrantInnen bewegen, ausgeblendet werden.

Wendy Chapkis (2003) hat in ihrer Diskussion des *Trafficking Victims Protection Act*, der im Jahr 2000 in den USA verabschiedet wurde, darauf hingewiesen, dass die Konnotierung von Trafficking, Ausbeutung der MigrantInnen und „*sex slavery*" eine allgemeine rhetorische Figur im Anti-Trafficking-Diskurs ist. Entgegen den internationalen Abkommen zur Unterscheidung zwischen Menschenschmuggel und Menschenhandel, so betont sie, werden oft umstandslos alle undokumentierten Migranten, die mit Hilfe Dritter die Grenze überschritten haben, unter Menschenhandel subsumiert. Eine ähnliche Situation konstatiert Jo Goodey (2003) für die EU. Seit dem Fall der Mauer seien die Grenzen zwischen genuinem Flüchtling und Asylbewerber auf der einen Seite und ökonomischen Migranten ebenso verschwommen wie die zwischen legalen und illegalen Migranten. Sie lokalisiert die Debatte um Trafficking im Kontext eines Kontinuums Migration-Kriminalität-Sicherheit, das seit den 1990er Jahren und verstärkt nach den terroristischen Anschlägen auf New York und Washington am 11. September 2001 die Politik der europäischen Regierungen bestimmt. Eine genauere Analyse des Schlepperwesens ergebe zudem, dass die Rolle von organisiertem Verbrechen darin übergewichtet sei. Eine differenziertere Betrachtung zeige, dass vor dem Hintergrund der restriktiveren Handhabung von Einreisebestimmungen in die EU die Ermöglichung des illegalen Grenzübertritts durch Dritte zunehmend als eine Form von Dienstleistung zu betrachten sei, die mit dem organisierten Menschenhandel nicht verwechselt werden dürfe, da sie keine Elemente von Zwang enthält. Eher lasse sich von einem flexiblen Netzwerk sprechen, bei dem voneinander unabhängige Einheiten operieren und daher der Ausfall eines Gliedes in der Kette ohne Auswirkungen auf das Gesamtsystem bleibt:

> „We found no evidence of a hierarchical structure with a ‚godfather'-like figure at the apex. It seems that this is not a business organized on an international level [...] Rather, a loosely cast network, consisting of hundreds of independent smaller units which cooperate along the way seems to be the case [...] Thus, we prefer to think in terms of smaller, local and flexible organizations, rather than international, centralized organizations." (İçduygu/Toktaş 2002, 46)

Dennoch sind diese Netzwerke in der Lage, beim Eintritt in die Türkei an der Ostgrenze bereits ein komplettes Reisepaket zu schnüren, das je nach Zahlungskraft des Kunden bis in die europäischen Zentren gebucht werden kann, inklusive Ausstellung falscher Papiere und Wahl des Reiseweges zu Land, zu Wasser oder in der Luft. Zum Teil sind darin Personen involviert, die selbst illegal in der Türkei leben. Ein Informant in der Studie von Ahmet İçduygu und Sule Toktaş lebte beispielsweise bereits seit 16 Jahren mit gefälschten Papieren in Istanbul und fungierte als Verbindungsmann zwischen reisewilligen MigrantInnen und SchlepperInnen (vgl. ebd.). Auch Untersuchungen zur Migration in und aus Osteuropa bestätigen diese Integration von Flucht, Migration und Schleusertum, gewissermaßen jedoch mit umgekehrten Vorzeichen. MigrantInnen verschaffen sich, wenn sie in einem Transitland landen, „eine gewisse Expertise über die Landes- und Grenzverhältnisse. Als Fluchthelfer verdienen sie sich ein kleines Einkommen, bis sie dann selber weiterreisen können. Fluchthilfe ist in diesem Fall ein Teil der Migrationsbewegung selbst“ (Dietrich 2005, 61). Die Verknüpfung des Schleusertums mit der Welt der „Organisierten Kriminalität“ (OK) hält überdies empirischen Untersuchungen nicht stand: Eine kriminologische Untersuchung zum Deliktbereich OK ergab Ende der 1990er, die Datenqualität sei schlecht und die durch die Behörden gesammelten Informationen unbrauchbar. Darüber hinaus betrafen nur 26 von 845 Ermittlungen, die im Jahre 1996 wegen Organisierter Kriminalität durchgeführt wurden, die Schleuserkriminalität (vgl. Severin 1997, 13). In ihren Untersuchungen zur Schleuserbranche stellte die Forschungsgesellschaft Flucht und Migration ein signifikantes Missverhältnis zwischen dem polizeilich-behördlichen Aufwand, der zur Bekämpfung betrieben wird, und dem Fahndungserfolg fest. Die Ankopplung der Schleusungskriminalität an den OK-Apparat trug nicht nur zur Dämonisierung der Migration bei, sondern erweiterte auch die polizeilichen Befugnisse in diesem Bereich. Die Beweismittel in Schleuserprozessen bestehen daher in aller Regel aus großen Mengen an abgehörten Telefongesprächen.[15] Darüber hinaus installierte das Innenministerium bei der Bundesgrenzschutzdirektion eine „Zentralstelle zur Bekämpfung der illegalen Einreise von Ausländern“, die seit 1992 eine „Falldatei Schleuser und Geschleuste“ betreibt. Diese Datei wird mittlerweile vom Bundeskriminalamt im Auftrag des Bundesgrenzschutzes geführt. Sie ermöglicht „u.a. täterbezogene Sofortauskünfte, die Beobachtung der Schleuserkriminalität und die Erstellung kriminalpolizeilicher Analysen und Statistiken“ (Heesen/Hönle 2000, 228). Zur Mitarbeit sind auch Arbeitsämter und Sozialbehörden verpflichtet; Daten aus dem Bundesamt für die Anerkennung ausländischer Flüchtlinge, etwa über Reisewege, werden in der Falldatei gesammelt.

Die Zahlenaufbereitung zur Schleuserkriminalität – 1994/95 in Deutschland entwickelt – ist mittlerweile Standard in Westeuropa. Internationale Organisatio-

15 Neben dem Abhören internationaler Telefonverbindungen ist das Verfolgen von „Geldwäsche“ eines der Hauptaufgabengebiete der mit OK beschäftigten Polizei-Apparate. Von 5.229 Anzeigen deutscher Banken mit Verdacht auf Geldwäsche im Jahre 2003 betrafen jedoch nur 1,4 Prozent Schleuserkriminalität (vgl. Dietrich 2005, 63).

nen begannen ab 1997/98 mit internationalen Datensammlungen nach den standardisierten Kriterien. Ab 2000/01 wurden, gestützt auf diese Datensammlungen, auf den unterschiedlichsten staatlichen, überstaatlichen und nichtstaatlichen Ebenen Aktionspläne gegen das Schleusertum verabschiedet (vgl. EU Rat 2002). Wirft man einen Blick auf die juristische Verwertung der Daten, zeigt sich: „In jedem Fall ist der Aufwand gigantisch“ (Dietrich 2005, 63). Anhand von Prozessakten und -verläufen zeigt die Forschungsgesellschaft Flucht und Migration jedoch, dass sich im Laufe der Prozesse stets herausgestellt hat, dass die Annahme, die Schleusungen beruhten auf organisierter Kriminalität, nicht zu halten war:

„Die infrage stehenden Fluchtbewegungen und auch die Fluchthilfe waren kleinteilig improvisiert worden. Aus Südasien etwa dauerte der übliche Fluchtweg über drei Monate. Von Strecke zu Strecke gab es immer wieder neue Anlaufpunkte, aber auch Scheitern und ein Neuanlauf über andere Wege kam häufiger vor. Kriminalisiert wurden grundsätzlich Gefälligkeiten, bei denen sich die Gastgeber die Auslagen bezahlen ließen. Da mit den besagten Paragraphen des Ausländergesetzes auch die Hilfe zum heimlichen Aufenthalt unter Strafe gestellt ist, konzentrierten sich die Richter schließlich auf Vorwürfe der Unterbringung und der Hilfe zur Weiterfahrt im Inland.“ (Ebd.)[16]

7.4 Trafficking – Migrantinnen als Opfer

Die de-subjektivierenden Effekte des Viktimisierungsdispositivs werden besonders deutlich am Beispiel des Trafficking-Diskurses. Auch dieser besteht nicht nur aus geregelten Redeweisen, sondern einem ganzen Set von zum Teil institutionellen Praktiken, Gesetzen, Protokollen überstaatlicher Organisationen oder den Strategien feministischer Gruppen. In diesem Gefüge gelingt es nicht nur, Migrantinnen als Opfer mafiöser Banden zu (re-)präsentieren, die sie gegen ihren

16 Dementsprechend handelt es sich bei der Mehrheit der als Schleuser Festgenommenen um Grenzbewohner. „Tschechische Staatsbürger bilden [vor deutschen und polnischen, SK] den größten Anteil. Aus der Beobachtung von Einzelverfahren und aus der Auswertung der Urteile lässt sich erkennen, dass viele Geringverdienende oder Arbeitslose unter den Schleusern sind.“ (Dietrich 2005, 64) Dass im Visier der Behörden keineswegs nur ominöse Mafia-Organisationen stehen, zeigt auch der Fall der Taxifahrer-Prozesse Ende der 1990er Jahre. Damals ermittelte der BGS in manchen Städten gegen ein Drittel aller TaxifahrerInnen wegen Schleusung. Ihnen wurde nicht vorgeworfen, Personen über die Grenze gebracht, sondern Fahrgäste im Inland befördert zu haben, die über keine Einreisepapiere verfügten. Trotz Beförderungspflicht und der von den TaxifahrerInnen und ihren AnwältInnen vorgebrachten Argument, sie hätten keine Befugnis, Ausweispapiere zu kontrollieren, wurden einige zu Haftstrafen verurteilt. Die lokale Häufung der Schleusungsdelikte habe gar zur Verunsicherung der Strafverfolgungsbehörden geführt, die sich fragten, ob „die Rechtstreue der Bevölkerung in Gefahr“ sei (Oberlandesgericht Dresden zit. nach Dietrich 2005, 64).

Willen in die Prostitutionsmigration zwingen. Vielmehr ermöglicht das Gefüge auch, dass Frauen sich als Opfer – und unter Umständen ausschließlich als Opfer – zu Subjekten machen können. Diese Gouvernementalität der „klandestinen" Subjektivierung untersucht der folgende Abschnitt.

Migration kann durch die Brille des Trafficking nicht als Strategie, sondern nur als Verbrechen imaginiert werden, die subjektive Seite der Migration wird reduziert auf die kriminologischen Figuren von *victims* und *villains*. Der Trafficking-Diskurs ist nicht nur ein Bestandteil des Diskurses um illegale Migration, sondern paradigmatisch für die repräsentationalen und politischen Barrieren des Denkens über Migration insgesamt. Rutvica Andrijašević hat in ihrer Arbeit zu osteuropäischen Frauen, die in Italien in der Straßenprostitution arbeiten, gezeigt, dass Frauen über durchdachte und individuelle Migrations- und Mobilitätsstrategien verfügen, die auch die Unterwerfung unter Zwangsverhältnisse als temporäre Notwendigkeit in Kauf nehmen, wenn auf anderen Wegen kein Zugang zu den als Migrationsziel definierten Ländern möglich ist. Die meisten dieser Frauen hatten bereits Mittel und Wege gefunden, durch verschiedene Strategien dem Straßenstrich zu entkommen und eine unabhängige Existenz aufzubauen. Die Untersuchung zeigt, wie das Konzept der Zwangsprostitution den Blick versperrt auf die Anstrengungen osteuropäischer Frauen, unter den Bedingungen der postsozialistischen europäischen Grenz- und Migrationsregime geografische, soziale und Arbeitsmobilität zu verwirklichen. An Hand der Analyse der Bildpolitik der IOM- Kampagne gegen Zwangsprostitution in Osteuropa, zeigt sie zudem, wie der zugleich kriminalisierende und viktimisierende Diskurs über Sex-Trafficking instrumentell ist sowohl für die Sanktionierung von Maßnahmen, die über Zugehörigkeit der betroffenen Länder zur Europäischen Union entscheiden, als auch für die symbolischen und geografischen Grenzen einer sich gerade transformierenden europäischen Bürgerschaft. Der Anti-Trafficking-Diskurs funktioniert so als Instrument der Migrationsverhinderung.

> „By uncoupling trafficking from prostitution while at the same time associating informal women's migration with slavery, I suggest that the IOM's campaign in the Baltic States points to a manifest shift from counter trafficking to counter migration discourse that specifically targets, and seeks to discourage, irregular women's migration." (Andrijašević 2004, 182)

Eine Untersuchung über „getraffickte" Frauen in Kanada bestätigt diese Ergebnisse. Nach Nandita Sharma hält das Bild der gegen ihren Willen geschmuggelten oder gehandelten Frauen einer empirischen Überprüfung kaum stand. Vielmehr ergibt sich eine „serious disjuncture [...] between women's accounts of migration and the dominant rhetoric of trafficking" (Sharma 2003, 55). Als problematisch an ihrem Migrationsprojekt benannten die Frauen ausschließlich die restriktiven Migrationspolitiken Kanadas, keine forderte das Ende des „Trafficking" oder fürchtete sich vor Schmugglern, sondern eher vor den kanadischen

Beamten der Einwanderungsbehörde. Auch in dem Sample aus Kanada hatte ein Teil der „getraffickten" Frauen Prostitution als Teil einer umfassenderen und langfristigen Migrationsstrategie angegeben. „For these women migration to Canada (or the U.S.) for work in prostitution was part of a project designed to lead them out of poverty and a general sense of malaise over their futures." (Ebd., 61)

Diese und andere Studien verweisen darauf, dass Anti-Trafficking-Kampagnen keineswegs ohne weiteres als das interpretiert werden können, als was sie sich ausgeben: Kampagnen und Politiken zum Schutz unterdrückter und ausgebeuteter Menschen. Sie sind jedoch auch nicht einfach nur das Gegenteil. Die Involvierung von Menschenrechtsgruppen und feministischen Organisationen und deren Kritik am Migrationsgeschehen ist weder ideologische Finte noch Verschwörung. Naheliegender ist es, die Intervention der NGOs in dieses Feld nicht von dem Effekt dieser Intervention aus zu analysieren. Der Anti-Trafficking-Diskurs ist eher ein Arbeitsbündnis zwischen bestimmten feministischen und menschenrechtlichen Positionen und den Apparaten der Migrationskontrolle.[17] Das Arbeitsbündnis funktioniert dabei nicht nur „ideologisch", sondern hat materielle und performative Dimensionen. Der innerhalb dieses Gefüges von den feministischen Organisationen bereitgestellte und in Zusammenarbeit etwa mit der IOM bereitgestellte „Schutz" von Frauen institutionalisiert beziehungsweise erzeugt selbst die „Fakten", auf denen Anti-Trafficking aufbaut. Das zeigt ein Blick auf die Zahlenwerke, mit denen Medien und politische Institutionen arbeiten, wenn sie Migration als Menschen- und Frauenhandel in Angriff nehmen. Sie sind nicht erfunden, sondern buchstäblich „konstruiert".[18]

17 Die politische Relevanz dieses Bündnisses wurde während des NATO-Gipfel-Treffens 2004 in Istanbul offensichtlich. So bekam die bislang einzige Frauengruppe in der Türkei, die in diesem Bereich aktiv ist und ein Frauenhaus für gehandelte Frauen unterhält, vom US-amerikanischen Außenminister persönlich vor den laufenden Kameras der internationalen Presse einen Orden für ihren „Kampf gegen Frauen- und Menschenhandel" verliehen (vgl. Hess/Karakayalı 2007, 55).

18 Studien, die nicht zum gewünschten Ergebnis führen und deshalb nicht veröffentlicht werden, sind ein gutes Indiz dafür, ob Auftraggeber ihre Praxis aus einem Problem herleiten, oder Probleme benutzen, um eine Praxis durchzusetzen, die aus anderen Motiven herrührt. Eine von der IOM 2003 in Auftrag gegebene Studie über Frauenhandel in der Türkei – „Irregular Migration and Trafficking in Women" von Sema Erder – konnte die von der IOM gewünschte und proklamierte Breite und Dramatik des Geschehens nicht bestätigen, was dazu führte, dass sich die IOM von den Ansichten in der Studie offiziell distanzierte. (Vgl. http://www.iom.int/documents/publication/en/irregular%5Fmig%5Fin%5Fturkey.pdf, Link vom 15.7.2005)

7.4.1 Zahlenwerke der Opfergenerierung

Schon 1996 musste die Europäische Kommission einräumen, dass ihr keine genauen Daten hinsichtlich gehandelter Frauen zur Verfügung stünden (EU-Kommission 1996, 20). Ende der 1990er Jahre musste der Eindruck entstehen, dass der Problemdefinition die politische und gesellschaftliche Signifikanz fehlte. In einer Einschätzung des Bundeskriminalamtes wurde konstatiert, „dass Menschenhandel zwar auf politischer Ebene eine herausragende Rolle spielt, die sich allerdings im polizeilichen Alltag nicht entsprechend widerspiegelt" (Bundeskriminalamt 2001, 6). Das Missverhältnis veränderte sich auch in den unmittelbar darauf folgenden Jahren nicht. Sowohl in Deutschland, als auch in vielen anderen Ländern fanden sich die „Opfer" des Menschenhandels nicht in einem Umfang, der die Dramatisierung der Anti-Trafficking-Kampagnen und die damit verfolgten Ziele gerechtfertig erscheinen ließ. Nach Juanita Henning waren es 1998 zwei Prozent, das heißt 51 Prostitutionsmigrantinnen, die als Opferzeuginnen in Menschenhandelsprozessen ausgesagt und in Zeugenschutzprogramme aufgenommen wurden. Die Zahl sank 2001 auf 21 Migrantinnen. In der Regel wird die geringe Aussagebereitschaft auf zwei Ursachen zurückgeführt. Allen voran: Migrantinnen würden vor einer möglichen Aussage abgeschoben. Den betroffenen Frauen wird aber auch eine „Verdrängungs- und Verharmlosungshaltung [...] gegenüber der eigenen Unterdrückung" attestiert (Antwort der Landesregierung NRW auf eine Anfrage der Grünen 27.11.1997, zit. nach Henning 2004, 24). Nach Henning diente vor allem die Einbeziehung von NGOs dazu, eine Opfergenerierung zu erleichtern. Die finanzielle Unterstützung von Beratungsstellen wurde von einer Kooperation mit staatlicher Verfolgung des Menschenhandels verknüpft, und die Migrantinnen mit vorübergehenden Arbeits- und Aufenthaltsgenehmigungen dazu angeregt, gegen „Trafficker" auszusagen (vgl. ebd., 23). Ein ähnliches Szenario kann für jene südosteuropäischen Länder gezeichnet werden, die oftmals als Ursprungs- und Ausgangsländer von Zwangsprostitution betrachtet werden. Eine Studie im Auftrag von UNICEF (United Nations Children's Fund), UNHCR (United Nations High Commissioner for Refugees) OSCE-ODIHR (Office for Democratic Institutions and Human Rights innerhalb der OSCE, Organization for Security and Cooperation in Europe) aus dem Jahre 2002 ist trotz aller Bekräftigungen über die problematische Validität ihres Zahlenwerks[19] auf große Resonanz in den deutschen Medien gestoßen.[20]

19 So heißt es in der Studie: „Access to reliable data on the number of trafficked persons is not possible. [...] The statistical data collected by the police and border police is often neither gender nor age segregated. Additionally, these statistics are used for various political purposes." (UNICEF et al. 2002, 4f.)

20 In Berichten in der Frankfurter Rundschau, der Süddeutschen Zeitung und dem Hamburger Abendblatt tauchen allesamt Zahlen – zum Beispiel „seit 1991 [...] 200.000 bis 400.000" oder „120.000 Frauen und Kinder" – aus der Einleitung der Studie auf, die dort aber als Beispiele für frühere Schätzungen genannt werden, für die es keinerlei empirische Basis gebe. Insbesondere über den in den Zeitungsbe-

Die Studie beruht auf einer Kombination von administrativ generierten Zahlen, die mit Dunkelfeld-Schätzungen hochgerechnet werden. In allen untersuchten Ländern kommen nur Frauen in die Statistik, die aufgrund von Razzien festgenommen wurden, keine hat sich auf eigene Initiative bei den Behörden gemeldet. Sowohl in Bosnien-Herzegowina, als auch in Serbien, wurden Frauen, die nach einer solchen Razzia ein „Statement" unterzeichneten, demzufolge sie „gehandelt" wurden, in ein Rückkehrprogramm der IOM aufgenommen, das sie mit einem Rückflug und einer Geldprämie (50 US-Dollar vor und 100 US-Dollar nach dem Rückflug) gratifizierte. In diesen Ländern und in Kosovo und Mazedonien drohte dagegen Frauen, die ein solches Dokument nicht unterzeichnen, Haft (zum Beispiel wegen des Besitzes gefälschter Papiere) und Abschiebung. Auf diese Weise kommt eine Gesamtzahl von 2.300 „gehandelten" Frauen zustande. Aufgrund einer nicht näher ausgewiesenen Dunkelzifferberechnung – sie beruht unter anderem auf der Annahme der IOM, dass Frauen, die in Verhören aussagen, sie seien nicht gehandelt worden, nicht die Wahrheit sagen – kommt die Studie schließlich auf eine Gesamtzahl von 6.600 Opfern (vgl. UNICEF et al 2002, 142). Auch der UN-Bericht der Arbeitsgruppe über gegenwärtige Formen der Sklaverei nennt 1998 eine Zahl von jährlich zwei Millionen getraffickten Frauen und Kindern, ohne diese Zahlen in irgendeiner Weise auszuweisen. Die Prostituierten-Organisation Doña Carmen e.V. spricht aus diesem Grund von einer „Hochrechnungs-Mafia" (vgl. Doña Carmen 2002). Auch Joe Doezema spricht von einem Mythos der „weißen Sklaverei" oder der „trafficked women" (vgl. 2000, 24). Damit werden nicht die existierenden Berichte über Frauen, die unter sklavereiähnlichen Bedingungen in der Sexindustrie arbeiten, in Frage gestellt. Vielmehr, so betonen sowohl Henning als auch Doezema, sei eine signifikante Diskrepanz zwischen den wenigen dokumentierten Fällen und dem Ausmaß der Kampagnen festzustellen. Ein Bericht der GAATW[21] (Global Alliance Against Trafficking in Women) hält fest, dass Statistiken, auf denen die Schätzungen häufig beruhen, auf Angaben über Prostituierte im Allgemeinen beruhen, so etwa in einem Bericht des Global Survey Network (vgl. GSN 1997, 5-7). Nach dem Report des GAATW, der auf Auskünften von Organisationen beruht, die mit „Trafficking-Opfern" arbeiten, besteht die Mehrheit der Trafficking-Fälle aus Frauen, die wissen, dass sie sich in die Prostitution begeben, aber nicht über die Arbeitsbedingungen informiert werden (vgl. Weijers/Lap-Chew 1997).

richten stetig genannten „Handel mit Kindern" gibt es keine verlässlichen Informationen.

21 Die GAATW ist aus dem Sex Workers Rights Movement der 1970er Jahre hervorgegangen. Sie unterscheidet zwischen erzwungener und freiwilliger Prostitution und betrachtet Prostitution als Beruf beziehungsweise Lohnarbeit. Im Gegensatz dazu ist für einflussreiche Organisationen wie der Coalition Against Trafficking in Women (CATW) jede Form von Prostitution als Gewalt gegen Frauen anzusehen. Demnach kann es keine „freiwillige" Prostitution geben.

Der Bericht konstatiert, dass Fälle von gegen ihren Willen verschleppten Frauen äußerst selten sind (vgl. ebd., 99).[22]

7.4.2 Victims and Villains

Nach Doezema wiederholt der moderne Trafficking-Diskurs elementare Strukturen des historischen *White-Slavery* Diskurses, der gegen Ende des 19. Jahrhunderts in Europa aufkam. Die Kampagne gegen weiße Sklaverei richtete sich gegen die Migration allein reisender Frauen. Eine zentrale Figur war das „unschuldige Mädchen vom Lande", die in die Prostitution verführt oder gezwungen wurde (vgl. Grittner 1990). Genau dieses Szenario zeichnen auch alle modernen Kampagnen gegen Trafficking (vgl. Andrijašević 2006). Gekoppelt an die Unschuld und Jugend der Frauen war die Vorstellung ihrer „Reinheit" und „Jungfräulichkeit", die durch vor allem „fremdrassige" Männer bedroht sei. Dass eine europäische Frau mit einem nicht-europäischen Mann freiwillig sexuelle Beziehungen eingeht, war in der rassistischen Vorstellungswelt europäischer Männer nicht vorstellbar: „In one way or another these women must have been trapped and victimised." (Guy zit. nach Doezema 2000, 30) Als „non-white slaver" wurden sowohl in Europa als auch den USA „Fremde", Migranten, und im besonderen Juden, verantwortlich gemacht. Zugleich waren mit der sexuellen Aktivität der jungen Frauen Phantasien über die Verbreitung von Geschlechtskrankheiten verbunden, die notwendig zur Verelendung oder zum Tod führen müssten. Die Kampagne wurde von puritanischen Organisationen und feministischen Organisationen getragen. Während erstere auf eine repressive Sozialordnung und die Kontrolle juveniler Sexualität abzielten, war die ursprüngliche Idee von Feministinnen wie Josephine Butler die Abschaffung von Bordellen, die als Orte der Ausbeutung von Frauen kritisiert wurden. Im Zuge der Kampagne aber dominierten die puritanischen Forderungen. Um Sympathie für die jungen Frauen zu gewinnen war es notwendig, sie als pure Opfer zu konstruieren. Die Konstruktion ergab sich dabei aus der Allianz zwischen PuritanistInnen und Feministinnen:

> „Only by removing all responsibility for her own condition from the prostitute could she be constructed as a victim to appeal to the sympathies of the middle-class reformers, and public support for the end goal of abolition be achieved. The ‚white slave' image as used by abolitionists broke down the old separation between ‚voluntary' sinful and/or deviant prostitutes and ‚involuntary' prostitutes, constructing all prostitutes as victims, and removing the justification for regulation." (Doezema 2000, 28)

Signifikant ist die Koinzidenz zwischen dem Aufkommen des *White Slavery*-Diskurses in den USA mit der beginnenden Mobilität von alleinreisenden bezie-

22 Zu ähnlichen Ergebnissen kommen die Untersuchungen von Watenabe 1998; Brockett/Murray 1994; Anarfi 1998; Kempadoo 1998; COIN 1998; Doezema 1995; Murray 1998.

hungsweise migrierenden Frauen und Afro-Amerikanern aus dem ländlichen Süden. Auch die Gesetze in den USA und Großbritannien, in denen die Kampagne im 20. Jahrhundert resultierten, legen nahe, dass mit *White Slavery* nicht Frauen geholfen werden sollte, die sich in Not befanden. Der *White Slave Act* und der *Mann Act* dienten vielmehr der Bekämpfung von Prostitution und der Verfolgung schwarzer Männer. Mit dem Ersten Weltkrieg und dem Ende einer lange Ära großer Migrationsbewegungen spielte der *White Slavery*-Diskurs über 70 Jahre keine Rolle mehr. Zwar wurde der Sklaverei-Begriff auf männliche Migranten angewandt, aber das Narrativ der Prostituierten wider Willen tauchte erst in den 1980er Jahren wieder auf – just in dem historischen Moment, in dem es wieder zu einer Feminisierung der Migration beziehungsweise einer Zunahme der Migration von Frauen kommt (vgl. Hillmann 1996).

Nach Doezema zeigt der aktuelle Trafficking-Diskurs ähnliche Merkmale auf wie der historische *White Slavery*-Diskurs. Zum einen spielt wieder der Mythos des unschuldigen Opfers eine zentrale Rolle, kombiniert mit dem Narrativ der jungen Frau vom Lande/der dritten Welt, die in die dunklen Abgründe der Metropole irregeleitet wird. Stets sind Begriffe wie „unschuldig“, „naiv“ und „verzweifelt“ Codes für „Nicht-Prostituierte“. Blickt man aber auf die jüngeren Untersuchungen zur Prostitution als Migrationsstrategie, verweisen diese Konstruktionen auf etwas anderes. Ähnlich wie bei der Moralpanik angesichts von *White Slavery*, geht es nicht um den Schutz von Frauen, sondern eher darum, Frauen überhaupt von Prostitution und von Migration abzubringen (vgl. Doezema 1998). Die Unschuld der Opfer kontrastiert die „Schuld" der Frauen, die freiwillig als Prostituierte arbeiten:

> „A ‚guilty‘ prostitute cannot be a ‚victim of trafficking‘: as expressed by delegate to recent conference on trafficking: ‚How can I distinguish an innocent victim from a sex worker?‘. Thus women who knowingly migrate to work in the sex industry and may encounter exploitation and abuse, are not considered to have a legitimate claim to the same sorts of human rights protections demanded for ‚trafficking victims‘.“ (Doezema 2000, 40)

Die Moralpanik, die im *Trafficked Women*-Diskurs zum Ausdruck kommt, gründet sich auf die zunehmende Mobilität von Frauen. Sie wird aber erst durch die sexuelle Komponente zum öffentlichen, moralischen Problem. Während der *White Slavery*-Kampagne war die zunehmende Unabhängigkeit von Frauen Auslöser der Moralpaniken: Wer den Schutz der Familie verlasse, begebe sich unvermeidlich in allerlei – sexuell vermittelte – Bedrohungen, so die Argumentation der Kampagne. Über den Körper der Frau wurde so Bevölkerungs- und Mobilitätspolitik ausgeübt. Unabhängigkeit von Frauen war und ist eine Bedrohung für die Stabilität von Institutionen wie der Familie und in der imaginären Erweiterung, der Nation. Frauen beziehungsweise der Körper der Frau wird als symbolischer Träger kollektiver Identität angerufen. Nira Yuval-Davis hat diese Funktion als

„burden of representation" charakterisiert: „Women, in their proper behaviour, their ‚proper' clothing, embody the line which signifies the collectives' boundaries." (1997, 45f.) Entsprechend rekurrieren aktuelle Anti-Trafficking-Narrative auf solchen Szenarien: Die Trennung der Eheleute führe zu Scheidungen, Kinder blieben unbeaufsichtigt, wodurch sich die Gefahr der Jugendkriminalität, aber auch die, Opfer von Trafficking zu werden, erhöhe (vgl. IMADR 1998, 15). Frauen seien sicherer, wenn sie zuhause blieben, lautet die häufige Diagnose, wie Marjan Weijers (1999) anmerkt.

Während in den Herkunftsländern der Migrantinnen deren Mobilität als Bedrohung gesellschaftlicher Bindungskräfte dramatisiert wird, erscheint er in den Zielländern der Migration als Import von Kriminalität. In beiden Kontexten ermöglicht Trafficking, Migrationsstrategien zu dethematisieren und Mobilität nicht als „a way of expanding life choices and livelihood strategies" (Doezema 2000, 46) zu betrachten, sondern den komplexen sozialen Prozess innerhalb dessen Frauen zu der Entscheidung gelangen, als Prostituierte zu migrieren, auf die manichäische Formel von *victims* und *villains* zu bringen.

Die Viktimisierung ermöglicht nicht nur, die *agency* der Migrantinnen unsichtbar zu machen. Ähnlich wie im Schmuggeldiskurs sind die MigrantInnen durch ihren Opferstatus zu Objekten degradiert, die dann genau diesen Status behalten, sobald sie in die Mechanismen ihrer „Beschützung" durch die Apparate der Migrationsabwehr gelangen. *Agency* und Subjektivität wird dagegen denjenigen zugesprochen, die die Reise organisieren. Um die Trennung in Opfer und Täter aufrechtzuerhalten, müssen die Beziehungen zwischen beiden als solche der Täuschung, Ausbeutung und des Betrugs inszeniert werden. Die Figur der *evildoers* ermöglicht daher nicht nur, das Geschehen auf die Profitgier Einzelner zurückzuführen, sie statten auch die Anti-Migrationspolitik mit einer moralischen Legitimation aus:

> „Various ‚wars' on traffickers and illegals allow Western governments to position themselves as a force for good, acting in many cases to protect the human rights of illegal immigrants who are cast as victims of sinister forces, but most of all to protect their citizens who, in a secondary effect, also become subjectified as potential victims." (Walters 2004, 240)

Diese binäre Struktur ist dabei deckungsgleich mit einer Geschlechter-Codierung der Signifikanten Mann und Frau, wie Andrijaševićs (2004) Untersuchung der Anti-Trafficking-Kampagnen der letzten Jahre in Osteuropa zeigt. Indem auf Plakaten solcher Kampagnen Frauen etwa als hilflose Puppen dargestellt werden, die zu keiner Handlung oder Gegenwehr fähig sind, werden die realen Erfahrungen von Frauen zugunsten einer imaginären Opposition ausgestrichen. Die Frauen werden zur „Frau", „bloß eine Repräsentation, eine Positionalität im phallischen Modell des Begehrens und Bezeichnens" (Lauretis nach Andrijašević 2007, 137). Nach Andrijašević laufen alle Kampagnen gegen Trafficking auf eine solche Reduktion hinaus, mit der sie die Begehren und Handlungen realer Frauen auf die „Frau“ reduzieren und sie damit kontrollierbar und weniger bedrohlich machen.

Einzelne anekdotische Erzählungen um Sklaverei und Trafficking mögen der Wahrheit entsprechen. Sie sind nichtsdestotrotz mythologisch, weil sie die Migration nicht als soziale Bewegung zu verstehen erlauben und ihr damit politische und repräsentationale Schranken auferlegen. Die Ergebnisse der empirischen Arbeiten zur Prostitutionsmigration zeigen, dass Migrantinnen keineswegs ausschließlich Opfer des Migrations- und Prostitutionsbusiness sind. Die Untersuchungen zur Dienstleistung Schmuggeln zeigen, dass MigrantInnen in der Regel wissen, worauf sie sich einlassen, wenn sie sich in die Hände von Schmugglern begeben. Dass sie, entgegen dem medialen Bild, „die primären Subjekte dieser Praxis sind [...] auch wenn sie sich für einen begrenzten zeitlichen und räumlichen Horizont in dic Hände anderer begeben“ (Dietrich 2005, 59).

Die Viktimisierung ist jedoch kein perfider Plan zur Beherrschung und Kontrolle von Migrationen.[23] Darauf deutet die bedeutsame Rolle feministischer Organisationen innerhalb des Trafficking-Diskurses hin. Ähnlich wie im Kontext des Schmuggelns, ist die diskursive Transformation der MigrantInnen-Subjekte in Opfer die Bedingung für eine Allianz, in der auch die Position der MigrantInnen verhandelbar wird. Der Opferstatus ist Ausdruck eines asymmetrischen Kompromisses: Als Opfer muss der oder die MigrantIn ihre *agency* verleugnen und die politischen und ökonomischen Ursachen der Migration als reine Push-Faktoren – ausgenutzt von mafiösen Banden – darstellen. Nur unter diesen Bedingungen gelingt eine Integration in den Verhandlungsraum über Migrationsverhältnisse. Die Viktimisierung ist demnach ein Prozess der Gouvernementalisierung: Die Anrufung der Subjekte der Migration stellt zugleich einen Akt der Unterwerfung dar. Die MigrantInnen müssen, wenn sie als „Opfer“ sprechen, die gesellschaftlichen, politischen Bedingungen anerkennen, die es unmöglich machen, ihre grenzüberschreitenden Handlungen als subjektive Strategien darzustellen. Innerhalb dieses Arrangements können die MigrantInnen als „Opfer“ agieren, oder diese Positionierung zurückweisen, wie bereits zitierte Aussagen ebenfalls dokumentieren. Diese Unmöglichkeit, transnationale migratorische Praxis politisch zu artikulieren, hängt damit zusammen, dass der Akt der un-

23 Von der kritischen Kriminologie wurde der Aufstieg der Victim's Rights vor allem im angelsächsischen Raum als eine über die Empathie für die Opfer von Gewaltverbrechen organisierte Repressionskampagne analysiert, der es nicht um Hilfe, Unterstützung oder Gerechtigkeit für die Opfer gehe, sondern um eine Rücknahme der Rechte von Angeklagten und Verurteilten (vgl. Fattah 1992, 11). Auch dieser Diskurs beruht auf einer Trennung der Bevölkerung in Täter und Opfer: „The idea that victims and offenders are part of the same homogeneous population runs contrary to the public's impression that criminals are distinct from their innocent victims.“ (Singer nach Fattah 1992b, 32) Geht man jedoch von einer solchen Einheit aus, betrifft der Entzug von Rechten auch die gesamte Bevölkerungsgruppe: Im Kontext der Migration alle MigrantInnen.

erlaubten Überschreitung der Grenze mehr als ein rechtsverstoß ist. Illegale Migration unterläuft den gesellschaftlichen Kompromiss des „national-sozialen Staates“. Der tendenziell subversive Aspekt der Handlung wird mit dem Opfersubjekt abgespalten und externalisiert.

Kann man aber schlussfolgern, dass wenn der Traffickingdiskurs und seine Konstruktion von der erzwungenen Migration nicht haltbar ist, dem „in Wirklichkeit“ eine „freiwillige“ und zwangsfreie Mobilität der Menschen entgegensteht? Das Kriterium des Zwangs ist dem liberalen Verständnis der Bürger- und Menschenrechte entlehnt. Bezogen auf die Freiheit der Menschen auf dem Arbeitsmarkt hat Marx in diesem Zusammenhang von einer „doppelten Freiheit“ gesprochen. Diese Freiheit wird von ihm in den historischen Kontext der Enteignungen kommunalen Lands in England gestellt, wodurch den Menschen keine andere Wahl blieb, als ihre „Haut zu Markte zu tragen“ (vgl. Kapitel 2). Auf diesen strukturellen Zwang verweisen viele AutorInnen, wenn sie die Armut in den Herkunftsländern der MigrantInnen als Push-Faktoren kennzeichnen. So schreibt Julia O'Connell Davidson (2006) über migrantische Prostituierte aus Moldawien, die als „gehandelte“ Frauen von den Behörden in ihre Herkunftsländer rücktransportiert wurden, dass Migration von ihnen als „der einzig praktikable Weg zur Verbesserung der eigenen Lebenssituation gesehen“ (ebd., 20) wird. Die Frage ist also, ob man auch jene Migrationen, die nicht im liberalen Sinne „erzwungen“ sind, als durch strukturelle Zwänge erzeugt fasst. Das Viktimisierungsdispositiv beantwortet diese Frage eindeutig, indem es den MigrantInnen jede Form von *agency*, die nicht über ihren Opferstatus vermittelt ist, abspricht.

Viktimisierung wird zunehmend zum *modus operandi* nicht nur im Umgang mit Migrantinnen, die als Prostituierte arbeiten, sondern mit Migration im allgemeinen. Wie Laura Ma Agustin anmerkt, stellt auch die oft angemahnte Unterscheidung zwischen Schmuggeln und Trafficking keine Lösung des Problems dar, denn diese Unterscheidung ist letztlich kaum aufrecht zu erhalten: „Possible abuses committed by facilitators of migration know no boundaries.“ (2003, 35f.)

In ihrer Kritik an der „Ideologie“ des Anti-Trafficking, wie sie es nennt, betont Doezema, dass auch der Verweis auf die „Fakten“ (die zeigen sollen, dass die große Mehrheit der als „*trafficked*“ gelabelten Migrantinnen dies nicht sind) keine hinreichende Strategie sei. Diese sprächen, so argumentiert sie im Anschluss an Slavoj Žižek, niemals „für sich“, sondern werden stets zum Sprechen gebracht (Doezema 2002). Dieser performative Aspekt des Ideologischen, wie ihn zunächst Althusser herausgearbeitet hatte, ist die zentrale Funktionsweise im Diskurs des Trafficking. Die spezifische (De-)Subjektivierung, die mit der Viktimisierung verbunden ist, und die Ermächtigung, die sie für die Apparate der Migrationsregulierung bedeutet, sind es, die durch den Trafficking-Diskurs „sprechen“.

Die Autonomie der Migration

Wie ich in der vorliegenden Arbeit gezeigt habe, ist illegale Migration kein statischer Gegenstand. Er bezeichnet weder die Praxis einer sozialen Gruppe noch ausschließlich ein Delikt. Der flüchtige Charakter illegaler Migration lenkt den Blick auf die Faktoren und Bedingungen ihrer vielfachen Metamorphosen, und die Themen, die mit ihrer Bekämpfung behandelt werden. In diesem Sinne werde ich in diesem abschließenden Kapitel die Ergebnisse und die heterogenen Fluchtlinien, die sich aus meiner Untersuchung ergeben haben, aufeinander beziehen. Mein Vorgehen ist angeleitet von der Frage, welche Effekte sich für das gesamte Feld ergeben, innerhalb dessen illegale Migration situiert ist. Effekte, die das Verständnis des Staates und seiner nationalen Form, die „soziale Frage" und die Bewegung der Migration betreffen. Dabei beziehe ich mich zunächst auf die in Kapitel 2 entwickelte Genealogie der Migration, in der ich die Bedingungen der Konstitution von Migration als einem sozialen und politischen Problem, innerhalb dessen illegale Migration eine spezifische Form darstellt, analysiert habe. Zweitens gehe ich auf die Metamorphosen der Migration ein, also die durch die Migration hervorgerufenen Verschiebungen des Terrains der Migrationspolitik. Schließlich diskutiere ich noch einmal die Frage nach dem Verhältnis von Staat und Migration.

Migration und national-sozialer Staat

Die Grundlage der modernen Matrix des Soziopolitischen ist der historische Prozess der Territorialisierung der Mobilität der Arbeitskraft und ihre sozialstaatliche Einbindung, wie ich in Kapitel 2 gezeigt habe. Die Vorstellung, dass Migrationen grundsätzlich kontrolliert und reguliert werden müssen, ist demnach eine Frage der Konstitution eines Souveräns als „Volk", das als sesshaft imaginiert wird, wodurch Mobilität zu einem sozialpolitischen Vektor wird. Auf der einen Seite stellt die Einschreibung sozialer Rechte in den Staat eine spezifische Verkehrsform für soziale Konflikte dar, die zugleich die Form der sozialen Bewegungen bestimmt: Aus der Arbeiterbewegung wurden „ArbeiterbürgerInnen“, die trotz aller internationalistischer Proklamationen als Angehörige eines Staatsvolks strukturiert waren. Auf der anderen Seite aber ist dieses Schema von Integration und Exklusion niemals absolut. Die Matrix des national eingefassten sozialen Staates hat eine bestimmte Verkehrsform, einen Modus der Aushandlung hervorgebracht, der die Fragen der Konstitution der kollektiven Arbeitskraft als politisches Subjekt und deren beständiger Neuzusammensetzung möglich macht. Entscheidend für dieses Verständnis ist dabei, dass die „Arbeiterklasse“ nicht als Kaste, also als eine statische soziale Gruppe verstanden werden kann, deren Merkmale durch Vererbung weitergegeben werden. Der Grund dafür wird für gewöhnlich in der Dynamik der Produktionsverhältnisse gesehen. Deren unaufhörliche Transformation macht Klassenzugehörigkeiten zu einer veränderlichen Angelegenheit. Zum anderen ermöglicht die bürgerlich-universale Rechtsform den Wechsel von einer sozialen Gruppe zur anderen. Neben dem „technischen“, an die Produktionsapparate angekoppelten Verständnis der Zusammensetzung der Gruppe der ArbeiterInnen geht es mir um die Zirkulation der Arbeitskräfte durch die Migration. Sie führt dazu, dass die Formen der Territorialisierung der sozialen Frage sich zur Matrix einer Verschiebung des sozialen Konflikts entwickeln.

Die beständige Infragestellung und Bewegung der Gruppe der als nationales Kollektiv gefassten sozialen Staatsbürger durch die Migration, das permanente Oszillieren der MigrantInnen zwischen Ein- und Ausschluss aus der sozialen Staatsbürgerschaft, prekarisiert deren Zugang zu den klassischen Ressourcen der politischen Subjektivität. Für das Kollektiv der als national gefassten Arbeiterklasse sind diese zunächst auf der Ebene des ökonomischen Kampfes um den Anteil am Mehrprodukt angesiedelt, der historisch in Europa durch Gewerkschaften und Sozialdemokratie repräsentiert wurde und wird. Aufgrund dieser Situierung an der Grenze der sozialen Staatsbürgerschaft formiert sich Migration als Bewegung tendenziell gegenläufig zur klassischen Arbeiterbewegung. Die so genannte Unterschichtung der migrantischen Arbeit etwa verwandelt sich unter den Bedingungen der Einschränkung der Einreisemöglichkeiten für die MigrantInnen zum „Brückenkopf“ der Migration. Insbesondere die Migration in Bereichen wie beispielsweise der Haus- und Sexarbeit zeigt aber, dass die Prekarisierung nicht nur als hierarchische Stratifikation interpretierbar ist, sondern dass solche Arbeitsverhältnisse auch als Teil von langfristigen Migrationsstrategien zu verstehen sind. Das transitorische Moment und der transnationale Kontext, in dem prekäre Arbeit von MigrantInnen häufig stattfindet, sind nicht repräsentierbar innerhalb des politischen Raums des national-sozialen Staates. Die entsprechenden Arbeitsverhältnisse werden aus diesem Grund oft als Sklaverei gelabelt und die Migrationswege als Trafficking verfolgt.

Es greift zu kurz, Illegalität als eine Art despotische Entrechtung der MigrantInnen zu begreifen. Weder „der Staat“ noch die durch ihn vermittelte Illegalisierung der Migration lassen sich unmittelbar auf die Interessen bestimmter gesellschaftlicher Gruppen zurückführen, die von einer solchen Entrechtung profitieren würden. Die ArbeitgeberInnen haben zwar von den durch die illegale Situation entstehenden niedrigen Lohnkosten einen ökonomischen Nutzen. Daraus kann aber nicht geschlussfolgert werden, dass diese Situation auch von ihnen hergestellt wird. Umgekehrt stellt die Abschottung des nationalen Arbeitsmarktes für die einheimischen ArbeiterInnen (mit unterschiedlicher Gewichtung und abhängig von Geschlecht, Alter und Branchenzugehörigkeit) zwar tendenziell eine Absicherung ihrer Marktposition qua *boundary drawing* dar. Aber genau diese marktförmige Regulierungsform ist – in staatstheoretischen Begriffen gesprochen – Ausdruck der strukturellen Hegemonie der Unternehmerklassen im kapitalistischen Staat. Denn Voraussetzung für eine derartige Konstitution der Gruppe der einheimischen ArbeiterInnen oder Lohnabhängigen ist ihre Reduktion darauf, TrägerInnen der Ware Arbeitskraft zu sein. Gegen eine solche Gleichsetzung von gewerkschaftlichen Interessen mit Staatsfunktionen spricht aber auch, dass der Nationalstaat historisch ein genuin bürgerliches Projekt war, in den die subalternen Gruppen erst nach und nach eingebunden wurden.

Die von mir eingenommene Perspektive bestand demgegenüber darin zu fragen, wie durch den Staat Aushandlungsformen die Gestalt der Kontrolle von Mobilität angenommen haben und welche Effekte sich hieraus für die Konstitution der Gruppen und die Dynamik der Kämpfe ergeben. Denn einerseits ist der Staat die Voraussetzung dafür, dass aus der Arbeitskraft überhaupt eine Ware werden kann: Er ermöglicht nicht nur Arbeitsrecht, Lohnnormen und die Verwaltung des Arbeitsmarkts, sondern organisiert auch die Territorialisierung dieses Arbeitsmarkts. Ordungspolitische und sozialpolitische Argumentationen, wie ich sie im Kontext der Gastarbeits-Ära herausgearbeitet habe (Kapitel 3), sind im national-sozialen Staat strukturell miteinander verbunden über die Normalisierung als Form biopolitischer Regulierung. Diese Regulierung verbindet sich im Staat mit der nationalen Form und den dazugehörenden imaginären Gemeinschaften. Es ist diese Normalisierung der nationalen Bevölkerung, die über die Homogenisierung die Entwicklung fundamentaler Diskontinuitäten zu Brüchen oder Antagonismen verhindert. So kann ein auf der Produktivität der Bevölkerung beruhendes normales Gleichgewicht der Kräfte geschaffen werden. Insofern ermöglichen normalisierende Sicherheitstechnologien es dem Staat, im Sinne einer „Verdichtung von Kräfteverhältnissen" zu funktionieren. Auf dieser Grundlage funktionierte das von den Gewerkschaften verteidigte Normalarbeitsverhältnis nicht nur im Sinne eines Arbeitsmarkt-Protektionismus. So interpretiere ich auch das Problem der Konkurrenz, mit dem die ArbeiterInnenbewegung grundsätzlich konfrontiert ist. Die Bearbeitung der Konkurrenz wird über das Normalitätsdispositiv geregelt, das sich mit anderen Elementen des Normalismus verbindet und so dazu führt, dass die MigrantInnen nicht nur als ökonomische Konkurrenz auf dem Arbeitsmarkt angesehen werden, sondern als Schmutzkonkurrenz. Herkömmlich wird dies mit exogenen Faktoren erklärt, als Einfluss rassistischer oder fremdenfeindlicher Einstellungen, oder aufgrund ökonomischer Erwägungen.

Meines Erachtens ist diese Form der Exklusion aber zurückzuführen auf das asymmetrische Kompromissfeld aus dem die national-staatliche Form als Lösung des Marktproblems erscheint.

In dieser Situation ist die (versuchte) Stillstellung der Migration die Antwort für mehrere Probleme: Er richtet sich nicht gegen die MigrantInnen, sondern gegen etwas Abstraktes, nämlich die Migration. Er ermöglicht es auch, die permanente Neuzusammensetzung der Gruppe der Arbeiter zu unterbinden, die die Normalisierung untergräbt. Damit ist der Anwerbestopp in erster Linie eine Stabilisierung des „national-sozialen" Staates, der Kopplung von sozialen Rechten an Bürgerschaft. In diesem Sinne repräsentiert illegale Migration nur eine besondere Form transnationaler Mobilität. Ihre Bekämpfung gilt der Migration im Allgemeinen und insbesondere allen Momenten einer „unkontrollierten" Mobilität.

Autonomie

Die vorliegende Arbeit hat herausgestellt, dass das Skandalon namens Migration weniger auf eine mobilitätsfeindliche Ideologie zurückzuführen ist, als auf jene materiellen Strukturen, die mit der Formierung der „Menge" zu ArbeiterbürgerInnen zusammenhängt. Die Aushandlungsformen für die politischen und sozialen Konflikte um Unterschichtung, Segmentierung und Exklusion, die aus diesem Setting resultieren, nehmen zuweilen die Gestalt der Illegalisierung und manchmal auch der Legalisierung von MigrantInnen an, wie ich gezeigt habe. Sowohl die Strategien der Exklusion, als auch die der Inklusion bewegen sich aber auf dem Terrain dessen, was in der Migrationsforschung als „methodologischer Nationalismus" kritisiert wurde (vgl. Kapitel 1). Entweder wird Migration und ihre Infragestellung des national-sozialen Kompromisses durch die verschiedenen Formen eines Neo-Rassismus dämonisiert, oder – wie in Kapitel 7 ausgeführt – diese kritische Dimension der Migration wird durch Viktimisierung auf dem Terrain des Menschenrechts neutralisiert. Weil damit aber jegliche Formen von *agency* auf den nationalstaatlichen Bedeutungskontext reduziert werden, werden im Rahmen dieser Aushandlungsformen die Kompromisslinien reproduziert, die im national-sozialen Staat angelegt sind.

Demgegenüber scheint es nahe liegend zu sein, eine transnationale Perspektive einzunehmen. Aus diesem Grund wurde insbesondere in der us-amerikanischen Migrationsforschung ausgehend von der Kritik am methodologischen Nationalismus und seinen schließlich nationalistischen Konsequenzen für die Politik der Migration der Transnationalismus-Ansatz entwickelt. Problematisch an dem Ansatz aber ist seine oftmals unkritische Verabsolutierung migrantischer Praktiken zum subversiven Anderen des Nationalstaats oder des Kapitalismus (vgl. Karakayalı/Tsianos 2006). Jede Form nicht staatlich regulierter Migration und insbesondere illegale Migration werden dadurch als eine Art Gegenmacht zu den nationalstaatlichen Territorialisierungspraktiken konzipiert. Ausgehend von neueren Erkenntnissen der Migrationsforschung bezüglich der Rolle von Netzwerken und Communities sowie der historischen Formen von Mobilität in Europa, hat sich – zwischen Theorie und politischer Praxis – in den vergangenen Jahren eine Debatte um den Begriff der „Autonomie der Migration" entspannt.

Im bundesdeutschen Kontext[1] hatte Ende der 1990er Jahre die Gruppe „Materialien für einen neuen Antiimperialismus" zum ersten Mal das Konzept der Autonomie auf die Migrationsfrage übertragen[2]. In einem Arbeitspapier (1998) stellte die Gruppe die These auf, Migration sei als soziale Bewegung zu fassen, „weil die MigrantInnen, die aus der Peripherie in die deutschen Zentren kommen, das Prinzip des freien Kapitalverkehrs bei begrenzter Freizügigkeit der Menschen, durchkreuzen" (ebd., 1). Damit bildeten sie eine soziale Bewegung im Sinne einer „realen sozialen Bewegung, welche die gegenwärtigen Zustände aufhebt" (ebd.). Die Gruppe kritisierte die insbesondere durch Kirchen und Gewerkschaften betriebene Viktimisierung der MigrantInnen. Zwar sei es notwendig, auf Fluchtursachen hinzuweisen, der Fokus auf die Ursachen jedoch kaschiere oftmals, so die Kritik, ein anderes Motiv: „Hinter dem Gerede von Fluchtursachen verbirgt sich nicht selten ein offener oder auch ein geheimer Ordnungswille, ein Willen zum Erhalt der gegenwärtigen sozialen Ordnung." (Ebd., 2) Diesem Ordnungswillen stellt die Gruppe die Forderung nach einem elementaren Recht auf Freizügigkeit gegenüber, der auf eine „von unten her bestimmte Gesellschaftlichkeit" (ebd.) abziele. Diese Überlegungen sind in den letzten Jahren unter dem Namen „Autonomie der Migration" weiter entwickelt (vgl. Bojadžijev/ Karakayalı/Tsianos 2003; Panagiotidis/Şener 2004; Mezzadra 2006; Bojadžijev/ Karakayalı 2006) und kontrovers diskutiert worden: Dem Konzept wurde etwa der Vorwurf gemacht, es romantisiere Ausbeutung und Unterdrückung (vgl. Alabi et al. 2005), stelle konkurrenzielle Strategien des individuellen Fortkommens an die Stelle politischer Kämpfe, interpretiere die durch die Logik der Kapitalakkumulation induzierte Arbeitskraftmobilität fälschlich als autonome Praxis (vgl. Pieper 2004b) oder ignoriere die männlich-patriarchale Struktur des Autonomiebegriffs, der die sozialen Kontexte, die Handeln ermöglichen, ausblende (vgl. Benz/Schwenken 2005). Diese paradigmatischen Kritiken sprechen zugleich verschiedene Fragenkomplexe an, die sich aus dem in dieser Untersu-

1 In Frankreich wurde der Begriff von Yann Moulier Boutang im Anschluss an Cornelius Castoriadis und Claude Lefort entwickelt, die den Begriff der Autonomie in den 1950ern gegen den sowjetischen Bürokratismus in Stellung gebracht hatten. In Italien ist die „autonome Bewegung" eine unmittelbare Folge der wilden Streiks und Arbeitskämpfe, in deren Nachwirkung sich die Kämpfe im Laufe der 1970er Jahre über die Gesellschaft ausbreiteten und zu einer Vervielfältigung der politischen und sozialen Subjekte führten, die man später die Neuen Sozialen Bewegungen nannte.

2 Einen Vorläufer stellt das so genannte „Medico-Papier" von 1986 dar, in dem die AutorInnen die Trennung zwischen politischer und ökonomischer Migration in Frage stellen und den „Doppelcharakter der Mobilität" herausstellen, das heißt Migration nicht ausschließlich als Vertreibung begreifen, sondern darin einen „Anspruch auf Überleben und Entschädigung" sehen, die sie zu Subjekten eines „internationalen Klassenkampfs" machten (Medico-Papier 1987, 72).

chung entwickelten Verständnis illegaler Migration ergeben haben und die ich im Folgenden im Kontext der Ergebnisse meiner Arbeit diskutieren werde.

Staatlich, politisch oder ökonomisch?

Die Abwesenheit staatlicher Restriktionen zeuge nicht von Autonomie, so die KritikerInnen, sondern der Macht des Marktes oder des Kapitals. Die proklamierte „Selbständigkeit der Migrationen" gegenüber den politischen Maßnahmen, so Tobias Pieper, liege „nicht in den sozialen und subjektiven Dimensionen der Migration [...], sondern in den Bewegungsgesetzen der Kapitalakkumulation selbst, die die Ware Arbeitskraft in Richtung der Fabriken in Bewegung setzt" (2004b, 23). Die Kontrolle scheitere nicht an der Autonomie der Migration, sondern an den „systemimmanenten Aneignungsgesetzen des Kapitals" (ebd.), weshalb Migration im Kapitalismus grundsätzlich nicht kontrollierbar sei. Pieper konzediert, dass es subjektive Motive für Migration gebe und MigrantInnen „nicht immer" so handelten, wie „das Kapital" es will, „letztlich" aber sei auch die Hoffnung auf ein besseres Leben als Triebfeder für Migrationen „durch die Aneignungsgesetze des Kapitals vermittelt" (ebd.).

In einer Welt, die – bis auf nebensächliche Störungen – vollständig dem Diktat „des Kapitals" unterworfen ist, bleibt aber erklärungsbedürftig, warum überhaupt Restriktionen für Mobilität existieren. Der Staat und die Ökonomie erscheinen als systemische Schablonen, ausgestattet mit „ehernen" Gesetzen, denen die Akteure unterworfen sind – wenn auch manchmal nur „in letzter Instanz". Dagegen habe ich gezeigt, dass das, was man als Moment der Autonomie in der Migration bezeichnen könnte, weniger in der Tatsache zu suchen ist, dass es „immer schon" illegale Migrationen gibt, also Migrationen, die ohne staatliche Regulation organisiert werden. Dieses Moment ist vielmehr in der Erzeugung eines spezifischen – und damit in Bezug auf den Staat oder die „soziale Frage" autonomen – Konfliktfeldes zu suchen, bei dem Migrationen nicht der Wirkungsmacht von Staat oder der Ökonomie entgehen, sondern sich transversal zu ihnen bewegen und dabei das staatliche Migrationsregime verändern. Davon zeugen die „Metamorphosen" der illegalen Migration: vom Scheintouristen zum Asylbewerber zum Sans Papiers – hiervon unter anderem handeln die Kapitel 3 bis 6. Illegalität ist demnach weit davon entfernt, die Macht der Migration und die Ohnmacht der Staaten zu dokumentieren.

Vom homo oeconomicus zur Viktimisierung

Damit verbunden ist die Kritik, Migrationen seien kein politischer Akt, sondern dienten dem individuellen Fortkommen einer als *homo oeconomicus* dargestellten migrantischen Robinsonade. Zwar weisen die VertreterInnen des Konzepts der Autonomie gerade die klassische liberale Vorstellung zurück, bei der Migrationsentscheidung[3] sei ein individual-ökonomisches Kalkül bestimmend (Boutang 2002). Sie verweisen dabei in der Regel auf die Erkenntnisse der *New Economics of Migration* (vgl. Pries 2001), nach der Migrationen nicht individuell, sondern aus dem Kontext größerer Reproduktionseinheiten heraus – Communities, Familienverbänden, Dörfern – beschlossen werden. Rodríguez etwa kritisiert jedoch, dass auch eine derartige Ausweitung an der individualökonomischen Perspektive nichts ändere (1996, 33). An die Stelle eines viktimisierten Individuums trete vielmehr eine viktimisierte Population „of docile, job-happy migrants in settings where only capital has power and workers passively suffer the consequences" (ebd., 34). Rodríguez plädiert dagegen für eine Sichtweise, mit der illegale Migration als Ressource sozialer Veränderung untersucht wird. Dabei wäre etwa nicht nur zu untersuchen, auf welche Weise migrantische Praktiken transnationale soziale Verhältnisse – zum Beispiel durch Geldüberweisungen – etablieren, sondern wie diese zu Quellen nicht-staatlicher Vergemeinschaftung und Solidarität werden können. Derartige Communities sind keineswegs frei von Macht- und Herrschaftsverhältnissen. Martina Benz und Helen Schwenken kritisieren etwa, dass der Begriff der Autonomie nicht nur eine männlich-patriarchale Form der Unabhängigkeit suggeriere, sondern auch die sozialen und insbesondere geschlechterpolitischen „Kosten" einer derartig verstandenen Autonomie vernachlässige. So verweisen sie darauf, dass das Migrationsregime etwa zu einer (Re-)privatisierung der Trennung von Produktion und Reproduktion beitrage, die ein zentrales Merkmal der postfordistischen Produktionsverhältnisse sei. Die Beschäftigung (häufig illegaler) migrantischer *Care-Workers* ermöglicht Frauen aus der Mittelschicht, das zeigen zahlreiche Untersuchungen (zum Beispiel Anderson 2006), oftmals erst die Ausübung einer Erwerbsarbeit. Für Benz und Schwenken ist diese Einbettung Ausweis für die negative Rolle, die Migrationen spielen und die man nur durch Solidarität und Anerkennung von Nicht-Autonomie ausgleichen könne. In eine ähnliche Richtung argumentiert Nicholas Bell (2005), für den die MigrantInnen in Wirklichkeit, wenn auch „unconscious", an der kontinuierlichen Transformation globalisierter Produktionsmethoden teilhaben.

Die KritikerInnen der Autonomie stehen damit vor einem ähnlichen Problem wie die sozialdemokratischen, gewerkschaftlichen und kirchlichen Akteure in der Geschichte der Nachkriegsmigration. Da sie Migration als tendenziell apolitischen ökonomischen Akt begreifen, besteht die Möglichkeit politischen Handels in diesem Macht-Wissen-Gefüge entweder in einer projektiven Zukunft, in der MigrantInnen ihren Status als mobile ArbeiterInnen ablegen und die Fabriken „kollektiv in Besitz nehmen", wie etwa Pieper vorschlägt, in ihrer „Integration" oder in einer Viktimisierung der Migration, deren Effekte gegenwärtig darin be-

3 Bettina Biedermann hat darauf hingewiesen, dass die Migrationsentscheidung oftmals im Verhältnis zu ökonomischen Gesichtspunkten „irrational" getroffen werden (2005, 440). Verschiedene Untersuchungen zeigen dabei insbesondere, dass „wirtschaftliche" Motive bei der Auswanderung nicht ausschlaggebend sind (zum Beispiel Lüthke 1989).

stehen, die zu Objekten einer kapitalistischen Migrationsmafia reduzierten MigrantInnen von ihren eigenen Migrationsprojekten zu „befreien", wie ich in Kapitel 7 dargelegt habe.

Staatwerden oder Minderwerden

Aus den beiden hier dargestellten Perspektiven ließen sich entgegengesetzte Aussagen über illegale Migration machen: In der einen scheint illegale Migration der Ausdruck von Autonomie *par excellence* zu sein. In der anderen dagegen steht sie für maximale Entrechtung und Ausbeutung und ist damit Musterbeispiel für Heteronomie. Ich habe demgegenüber herausgearbeitet, dass weder Subjektivität noch (staatliche) Strukturen unabhängig voneinander existieren und dass die Art und Weise, wie illegale Migration gefasst wird, nur im Zusammenhang politischer Strategeme zu verstehen ist. Subjekte, Formen und Wege der Migration verändern sich im „battle of the border" (Rodríguez 1996) ebenso wie die Formen, in denen staatliches Handeln Migrationen zu lenken und kontrollieren versucht.

Was aber folgt daraus für die Frage nach der Autonomie der Migration? Wollte man Autonomie als von Machtverhältnissen losgelöstes, im klassisch-liberalen Verständnis souveränes und unabhängiges Handeln verstehen, so existierte Autonomie nicht. Keine soziale Praxis vermag sich ihren Konstitutionsbedingungen vollends zu entziehen – dies gilt freilich nicht nur für die Migration. Eine derartig verstandene Frage muss demnach abstrakt bleiben und ist auf diese Weise nur unbefriedigend zu beantworten. Vor dem Hintergrund der Ergebnisse meiner Arbeit erscheint es sinnvoller, Autonomie der Migration nicht als Unabhängigkeit von etwas – Strukturen, Machtverhältnissen etc. – zu konzeptualisieren, sondern als eine Untersuchungsperspektive, welche die der Migration eigenen Konfliktfelder und -formen in den Blick nimmt. Eine derart verstandene Perspektive ermöglicht es, in den Kämpfen um Migration den methodologischen und politischen „Nationalismus" zu verlassen und sich in der Politik der Migration auf die konkreten Praktiken der klandestinen transnationalen Migration zu stützen anstatt auf die durch sie vermeintlich verursachten „Probleme" oder auf das Leiden der MigrantInnen an den prekären Lebens- und Arbeitsverhältnissen in der Migration. Sie böte eine Alternative zu Beschwichtigungs- und Normalisierungsdiskursen, die das exzessive und damit politische Moment der Migration leugnen einerseits und zu Anti-Immigrationsdiskursen, die Migration auf dieses exzessive Moment zu reduzieren trachten andererseits.

Siglen und Akronyme

Archive

BA Ko =	Bundesarchiv Koblenz (+ Archivbestand und Aktennr.)
HHstA. =	Hessisches Hauptstaatsarchiv (+ Archivbestand und Aktennr.)
StArch. BW =	Staatsarchiv Baden-Württemberg (+ Archivbestand und Aktennummer, hier Bü=Büschel)

Ministerien, Gerichte und Behörden

AA =	Auswärtiges Amt
BAA =	Bundesanstalt für Arbeit
BGS =	Bundesgrenzschutz
BKA =	Bundeskriminalamt
BMA =	Bundesministerium für Arbeit
BMI =	Bundesminister des Inneren
BMWi =	Bundesministerium für Wirtschaft
BVerwG =	Bundesverwaltungsgericht
BVerfG =	Bundesverfassungsgericht

Organisationen, Verbände

BDA =	Bundesvereinigung der deutschen Arbeitgeberverbände
DGB =	Deutscher Gewerkschaftsbund

Gesetze bzw. Gesetzessammlungen

AuslG =	Ausländergesetz
BGB =	Bürgerliches Gesetzbuch
BGBl =	Bundesgesetzblatt
InfAuslR =	Informationsbrief Ausländerrecht

Literatur

Adolphs, Stephan (2003): Der Staat nach der Krise des Fordismus. Nicos Poulantzas und Michel Foucault im Vergleich, Diplomarbeit am Fachbereich Gesellschaftswissenschaften der Johann Wolfgang Goethe-Universität Frankfurt am Main, Jan. 2003

Adolphs, Stephan (2008 i. Ersch.): „Biopolitik und die anti-passive Revolution der Multitude", in: Pieper, Marianne/Tsianos, Vassilis/Karakayalı, Serhat (Hg.): Biopolitik: in der Debatte, Hamburg

Adolphs, Stephan/Karakayali, Serhat (2007): „Die Aktivierung der Subalternen – Gegenhegemonie und passive Revolution", in: Buckel, Sonja/Fischer-Lescano, Andreas (Hg.): Hegemonie gepanzert mit Zwang. Zivilgesellschaft und Politik im Staatsverständnis Antonio Gramscis, Baden-Baden.

Adorno, Theodor W. (1966): Negative Dialektik, Frankfurt am Main

Adorno, Theodor W. /Horkheimer, Max (1969): Dialektik der Aufklärung. Philosophische Fragmente, Frankfurt am Main

Alabi, Adebayo Maik/Hess, Sabine/Omwenyeke, Sunny/Panagiotidis, Effi (2005): „Eine Frage der Rangordnung. Streitgespräch zwischen Kanak Attak und Karawane über unterschiedliche Ansätze antirassistischer Politik", in: iz3w 284, April-Mai, S. 18-37

Allen, Theodore W. (1998): Die Erfindung der weißen Rasse. Rassistische Unterdrückung und soziale Kontrolle, Bd.1, Berlin

Alquati, Romano (1974): Klassenanalyse als Klassenkampf, Frankfurt am Main

Alt, Jörg (1999): Illegal in Deutschland: Forschungsprojekt zur Lebenssituation „illegaler" Migranten in Leipzig, Karlsruhe

Alt, Jörg/Cyrus, Norbert (2002): „Illegale Migration in Deutschland. Ansätze für eine menschenrechtlich orientierte Migrationspolitik", in: Rat für Migration, Klaus J. Bade/Münz, Rainer (Hg.): Migrationsreport 2002, Frankfurt am Main/New York, S. 144-162

Alt, Jörg (2003): Leben in der Schattenwelt. Problemkomplex „illegale Migration", Karlsruhe

Alt, Jörg (2004): „Materialien", (http://www.joerg-alt.de/Publikationen /Material anlagen/materialanlagen.html, Link vom 1.6.2006)

Althusser, Louis (1974): Für Marx, Frankfurt am Main

Althusser, Louis (1977): Ideologie und ideologische Staatsapparate, West-Berlin

Altvater, Elmar/Mahnkopf, Birgit (1996): Die Grenzen der Globalisierung. Ökonomie, Ökologie und Politik in der Weltgesellschaft, Münster

Alquati, Romano (1974): Klassenanalyse als Klassenkampf, Frankfurt am Main

Alscher, Stefan/Münz, Rainer/Özcan, Veysel (2001): Illegal anwesende und illegal beschäftigte Ausländerinnen und Ausländer in Berlin. Lebensverhältnisse, Problemlagen, Empfehlungen, Demographie aktuell, Nr. 17

Althusser, Louis (1972): „Einführung. Vom Kapital zur Philosophie von Marx", in: ders./Balibar, Étienne: Das Kapital lesen, Reinbek, S.11-93

Aly, Götz (2005): Hitlers Volksstaat: Raub, Rassenkrieg und nationaler Sozialismus, Frankfurt am Main

(ai) amnesty international (1977): Politisches Asyl in der Bundesrepublik Deutschland. Grundlagen und Praxis, Baden-Baden

Amtsblatt der Europäischen Union (2000): ABl. C 364/1, 18.12.2000

Anagnostidis, Homer (1972): „Gewerkschaften und Ausländerbeschäftigung", in: Klee, Ernst (Hg.): Gastarbeiter. Analysen und Berichte, Frankfurt am Main, S. 104-136

Anarfi, John (1998): „Ghanaian Women and Prostitution in Côte d'Ivoire", in: Kempadoo, Kamala/Doezema, Joe (Hg.): Global Sex Workers: Rights, Resistance and Redefinition, London, S. 104-113

Anderson, Bridget (2006): Doing the Dirty Work. Migrantinnen in der bezahlten Hausarbeit in Europa, Berlin

Anderson, James (2001): „Theorizing State Borders: ‚Politics/Economics' and Democracy in Capitalism", in: CIBR Working Papers in Border Studies (http://www.qub.ac.uk/cibr/WorkingPapers2001.htm, Link vom 1.6.2006)

Anderson, Philipp (2003): „Dass sie uns nicht vergessen ..." Menschen in der Illegalität in München. Eine empirische Studie im Auftrag der Landeshauptstadt München, Sozialreferat, Stelle für Interkulturelle Zusammenarbeit, München

Andrijašević, Rutvica (2004): Trafficking in Women and the Politics of Mobility in Europe, Dissertation, Utrecht

Andrijašević, Rutvica (2007): „Das zur Schau gestellte Elend. Gender, Migration und Repräsentation in Kampagnen gegen Menschenhandel", in: TRANSIT MIGRATION (Hg.): Turbulente Ränder. Neue Perspektiven auf Migration an den Grenzen Europas, Bielefeld, S. 125-146

Angenendt, Steffen (1992): Ausländerforschung in Frankreich und der Bundesrepublik Deutschland.Gesellschaftliche Rahmenbedingungen und inhaltliche Entwicklung eines aktuellen Forschungsbereiches, Frankfurt am Main/New York

Angenendt, Steffen (1997): Deutsche Migrationspolitik im neuen Europa, Opladen

Agustin, Laura Ma (2003): „Forget Victimization: Granting Agency to Migrants", in: Development Nr. 46, 3, S. 30-36

Ausländerkomittee (1978): Gleiches Wohnrecht für alle. Dokumentation zur Zuzugssperre für ausländische Arbeiter, West-Berlin

Auth, Diana (1998): „Sozialpolitik als Arbeitszeitpolitik: Möglichkeiten und Grenzen der sozialen Absicherung von Arbeitszeitverkürzungen", in: Eicker-Wolf, Kai et al. (Hg.): Die arbeitslose Gesellschaft und ihr Sozialstaat, Marburg, S. 289-326

(BAA) Bundesanstalt für Arbeitsvermittlung und Arbeitslosenversicherung (1972): Ausländische Arbeitnehmer 1972. Erfahrungsbericht der Bundesanstalt für Arbeitsvermittlung und Arbeitslosenversicherung, Nürnberg

(BAA) Bundesanstalt für Arbeitsvermittlung und Arbeitslosenversicherung (1973): Ausländische Arbeitnehmer 1973. Erfahrungsbericht der Bundesanstalt für Arbeitsvermittlung und Arbeitslosenversicherung, Nürnberg

Bach, Robert (1978): „Mexican Immigration and the American State", in: International Migration Review Nr. 12, S. 536-557

Bachelard, Gaston (1988): Der neue wissenschaftliche Geist, Frankfurt am Main

Bade, Klaus J. (1987): „Labour, Migration and the State: Germany from the Late 19th Century to the Onset of the Great Depression", in: ders. (Hg.): Population, Labour and Migration in 19th- and 20th-Century Germany, Leamington Spa - Hamburg/New York/Berg, S. 59-85

Bade, Klaus J. (2002): „Stellungnahme vor der Zuwanderungs-Kommission am 13.1.2002"

Bade, Klaus J./Oltmer, Jochen (2004): Normalfall Migration, Bonn

Bader, Veit-Michael (1995): Rassismus, Ethnizität, Bürgerschaft, Münster

Bahadınlı, Yusuf Ziya (1982): Zwischen zwei Welten. Text in zwei Sprachen. Deutsch-Türkisch, Berlin

Balibar, Étienne (1972): „Über die Grundbegriffe des historischen Materialismus", in: ders./Balibar, Étienne: Das Kapital lesen, Reinbek, S. 268-414

Balibar, Étienne/Wallerstein, Immanuel (1990a). Rasse – Klasse – Nation: ambivalente Identitäten, Hamburg

Balibar, Étienne (1990b): „Vom Klassenkampf zum Kampf ohne Klassen?" in: ders./Wallerstein, Immanuel: Rasse, Klasse, Nation. Ambivalente Identitäten, Hamburg/Berlin, S. 190-226

Balibar, Étienne (1990c): „Klassen-Rassismus", in: ders./Wallerstein, Immanuel: Rasse, Klasse, Nation. Ambivalente Identitäten, Hamburg/Berlin, S. 247-260

Balibar, Étienne (1991): „Foucault und Marx. Der Einsatz des Nominalismus", in: Ewald, Francois/Waldenfels, Bernhard (Hg.): Spiele der Wahrheit. Michel Foucaults Denken. Frankfurt am Main, S. 39-65

Balibar, Étienne (1993): Die Grenzen der Demokratie, Hamburg

Balibar, Étienne (2001): „Kommunismus und Staatsbürgerschaft", in: diskus Nr. 2, 01, S. 11-15

Balibar, Étienne (2003): Sind wir Bürger Europas? Politische Integration, soziale Ausgrenzung und die Zukunft des Nationalen, Hamburg

Beauftragte der Bundesregierung für Ausländerfragen (1999): Daten und Fakten zur Ausländersituation, Bonn

Beck, Ulrich/Edgar, Grande (2004): Das kosmopolitische Europa, Frankfurt am Main

Behr, Dieter (2004): „Saisonniers und ErntehelferInnen im Marchfeld", in: Europäisches BürgerInnenForum/CEDRI (Hg.), Bittere Ernte. Die moderne Sklaverei in der industriellen Landwirtschaft Europas, Zürich, S. 49-92

Bell, Nicholas (2005): „Migration, autonomy, exploitation: Questions and contradictions", in: ThisTuesday, http://thistuesday.org/node/91, Link vom 13.9.2005

Benz, Martina /Schwenken, Helen (2005): „Jenseits von Autonomie und Kontrolle: Migration als eigensinnige Praxis“, in: PROKLA 140, Nr. 3, 35. Jg., S. 363-377

Bericht eines Illegalen (1973): „Bericht eines ehemaligen ‚Illegalen‘ auf der 28. Konferenz für Ausländerfragen“, in: Entwicklungspolitik. Informationsdienst der Zentralredaktion des Evangelischen Pressedienstes, 17.10.1973, Sonderausgabe, S. 62-63

Berger, Peter/Luckmann, Thomas (1970): Die gesellschaftliche Konstruktion der Wirklichkeit. Eine Theorie der Wissenssoziologie, Frankfurt am Main

Berger, John/Mohr, Jean (1976): Arbeitsmigranten. Erfahrungen/Bilder/Analysen, Reinbek

Berger, Johannes (1996): „Vollbeschäftigung als Staatsaufgabe?“ in: Grimm, Dieter (Hg.): Staatsaufgaben, Frankfurt am Main, S. 553-584

Berlan, Jean-Pierre (1974): „La rencontre de proletaire et de l’homme aux écus: le développement de l’agriculture californienne (1848-1900)“, in: Critique de l’économie politique, Nr. 18, S. 67-97

Berlan, Jean-Pierre (2004): „Das kalifornische Modell“, in: Europäisches BürgerInnenForum/CEDRI (Hg.), Bittere Ernte. Die moderne Sklaverei in der industriellen Landwirtschaft Europas, Zürich, S. 19-27

Biedermann, Bettina (2005): „Vergessene Auswanderer. Die Migration von Deutschen nach Australien“, in: PROKLA, Heft 140, 35.Jg., Nr.3, S. 423-443

Bieling, Hans-Jürgen (1995): „Postfordistische Modernisierung“, in: BUKO-Arbeitsschwerpunkt Rassismus und Flüchtlingspolitik (Hg.): Zwischen Flucht und Arbeit. Neue Migration und Legalisierungsdebatte, Hamburg, S. 183-199

Bieling, Hans-Jürgen/Steinhilber, Jochen (2000): „Einleitung: Theorie und Kritik der europäischen Integration“, in: dies. (Hg.), Die Konfiguration Europas. Dimensionen einer kritischen Integrationstheorie, Münster, S. 7-22

Bigo, Didier/Guild, Elspeth (2003): „Le visa Schengen: expression d’une stratégie de ‚police‘ à distance“, in: Culture & Conflits. Le mise à l'écart des ètrangers: la logique du Visa Schengen, Nr. 49-50, S. 19-33

Bijl, Marijke (2004): „High-Tech-Gemüse“, in: Europäisches BürgerInnenForum/CEDRI (Hg.), Bittere Ernte. Die moderne Sklaverei in der industriellen Landwirtschaft Europas, Zürich, S. 35-42

Blangiardo, Giancarlo (2002): L'immigrazione straniera in Lombardia. La prima indagine regionale, ISMU, Milan

Blangiardo, Giancarlo (2003): L'immigrazione straniera in Lombardia. La seconda indagine regionale, ISMU, Milan

Blangiardo, Giancarlo (2004): L'immigrazione straniera in Lombardia. La terza indagine regionale, ISMU, Milan.

Blossfeld, Hans Peter/Mayer, Karl Ulrich (1988): „Arbeitsmarktsegmentation in der Bundesrepublik Deutschland. Eine empirische Überprüfung von Segmentationstheorien aus der Perspektive des Lebenslaufs“, in: Kölner Zeitschrift für Soziologie und Sozialpsychologie Nr. 40, 2, S. 262-283

Blum, Matthias/Hölscher, Andreas/Kampling, Rainer (Hg.) (2002): Die Grenzgänger. Wie illegal kann ein Mensch sein? Opladen

Birke, Peter (2005): „‚Sechzig Pfennig zu wenig – muss eine Mark‘. Wilde Streiks und Gewerkschaften in der Bundesrepublik“, (http://www.forum-politische-bildung.de/vanst2005/tgr_prgr/dokumentation.html, Link vom 8.4.2005)

Bojadžijev, Manuela/Ronneberger, Klaus (2001): „Gleich in die Ungleichheit. Integration in Deutschland“, in: iz3w, Nr. 253, S. 19-22

Bojadžijev, Manuela/Mulot, Tobias/Tsianos, Vassilis (2002): „Legalisierung statt Integration: Anmerkungen zum Zuwanderungsgesetz“, in: 1999. Zeitschrift für Sozialgeschichte, S. 7-15

Bojadžijev, Manuela/Karakayalı, Serhat/Tsianos, Vassilis (2003): „Das Rätsel der Ankunft. Von Lagern und Gespenstern. Arbeit und Migration“, in: Kurswechsel, Nr. 3, S. 39-52

Bojadžijev, Manuela/Karakayalı, Serhat (2003): „Welcher Widerstand gegen welchen Rassismus?“, in: Jakob-Moneta-Stiftung (Hg.): Welcher Widerstand gegen welchen Rassismus? Hamburg, S. 61-74

Bojadžijev, Manuela (2005): Die windige Internationale. Rassismus und Kämpfe der Migration. Dissertation, Frankfurt am Main

Bojadžijev, Manuela (2007): „Najkrači put u svet – Der kürzeste Weg in die Welt. Migration, Bürgerrechte und die EU in den Staaten des ehemaligen Jugoslawien“, in: TRANSIT MIGRATION (Hg.): Turbulente Ränder. Neue Perspektiven auf Migration an den Grenzen Europas, Bielefeld, S. 89-108

Bojadžijev, Manuela/Karakayalı, Serhat (2006): „Autonomie der Migration. 10 Thesen zu einer Methode“, in: Turbulente Ränder. Neue Perspektiven auf Migration an den Grenzen Europas, Bielefeld, S. 215-227

Boltanski, Luc/Chiapello, Eve (2003): Der neue Geist des Kapitalismus, Konstanz

Bommes, Michael (1999): Migration und nationaler Wohlfahrtsstaat. Opladen/Wiesbaden

Bommes, Michael/Bade, Klaus J. (2000): „Migration und politische Kultur im ‚Nicht-Einwanderungsland‘“, in: Bade, Klaus J./Münz, Rainer (Hg.): Migrationsreport 2000, Frankfurt am Main/New York, S. 163-204

Bommes, Michael (2002): „Migration, Raum und Netzwerke. Über den Bedarf einer gesellschaftstheoretischen Einbettung der transnationalen Migrationsforschung“, in: Oltmer, Jochen (Hg.): Migrationsforschung und interkulturelle Studien: Zehn Jahre IMIS, Osnabrück, S. 91-106

Borris, Maria (1973): Zur sozialen Situation ausländischer Arbeiter in Frankfurt, Frankfurt am Main

Bosch, Gerhard/Haipeter, Thomas/Lehndorff, Steffen/Voss-Dahm, Dorothea/ Wagner,

Alexandra (2001): Beschäftigungswandel in Dienstleistungen: Befunde aus fünf Branchen und zehn Ländern. Brüssel: Europäisches Gewerkschaftsinstitut, Bericht Nr. 71

Boutang, Yann Moulier (1997): „Lois sur les pauvres d'hier, vieilles questions et nouvelles perspectives pour aujourd'hui", in: Multitude, décembre 1997, (http://multitudes.samizdat.net, Link vom 23.3.2005)

Boutang, Yann-Moulier (1997b): „Papiere für alle. Frankreich, die Europäische Union und die Migration", in: Die Beute Nr. 13, S. 50-63

Boutang, Yann Moulier (1998): De L'esclavage au salariat. Economie historique du salariat bridé, Paris

Boutang, Yann Moulier (2002): „Nicht länger Reservearmee. Thesen zur Autonomie der

Migration und zum notwendigen Ende des Regimes der Arbeitsmigration", in: Subtropen, Nr. 04, S. 1-3

Boutang, Yann Moulier (2006): „Europa, Autonomie der Migration, Biopolitik", in: Atzert, Thomas/Karakayalı, Serhat/Pieper, Marianne/Tsianos, Vassilis (Hg.): Empire und die biopolitische Wende, Frankfurt am Main/New York

Bourdieu, Piere/Wacquant, Loic J.D. (1996): Reflexive Anthropologie. Frankfurt am Main

Breman, Jan (1987): Taming the Coolie Beast. Plantation Society and the Colonial Order in Southeast Asia, Delhi

Brockett, Linda/Murray, Alison (1994): „Thai Sex Workers in Sydney", in: Perkins, Roberta et al. (Hg.): Sex Work and Sex Workers in Australia, Sydney, S. 27-52

Brubaker, Roger (1992): Citizenship and Nationhood in France and Germany, Cambridge

Brunner, Otto (1977): „Feudalismus. Ein Beitrag zur Begriffsgeschichte", in: Kuchenbuch, Ludolf (Hg.): Feudalismus – Materialien zu Theorie und Geschichte, Frankfurt am Main/Berlin, S. 155-196

Buckel, Sonja (2005): Subjektivierung & Kohäsion. Zur Rekonstruktion einer materialistischen Theorie des Rechts, Dissertation, Frankfurt am Main

Buckel, Sonja (2006): „Neo-materialistische Rechtstheorie", in: Buckel, Sonja/Christensen, Ralph/Fischer-Lescano, Andreas (Hg.): Neue Theorien des Rechts, Stuttgart, S. 117-138

(Bundesbeauftragte) Bundesbeauftragte für Migration, Flüchtlinge und Integration (2003): Migrationsbericht 2003, Bonn

(BMG) Bundesgesundheitsministerium, Arbeitsgruppe ‚Armut und Gesundheit' (Hg.) (2001): „Migration und gesundheitliche Versorgung. Empfehlungen", Bonn (http://www.bmfsfj.de/Publikationen/genderreport/01-Redaktion/PDF-Anlagen/litbvgesundheit.de,property=pdf,bereich=genderreport,rwb=true.pdf, Link vom 1.6.2006)

Bundeskriminalamt (o.J.): Polizeiliche Kriminalstatistik. Zeitreihen, Wiesbaden

Bundeskriminalamt (2001): Lagebild Menschenhandel 2000, Wiesbaden

Bundesministerium des Inneren (2004): Migrationsbericht. Im Auftrag der Bundesregierung. Aktualisierte Ausgabe 2004, Berlin

Bundesministerium des Inneren (2005): Migrationsbericht. Im Auftrag der Bundesregierung, Berlin

Bundesnachrichtendienst (2000): Illegale Migration. Konferenzband; Symposium am 28. Oktober 1999 in Pullach, Bonn

Burchell, Graham/Gordon, Colin/Miller, Peter (Hg.)(1991): The Foucault Effect. Studies in Governmentality, London

Burgers, Jack/Engbersen, Godfried (Hg.)(1999): De Ongekende Stad I: Illegale vreemdelingen in Rotterdam, Amsterdam

Butscher, Susanne (1996): Informelle Überlebensökonomie in Berlin. Annäherung der deutschen Hauptstadt an Wirtschaftsformen der dritten Welt, Diskussionspapier Nr. 49, Freie Universität, Fachbereich Wirtschaftswissenschaften, Berlin

Butterwege, Christoph (1996): Rechtsextremismus, Rassismus und Gewalt, Darmstadt

Büchel, Felix (1998): „Unterwertig Erwerbstätige: eine von der amtlichen Statistik übersehene Problemgruppe des Arbeitsmarktes“, in: Schupp, Jürgen/ Büchel, Felix/Diewald, Martin, Bündnis 90/Die Grünen (2000): Einwanderung gestalten, Asylrecht sichern, Integration fördern. Vorgelegt von R. Künast, K. Müller, M. Beck, C. Özdemir, Cl. Roth und P. Hanf, vorgestellt am 8.11.2000

Casanova, Antoine/Parain, Charles (1977): „Die zweite Leibeigenschaft in Mittel- und Osteuropa. Einführung“, in: Kuchenbuch, Ludolf (Hg.): Feudalismus – Materialien zu Theorie und Geschichte, Frankfurt am Main/Berlin, S. 660-677

Castel, Robert (2000): Die Metamorphosen der sozialen Frage. Eine Chronik der Lohnarbeit, Konstanz

Castles, Stephen/Kosack, Godula (1972): „The Function of Labour and Migration in Western European Capitalism” in: New Left Review Nr. 73, S. 10-28

Castles, Stephen/Kosack, Godula (1974). „Gewerkschaften und ausländische Arbeiter”, in: Jacobi, Otto/Müller-Jentsch, Walther/Schmidt, Eberhardt (Hg): Gewerkschaften und Klassenkampf, Kritisches Jahrbuch 1974, Frankfurt am Main, S. 176-203

Castles, Stephen (1987): Migration und Rassismus in Westeuropa, Berlin

Centre for the Prevention of Trafficking in Women (2003): Trafficking in Children for Sexual Exploitation in the Republic of Moldova, Chishinau

Chan, Sucheng (1991): Entry Denied: Exclusion and the Chinese Community in America, 1882-1943, Philadelphia

Chapkis, Wendy (2003): „Trafficking, Migration and the Law“, in: Gender & Society, Nr.17, 6, S. 923-937

Charchira, Samy (2005) : „Die Berber kommen…“, in: Kölnischer Kunstverein et al. (Hg.): Projekt Migration. Ausstellungskatalog, Köln, S. 801-803

Chevalier, Louis (1978): Classes laborieuses et classes dangereuses à Paris, pendant la première moitié du XIX siècle, Paris

Cohen, Robin (1987): The New Helots. Migrants in the International Division of Labour, Aldershot

(COIN) Centro de Orientacion Integral (1994): La Industria del Sexo por Dentro, Santo Domingo

Conring, Jobst (2002): Rechtliche Behandlung von ‚Scheinehen' nach der Reform des deutschen Eheschließungsrechts, Frankfurt am Main

Corbin, Juliet M. (2002): „Die Methode der Grounded Theory im Überlick", in: Schaeffer, Doris/Müller-Mundt, Gabriele (Hg.): Qualitative Gesundheits- und Pflegeforschung, Bern/Göttingen/Toronto/Seattle, S. 59-70

Cox, Oliver Cromwell (1970): Caste, Classe and Race, New York

Cremer-Schäfer, Helga/Steinert, Heinz (1998): Straflust und Repression. Zur Kritik der populistischen Kriminologie, Münster

Cyrus, Norbert (1998): „Unterstützung statt Kontrollen: Der unterstützende Ansatz – Ein Konzept für die Durchsetzung tariflicher Standards auf deutschen Arbeitsmärkten unter Beachtung sozialer und grundrechtlicher Standards", in: epd-Dokumentation Nr. 4-5, 1, S. 26-34

Cyrus, Norbert/Vogel, Dita (2001): „Implementing Migration Controls in Labour Markets – Routines and Discretion in Germany", in: IAPASIS-Deutschland Workingpaper Nr. 2, Carl von Ossietzky Universität Oldenburg, Fachbereich 11, Oldenburg, September 2001 (http://www.iue.it/RSCAS/Research/IAPASIS/Index.shtml, Link vom 1.8.2006)

Dangschat, Jens (1997): „Warum ziehen sich Gegensätze nicht an? Zu einer Mikro/Meso/Makrotheorie ethnischer und rassischer Konflikte im städtischen Raum", in: Heitmeyer, Wilhelm et al. (Hg.): Die Krise der Stadt, Frankfurt am Main, S. 21-97

De Certeau, Michel (1988): Kunst des Handelns, Berlin

De Genova, Nicolas (2005): „Deportability, Detainability, and the Politics of Space in the Aftermath of ‚Homeland Security', Vortrag auf der Konferenz „Homelands, Borders, and Trade in Latin America: Freedom, Violence, and Exchange After 9-11", University of California – San Diego

Delp, Volker/Schmidt, Lothar/Wohlfahrt, Klaus (1974): „Gewerkschaftliche Betriebspolitik bei Ford", in: Jacobi, Otto/Müller-Jentsch, Walther/Schmidt, Eberhardt (Hg.): Gewerkschaften und Klassenkampf, Kritisches Jahrbuch 1974, Frankfurt am Main, S. 161-175

Demirović, Alex (1987): Nicos Poulantzas. Eine kritische Auseinandersetzung, Hamburg

Demirović, Alex (1989): „Die hegemoniale Strategie der Wahrheit: Zur Historizität des Marxismus bei Gramsci", in: Das Argument Nr. 159, Sonderband (Die ‚Linie Luxemburg – Gramsci': Zur Aktualität marxistischen Denkens), S. 69-89

Demirović, Alex (1992): „Vom Vorurteil zum Neo-Rassismus. Das Objekt ‚Rassismus' in Ideologiekritik und Ideologietheorie", in: Redaktion diskus (Hg.): Die freundliche Zivilgesellschaft. Rassismus und Nationalismus in Deutschland, Berlin, S. 73-94

Demirović, Alex (1997): „Bürgerliche Demokratie – Ein historischer Kompromiß? Zu einigen Problemen der Staatstheorie Nicos Poulantzas'", in: ders.: Demokratie und Herrschaft. Aspekte kritischer Gesellschaftstheorie, Münster, S. 39-61

Demirović, Alex (2000): „Erweiterter Staat und europäische Integration", in: Bieling, Hans-Jürgen/Steinhilber, Jochen (Hg.): Die Konfiguration Europas. Dimensionen einer kritischen Integrationstheorie, Münster, S. 51-72

Demirović, Alex (2001): Komplexität und Emanzipation. Kritische Gesellschaftstheorie und die Herausforderung der Systemtheorie Niklas Luhmanns. Münster.

Demirović, Alex (2004): „Vermittlung und Hegemonie", in: Atzert, Thomas/Müller, Jost (Hg.): Immaterielle Arbeit und imperiale Souveränität. Analysen und Diskussionen zu Empire, Münster, S. 235-254

Deister, Jochen (2001): Scheinehen in Frankreich und Deutschland, Mainz

(DGB) Deutscher Gewerkschaftsbund (1955): „Fremdarbeiter für die Bundesrepublik? Eine Stellungnahme des DGB", Auszugsweise in: Die Quelle, Jg. 6, Heft 1, S. 37

Diamant, Max (1970): Frauenarbeit und Ausländerbeschäftigung, IG Metall, Frankfurt am Main

Diamant, Max (1973a): „Die Illegalen", in: Der Gewerkschafter Nr. 12, S. 474-475

Diamant, Max (1973b): „Zum sozialen Problem der illegalen Beschäftigung von ausländischen Arbeitnehmern in der Bundesrepublik", in: Entwicklungspolitik. Informationsdienst der Zentralredaktion des Evangelischen Pressedienstes, 17.10.1973, Sonderausgabe, S. 7-22

Dietrich, Helmut (1998): „Feindbild ‚Illegale'. Eine Skizze zu Sozialtechnik und Grenzregime", in: Mittelweg Nr. 36, 3, S. 4-25

Dietrich, Helmut (2001): „Entsteht eine neue europäische Raumordnung? Die Rückbindung von MigrantInnen und Flüchtlingen ans Territorium", in: diskus Nr. 1, 01, S. 12-17

Dietrich, Helmut (2005): „Schleusertum-Fluchthilfe: Fahndungspraxis und soziale Realität", in: Jünschke, Klaus/Paul, Bettina (Hg.): Wer bestimmt denn unser Leben? Beiträge zur Entkriminalisierung von Menschen ohne Aufenthaltsstatus, Karlsruhe, S. 56-73

Dobb, Maurice (1972): Entwicklung des Kapitalismus. Vom Spätfeudalismus bis zur Gegenwart, Köln

Doezema, Joe (1995): „Choice in Prostitution", in: Unioni, The League of Finnish Feminists (Hg.): Conference Book: Changing Faces of Prostitution, Helsinki 3 – 5 May, 1995, Helsinki, S. 56-68

Doezema, Joe (1998): „Forced to Choose: Beyond the Voluntary v. Forced Prostitution Dichotomy“, in: Kempadoo, Kamala/Doezema, Joe (Hg.), Global Sex Workers: Rights, Resistance and Redefinition, New York/London, S. 34-50

Doezema, Joe (2000): „Loose Women or Lost Women? The Re-emergence of the Myth of ‚White Slavery‘ in Contemporary Discourses of ‚Trafficking in Women,“, in: Gender Issues, Nr. 18, 1, S. 23-50

Doezema, Joe (2002): „The Ideology of Trafficking”, Vortrag auf der Arbeitskonferenz „Human Trafficking“, am 15.11.2002, Ghent University

Dohse, Knuth (1985): Ausländische Arbeiter und bürgerlicher Staat, Berlin

(DOMIT) Dokumentationszentrum für die Migration aus der Türkei (2000): Materialsammlung zur Geschichte der Arbeitsmigration aus der Türkei: Anwerbung, Reise nach Deutschland, Fremdheiten, Köln

Doña Carmen (2002): „Konstruktion von ‚Frauenhandel‘“, Arbeitspapier, Frankfurt am Main

(DÖV) Die öffentliche Verwaltung (1984): Zeitschrift für Verwaltungsrecht und Verwaltungspolitik, Stuttgart

Dreher, Sabine (2003): „Vom Wohlfahrtsstaat zum Wettbewerbsstaat?“, in: Hunger, Uwe/Santel, Bernhard (Hg.): Migration im Wettbewerbsstaat, Opladen, S. 13-31

Dreyfus, Hubert L./Rabinow, Paul (1987): Michel Foucault. Jenseits von Strukturalismus und Hermeneutik, Frankfurt am Main

Düvell, Frank (2000): Illegaler Aufenthalt und illegalisierte Lebensbedingungen von AusländerInnen in der Bundesrepublik, Bremen

Düvell, Frank (2002): Die Globalisierung des Migrationsregimes. Zur neuen Einwanderungspolitik in Europa, Berlin/Hamburg/Göttingen

(EBF/CEDRI) Europäisches BürgerInnenForum/CEDRI (Hg.) (2004): Bittere Ernte. Die moderne Sklaverei in der industriellen Landwirtschaft Europas, Zürich

Eagleton, Terry (2000): Ideologie. Eine Einführung, Stuttgart.

Eger, Hans-Jürgen/Schwind, Hans-Dieter (1973): „Untersuchungen zur Dunkelziffer. Nicht entdeckte Straftaten von Göttinger Jura-Studenten“, in: Monatsschrift für Kriminologie und Strafrechtsreform, Köln/Berlin, S. 157-170

Eichendorfer, Eberhard (1999): „Einleitung: Illegale Einreise, illegaler Aufenthalt und illegale Beschäftigung als Fragen der Migrationsforschung“, in: ders. (Hg.): Migration und Illegalität, IMIS-Schriften Nr. 7, Osnabrück, S. 11-28

Eichhorn, Cornelia (1992): „‚Frauen sind die Neger aller Völker‘. Überlegungen zu Feminismus, Sexismus und Rassismus“, in: Redaktion diskus (Hg.): Die freundliche Zivilgesellschaft, Berlin, S. 95-104

Eisbeck, Jens (2005): Die Scheinehe in Deutschland im 19. und 20. Jahrhundert, Tübingen

Elsner, Lothar (1974): „Wesen und Kontinuität der Fremdarbeiterpolitik des deutschen Imperialismus“, in: Universität Rostock (Hg.): Wesen und Kontinuität der Fremdarbeiterpolitik des deutschen Imperialismus, S. 2-76

Elsner, Lothar (1988): „Zur Haltung des DGB zur Ausländerbeschäftigung 1955-1985“, in: ders. (Hg.): Fremdarbeiterpolitik des Imperialismus. Migration, Ausländerbeschäftigung und Gewerkschaften, Rostock, S. 5-11

Elwert, Georg (2002): „Unternehmerische Illegale – Ziele und Organisationen eines unterschätzten Typs illegaler Einwanderer“, in: IMIS Beiträge, Institut für Migrationsforschung und Interkulturelle Studien, Nr. 19, S. 7-20

Emmer, Pieter C. (1986): Colonialism and Migration. Indentured Labour Before and After Slavery, Dordrecht.

Engbersen, Godfried (2004): „Zwei Formen der sozialen Ausgrenzung: Langfristige Arbeitslosigkeit und illegale Immigration in den Niederlanden“, in: Häußermann, Hartmut/Kronauer, Martin/Siebel, Walter (Hg.): An den Rändern der Städte. Armut und Ausgrenzung, Frankfurt am Main, S. 99-121

Ennis, Philip H. (1967): Criminal Victimization in the United States. President's Commission on Law Enforcement and Administration of Justice, Washington

Erickson, Charlotte (1984): „Why Did Contract Labor Not Work in the Nineteenth Century United States?” in: Marks, Shula/Richardson, Peter (Hg.), International Labour Migration, Hounslow, Middlesex, S. 34-56

Ernst, Herrmann (1973): „Künftig noch mehr ausländische Arbeitnehmer“, in: Bundesarbeitsblatt Nr. 7/8, S. 349-350

Erzbischöfliches Ordinariat Berlin (1999): Illegal in Berlin. Momentaufnahmen aus der Bundeshauptstadt. Betrifft: Migration, Band 4, Dezember, Berlin

Espenshade, Thomas J. (1995): „Unauthorized Immigration to the United States“, in: Annual Review of Sociology Nr. 21, S. 195-216

Estéban, Francisco (1972): „Vier Sklaven für die Firma Scriba“, in: Klee, Ernst (Hg.), Gastarbeiter. Analysen und Berichte, Frankfurt am Main, S. 162-164

EU-Rat Justiz und Inneres (2002): „Gesamtplan zur Bekämpfung der illegalen Einwanderung und des Menschenhandels“, Dokument 6621/1/02 REV 1, 28.02.2002

EU-Kommission (1996): „Mitteilung der Kommission an den Rat und das Europäische Parlament zum Thema ‚Frauenhandel mit dem Ziel der sexuellen Ausbeutung‘“, Brüssel

EU-Kommission (2004): Mitteilung an den Rat und das Europäische Parlament: „Studie über die Zusammenhänge zwischen legaler und illegaler Migration“, vom 4.6.2004, Brüssel

EU-Kommisionsdokument KOM (2000): 782 endg

Ewald, François (1993): Der Vorsorgestaat. Frankfurt am Main.

Fairclough, Norman (2003): Analysing Discourse: Textual Analysis for Social Research, London

Faist, Thomas (1995): „Migration in transnationalen Arbeitsmärkten: Zur Kollektivierung und Fragmentierung sozialer Rechte in Europa“, in: Zeitschrift für Sozialreform, Nr. 41, 1, S. 108-122

Fakiolas, Rossetos (2003): „Regularising Undocumented Immigrants in Greece: Procedures and Effects”, in: Journal of Ethnic and Migration Studies Nr. 29, 3, S. 535–561

Fattah, Ezzat A. (1992): „The Need for a Critical Victimology“, in: ders. (Hg.): Towards a Critical Victimology, New York, S. 3-28

Fattah, Ezzat A. (1992b): „The Need for a Critical Victimology“, in: ders. (Hg.): Towards a Critical Victimology, New York, S. 29-56

(FDP) Freie Demokratische Partei (2001): Zuwanderungskonzept der FDP Bundestagsfraktion, 30.7.2001, Berlin

(FFM) Forschungsgesellschaft Flucht und Migration (1998): Die Grenze. Flüchtlingsjagd in Schengenland, Themenheft in der Publikationsreihe des Fördervereins des Niedersächsischen Flüchtlingsrates e.V. in Zusammenarbeit mit Pro Asyl, Hildesheim

Finger, Peter (1984): „‚Scheinehen‘ und Praxis der Standesbeamten“, in: Das Standesamt, 37. Jg., Nr. 4, S. 89-94

Flüchtlingsrat Niedersachsen (1996): Heimliche Menschen – illegalisierte Flüchtlinge, Hildesheim

Foucault, Michel (1973): „Nietzsche, die Genealogie, die Historie“ in: ders.: Von der Subversion des Wissens, München, S. 83-109

Foucault, Michel (1973b): Archäologie des Wissens, Frankfurt am Main

Foucault, Michel (1974): Ordnung der Dinge, Frankfurt am Main

Foucault, Michel (1976a): Überwachen und Strafen. Die Geburt des Gefängnisses, Frankfurt am Main

Foucault, Michel (1976b): Mikrophysik der Macht, Berlin

Foucault, Michel (1978): Dispositive der Macht. Über Sexualität, Wissen und Wahrheit, Berlin

Foucault, Michel (1987): „Das Subjekt und die Macht“, in: Dreyfus, Hubert L./Rabinow, Paul (Hg.): Michel Foucault. Jenseits von Strukturalismus und Hermeneutik, Frankfurt am Main, S. 243-264

Foucault, Michel (2004a): Geschichte der Gouvernementalität I. Sicherheit, Territorium, Bevölkerung. Vorlesung am Collège de France 1977-1978, Frankfurt am Main

Foucault, Michel (2004b): Geschichte der Gouvernementalität II. Die Geburt der Biopolitik. Vorlesung am Collège de France 1978-1979, Frankfurt am Main

Foucault, Michel (2005): Die Heterotopien/Der utopische Körper. Zwei Radiovorträge, Frankfurt am Main

Föhl, Carl (1967): „Stabilisierung und Wachstum beim Einsatz von Gastarbeitern“, in: Kyklos, Nr. 20, S. 119-146

Forschungsinstitut Friedrich-Ebert-Stiftung (Hg.) (1970): Ausländergesetz ’65 – Alternativentwurf ’70, Sonderausgabe studentische politik, Nr. 3, 1

Franz, Fritz (1971): „Rückfall in den Polizeistaat", in: Leudesdorff, René/Zileßen, Horst (Hg.): Gastarbeiter = Mitbürger, Gelnhausen, S. 50-60

Franz, Fritz (1972): „Die Rechtsstellung der ausländischen Arbeitnehmer in der Bundesrepublik Deutschland", in: Klee, Ernst (Hg.): Gastarbeiter. Analysen und Berichte, Frankfurt am Main, S. 36-57

Franz, Fritz (1981): „Die Krise des Asylrechts – Wege zu ihrer Überwindung", in: Beitz, Wolfgang/Wollenschläger, Michael (Hg.): Handbuch des Asylrechts, Band 2, Verfahren, Rechtsstellung und Reformen, Baden-Baden, S. 775-810

Franz, Fritz (1984): „Die Bundesrepublik Deutschland: Zufluchtsort politisch Verfolgter und Einwanderungsland zugleich – Sammellager die notwendige Konsequenz?" in: Sievering, Ulrich O. (Hg.): Politisches Asyl und Einwanderung. Arnoldshainer Texte – Band 22, Frankfurt am Main, S. 120-137

Freeman, Gary (1995): „Modes of Immigration Politics in Liberal Democratic States", in: International Migration Review Nr. 29, S. 881-902

Gabaccia, Donna (1997): „The ‚Yellow Peril' and the ‚Chinese of Europe'", in: Lucassen, Jan/Lucassen, Leo (Hg.): Migration, Migration History, History. Old Paradigms and New Perspectives, Bern, Berlin, Issued by the International Institute of Social History, S. 177-196

Gabbert, Wolfgang (2007): „Vom (internen) Kolonialismus zum Multikulturalismus – Kultur, Ethnizität und soziale Ungleichheit", in: Klinger, Cornelia/Knapp, Gudrun-Axeli/Sauer, Birgit (Hg.): Achsen der Ungleichheit. Zum Verhältnis von Klasse, Geschlecht und Ethnizität. Frankfurt/New York, S. 116-130

Garson, Jean-Pierre/Silberman, Roxane (1986): „L'exemple français", in: dies./ Boutang, Yann Moulier (Hg.): Économie politique des migrations clandestins de main-d'œvre. Comparaisons internationales et exemple français, Paris, S. 145-215

Geiselberger, Siegmar (1972): Schwarzbuch: Ausländische Arbeiter. Herausgegeben im Auftrag des Bundesvorstandes der Jungsozialisten, Frankfurt am Main

Gellner, Ernest (1999): Nationalismus, Berlin

Geremek, Bronislaw (1988): Geschichte der Armut. Elend u. Barmherzigkeit in Europa, Frankfurt am Main

Gerlach, Christian (1999): Kalkulierte Morde. Die deutsche Wirtschafts- und Vernichtungspolitik in Weißrussland 1941-1944, Hamburg

Gill, Stephen (1998): „European Governance & New Constitutionalism: EMU & Alternatives to Disciplinary Neo-liberalism in Europe" in: New Political Economy, Nr. 3, 1, S. 5-27

Gordon, Avery (2004): Ghostly Matters. Haunting and the Sociological Imagination, Minneapolis

Gorz, André (1970): „The Role of Immigrant Labor", in: New Left Review, Nr. 61, S. 28-31

Goodey, Jo (2003): „Migration, Crime and Victimhood“, in: Punishment & Society, Nr.5, S. 415-431

Gosh, Bimal (1997): „Bevölkerungsbewegungen: Die Suche nach einem neuen internationalen Regime“, in: Angenendt, Steffen (Hg.): Migration und Flucht, München, S. 264-271

Gramsci, Antonio (1992a): Gefängnishefte. Bd. 3 (Hefte 4-5), Berlin/Hamburg

Gramsci, Antonio (1992b): Gefängnishefte. Bd. 4 (Hefte 6-7), Berlin/Hamburg

Gramsci, Antonio (1996): Gefängnishefte. Bd. 7 (Hefte 12-15), Berlin/Hamburg

Griesbeck, Michael (1998): „Migration, Asyl, Schleusertum – zur Bedeutung des Asylrechts und der Asylpraxis bei der Bekämpfung der Schleuserkriminalität“, in: Zeitschrift für Innere Sicherheit in Deutschland und Europa, Nr. 5, S. 265-273

Grittner, Frederick K. (1990): White Slavery: Myth, Ideology and American Law, New York/London

Gottschalk, Hanno (2001): „Papiere und Plätze. Alltag und Kämpfe illegalisierter MigrantInnen in Italien“, in: diskus Nr. 1, 01, S. 22-24

Groß, Jessica (2002): „‚Illegal‘ – Gesundheitsversorgung von Menschen ohne legalen Aufenthaltsstatus“, (http://www.verdi.de/gesundheitspolitik/gesundheit_von_a-z/migration/medizinische_versorgung_von_menschen_ohne_legalen_aufenthaltsstatus, Link vom 1.7.2006)

Grothusen, Klaus-Detlev (1985): „Außenpolitik“, in: ders. (Hg.): Südwesteuropa-Handbuch, Bd. 4: Türkei, Göttingen, S. 89-168

Gruppe Arbeiterkampf (1973): Streik bei Ford Köln, Köln

(GSN) Global Survey Network (1997): Crime and Servitude, Washington, D.C.

Gutiérrez Rodríguez, Encarnación/Pieper, Marianne (Hg.) (2003): Gouvernementalität: ein sozialwissenschaftliches Konzept in Anschluss an Foucault, Frankfurt am Main/New York

Haan de, Arjan (1997): „Workers in Calcutta's Jute Industry, 1900-1990“, in: Lucassen, Jan/Lucassen, Leo (Hg.): Migration, Migration History, History. Old Paradigms and New Perspectives, Bern, Berlin, etc. Issued by the International Institute of Social History, S. 197-222

Habich, Roland (Hg.): Arbeitsmarktstatistik zwischen Realität und Fiktion, Berlin

Hailbronner, Kay/Martin, David /Motomura, Hiroshi (Hg.) (1998): Immigration Controls: The Search for Workable Policies in Germany and the United States, Oxford

Hammar, Tomas (Hg.) (1984): European Immigration Policy: A Comparative Study, Cambridge

Han, Petrus (2000): Soziologie der Migration: Erklärungsmodelle, Fakten, politische Konsequenzen, Perspektiven, Stuttgart

Hanson, Gordon H./Spilimbergo, Antonio (2001): „Political Economy, Sectoral Shocks, and Border Enforcement”, in: The Canadian Journal of Economics, Nr. 34, 3, S. 612-638

Hantke, Martin/Pflüger, Tobias (2005): „50 Jahre: Bundeswehr statt Frieden", in: Friedensforum 6/2005, (http://www.imi-online.de/2005.php3?id=1253, Link vom 30.6.2006)

Haraway, Donna (1988): „Situiertes Wissen. Die Wissenschaftsfrage im Feminismus und das Privileg einer partialen Perspektive", in: dies.: Die Neuerfindung der Natur. Primaten, Cyborgs und Frauen, Frankfurt am Main/New York, S. 73-79

Hardt, Michael/Negri, Toni (2002): Empire. Die neue Weltordnung, Frankfurt am Main/New York

Harney, Robert F. (1974): „The Padrone and the Immigrant", in: The Canadian Review of American Studies, Nr. 5, 2, S. 101-118

Häuserrat Frankfurt (1974): Wohnungskampf in Frankfurt, München

Häußermann, Hartmut/Siebel, Walter (1995): Dienstleistungsgesellschaften, Frankfurt am Main

Heckmann, Friedrich (1981): Die Bundesrepublik – ein Einwanderungsland? Zur Soziologie der Gastarbeiterbevölkerung als Einwandererminorität, Stuttgart

Heckmann, Friedrich (2003): „Methodological Problems in the Study of Illegal Migration", Working paper Nr. 03-09e, Center for Migration and Development, Princeton University

Heeg, Susanne (1994): „Flexibilisierte Frauen. Historische und aktuelle Veränderungen auf dem Arbeitsmarkt", in: Eichhorn, Cornelia/Grimm, Sabine (Hg.): Genderkiller. Texte zu Feminismus und Politik, Berlin, S. 115-127

Heesen, Dietrich/Hönle, Jürgen (2000): Bundesgrenzschutzgesetz BGSG mit VwVG und UZwG. Kommentar für Studium und Praxis, 3. Aufl., Hilden

Heidsieck, Emmanuelle (2000): Illegale. Menschen ohne Papiere, München

Heine, Regina (1978): „Ein Grundrecht wird verwaltet", in: amnesty international (Hg.): Bewährungsprobe für ein Grundrecht, Art 16 Abs. 2 Satz 2 Grundgesetz: „Politisch Verfolgte genießen Asylrecht", Baden-Baden, S. 407-504

Heine, Regina/Marx, Reinhard (1978): Ausländergesetz mit neuem Asylverfahrensrecht, Baden-Baden

Heine-Wiedenmann, Dagmar/Ackermann, Lea/Mahnkopf, Hans-Jürgen/Wiedenmann, Rainer (1992): Umfeld und Ausmaß des Menschenhandels mit ausländischen Mädchen und Frauen, Schriftenreihe des Bundesministers für Frauen und Jugend, Bd. 8, Stuttgart

Heitmeyer, Wilhelm/Anhut, Reimund (Hg.) (2000): Bedrohte Stadtgesellschaft. Soziale Desintegrationsprozesse und ethnisch-kulturelle Konfliktkonstellationen, Weinheim/München

Henning, Juanita (2004): „Die Politik der Europäischen Union mit dem ‚Menschenhandel'", in: Kongressdokumentation BUKO 27, S. 22-27

Herbert, Ulrich (2001): Geschichte der Ausländerpolitik in Deutschland, München

Hess, Henner/Scheerer, Sebastian (1997): „Was ist Kriminalität", in: Kriminologisches Journal Nr. 29, 2, S. 83-155

Hess, Sabine (2005): Die globalisierte Hausarbeit: Au-pair als Migrationsstrategie von Frauen aus Osteuropa, Wiesbaden

Hess, Sabine/Karakayalı, Serhat (2007): „New Governance oder die imperiale Kunst des Regierens. Asyldiskurs und Menschenrechtsdispositiv im neuen EU-Migrationsmanagement“, in: TRANSIT MIGRATION (Hg.): Turbulente Ränder. Neue Perspektiven auf Migration an den Grenzen Europas, Bielefeld, S. 41-58

Hess, Sabine /Tsianos, Vassilis (2007): „Europeanizing Transnationalism! Provincializing Europe! – Konturen eines neuen Grenzregimes“, in: TRANSIT MIGRATION (Hg.): Turbulente Ränder. Neue Perspektiven auf Migration an den Grenzen Europas, Bielefeld, S. 23-40

Hillmann, Felicitas (1996): Jenseits der Kontinente. Migrationsstrategien von Frauen nach Europa, Freiburg

Hilton, Rodney H. (1977): „Ein Kommentar zum Übergang vom Feudalismus zum Kapitalismus“, in: Kuchenbuch, Ludolf (Hg.): Feudalismus – Materialien zu Theorie und Geschichte, Frankfurt am Main/Berlin, S. 392-403

Hirsch, Joachim/Roth, Roland (1986): Das neue Gesicht des Kapitalismus: Vom Fordismus zum Postfordismus, Hamburg

Hirschman, Albert O. (1970): Exit, Voice, and Loyalty: responses to decline in firms, organizations, and states, Cambridge, Mass.

Hirschman, Albert O. (1974): Abwanderung und Widerspruch. Reaktionen auf Leistungsabfall bei Unternehmungen, Organisationen und Staaten, Tübingen

Hjarno, Jan (2003): Illegal Immigrants and Developments in Employment in the Labour Markets of the EU, Aldershot

Hobbes, Thomas (1651): Leviathan, Oder von Materie, Form und Gewalt des kirchlichen und bürgerlichen Staates, Hamburg, Meiner 1996 (zit. Leviathan)

Höfling-Semnar, Bettina (1995): Flucht und deutsche Asylpolitik. Von der Krise des Asylrechts zur Perfektionierung der Zugangsverhinderung, Münster

Hollifield, James (1992): Immigrants, Markets and States, Cambridge Mass.

Holzberger, Mark (2003): „Polizeiliche Verbindungsbeamte: Vorverlagerte Migrationskontrolle“, in: Bürgerrechte und Polizei. Cilip Nr. 75, 2, S. 57-66

Howarth, David (2001): Discourse, Philadelphia

Höpfer, Klaus (1974): „Auswirkungen der Ausländerbeschäftigung auf die deutsche Wirschaft der Bundesrepublik Deutschland unter dem Aspekt Aussenwirtschaftlicher Beziehungen“, in: Lohrmann, Reinhard/Manfrass, Klaus (Hg.): Ausländerbeschäftigung und internationale Politik. Zur Analyse transnationaler Prozesse, München, S. 45-80

Hunger, Uwe (2003): „Die Entgrenzung des europäischen Bauarbeitsmarktes als Herausforderung an die europäische Arbeitsmarkt- und Sozialpolitik“, in: ders./Santel, Bernhard (Hg.): Migration im Wettbewerbsstaat, Opladen, S. 75-90

Hunn, Karin (2005): „Nächstes Jahr kehren wir zurück…“ Die Geschichte der türkischen „Gastarbeiter“ in der Bundesrepublik, Göttingen

Huwer, Jörg (2007): „'Gastarbeiter' im Streik: Die spontane Arbeitsniederlegung bei Ford Köln im August 1973“, in: Geschichte im Westen. Zeitschrift für Landes- und Zeitgeschichte, Themenband: Protest und Gewalt in der Region, Jg. 22, S. 223-249

İçduygu, Ahmet/Toktaş, Sule (2002): „How Do Smuggling and Trafficking Operate via Irregular Border Crossings in the Middle East?“ in: International Migration, Nr. 40, 6, S. 25-54

(IMADR) International Movement against All Forms of Discrimination and Racism (1998): Strengthening the International Regime to Eliminate the Traffic in Persons and the Exploitation of the Prostitution of Others, Tokyo

IOM (2004): Migration Management in Southeast Europe. Objectives for 2005, Wien

Irek, Malgorzata (1998): Der Schmugglerzug. Warschau-Berlin-Warschau. Materialien einer Feldforschung, Berlin

Jachtenfuchs, Markus (1995): „Ideen und internationale Beziehungen“, in: Zeitschrift für internationale Beziehungen Nr. 2, 2, S. 417-442

Jachtenfuchs, Markus/Kohler-Koch, Beate (1996): „Einleitung: Regieren im internationalen Mehrebenensystem“, in: dies (Hg.), Europäische Integration, Opladen, S. 15-44

Jacobs, Dirk (1998): „Discourse, Politics and Policy: The Dutch Parliamentary Debate about Voting Rights for Foreign Residents“, in: International Migration Review, Nr. 32, S. 350-373

Jamin, Mathilde (1998): „Die deutsch-türkische Anwerbevereinbarung von 1961 und 1964“, in: dies./Eryılmaz, Aytaç (Hg.): Fremde Heimat. Eine Geschichte der Einwanderung aus der Türkei, Essen, S. 69-82

Jamin, Mathilde (1998b): „Die deutsche Anwerbung, Organisation und Größenordnung“, in: dies./Eryilmaz, Aytac (Hg.): Fremde Heimat. Eine Geschichte der Einwanderung aus der Türkei, Essen, S. 149-170

Jäger, Siegfried (2000): Kritische Diskursanalyse, Duisburg

Jessop, Bob (1986). „Der Wohlfahrtsstaat im Übergang vom Fordismus zum Postfordismus“, in: PROKLA. Zeitschrift für kritische Sozialwissenschaft Nr. 65, S. 4-33

Jessop, Bob (1990): State Theory: Putting the Capitalist State in Its Place, Cambridge

Jessop, Bob (1992): „Regulation und Politik“, in: Demirović, Alex/Krebs, Hans-Peter/Sablowski, Thomas (Hg.): Hegemonie und Staat. Kapitalistische Regulation als Projekt und Prozeß, Münster, S. 232-262

Jordan, Bill/Strath, Bo/Triandafylidou, Anna (2003): „Contextualising Immigration Policy Implementation in Europe“, in: Journal of Ethnic and Migration Studies Nr. 29, 2, S. 195-224

Jungfer, Eberhard (1993): „Flüchtlingsbewegungen und Rassismus“, in: Beiträge zur nationalsozialistischen Gesundheits- und Sozialpolitik, Bd. 11, Arbeitsmigration und Flucht, S. 9-47

Just, Michael (1988): Ost- und südosteuropäische Amerikawanderung 1881-1914. Transitprobleme in Deutschland und Aufnahme in den Vereinigten Staaten, Stuttgart

Kahrs, Horst (1993): „Verstaatlichung der polnischen Arbeitsmigration nach Deutschland in der Zwischenkriegszeit. Menschenschmuggel und Massenabschiebungen als Kehrseite des nationalisierten Arbeitsmarkts", in: Beiträge zur nationalsozialistischen Gesundheits- und Sozialpolitik, Bd. 11, Arbeitsmigration und Flucht, S. 130-194

Kanein, Werner (1966): Das Ausländergesetz und die wesentlichen fremdenrechtlichen Vorschriften (Kommentar), München/Berlin

Kaiser, Günther et al. (Hg.) (1993): Kleines Kriminologisches Wörterbuch, 3. Auflage, Heidelberg

Kaiser, Kurt (1971): „Statistische Übersicht zur Ausländerbeschäftigung", in: Leudesdorff, René/Zileßen, Horst (Hg.): Gastarbeiter = Mitbürger, Gelnhausen, S. 24-41

Karakayalı, Juliane (2007a): Mit und ohne Papiere. Migrantinnen aus Osteuropa als Haushaltshilfen in Haushalten mit Pflegebedürftigen. In: Figatowski, Bartholomäus/Gabriel, Kokebe Haile/Meyer, Malte (Hg): The making of migration. Westfälisches Dampfboot, Münster. S.48-57.

Karakayalı, Juliane (2007b): Die private Beschäftigung von Migrantinnen in Haushalten Pflegebedürftiger. In:Archiv für Wissenschaft und Praxis der sozialen Arbeit: Soziale Arbeit im europäischen und internationalen Kontext, 4/2007 S. 74-86

Karakayalı, Juliane (2008): Arbeit unter Verschluss. Arbeitskräfte aus Osteuropa in Haushalten Pflegebedürftiger. In: iz3w Nr. 304 S. 13-16

Karakayalı, Serhat (2000): „Across Bockenheimer Landstraße", in: diskus Nr. 2, 00, S. 41-47

Karakayalı, Serhat (2001): „Sechs bis acht Kommunisten, getarnt in Monteursmänteln. Der Fordstreik in Köln", in: Stadtrevue Nr. 10, 26. Jg, S. 41-43

Karakayalı, Serhat/Tsianos, Vassilis (2002): „Migrationsregimes in Almanya" in: Bojadzijev, Manuela/Demirovic, Alex (Hg.): Konjunkturen des Rassismus, Münster, S. 246-267

Karakayalı, Serhat/Tsianos, Vassilis (2005): „Mapping the New Order of Migration. Undokumentierte Arbeit und die Autonomie der Migration", in: PERIPHERIE Nr. 97/98, 25, S. 35-64

Karakayalı, Serhat/Tsianos, Vassilis (2007): „Movements that Matter", in: TRANSIT MIGRATION (Hg.): Turbulente Ränder. Neue Perspektiven auf Migration an den Grenzen Europas, Bielefeld, S. 7-22

Katholisches Forum (2005): Manifest Illegale Zuwanderung – für eine differenzierte und lösungsorientierte Diskussion, (http://www.forum-illegalitaet.de/ManifestUnterzeichnerPublikation.pdf, Link vom 1.6.2006)

Kerner, Hans-Jürgen (1973): Verbrechenswirklichkeit und Strafverfolgung. Erwägungen zum Aussagewert der Kriminalstatistik, München

Kienast, Eckhard/Marburger, Helga (1994): „Arbeits- und Lebensbedingungen polnischer Arbeitsmigranten in den neuen Bundesländern“, in: Marburger, Helga (Hg.): Ost-West-Migration. Lebens und Arbeitsbedingungen von Migranten aus Osteuropa in den neuen Bundesländern und Berlin, Frankfurt am Main, S. 5-65

Kirsche, Gaston (2000): „Ketchup al Ejido. Migration, Rassismus und gewerkschaftliche (Selbst-) Organisierung in Spanien“, (http://www. labournet.de/ internationales/es-kirsche.html, Link vom 2.8.2006)

Klee, Ernst (1971): Die Nigger Europas. Zur Lage der Gastarbeiter, Düsseldorf

Klee, Ernst (1972): Gastarbeiter. Analysen und Berichte, Frankfurt am Main

Klee, Ernst (1972b): „Aus der Praxis der Ausländerpolizei. Gespräch mit einem Beamten. Ein Tonbandprotokoll“, in: Klee, Ernst (Hg.), Gastarbeiter. Analysen und Berichte, Frankfurt am Main, S. 235-240

Kleinschmidt, Harald (2002): Menschen in Bewegung. Inhalte und Ziele historischer Migrationsforschung, Göttingen

Koalitionsvertrag (2002): Koalitionsvertrag 2002 – 2006: Erneuerung – Gerechtigkeit – Nachhaltigkeit. Für ein wirtschaftlich starkes, soziales und ökologisches Deutschland. Für eine lebendige Demokratie, (http://www.wise-paris.org/francais/rapports/nosnews/Koalitionsvertrag.pdf, Link vom 20.5.2006)

Kölnischer Kunstverein et al. (Hg.) (2005): Projekt Migration, Köln

Kommission der Europäischen Gemeinschaften (1991): Die Einwanderung aus Drittstaaten in die südlichen Mitgliedsländer der Europäischen Gemeinschaften. Eine vergleichende Zusammenfassung der Situation in Griechenland, Italien, Spanien und Portugal (Soziales Europa, Beiheft 1/91), Luxemburg

Korczynska, Joana (1997): „Reisen polnischer Saisonarbeiter nach Deutschland. Auswertung von Fragebögen“, in: Höhner, Dirk (Hg.): Grenzüberschreitende Beschäftigung, Kowa-Schriftenreihe, Frankfurt an der Oder, S. 205-225

Koslowsky, Rey (2002): „Information Technology, Migration and Border Control“, Paper prepared for presentation at the Institute for Government Studies, University of California, Berkeley April 25th

Krebs, Hans-Peter/Sablowski, Thomas (1992): „Ökonomie als soziale Regularisierung“, in: Demirović, Alex /dies. (Hg.): Hegemonie und Staat: Kapitalistische Regulation als Projekt und Prozeß, Münster, S. 104-127

Kronauer, Martin (2002): Exklusion. Die Gefährdung des Sozialen im hoch entwickelten Kapitalismus, Frankfurt am Main

Krüger-Potratz, Marianne (1991): Anderssein gab es nicht. Ausländer und Minderheiten in der DDR, Münster/New York

Kunz, Thomas (2005): Der Sicherheitsdiskurs. Die Innere Sicherheitspolitik und ihre Kritik, Bielefeld

Kühne, Peter/Öztürk, Nihat/West, Klaus-W. (Hrsg.) (1994): Gewerkschaften und Einwanderung. Eine kritische Zwischenbilanz, Köln

Laclau, Ernesto (1982): Neue soziale Bewegungen und Marxismus, Argument Sonderband 78, Berlin

Laclau, Ernesto /Mouffe Chantal (2000): Hegemonie und radikale Demokratie: Zur Dekonstruktion des Marxismus, Wien

Lahav, Gallya/Guiraudon, Virginie (2000): „Comparative Perspectives on Border Control: Away from the Border and Outside the State", in: Andreas, Peter/Snyder, Timothy (Hg.): The Wall around the West, Lanham, S. 55-77

Laplanche, Jean /Pontalis, Jean-Bertrand (1989): Das Vokabular der Psychoanalyse, Frankfurt am Main

Latour, Bruno (2001): Das Parlament der Dinge: für eine politische Ökologie, Frankfurt am Main

Laugstein, Thomas (1995): „Diskursanalyse", in: Haug, Wolfgang Fritz (Hg.): Historisch-kritisches Wörterbuch des Marxismus, Berlin, S. 727-743

Lazzarato, Maurizio/Negri, Toni/Virno, Paolo (1998): Umherschweifende Produzenten. Immaterielle Arbeit und Subversion, Berlin

Leuthardt, Beat (1999): An den Rändern Europas. Berichte von den Grenzen, Zürich

Lee, Raymond M. (1993): Doing Research on Sensitive Topics, London

Lebzelter, Gisela (1985): „Die schwarze Schmach. Vorurteile – Propaganda – Mythos", in: Geschichte und Gesellschaft, Nr. 11, S. 37-85

Leder, Hans-Claus (1998): Dunkelfeld. Bemerkungen aus devianz- und kriminalsoziologischer, kriminologischer und wissenschaftstheoretischer Sicht, Frankfurt am Main

Lederer, Harald W./Nickel, Axel (1997): Illegale Ausländerbeschäftigung in der Bundesrepublik Deutschland, Hrsg. Vom Forschungsinstitut der Friedrich-Ebert-Stiftung, Abteilung Arbeits- und Sozialforschung, Bonn

Lederer, Harald W. (1999): „Typologie und Statistik illegaler Zuwanderung nach Deutschland", in: Eichenhofer, Eberhard (Hg.): Migration und Illegalität, IMIS-Schriften Nr. 7, Osnabrück, S. 53-72

Lemke, Thomas (1997): Eine Kritik der politischen Vernunft: Foucaults Analyse der modernen Gouvernementalität, Berlin/Hamburg

Linebaugh, Peter/Rediker, Markus (2000): The Many-Headed Hydra. Sailors, Slaves, Commoners, and the Hidden History of the Revolutionary Atlantic, Boston

Lipietz, Alain (1985): „Akkumulation, Krisen und Auswege aus der Krise: Einige methodische Überlegungen zum Begriff ‚Regulation'", in: PROKLA. Zeitschrift für kritische Sozialwissenschaft Nr. 58, S. 109-136

Lipietz, Alain (1992): „Allgemeine und konjunkturelle Merkmale der Staatsintervention", in: Demirović, Alex /Krebs, Hans-Peter/Sablowski, Thomas (Hg.): Hegemonie und Staat: Kapitalistische Regulation als Projekt und Prozeß, Münster, S. 182-202

Lipietz, Alain (1997): „Die Welt des Postfordismus", in: Sozialismus Nr. 7/8, Supplement

Lipietz, Alain (1998): Nach dem Ende des goldenen Zeitalters, hrsg. von Hans-Peter Krebs, Berlin

Link, Jürgen (1997): Versuch über den Normalismus: Wie Normalität produziert wird, Opladen

Link, Jürgen (1995): „Diskurstheorie“, in: Haug, Wolfgang Fritz (Hg.): Historisch-kritisches Wörterbuch des Marxismus, Berlin, S. 743-747

Lohrmann, Reinhard/Hajiandreou, Elias (1974): „Auswirkungen der Ausländerbeschäftigung auf die soziale Struktur der Bundesrepublik Deutschland“, in: Lohrmann, Reinhard/Manfrass, Klaus (Hg.): Ausländerbeschäftigung und internationale Politik. Zur Analyse von Sozialprozessen, München/Wien, S. 81-102

Lohrmann, Reinhard (1974): „Politische Auswirkungen der Arbeitskräftewanderung auf die Bundesrepublik Deutschland“, in: Lohrmann, Reinhard/Manfrass, Klaus (Hg.): Ausländerbeschäftigung und internationale Politik. Zur Analyse transnationaler Prozesse, München, S. 103-140

Lucassen, Leo (1997): „Eternal Vagrants“, in: Lucassen, Jan/ders. (Hg.): Migration, Migration History, History. Old Paradigms and New Perspectives, Bern, Berlin, etc. Issued by the International Institute of Social History, S. 225-252

Lüderwald, Detlef (1986): „Der Initiativausschuß ‚Ausländische Mitbürger in Hessen‘. Aktivitäten und Argumente für ein gleichberechtigtes Zusammenleben von Deutschen und Ausländern“, in: Kuhlen, Hans-Wilfried (Hg.): Ausländische Arbeiterfamilien in Hessen, Frankfurt am Main, S. 185-242

Lüdtke, Alf (1982): „Gemeinwohl“, Polizei und „Festungspraxis“. Staatliche Gewaltsamkeit und innere Verwaltung in Preussen, 1815-1850, Göttingen

Lüdtke, Alf (1993): Eigen-Sinn. Fabrikalltag, Arbeitererfahrungen und Politik vom Kaiserreich bis in den Faschismus, Hamburg

Lüthke, Folkert (1989): Psychologie der Auwanderung, Weinheim

Lutz, Helma (2002): „Transnationalität im Haushalt“, in: Gather, Claudia/Giessler, Birgit/Rerrich, Maria (Hg): Weltmarkt Privathaushalt. Bezahlte Haushaltsarbeit im globalen Wandel, Münster, S. 86-103

Lutz, Helma (2003): „Pendlerinnen zwischen Ost und West“, in: Krüger-Potratz, Marianne (Hg.): Neue Zuwanderung aus dem Osten? Göttingen, S. 49-56

Maihofer, Andrea (1992): Das Recht bei Marx. Zur dialektischen Struktur von Gerechtigkeit, Menschenrechten und Recht, Baden-Baden

Marie, Claude-Valentin (1988): „Le ‚clandestin‘, une figure sociale à géometrie variable“, in: Pouvoirs Nr. 47, S. 45-92

Marqués, Jose Moll (1972): „Die Selbstvertretung der Ausländer“, in: Klee, Ernst (Hg.): Gastarbeiter. Analysen und Berichte, Frankfurt am Main, S. 137-146

Marrus, Michael (1999): Die Unerwünschten. The Unwanted. Europäische Flüchtlinge im 20. Jahrhundert, Berlin/Hamburg/Göttingen

Marx, Karl (1987): Das Kapital. Kritik der politischen Ökonomie, Marx Engels Werke, Bd. 23, Berlin

Marx, Karl (1987): Grundrisse der Kritik der politischen Ökonomie, Marx Engels Werke, Bd. 42, Berlin

Marx, Reinhard (1984): „Verfassungsrechtliche und humanitäre Grenzen der Abschreckung von sozialen Flüchtlingen durch Sammellager“, in: Sieveking, Ulrich O. (Hg.): Politisches Asyl und Einwanderung. Arnoldshainer Texte – Band 22, Frankfurt am Main, S. 40-53

(Materialien) Materialien für einen neuen Antiimperialismus (1993): Die Ethnisierung des Sozialen. Die Transformation der jugoslawischen Gesellschaft, Berlin/Göttingen

(Materialien) Materialien für einen neuen Antiimperialismus (1998): „Migration als soziale Bewegung. Vier Thesen“, in: http://www.materialien.org/texte/-migration/4thesen.html, Link vom 10.9.2006

Mattes, Monika (1999): „Zum Verhältnis von Migration und Geschlecht. Anwerbung und Beschäftigung von ‚Gastarbeiterinnen‘ in der Bundesrepublik 1960 bis 1973“, in: Motte, Jan/Ohliger, Rainer/von Oswald, Anne (Hg.): 50 Jahre Bundesrepublik, 50 Jahre Einwanderung, Frankfurt am Main/New York, S. 285-309

Mayer, Hans Eberhard (2005): Geschichte der Kreuzzüge, Stuttgart

Medico-Papier (1987): „Thesen zur Flüchtlingsfrage“, in: Wildcat, Nr. 41, Frühjahr, S. 65-72

Meier-Braun, Karl-Heinz (1988): Integration und Rückkehr? Zur Ausländerpolitik des Bundes und der Länder, insbesondere Baden-Württembergs, Mainz/München

Meier-Braun, Karl-Heinz (2002): Deutschland, Einwanderungsland, Frankfurt am Main

Meier-Braun, Karl-Heinz (2002b): „Migranten in Deutschland. Gefangen im Medienghetto?“ In: tendenz Nr. 1, (http://www.blm.de/apps/documentbase/data/de/1.02medienghetto.pdf, Link vom 1.8.2006)

Mentz, Ulrike (2001): Frauenhandel als migrationsrechtliches Problem, Europäische Hochschulschriften: Reihe 2, Rechtswissenschaft, Bd. 3150, Frankfurt am Main/Berlin/Bern/Bruxelles/New York/Oxford/Wien

Merx, Volker (1972): Ausländerbeschäftigung und Flexibilität des Arbeitsmarktes der Bundesrepublik Deutschland, Köln

Mesghena, Mekonnen (2006): „Der lange Weg in die Realität“, in: Einwanderungspolitik Deutschland, Homepage der Heinrich Böll Stiftung, (http://www.migration-boell.de/web/migration/46_254.asp, Link vom 1.8.2006)

Mezzadra, Sandro (2000): „Migration – Kapitalismus – Nation. Der junge Max Weber zur Lage der Landarbeiter im ostelbischen Preußen“, in: Associations Nr. IV, 2, S. 283-301

Mezzadra, Sandro (2007): „Kapitalismus, Migrationen, Soziale Kämpfe. Vorbemerkungen zu einer Theorie der Autonomie der Migration“, in: Atzert, Thomas/Karakayalı, Serhat/Pieper, Marianne/Tsianos, Vassilis (Hg.): Empire und die biopolitische Wende, Frankfurt am Main/New York, S. 179-193

Micksch, Jürgen (1973): „Sklaven in Europa“, in: Entwicklungspolitik. Informationsdienst der Zentralredaktion des Evangelischen Pressedienstes, 17.10.1973, Sonderausgabe, S. 42-56

Miera, Frauke (1996): „Zuwanderer und Zuwanderinnen aus Polen in Berlin in den 90er Jahren. Thesen über Auswirkungen der Migrationspolitiken auf ihre Arbeitsmarktsituation und Netzwerke“, Diskussionspapier, Wissenschaftszentrum Berlin

Miles, Robert (1991): Rassismus. Einführung in die Geschichte und Theorie eines Begriffs, Hamburg

Mink, Gwendolyn (1986): Old Labour and New Immigrants in American Political Development: Union, Party and State, 1875-1920, Ithaca

Mollat, Michel (1987): Die Armen im Mittelalter, Frankfurt am Main

Morice, Alain (1997) : „Schöne neue Welt der Marktwirtschaft. Lohndrücker, Fremdenfeinde und Nomaden des Liberalismus“, in: Le Monde diplomatique Nr. 5130, 17.1.1997

Morris, Lydia (2003): „Managing Contradictions: Civic stratification and Migrants Rights”, in: International Migration Review Nr. 37, 1, S. 74-100

Morokvasic, Mirjana (1994): „Pendeln statt auswandern. Das Beispiel der Polen“, in: dies./Rudolph, Hedwig (Hg.): Wanderungsraum Europa, Menschen und Grenzen in Bewegung, Berlin, S. 166-187

Morokvasic, Mirjana (2003): „Transnational Mobility and Gender: A View from Post-wall Europe”, in: Morokvasic-Müller, Mirjana/Erel, Umut/Shinozaki, Kyoko (Hg.): Crossing Borders and Shifting Boundaries. Gender on the Move, Opladen, S. 101-133

Morus, Thomas (1964): Utopia, Stuttgart

Motte, Jan/Ohliger, Rainer/von Oswald, Anne (Hg.) (1999): 50 Jahre Bundesrepublik 50 Jahre Einwanderung. Nachkriegsgeschichte als Migrationsgeschichte, Frankfurt am Main/New York

Motte, Jan (1999): „Gedrängte Freiwilligkeit: Arbeitsmigration, Betriebspolitik und Rückkehrförderung 1983/84”, in: ders./Ohliger, Rainer /von Oswald, Anne (Hg.): 50 Jahre Bundesrepublik, 50 Jahre Einwanderung, Frankfurt am Main/New York, S. 165-183

Mottek, Hans (1974): Wirtschaftsgeschichte Deutschlands, Band 1. Von den Anfängen bis zur Zeit der französischen Revolution, Berlin

Muñoz Sanchez, Antonio (2005): „Die spanische Arbeitsmigration nach Deutschland“, in: Kölnischer Kunstverein et al. (Hg.): Projekt Migration. Ausstellungskatalog, Köln, S. 818

Mückenberger, Ulrich (1986): „Zur Rolle des Normalarbeitsverhältnisses bei der sozialstaatlichen Umverteilung von Risiken“, in: PROKLA. Zeitschrift für kritische Sozialwissenschaft Nr. 64, S. 31-45

Müller, Harald (1993): Die Chance der Kooperation. Regime in den internationalen Beziehungen, Darmstadt

Müller, Jost (1995): Mythen der Rechten. Nation, Ethnie, Kultur, Berlin/ Amsterdam

Müller-Jentsch, Walther (1974): „Die spontane Streikbewegung 1973“, in: Jacobi, Otto/Müller-Jentsch, Walther/Schmidt, Eberhardt (Hg.): Gewerkschaften und Klassenkampf Kritisches Jahrbuch 1974, Frankfurt am Main, S. 44-54

Münch, Ursula (1992): Asylpolitik in der Bundesrepublik Deutschland. Entwicklung und Alternativen, Opladen

Münst, Agnes Senganata (2007): Persönliche und ethnische im Migrationsprozess polnischer Haushaltsarbeiterinnen“, in: Nowicka, Magdalena (Hg.): Von Polen nach Deutschland und zurück. Die Arbeitsmigration und ihre Herausforderungen für Europa. Bielefeld, S. 161-178

Münz, Rainer/Seifert, Wolfgang/Ulrich, Ralf (1997): Zuwanderung nach Deutschland. Strukturen, Wirkungen, Perspektiven, Frankfurt am Main/New York

Murray, Alison (1998): „Debt Bondage and Trafficking: Don't Believe the Hype“, in: Kempadoo, Kamala /Doezema, Joe (Hg.), Global Sex Workers: Rights, Resistance and Redefinition, New York/London, S. 51-64

(MWG) Max Weber Gesamtausgabe: Landarbeiterfrage, Nationalstaat und Volkswirtschaftspolitik. Schriften und Reden 1892–1899, Band I/4-1 hrsg. v. Wolfgang J. Mommsen, Tübingen

Narlı, Nilüfer/Türkmen, Ayşe (2003): „Transit Migration and Human Smuggling in Turkey: Preliminary Findings from the Field Work”, Arbeitspapier, Istanbul

Nassehi, Armin/Saake, Irmhild (2002): „Kontingenz, methodisch verhindert oder beobachtet?“, in: Zeitschrift für Soziologie, Jg. 31, Heft 1, Februar 2002, S. 66-86

Negri, Toni (2004): „Politische Subjekte: Multitude und konstituierende Macht“, in: Atzert, Thomas/Müller, Jost (Hg.): Immaterielle Arbeit und imperiale Souveränität. Analysen und Diskussionen zu Empire, Münster, S. 14-28

Neske, Matthias/Heckmann, Friedrich/Rühl, Stefan (2004): Menschenschmuggel. Expertise im Auftrag des Sachverständigenrats für Zuwanderung und Integration, Bamberg, www.bamf.de

Niesner, Elvira/Jones-Pauly, Christina (2001): Frauenhandel in Europa. Strafverfolgung und Opferschutz im europäischen Vergleich, Bielefeld

Nikolinakos, Marios (1973): Politische Ökonomie der Gastarbeiterfrage, Reinbek

Noiriel, Gérard (1994): Die Tyrannei des Nationalen. Sozialgeschichte des Asylrechts in Europa, Lüneburg

O'Connell Davidson, Julia (2006): „Männer, Migranten, Mittler. Die ‚Marktgesetze‘ des Menschenhandels“, in: Osteuropa Nr. 6, S. 7-20

OECD (Hg.) (1999): Trends in International Migration: Continuous Reporting System on Migration. Annual Report (Sopemi), Paris

OECD (Hg.) (2000): Combating the Illegal Employment of Foreign Workers. International Migration, Paris

Ogata, Sadako (1997): „Flüchtlinge und Migrante. Möglichkeiten der Steuerung von Wanderungsbewegungen", in: Angenendt, Steffen (Hg.): Migration und Flucht. Aufgaben und Strategien für Deutschland, Europa und die internationale Gemeinschaft, Bonn, S. 239-247

Okolski, Marek (2000): „Illegality of International Population Movements in Poland", in: International Migration Nr. 34, 3, S. 57-89

Ong, Aiwa (2005): Flexible Staatsbürgerschaften. Die kulturelle Logik der Transnationalität, Frankfurt am Main

Ortmann, Günther (2003): Regel und Ausnahme. Paradoxien sozialer Ordnung, Frankfurt am Main

Osterkamp, Ute (1996): Rassismus als Selbstermächtigung, Hamburg

Panagiotidis, Effi/Şener, Ulaş (2004): „Marx Gespenster in der Debatte um die ‚Autonomie der Migration'. Eine Erwiderung auf Tobias Pieper", in: ak 487, S. 34

Panagiotidis, Efthimia/Tsianos, Vassilis (2007): „Denaturalizing the ‚Camps': Überwachen und Entschleunigen in der Schengener Ägäis-Zone", in: TRANSIT MIGRATION (Hg.): Turbulente Ränder. Neue Perspektiven auf Migration an den Grenzen Europas, Bielefeld, S. 59-88

Parnreiter, Christof (1994): Migration und Arbeitsteilung. AusländerInnenbeschäftigung und Weltwirtschaftkrise, Wien

Parnreiter, Christof (2000): „Theorien und Forschungsansätze zu Migration" in: ders./Husa, Karl/Stacher, Irene (Hg.): Internationale Migration. Die globale Herausforderung des 21. Jahrhunderts?. HSK 17, Internationale Entwicklung, Frankfurt am Main/Wien, S. 25-52

Pazarkaya, Yüksel (1977): Oturma Izni, Istanbul

(PDS) Partei des Demokratischen Sozialismus (2001): Eckpunkte für eine menschenrechtliche Zuwanderungspolitik: Offene Grenzen für Menschen in Not, individuelles Recht auf Einwanderung, Beschluss vom 26.6.2001

Pelzer, Marei (2003): „Schritt für Schritt. Die Asylrechtsänderung von 1993 war der erste Versuch, Deutschland und Europa flüchtlingsfrei zu machen", in: Jungle World, 21.5.2003

Pieper, Marianne (2003): „Regierung der Armen oder Regierung von Armut als Selbstsorge", in: dies./Gutiérrez Rodríguez, Encarnación (Hg.): Gouvernementalität. Ein sozialwissenschaftliches Konzept in Anschluss an Foucault, Frankfurt am Main/New York

Pieper, Tobias (2004): „Das dezentrale Lagersystem für Flüchtlinge – Scharnier zwischen regulären und irregulären Arbeitsmarktsegmenten", in: PROKLA. Zeitschrift für kritische Sozialwissenschaft Nr. 136, S. 435-453

Pieper, Tobias (2004b): „Weder Gespenst noch autonom. Eine kritische Auseinandersetzung mit der ‚Autonomie der Migration'", in: ak 485, S. 23

Piper, Ernst (2000): Der Aufstand der Ciompi. Über den „Tumult" der Wollarbeiter im Florenz der Frührenaissance, München/Zürich

Piore, Michael J. (1980): Birds of Passage. Migrant Labour in Industrial Societies, Cambridge

Portes, Alejandro (1978): „Toward a Structural Analysis of Illegal (Undocumented) Immigration“, in: International Immigration Review Nr. 12, S. 169-484

Portes, Alejandro/Sensenbrenner, Julia (1993): „Embeddedness and Immigration: Notes on the Social Determinants of Economic Action“, in: American Journal of Sociology Nr. 98, 6, S. 1320-1350

Pfau, Jonas (2004): „Subversion am Rande. Fluchthilfe und Menschenschmuggel in Mitteleuropa im 20. Jahrhundert und die Bedeutung der grenzregionalen Bevölkerung“, Vortrag auf der Tagung des DGV 25.-28.9.2005

Polanyi, Karl (1978): The Great Transformation. Politische und ökonomische Ursprünge von Gesellschaften und Wirtschaftssystemen, Frankfurt am Main

Polster, Werner (1991): „Wandlungen der Lebensweise im Spiegel der Konsumentwicklung – Vom Dienstleistungskonsum zum demokratischen Warenkonsum“, in: Voy, Klaus/Polster, Werner/Thomasberger, Claus (Hg.): Marktwirtschaft und politische Regulierung: Beiträge zur Gesellschaftsgeschichte der Bundesrepublik Deutschland (1949-1989), Marburg, S. 215-291

Potts, Lydia (1988): Weltmarkt für Arbeitskraft. Von der Kolonisation Amerikas bis zu den Migrationen der Gegenwart, Hamburg

Poulantzas, Nicos (1978): Staatstheorie. Politischer Überbau, Ideologie, Autoritärer Etatismus, West-Berlin

Pries, Ludger (1998): „Transnationale Soziale Räume“, in: Beck, Ulrich (Hg.): Perspektiven der Weltgesellschaft, Frankfurt am Main, S. 55-86

Pries, Ludger (2001): Internationale Migration, Bielefeld

Procacci, Giovanna (1991), „Social Economy and the Government of Poverty“, in: Burchell, Graham/Gordon, Colin/Miller, Peter (Hg.): The Foucault Effect. Studies in Gouvernementality, London, S. 151-168

Ratha, Dilip (2003): „Workers' Remittances: An Important and Stable Source of External Development Finance“, in: Global Development Finance 2003, World Bank

Read, Jason (2003): The Micro-Politics of Capital. Marx and the Pre-History of the Present, New York

Reim, Uwe (1992): „Aspekte von Illegalität bei der Beschäftigung von osteuropäischen Werkvertragsarbeitnehmern“, in: DGB (Hg.): Illegale Beschäftigung in der Europäischen Union. Dokumentation der Arbeitstagung in Langenfeld am 21. und 22. November 1996, Düsseldorf, S. 17-24

Rerrich, Maria (2006): Die ganze Welt zu Hause. Cosmobile Putzfrauen in privaten Haushalten, Hamburg

Reyneri, Emilio (2001): „Migrants' Involvement in Irregular Employment in the Mediterreanean Countries of the European Union“, Paper, Mailand

Riester, Walter/Streeck, Wolfgang (1996): „Solidarität, Arbeit, Beschäftigung“, in: Schwerpunktkommission Gesellschaftspolitik beim SPD-Vorstand (Hg.):

Arbeitspapiere 2, (ftp://ftp.mpi-fg-koeln.mpg.de/pub/people/ws/sopo1.doc, Link vom 13.12.1999)

Rigo, Enrica (2006, i. Ersch.): „Trafficking Citizenship. Von der Festung Europa zur Regierung der Zirkulation“, in: Hengartner, Thomas/Moser, Johannes (Hg.): Grenzen und Differenzen. Zur Macht sozialer und kultureller Grenzziehungen, Schriften zur sächsischen Geschichte und Volkskunde, Band 17, Leipzig

Rodríguez, Néstor (1996): „The battle for the Border: Notes on Autonomous Migration, Transnational Communities, and the State”, in: Social Justice, Vol. 23, Nr. 3, S. 21-37

Roediger, David (1991): The Wages of Whiteness. Race and the Making of the American Working Class, London/New York

Ronneberger, Klaus/Tsianos, Vassilis (2001): „Abschied von der postmodernen Kulturgesellschaft. Nachlese zur ‚Leitkultur‘-Debatte“, in: Texte zur Kunst, Nr. 41, S. 93-98

Sack, Fritz (1968): Kriminalsoziologie, Frankfurt am Main

Sachße, Christoph/Tennstedt, Florian (1985): Soziale Sicherung und soziale Disziplinierung, Frankfurt am Main

Sachße, Christoph/Tennstedt, Florian (Hg.) (1983): Bettler, Gauner und Proleten: Armut und Armenfürsorge in der deutschen Geschichte, Frankfurt am Main

Samers, Michael (2003): „Invisible Capitalism: Political Economy and the Regulation of Undocumented Immigration in France“, in: Economy and Society, Nr. 32, 4, S. 555-583

Santel, Bernhard (1995): Migration in und nach Europa. Erfahrungen. Strukturen. Politik, Opladen

Santel, Bernhard/Weber, Albrecht (2000): „Zwischen Ausländerpolitik und Einwanderungspolitik: Migrations- und Ausländerrecht in Deutschland“, in: Bade, Klaus J./Münz, Rainer (Hg.): Migrationsreport 2000, Frankfurt am Main/New York, S. 109-140

Sanz Diaz, Carlos (2004): „Clandestinos“, „Ilegales“, „Espontaneos“… La emigracion irregular de españoles a Alemania en el contexto de las relaciones hispano-alemanas 1960-1973, Madrid

Sarasin, Philip (2003): Geschichtswissenschaft als Diskursanalyse, Frankfurt am Main

Sassen, Saskia/Layard, Richard /Blanchard, Oliver/Dornbusch, Rudiger/Krugman, Paul (1992): East-West Migration: The Alternative, Cambridge

Sassen Saskia (1996): Losing Control? Sovereignity in an Age of Globalisation, Columbia

Sassen, Saskia (1997): Metropolen des Weltmarkts. Die neue Rolle der Global Cities, Frankfurt am Main/New York

Sassen, Saskia (2000): Migranten, Siedler, Flüchtlinge. Von der Massenauswanderung zur Festung Europa, Frankfurt am Main

Sassen, Saskia (2004): „The Repositioning of Citizenship: Emergent Subjcts and Spaces for Politics", in: Passavant, Paul A./Dean, Jodi (Hg.): Empire's New Clothes, London, S. 175- 198

Schiller, Torsten (1973): „Probleme des illegalen Aufenthalts ausländischer Arbeitnehmer aus ordnungsbehördlicher Sicht", in: Entwicklungspolitik. Informationsdienst der Zentralredaktion des Evangelischen Pressedienstes, 17.10.1973, Sonderausgabe, S. 23-32

Schmidt, Daniel (2005): Statistik und Staatlichkeit, Wiesbaden

Scholl, Heinz (1984): „Probleme bei der Reintegration von Asylbewerbern und Maßnahmen zur Förderung ihrer Rückkehrbereitschaft", in: Sievering, Ulrich O. (Hg.), Politisches Asyl und Einwanderung. Arnoldshainer Texte – Band 22, Frankfurt am Main, S. 151-160

Schieffer, Martin (1998): Die Zusammenarbeit der EU-Mitgliedsstaaten in den Bereichen Asyl und Einwanderung, Baden-Baden

Schönwälder, Karen (2001): Einwanderung und ethnische Pluralität. Politische Entscheidungen und öffentliche Debatten in Großbritannien und der Bundesrepublik von den 1950er bis zu den 1970er Jahren, Berlin

Schönwälder, Karen (2003): „Ausländerpolitik der Bundesregierungen der 1960er und frühen 1970er Jahre", in: Oltmer, Jochen (Hg.): Migration steuern und verwalten. Deutschland vom späten 19. Jahrhundert bis zur Gegenwart, IMIS-Schriften Nr. 12, Göttingen, S. 123-144

Schönwälder, Karen/Sciortino, Giuseppe/Vogel, Dita (2004): Migration und Illegalität in Deutschland. AKI-Forschungsbilanz 1, WZB, Berlin

Schumann, Karl F. (1985): „Labeling Approach und Abolitionismus", in: Kriminologisches Journal Nr. 1, S. 19-27

Schwab-Trapp, Michael (2001): „Diskurs als soziologisches Konzept. Bausteine für eine soziologisch orientierte Diskursanalyse", in: Keller, Reiner/Hirseland, Andreas/Schneider, Werner/Viehöver, Willi (Hg.): Handbuch Sozialwissenschaftliche Diskursanalyse. Band 1. Theorien und Methoden. Opladen, S. 261-284

Sciortino, Giuseppe (2000): „Toward a Political Sociology of Entry Policies: Conceptual Problems and Theoretical Proposals", in: Journal of Ethnic and Migration Studies Nr.. 26, 2, S. 213-228

Sciortino, Giuseppe (2004): „Between Phantoms and Necessary Evils. Some Critical Points in the Study of Irregular Migrations to Western Europe", in: Böcker, Anita/de Hart, Betty/Michalowsky, Ines (Hg.): Migration and the Regulation of Social Integration, IMIS-Beiträge Nr. 24, S. 17-44

Seifert, Wolfgang (2000): Geschlossene Grenzen – Offene Gesellschaften, Frankfurt am Main

Seiler, Alexander J. (1965): „Siamo italiani". Gespräche mit italienischen Arbeitern in der Schweiz, Zürich

Sengenberger, Werner (1975): Arbeitsmarktstruktur. Ansätze zu einem Modell des segmentierten Arbeitsmarkts, Frankfurt am Main

Severin, Klaus (1997): „Illegale Einreise und internationale Schleuserkriminalität. Hintergründe, Beispiele und Maßnahmen“, in: Aus Politik und Zeitgeschichte. Beilage zur Wochenzeitung Das Parlament, 07.11.1997, S. 11-19

Sharma, Nandita (2003): „Travel Agency: A Critique of Anti-Trafficking Campaigns”, in: Refuge Nr. 21, 3, S. 53-65, (http://www.globalhawaii.org/PDF/trafficKpapers/Sharma.pdf, Link vom 11.4.2006)

Silver, Beverly (2005): Forces of Labor. Arbeiterbewegungen und Globalisierung seit 1870, Berlin/Hamburg

Sieveking, Klaus (1999): „Staatliche Reaktionen auf Illegalität in Deutschland – europa-. Ausländer- und arbeitsrechtliche Aspekte“, in: Eichendorfer, Eberhard (Hg.): Migration und Illegalität, IMIS-Schriften 7, Osnabrück, S. 91-116

Smith, Michael Peter/Guarnizo, Luis Eduardo (Hg.) (1999): Transnationalism from Below, New Brunswick

Snowden, Lynne L. (1998b): „Can We Control Illegal Immigration? Evaluating Methods of Immigration Law Enforcement“, in: Security Journal Nr. 11, 3, S. 171-177

Sonnenberger, Barbara (2003): „Anwerbung von ‚Gastarbeitern‘ in den 1950er und 1960er Jahren“, in: Oltmer, Jochen (Hg.): Migration steuern und verwalten. Deutschland vom späten 19. Jahrhundert bis zur Gegenwart, IMIS-Schriften Nr. 12, Göttingen, S. 145-174

Solomos, John (1986): „Varieties of Marxist Conceptions of ‚Race‘, Class and the State: A Critical Analysis” in: Rex, John (Hg.) Theories of Race and Ethnic Relations, Cambridge, S. 7-27

Sombart, Werner (1987): Der moderne Kapitalismus. Historisch-systematische Darstellung des gesamteuropäischen Wirtschaftslebens von seinen Anfängen bis zur Gegenwart, München

Souden, David (1984): „English Indentured Servants and the Trans-Atlantic Colonial Economy“, in: Marks, Shula/Richardson, Peter (Hg.): International Labour Migration, Hounslow, Middlesex,S. 19-33

Stammberger, Helmut (1973): „Menschenhandel mit Marokkanern oder Verstoß gegen die Abgabeverordnung in der Bundesrepublik Deutschland“ in: Entwicklungspolitik. Informationsdienst der Zentralredaktion des Evangelischen Pressedienstes, 17.10.1973, Sonderausgabe, S. 32-42

Stark, Oded (1991): The Migration of Labor, Cambridge

Statistisches Bundesamt (2004): „Ausländische Bevölkerung im Bundesgebiet nach Altersgruppen“, (http://www.destatis.de/download/d/bevoe/altersgr_2003.xls, Link vom 14.3.2005)

Steinert, Heinz (1985): „Zur Aktualität der Etikettierungs-Theorie“, in: Kriminologisches Journal Nr. 1, S. 29-43

Steinert, Johannes Dieter (1995): Migration und Politik. Westdeutschland – Europa – Übersee. 1945 – 1961, Osnabrück

Steinfeld, Robert J. (2001): Coercion, Contract, and Freee Labor in the Nineteenth Century, Cambridge

Stichweh, Rudolf (1997): „Inklusion/Exklusion und die Theorie der Weltgesellschaft“, in: Karl-Siegbert Rehberg (Hg.): Differenz und Integration. Die Zukunft moderner Gesellschaften. 28. Kongress der Deutschen Gesellschaft für Soziologie-Dresden 1996. Kongressband II. Opladen, S.599-607

Stobbe, Holk (2004): Undokumentierte Migration in Deutschland und den Vereinigten Staaten, Göttingen

Stolleis, Michael (1979): „Die Sozialversicherung Bismarcks: Politisch-institutionelle Bedingungen ihrer Entstehung”, in: Hans F. Zacher (Hg.): Bedingungen für die Entstehung und Entwicklung von Sozialversicherung, Berlin, S. 387-412

Syrup, Friedrich (1918): „Die ausländischen Industriearbeiter“, in: Archiv für exakte Wirtschaftsforschung, Nr. 9, S. 278-301

Tarrius, Alain (1994): „Zirkulationsterritorien von Migranten und städtische Räume“, in: Morokvasic, Mirjana/Rudolph, Hedwig (Hg.): Wanderungsraum Europa, Berlin, S. 113-131

Terkessidis, Mark (1998): Psychologie des Rassismus, Wiesbaden

Terray, Emmanuel (2002): „Illegale Arbeit ist rentabel“, in: Archipel Nr. 92, 03, S. 3

Tessarz, Joachim (1962): Die Rolle der ausländischen landwirtschaftlichen Arbeiter in der Agrar- und Ostexpansionspolitik des deutschen Imperialismus in der Periode der Weimarer Republik, Halle

Ther, Philip (2005): „Soll und Haben. Warum das deutsche Kaiserreich kein Nationalstaat war“, in: Le Monde Diplomatique, Nr. 7663, 13.5.2005

Thompson, Edward P. (1987): Die Entstehung der englischen Arbeiterklasse, Frankfurt am Main

Torpey, John (2000): The Invention of the Passport. Surveillance, Citizenship and the State, Cambridge

TRANSIT MIGRATION (Hg.) (2007): Turbulente Ränder. Neue Perspektiven auf Migration an den Grenzen Europas, Bielefeld

Treichler, Andreas (1998): Arbeitsmigration und Gewerkschaften, Münster

Tronti, Mario (1974): Arbeiter und Kapital, Frankfurt am Main

Uçar, Ali (1983): Illegale Beschäftigung und Ausländerpolitik, Berlin

Unabhängige Kommission „Zuwanderung“ (2001): Zuwanderung gestalten. Integration fördern, Berlin

Uwer, Thomas (2000): „Pech, wer eine Heimat hat. Die neue EU-Flüchtlingspolitik“, in: diskus Nr. 2, 00, S. 4-8

UNICEF/UNHCR/OSCE -ODIHR (2002): Trafficking in Human Beings in Southeastern Europe, (http://www.unicef.org/ceecis/Trafficking.Report.2005.pdf, Link vom 12.8.2006)

Venturini, Alessandra (2004): „Do Illegal Migrants Compete with National Workers?“ in: Intereconomics Nr. 39, 1, S. 11-13

Vilar, Pierre (1977): „Der Übergang vom Feudalismus zum Kapitalismus“, in: Kuchenbuch, Ludolf (Hg.:): Feudalismus – Materialien zu Theorie und Geschichte, Frankfurt am Main/Berlin, S. 678-693

Virno, Paolo (2005): „About Exodus“, in: Grey Room Nr. 21, S. 17-20

Vogel, Dita (1999): „Illegaler Aufenthalt in Deutschland – methodische Überlegungen zur Datennutzung und Datenerhebung“, in: Zeitschrift für Bevölkerungswissenschaft Nr. 24, 2, S. 165-185

Vogel, Dita (1999b): „Illegale Zuwanderung nach Deutschland und soziales Sicherungssystem“, in: Eichendorfer, Eberhard (Hg.): Migration und Illegalität, IMIS-Schriften Nr. 7, Osnabrück, S. 73-91

Vogel, Dita (2002): „Ausländer ohne Aufenthaltstatus in Deutschland – Methoden zur Schätzung ihrer Zahl“, in: Minthe, Eric (Hg.): Illegale Migration und Schleuserkriminalität, Schriftenreihe der Kriminologischen Zentralstelle, Band 37, Wiesbaden, S. 65-76

Walters, William (2004): „Secure Borders, Safe Haven, Domopolitics“, in: Citizenship Studies Nr. 8, 3, S. 237-260

Walters, William (2005): „On the Political Logic of Anti-Illegal Immigration Policy“, Working Paper

Waltz, Kenneth (1979): Theory of International Politics, Reading, Mass.

Watenabe, Satoko (1998): „From Thailand to Japan: Migrant Sex Workers As Autonomous Subjects“, in Kempadoo, Kamala/Doezema, Joe (Hg.): Global Sex Workers: Rights, Resistance and Redefinition, New York/London, S. 114-123

Wendl, Michael (1998): „Der Niedriglohnsektor“, in: Sozialismus Nr. 11, Supplement, S. 21-36

Weichert, Lothar (1969): „Zwischenbetriebliche Mobilität und Beschäftigungschancen“, in: Papalekas, Johannes (Hg.): Strukturfragen der Ausländerbeschäftigung, Herford, S. 69-76

Weijers, Marjan (1999): „Keep Your Women Home: European Policies on Trafficking in Women“, in: Rossilli, Maria Grazia (Hg.): Gender Policies in the European Union, London, S. 209-229

Weijers, Marjan/Lap-Chew, Lin (1997): Trafficking in Women, Forced Labour and Slavery-Like Practices, Domestic Labour and Prostitution: Summary, Utrecht, (http://www.inte.co.th/org/gaatw/sum-irp.htm, Link vom 1.5.2005)

Weiner, Myron (1995): The Global Migration Crisis. Challenge to States and Human Rights, New York

Weiner, Myron (1996): „Ethics, National Sovereignty and the Control of Immigration“, in: International Migration Review Nr. 30, 1, Special Issue: Ethics, Migration, and Global Stewardship, S. 177-197

Widgren, Jonas (1994): A Comparative Analysis of Entry and Asylum Policies in Selected Western Countries, Wien

Willenbücher, Michael (2005): Migration - Illegalisierung - Ausnahmezustand. Der Illegalisierte als homo sacer des Postfordismus, Magisterarbeit am Insitut für Ethnologie, Ruprechts-Karls-Universität Heidelberg

Wittfogel, Karl A. (1977): Geschichte der bürgerlichen Gesellschaft. Von ihren Anfängen bis zur Schwelle der großen Revolution, Hannover

Wolbert, Barbara (1984): Migrationsbewältigung. Orientierungen und Strategien. Biographisch-interpretative Fallstudien über die Heirats-Migration dreier Türkinnen, Göttingen

Wolf, Klaus Dieter (1994): „Regimeanalyse", in: Boeckh, Andreas (Hg.): Lexikon der Politik, Bd. 6. Internationale Beziehungen, München, S. 422-429

Worthmann, Georg/Zühlke-Robinet, Klaus (2003): „Neue Arbeitsmigration im Baugewerbe und ihre Regulierung – Das Arbeitnehmer-Entsendegesetz als Instrument zur Re-Regulierung des Bauarbeitsmarkts", in: Hunger, Uwe/ Santel, Bernhard (Hg.): Migration im Wettbewerbsstaat, Opladen, S. 91-118

Wysk, Peter (1994): Rechtsmissbrauch und Eherecht, Bielefeld

Yano, Hisashi (1998): „‚Wir sind benötigt, aber nicht erwünscht'", in: DOMIT (Hg.): Fremde Heimat. Eine Geschichte der Einwanderung, Essen, S. 39-61

Yuval-Davis, Nira (1997): Gender and Nation, London

Ziltener, Patrick (2000): „Die Veränderung von Staatlichkeit in Europa – regulations- und staatstheoretische Überlegungen", in: Bieling, Hans-Jürgen/Steinhilber, Jochen (Hg.): Die Konfiguration Europas. Dimensionen einer kritischen Integrationstheorie, Münster, S. 73-101

Zimmerman, Andrew (2006): „Decolonizing Weber", in: Postcolonial Studies, Vol. 9, No. 1, March, S. 53-79

Žižek, Slavoj (2001): Die Tücke des Subjekts, Frankfurt am Main

Zolberg, Aristide (2000): „Matters of state: Theorizing Immigration Policy", in: Hirschman, Charles/Kasinitz, Philip/DeWind, Josh (Hg.): The Handbook of International Migration, New York, S. 71-93

Kultur und soziale Praxis

Pascal Goeke
Transnationale Migrationen
Post-jugoslawische Biografien in der Weltgesellschaft

2007, 394 Seiten,
kart., 33,80 €,
ISBN: 978-3-89942-665-6

Elias Jammal, Ulrike Schwegler
Interkulturelle Kompetenz im Umgang mit arabischen Geschäftspartnern
Ein Trainingsprogramm

2007, 210 Seiten,
kart., 21,80 €,
ISBN: 978-3-89942-644-1

Holger Michael
Kulturelles Erbe als identitätsstiftende Instanz?
Eine ethnographisch-vergleichende Studie dörflicher Gemeinschaften an der Atlantik- und Pazifikküste Nicaraguas

2007, 230 Seiten,
kart., 27,80 €,
ISBN: 978-3-89942-602-1

Corinne Neudorfer
Meet the Akha – help the Akha?
Minderheiten, Tourismus und Entwicklung in Laos

2007, 300 Seiten,
kart., 29,80 €,
ISBN: 978-3-89942-639-7

María do Mar Castro Varela
Unzeitgemäße Utopien
Migrantinnen zwischen Selbsterfindung und Gelehrter Hoffnung

2007, 304 Seiten,
kart., 29,80 €,
ISBN: 978-3-89942-496-6